Für meine Söhne und meine Freunde,
die mich immer unterstützt haben

Prolog

Kai ist endlich eingeschlafen, mein jüngster Sohn. Der Abend hat sich längst über den Vorort von *Tel Aviv* gesenkt, wo ich mit ihm lebe. Die Arbeit für meine kleine Firma, die ich mir für den heutigen Tag vorgenommen habe, ist erledigt. Es ist schon spät, aber ich bin noch hellwach. Meine Gedanken wandern schon den ganzen Abend an den Meilensteinen meiner Geschichten entlang, kreisen um jene Ereignisse, die am meisten wehtun. Schon lange habe ich mir vorgenommen, sie aufzuzeichnen, mir von der Seele und anderen ins Herz zu schreiben.

Für wen? Für meine beiden älteren Söhne, die nicht bei mir sein können, weil ihr Vater sie entführt hat. Für Kai, damit er später verstehen wird, warum wir, seit er auf der Welt ist, ein Leben auf der Flucht führen müssen. Für Tarek, meinen Ältesten, den ich schon seit zwei Jahren nicht mehr gesehen habe. Für Karim, der beim letzten Treffen, das gemeinsam mit einem Psychologen stattfand, sagte: »Mama, ich will zu dir.« Es war ein Moment der Wahrheit, der möglich wurde, als sein Vater kurz den Raum verließ. Doch meine Geschichte möchte ich auch jenen anderen Frauen erzählen, die in Israel ebenso festsitzen wie ich, weil sie sich vor Jahren verliebt haben und nicht wussten, welche Hölle Israel für die bereithalten kann, die aus der Fremde kommen und hier ihr Herz verlieren. Tausende von Frauen teilen mein Schicksal: Sie haben Kinder von jüdischen, arabischen oder beduinischen Vätern geboren und gleichzeitig das Recht verloren, sie mit sich in ihr Heimatland zu nehmen.

Wer denkt an Trennung, wenn er sich verliebt? Wer kann sich vorstellen, wie rechtlos man werden kann, wenn die Liebe erlischt und der Hass ihren Platz einnimmt? Wer malt sich aus, dass das Wort einer Mutter nichts gilt und die Rechte eines Mannes mehr als das Wohl der Kinder?

Ich habe es mir nicht vorstellen können. Mit dem, was mir in den vergangenen dreizehn Jahren hier zugestoßen ist, habe ich nicht gerechnet, als ich im Alter von achtzehn Jahren nach Israel kam, um als Volontärin in einem *Kibbuz* zu arbeiten. Ich hatte nicht vor, hier länger zu bleiben als ein Jahr. Die Welt war groß und weit, vor allem für jemanden, der die ersten zwölf Jahre seines Lebens in der DDR verbracht hatte und es nicht erwarten konnte, alles, was jenseits der Mauer lag, kennenzulernen. Israel sollte nur die erste Station eines großen Abenteuers sein, des Abenteuers meines noch so jungen Lebens. Es wurde tatsächlich für viele Jahre die Endstation.

Doch ich gebe nicht auf. Auch wenn man es mir vielleicht nicht auf den ersten Blick ansieht: Ich bin zäh, ich bin stark. Seine wahre Stärke entdeckt man erst, wenn man sie braucht. In den vergangenen Jahren brauchte ich sie Tag und Nacht. Und ich habe gelernt, dass ich eine Kämpferin bin.

Man sagt: Die Jahre, die einer Kindheit gestohlen werden, kann man nie mehr ersetzen. Die Weichen, die in den ersten Jahren gestellt werden, kann man kaum noch korrigieren. Denke ich an meine beiden älteren Söhne, die in einem schmutzigen Beduinenzelt in Lumpen leben, als Kinder einer »Weißen«, die nicht dem muslimischen Glauben folgt, täglicher Gewalt und Schikanen ausgesetzt – wenn nicht noch Schlimmerem –, dann möchte ich manchmal verzweifeln. Ihr Vater hat ihnen gesagt, ich sei ein böser Geist, ein Dschinn. Es gab Zeiten, da schlugen meine Söhne auf mich ein, wenn ich sie, selten genug, treffen durfte. Inzwischen sehen wir uns schon lange nicht mehr. Und doch höre ich nicht auf, um sie zu kämpfen. Eine Mutter gibt ihre Kinder nicht auf, niemals.

Und darum ist es jetzt Zeit, dass ich endlich damit beginne, meine Geschichte zu erzählen. Damit die Welt erfährt, was hier passiert, was hier tausendfach Kindern und Müttern angetan wird. Und damit sich endlich, endlich etwas ändert.

Kapitel 1

Der Aufbruch

Es war im August 1996, als ich in Jena meinen Rucksack packte. Ich hatte mein Abiturzeugnis frisch in der Tasche und fühlte mich wundervoll frei. Endlich konnte ich das tun, wovon ich immer geträumt hatte: reisen. Und obwohl ich das Flugticket schon im Oktober 1995, also bereits zehn Monate zuvor, gekauft hatte, wusste keine Menschenseele etwas von meinen Plänen.

Dass ich mich dazu entschied, als Volontärin in einem *Kibbuz* im Süden Israels zu arbeiten, hatte verschiedene Gründe. Es war nicht so, dass Israel auf der Liste meiner Wunschländer ganz oben gestanden hätte. Doch mit meinen achtzehn Jahren war ich für die meisten Auslandsprogramme in fernen Ländern noch zu jung. Und Europa war mir zu eng, zu klein.

Ich war fasziniert von den Bildern, die ich von den Landschaften der Judäischen Wüste und dem *Negev* gesehen hatte. *Ein Gedi* hieß die Oase in der Nähe des Toten Meeres, wo es heiße Mineralquellen gab, einen botanischen Garten, bizarre Felsformationen mit unerschlossenen Höhlen und einen spektakulären Wasserfall. Dieser Ort galt damals als Geheimtipp für einen etwas anderen Tourismus in dieser herben und doch reizvollen Landschaft, und ein *Kibbuz*, der dort eine Hotelanlage betrieb, suchte Volontäre.

Ich wollte unbedingt irgendwo hin, wo es ganz anders aussah als zu Hause in Deutschland. Und das, was ich auf den Prospekten sah, war ungefähr das Gegenteil von Thüringen: dramatische Steinwüsten versus beruhigend grüne Felder. Und so kam es, dass ich mich für Israel entschied. Wie lange ich bleiben wollte, das konnte ich nach den ersten beiden Monaten vor Ort entscheiden. Man würde sehen.

Frei zu sein, das bedeutete mir seit meiner frühesten Kindheit alles. Denn wir waren nicht frei in der Deutschen Demokratischen Republik. Für mich stand schon immer fest, dass ich meinen Ausreiseantrag stellen würde, sobald ich achtzehn wäre. Mir war damals klar, welche Konsequenzen dies für mich haben würde: Dass ich vier Jahre auf die Ausreise würde warten müssen, während derer ich vielen Schikanen ausgesetzt wäre. Ich konnte mir aber nicht vorstellen, mein Leben in einem Land zu verbringen, das ich nicht verlassen durfte.

Einen Ausreiseantrag musste ich nicht mehr stellen, die Wende kam mir glücklicherweise zuvor. Ich werde nie vergessen, wie mir damals am Morgen des 10. November 1989 meine Mutter sagte: »Wir können jetzt überall hinfahren. Heute Nacht ist die Mauer gefallen.«

Ich weiß noch ganz genau, wie ich neben dem Sofa im Wohnzimmer stand, noch im Schlafanzug, und von einem Moment auf den anderen hellwach war.

»Lass uns gleich in den Westen fahren!«, schlug ich vor.

»Jetzt gehst du erst einmal zur Schule«, erwiderte meine Mutter, »vielleicht fahren wir am Wochenende.«

Als ich an diesem Morgen den Klassenraum betrat, hatte unsere Lehrerin das Bild von Erich Honecker bereits abgehängt. Ich beobachtete fasziniert, wie sie alle über Nacht ihre Einstellung zur DDR änderten: Meine Russischlehrerin ließ sich umschulen und unterrichtete fortan Religion. Sogenannte Staatsbürgerrechtler unterrichteten jetzt Gesellschaftskunde. Gleich am ersten Tag nach dem Mauerfall fehlte die Hälfte der Klasse, alle waren sie in den Westen gefahren. Zwei meiner Schulkameraden sah ich nie wieder – sie blieben gleich drüben.

Ich gehörte zu denen, die nicht gegangen waren. Aber nun hatte ich die Schule abgeschlossen. Nichts hielt mich mehr. Ein Jahr wollte ich mir nehmen, ehe ich zu studieren beginnen würde. Ich hatte mich für Fremdenverkehrsgeografie entschieden und in Trier bereits einen Studienplatz erhalten. Auch die Zusage für ein Zimmer in einem Studentenwohnheim war mir für meine Rückkehr sicher. Zuvor aber wollte ich alles hinter mir lassen: Jena, Thüringen, Deutschland, Europa.

Ich schloss meinen Rucksack und zog die Riemen fest. Prüfte noch mal, ob ich alle Dokumente dabeihatte: Pass, Flugticket, die Kontaktadressen. Und für die Arbeit im *Kibbuz* das Gesundheitszeugnis, die Papiere einer privaten Krankenversicherung. Dann war es Zeit, zu gehen.

Mein Flug ging zunächst von Leipzig nach Frankfurt, denn damals gab es noch keine Direktflüge aus Ostdeutschland nach Israel. In Frankfurt stellte sich heraus, dass mein Weiterflug nach *Tel Aviv* einige Stunden Verspätung hatte, und mir fielen drei junge Frauen auf, die mit ähnlich großen Rucksäcken, wie ich einen hatte, an meinem Terminal warteten.

»Fliegst du auch nach *Tel Aviv*?«, sprach mich eine von ihnen an.

Es stellte sich heraus, dass sie dasselbe vorhatten wie ich. Wir schlossen uns einander an, und als wir spät in der Nacht in *Tel Aviv* landeten, suchten wir uns gemeinsam eine Jugendherberge.

Am nächsten Morgen machten wir uns alle vier auf den Weg zum Büro der Organisation, mit der wir von Deutschland aus Kontakt geknüpft hatten. Diese Organisation vermittelte junge Menschen aus aller Welt als Volontäre an verschiedene *Kibbuzim*.

Ein *Kibbuz* ist eine typisch israelische Siedlungsform, eine Art Dorfgemeinschaft, in der jeder *Kibbuznik*, wie die Bewohner genannt werden, dieselben Rechte und Pflichten besitzt. Oft sind es landwirtschaftliche Kommunen, die in den ersten Jahren nach der Staatsgründung dazu dienten, unfruchtbare Gebiete zu erschließen und nutzbar zu machen. Aber auch handwerkliche oder industrielle Betriebe werden in dieser Form des Gemeinschaftslebens unterhalten. In *Ein Gedi* dagegen war es eine Hotelanlage, die in Form eines *Kibbuz* geführt wurde. Ich war gespannt, ob es dort einen Platz für mich gab.

Obwohl es noch früh am Morgen war, schwitzten wir mächtig unter unseren schweren Rucksäcken, als wir uns auf die Suche nach dem Büro machten, das mitten im Zentrum von *Tel Aviv* lag. Es war heiß und staubig, der Verkehr um diese frühe Stunde höllisch, wir waren direkt in die Rush Hour geraten. Überall wurde gehupt und gedrängelt, die Israeli, so merkte ich rasch, waren offenbar kein besonders geduldiges Volk. Bald lief uns der Schweiß aus allen Poren. Wir fragten mehrmals nach dem Weg, und zu unserer Erleichterung sprachen viele Passanten Englisch. »*Where do you want to go?*«, begann es, schnell wurde daraus ein längeres Gespräch. ›Ach‹, dachte ich erfreut, ›die Menschen hier scheinen ja wirklich nett zu sein.‹

Als wir die Volontärs-Zentrale endlich fanden, atmeten wir auf. Jede von uns erhielt eine Adresse und Informationen, wie man dorthin gelangen konnte. Ich hatte Glück, in *Ein Gedi* wurden tatsächlich Volontäre gebraucht. Meine Begleiterinnen hatten jedoch andere Destinationen erhalten. Doch bevor wir uns in alle Winde zerstreuten, gingen wir in einem der zahlreichen Straßencafés gemeinsam frühstücken. Ich staunte nicht schlecht, als es zum Weißbrot Hüttenkäse, Tomaten- und Gurkensalat mit Oliven gab. Und eine bräunliche Paste, die ich vorsichtig probierte. Angewidert verzog ich das Gesicht: Es war *Chumus*, die israelische Variante des arabischen Hommus, den man aus Kichererbsen, Knoblauch, Zitronensaft und einigen Gewürzen zubereitet. Bis heute ertrage ich kaum den Geruch.

Nach dem Frühstück fuhren wir alle vier zum Zentralen Busbahnhof, tauschten unsere neuen Adressen aus und verabschiedeten uns. Zwei der anderen Mädchen machten sich auf den Weg zum See Genezareth, die andere in die Stadt *Eilat* ganz im Süden des Landes. Meine Reise führte mich zunächst nach *Jerusalem*, wo ich umsteigen musste, um ans Tote Meer zu gelangen.

In *Tel Aviv* waren wir am Eingang zum Busbahnhof wie alle anderen Reisenden akribisch kontrolliert worden. Als ich in *Jerusalem* auf meinen Anschluss wartete, kam ein Sicherheitsmann des Busbahnhofs und forderte alle Wartenden auf, sowohl das Gebäude als auch den Bereich davor, wo die Busse abfuhren, zu verlassen. Ich verstand zuerst nicht, was los war, denn ich konnte kein Hebräisch. Die anderen Reisenden hatten es auch überhaupt nicht eilig, den Bahnhof zu verlassen, manche mussten mehrfach dazu aufgefordert werden. Als alle draußen waren, wurde der Bahnhof abgesperrt. Auf dem Vorplatz erklärte mir schließlich eine junge Frau, die Englisch sprach, dass es sich »mal wieder« um einen Bombenalarm handele. »Das kommt fast alle Tage vor«, sagte sie und verzog genervt das Gesicht. »Und meistens ist es falscher Alarm.«

»Aber wenn nicht?«, mischte sich ein älterer Herr ein, »erst neulich gab es einen Anschlag auf ein Einkaufszentrum!«

»Und was passiert jetzt?«, fragte ich.

»Die Tasche wird gesprengt«, erklärte mir die junge Frau.

»Gepäckstücke, die herrenlos herumstehen«, ergänzte der Mann. »Darin verbergen sich oft Bomben. Man ist nirgendwo sicher vor diesen Attentätern.«

Eine weitere halbe Stunde verging. Von dem, was sich im Bahnhof abspielte, bekamen wir auf dem Vorplatz nichts mit. Schließlich wurden die Türen wieder geöffnet, und alles ging weiter seinen Gang, als wäre nichts gewesen.

»Falscher Alarm«, sagte die junge Frau, bevor sie an mir vorbeieilte und ihrem Bus zustrebte, »ich hab's ja gesagt. Ein Soldat hat einfach einen Moment lang seine Tasche stehen lassen, um sich ein Sandwich zu kaufen. Ausgerechnet ein Soldat! Lass bloß nie etwas herumstehen. Die Tasche siehst du nie wieder. Davon abgesehen stiehlst du deinen Mitmenschen ihre kostbare Zeit.« Und fort war sie.

Während der gut einstündigen Fahrt im Bus nach *Ein Gedi* kam ich mit einem jungen *Kibbuznik* ins Gespräch. Und der erklärte mir, wie es kommt, dass die Menschen in Israel angesichts einer Bombendrohung derart die Ruhe bewahren können.

»Weißt du«, sagte er, »bei uns gehört so was zum Alltag. Wir wachsen mit der ständigen Gefahr auf. Und wenn du hier eine

Zeit lang leben willst, dann gewöhnst du dich besser daran. Jeder Mann geht drei Jahre zum Militär, eine Frau zwei Jahre, und spätestens danach wundert einen nichts mehr.«

Ich schaute aus dem Fenster. Die Vegetation wurde immer karger, die Landschaft rauer. Hier und dort standen ein paar Zelte beieinander, oft nur aus Stoff zusammengenäht, die aussahen wie leere Mehlsäcke. Schmutzige Kinder sprangen barfuß hinter ein paar Ziegen her. An langen Leinen trocknete fadenscheinige Wäsche, mehr Lumpen als Kleider.

»Was sind das für Leute, die dort leben?«, fragte ich.

»Das?«, meinte der junge Mann und blickte flüchtig aus dem Fenster. »Das sind Beduinen.«

Und es war klar, dass er von diesen Beduinen nicht viel hielt.

Immer wieder kamen wir an Checkpoints vorüber, an denen bewaffnete Soldaten Autos anhielten und ihre Insassen kontrollierten. Unser Bus wurde jedes Mal durchgewinkt.

»Werden alle Pkws kontrolliert?«, fragte ich.

»Die israelischen selten. Die Palästinenser brauchen eine Einreiseerlaubnis.«

»Und die Beduinen?«, wollte ich wissen.

»Die Beduinen? Die werden ganz besonders gründlich kontrolliert.«

Ich hatte zu diesem Zeitpunkt noch keine Ahnung, dass ich bald selbst zu einer Art Expertin in Beduinen-Fragen werden sollte.

Kapitel 2

Ein Garten Eden am tiefsten Punkt der Erde

Gegen Mittag kam ich in *Ein Gedi* an. Die Oase befindet sich vierhundert Meter unter dem Meeresspiegel, und ich war überwältigt von der Schönheit dieses Ortes. Er liegt an den Ufern des Toten Meeres, hinter dem sich ein fantastischer Blick auf die Berge Jordaniens eröffnet. Es ist altes, biblisches Land, und wenn ich auch nicht religiös bin und ganz und gar nicht mit den Geschichten des Alten Testaments aufwuchs, so fühlte ich doch die Erhabenheit, die diese Gegend ausstrahlt. Im fünften Jahrhundert nach Christus wurde die letzte historische Siedlung aufgegeben, und erst 1949 kamen Menschen hierher zurück: Das israelische Militär gründete auf einem Felsplateau einen Militärposten, der vier Jahre später von dem *Kibbuz* abgelöst wurde.

Es ist eine Landschaft der Kontraste: die trockene, steinige Wüste, steil aufragende Berge, *Wadis*, ausgetrocknete Flussläufe, und Wasserfälle. Der Name *Ein Gedi* bedeutet »Quelle des Steinbocks«, und dieser Name wurde dem Ort zu Recht gegeben, denn schon bald nach meiner Ankunft sah ich früh morgens ein paar dieser wunderbaren Tiere, wie sie auf den Rasenflächen der Hotelanlage, die dieser *Kibbuz* betreibt, friedlich grasten.

»Am besten steigst du bei der nächsten Bushaltestelle aus«, riet mir der *Kibbuznik*, der die erste Haltestelle unten am Ufer des Toten Meeres beim Restaurant nahm, »dann bist du schon im Bereich, wo die Volontäre wohnen. Frag dich einfach zum Volontärsleiter durch, jeder kann dir den Weg zeigen.«

Ich fühlte mich verschwitzt und staubig, als ich aus dem Bus stieg und mich umsah. Hier war es sogar noch heißer als in *Tel*

Aviv. Außerdem roch es seltsam nach faulen Eiern. Später erfuhr ich, dass dies am Schwefelgehalt in der Luft lag, der vom Toten Meer aufsteigt. Es dauerte aber nicht lange, und ich bemerkte dies überhaupt nicht mehr, die Geruchsnerven gewöhnen sich rasch daran. Allerdings ist der Sauerstoffgehalt in der Luft hier niedriger als anderswo, und das bekam ich in den folgenden Tagen zu spüren. Bis der Körper sich darauf eingestellt hat, dauert es eine Weile, und so lange fühlt man sich müde und schlapp.

Es war Mittagszeit, und ich war froh, nach der langen Reise aus Deutschland an meinem Ziel anzukommen.

Der Leiter der Volontäre begrüßte mich freundlich.

»Willkommen, Berit«, sagte er, »am besten stelle ich dich gleich der Moonqueen vor.«

»Mondkönigin« – so nannte man die junge Frau, die sich um die Volontäre kümmerte und auch danach schaute, dass der Wohnbereich, den man uns zuwies, sauber war. Helen kam aus England und erklärte mir gleich alles Mögliche, während sie mich zu meiner Unterkunft brachte.

Sie wies mir ein Doppelzimmer mit Stockbetten zu, das ich zunächst allein bewohnte, bis eine weitere Volontärin kommen würde. Es war an Einfachheit nicht zu überbieten, außer den Metallbetten mit dünnen Matratzen gab es nur einen Schrank, und als ich den öffnete, um meine Sachen darin unterzubringen, fiel er mir fast entgegen. Die Wände waren grau und fleckig.

»Komm doch erst mal mit zum Mittagessen«, sagte Helen, »dann lernst du gleich die anderen kennen.«

Sie führte mich zum Diningroom.

»Die Leute«, erklärte sie mir auf dem Weg dahin, »die zum *Kibbuz* gehören, heißen *Kibbuznik*. Außerdem leben noch Israeli bei uns, die eine Zeit lang hier arbeiten, aber keine *Kibbuznik* sind, die nennt man *Bombachs*. Dann gibt es noch die Thailänder. Und wir, na ja, das weißt du ja, wir sind die Volontäre aus dem Ausland.«

Im Diningroom gab es verschiedene Essen zur Auswahl, und

man konnte sich selbst bedienen. Ich sah Reis, Nudeln und in viel Öl gebratenes Fleisch, dazu diese typischen israelischen Gurken, die ich schon bei unserem Frühstück kennengelernt hatte. Außerdem Tomatensalat, *Chumus* und eine neue Paste, die ich noch nicht kannte.

»Das ist *Tahina*«, erklärte mir Helen, »eine Sesam-Paste.«

Ich nahm mir von allem ein bisschen und sah mich um. Es ging sehr lebhaft zu, rund sechzig Menschen saßen hier an drei langen Tischen. Ich suchte mir einen freien Platz und stellte mein Tablett ab. Neugierige Blicke wandten sich mir zu. Es saßen viele Männer an dem Tisch, und mir entging nicht, dass sie mich mit großem Interesse von Kopf bis Fuß musterten.

»Hallo«, sagte einer und strahlte mich an, »wen haben wir denn da?«

»Bist du neu hier?«, wollte ein anderer wissen, »woher kommst du?«

»Wie heißt du?« – und so ging es weiter. Bald war ich in ein angeregtes Gespräch verwickelt. Alle sprachen ziemlich gut Englisch. Nur einen attraktiven Mann mit dunklem Teint, der mir direkt gegenüber saß, konnte ich kaum verstehen, so stark war sein Akzent.

»Das ist Salim, unser Beduine«, sagte ein anderer, »sein Zelt steht unterhalb des *Kibbuz*. Er arbeitet mit uns zusammen und zeigt den Touristen, wie die Beduinen in der Wüste leben.«

»Genau«, sagte Salim und schenkte mir ein strahlendes Lächeln. »Komm doch mal in das Zelt und sieh es dir an!«

Sein Englisch klang für meine Ohren sehr seltsam, ich verstand ihn wirklich kaum. Doch mir war bewusst, dass auch meine Kenntnisse der Sprache, die ich aus meiner Schulzeit hatte, hier rasch an ihre Grenzen stießen.

»Willkommen in *Ein Gedi*, Berit«, sagte einer der Wortführer am Tisch und erhob sich feierlich, »ich bin mir sicher, wir werden eine lustige Zeit hier mit dir haben.«

Ein Gelächter erhob sich am Tisch, in dem eine gewaltige Portion Anzüglichkeit mitschwang. Na, das konnte ja heiter werden. Ich hatte es noch nie leiden können, wenn Männer derart deutlich zeigten, dass sie nur das Eine im Sinn haben. Auf der anderen Seite freute ich mich, dass man mich so offen aufnahm. Ich würde diesen Männern schon zeigen, dass Berit Kessler keine leichte Beute war.

In der ersten Nacht machte ich kaum ein Auge zu, denn die Klimaanlage in meinem Zimmer war kaputt, und es war heiß und stickig. Dennoch gewöhnte ich mich rasch ein. Zunächst wurde ich für die Küche eingeteilt. Sechs Tage die Woche, die in Israel am Sonntag beginnt, wusch ich nun täglich sechs bis acht Stunden lang Salat, schnitt Tomaten auf, schälte Gurken. An die sechshundert Menschen galt es satt zu bekommen, und so lernte ich, *Chumus* zuzubereiten und täglich tausend Fleischbällchen zu formen und anzubraten. Die Küche war einfach ausgestattet, es gab schlichte Metalltische, an denen das Essen in großen Wannen vorbereitet wurde. Hier war alles doppelt vorhanden, denn in der jüdischen Küche müssen Fleisch und Milchprodukte streng voneinander getrennt werden.

»In der *Thora* steht«, erklärte mir der Koch, »dass das Zicklein nicht in der Milch seiner Mutter gekocht werden darf. Wir nennen das koscher, und es ist wichtig, dass du das verstehst und einhältst!«, ermahnte er mich. Darum, so lernte ich, waren die Schüsseln für Fleischgerichte rot markiert, während die, in denen man mit Milchprodukten arbeitete, ein blaues Zeichen hatten. Da meist Volontäre, also Nicht-Juden, das Essen zubereiteten, war es wichtig, dass am Ende ein Jude das fertige Gericht noch einmal umrührte. Dann galt das Essen als koscher, denn ein Jude darf kein Essen zu sich nehmen, das von einem Nicht-Juden zubereitet wurde. Rührte ein Jude aber die von mir gekochte Suppe noch mal um, dann war es in Ordnung.

Fast täglich kam es vor, dass sich einer der Volontäre in den Finger schnitt. Dann wurde nicht etwa ein Pflaster darauf geklebt, so etwas gab es im gesamten *Kibbuz* nicht. Sondern man ...te Kaffee oder Paprika auf die Wunde. Zu meiner Verwunderung brannte das überhaupt nicht, die Wunde hörte sofort auf zu bluten und heilte schnell.

»Ist denn dieses Messer jetzt noch koscher, mit dem ich mich geschnitten habe?«, witzelte Susan, eine Volontärin aus England.

Wir lachten. Uns erschienen all diese Regeln merkwürdig. Doch gleichzeitig fand ich es auch interessant, die Sitten und Gebräuche eines anderen Volkes kennenzulernen.

Immer zu Wochenbeginn gab es neue Dienstpläne, und wir erfuhren, wo wir die nächsten Tage arbeiten würden. Ich wurde auch in anderen Bereichen eingesetzt, zum Beispiel im Gästehaus, wo ich die Zimmer der Hotelgäste sauber machte oder im Restaurant bediente. Einen schrecklichen Tag lang schickte man mich auch in die gefürchteten Ställe der angegliederten Truthahnfarm. Bei den Truthähnen zu arbeiten war unter den Volontären am wenigsten beliebt, und auch mir grauste davor: Morgens musste man durch die Ställe gehen und die Kadaver der Tiere aufsammeln, die in der Nacht entweder wegen der schlechten Haltung gestorben oder von Wüstenfüchsen gerissen worden waren. Danach wurden die überlebenden Truthähne mit Getreide gefüttert und mit Medikamenten versorgt. Auch das war unangenehm, denn die schweren Tröge hingen an Seilen in der Luft. Um die Futternäpfe herunterzulassen, musste man die Seile betätigen, und man riss sich dabei leicht die Hände auf, Handschuhe gab es keine. An dem Tag, als ich hier eingeteilt war, musste ich glücklicherweise nichts von all dem tun: Es wurden neue Elektroleitungen verlegt, und man brauchte jemanden, der die Löcher durch die Wände bohrte. Dazu war ich gern bereit. Mit der Bohrmaschine bewaffnet, brachte ich diesen Stalltag hinter mich.

Ein anderer äußerst unbeliebter Job war das Säubern der Toiletten in der zwei Kilometer entfernten Spa-Anlage, die ebenfalls zum *Kibbuz* gehörte. In diesem Heilbad gab es zwei heiße Schwefelquellen, außerdem werden dem Schlamm aus dem Toten Meer heilende Kräfte zugesprochen. Wenn die

Gäste nun während einer solchen Schlammpackung mal mussten, dann sahen die Toiletten danach entsprechend aus: völlig verdreckt und verschmiert. Wir Volontäre sollten dann alles wieder sauber machen, was jeder von uns hasste. Es gab viele, die sich schlichtweg weigerten, immer wieder die sanitären Anlagen im Spa von oben bis unten vom Schlamm zu reinigen, und die *Kibbuz*-Leitung schickte dann die Thailänder vor, die, ohne zu klagen, jede Arbeit erledigten, war sie auch noch so unangenehm. Es gab in *Ein Gedi* viele Thailänder, die für ein paar Jahre nach Israel kamen, um Geld zu verdienen, das sie Monat für Monat ihren Familien nach Hause schickten. Sie übernahmen die harte Arbeit im *Kibbuz*, verdienten etwas besser als wir Volontäre, sparten, wo sie konnten, um später nach ihrer Rückkehr in Thailand ein besseres Leben führen zu können. Diese Menschen wurden im *Kibbuz* ausgenutzt, sie arbeiteten schwer und verdienten doch vergleichsweise wenig. Mir taten vor allem die Frauen leid, wenn sie mir die Fotos ihrer Kinder zeigten, die sie teils seit Jahren nicht mehr gesehen hatten.

Wenn ich frei hatte, erkundete ich die Umgebung. Zunächst die Anlage selbst, die in einem wunderschönen botanischen Garten lag. Hier gab es neben den heimischen Palmen unzählige exotische Blüten und Bäume aus allen möglichen Kontinenten, Urwaldbäume mit Luftwurzeln, Schirmakazien, die ihre Äste weit über die Rasenfläche ausbreiteten, und zahlreiche andere Gehölze, die ich noch nie gesehen hatte. Auch vielerlei Arten von Kakteen wuchsen und blühten in geschmackvoll angelegten Beeten, und vor der Kulisse der kargen, steil aufsteigenden Felswände, die gleich hinter der Oase aufragten und ihr Schutz vor Wind und Wetter boten, wirkte diese Fülle an Vegetation und auch die Plantage mit Dattelpalmen wie ein kleiner Garten Eden.

Beim Baden im Toten Meer genoss ich das Gefühl, fast schwerelos in dem salzhaltigen Wasser zu treiben, den Blick auf die Berge Jordaniens jenseits des östlichen Ufers gerichtet. Und im Herbst, als die fast unerträgliche Hitze ein wenig nachließ, erkundete ich die beiden tief eingeschnittenen Täler der beiden Gebirgsbäche *Nahal Arugot* und *Nahal David*, denen die Oase ihre Fruchtbarkeit verdankte. Hier gab es spektakuläre Wasserfälle. Hier, inmitten der umliegenden Wüste, wachsen Palmen und Balsamsträucher, die vor allem am Abend einen betörenden Duft aussenden.

Jenen attraktiven Beduinen traf ich im »Moon«, dem Pub des *Kibbuz*, immer wieder. Er fiel mir eigentlich nur deswegen auf, weil er im Gegensatz zu all den anderen Männern im *Kibbuz* keine Anstalten machte, mich anzuflirten. Wenn wir uns trafen, wechselten wir ein paar Worte, und das war es. Dagegen gingen mir die anderen männlichen Wesen mächtig auf die Nerven: Jeden Abend schien es ein anderer darauf abgesehen zu haben, mich in sein Bett zu kriegen. Susan, wie so manch andere Volontärin, fand das offenbar nicht so schlimm.

»Was hast du nur«, wollte sie wissen, »ein bisschen Spaß dürfen wir doch schließlich haben. Ist denn von all denen hier keiner dabei, der dir gefällt?«

Ich zuckte die Schultern, denn mir war klar, dass Deutsche im *Kibbuz* alle denselben Ruf weghatten: dass man kaum an uns herankam, schon gar nicht für eine kurze Nacht …

»Susan«, scherzte ich, »ich weiß, dass dir Urs gut gefällt. Und ich glaube, er mag dich auch. Um mich brauchst du dich aber nicht zu kümmern. Ich bin ganz zufrieden so.«

Es würde wahrscheinlich nicht mehr lange dauern, und der *Kibbuz* hatte ein neues Volontärs-Pärchen. Ich aber war nicht hergekommen, um eine Affäre zu haben. Ich wollte frei sein und es auch bleiben, mich nicht binden, sondern jederzeit leichten Herzens irgendwo anders hingehen, wenn es mir in den Sinn kam. Mein Herz zu verlieren, das stand nicht auf meiner Agenda. Sollten sie ruhig Wetten abschließen. Ich würde mich weder mit einem dieser ewig Bier trinkenden Engländer noch mit einem der Skandinavier, auch nicht mit einem Russen oder gar einem Israeli einlassen. Und mit Urs aus der Schweiz schon gar nicht, da brauchte Susan keine Sorge zu haben.

Eines Tages sah ich auf dem Wochenplan, dass ich in Salims Zelt als Bedienung eingeteilt war. Hier wurden regelmäßig »Beduinen-Abende« abgehalten, und dieser Job war unter den Volontären beliebt, weil es hier fünfzehn Schekel die Stunde zusätzlich gab.

Wir Volontäre verdienten zweihundertzehn Schekel im Monat, das waren umgerechnet rund vierundvierzig Euro, da waren drei, vier Stunden in Salims Zelt ein guter Nebenverdienst. Und so zog ich mir ein paar Mal die Kleider einer Beduinenfrau an, verschleierte mich und servierte Touristen das Essen.

Salim arbeitete mit dem *Kibbuz* auf freier Basis zusammen. In seinem großen, gemütlich mit Teppichen und Matratzen eingerichteten Beduinenzelt, in dem er Gruppen von bis zu dreihundert Leuten unterbringen konnte, vermittelte er bei typischer Bewirtung und auf äußerst unterhaltsame Weise den Touristen aus dem Ausland, israelischen Reisegruppen und Schulklassen einen Eindruck vom Beduinenleben. Und wenn er auch sonst nur Jeans trug, so kleidete er sich für diese Anlässe in das traditionelle lange Gewand, den *Burnus*, und band sich die *Kafiya* um den Kopf, die wir als »Palästinensertuch« kennen.

»Weißt du, Berit«, erklärte er mir später einmal, »ich trag das Zeug nicht gern.«

Er schlüpfte immer erst dann in den *Burnus*, wenn der Bus mit den Touristen schon hielt, und zog ihn sofort wieder aus, nachdem die Gruppe abgefahren war.

»Die Touristen möchten eben einen authentischen Beduinen in seinen traditionellen Kleidern sehen«, sagte Salim, »und für ihr Fotoalbum wollen alle außerdem ein Bild mit mir.«

Während ich in seinem Zelt arbeitete, konnte ich beobachten, wie gut sich Salim zu verkaufen wusste. Ja, die Leute glaubten ihm jedes Wort. So erzählte er zum Beispiel gern, dass er für dieses Treffen mit seinem Kamel extra aus der Wüste nach *Ein Gedi* geritten sei. Dabei stand sein Subaru, ein Automodell, das in den Neunzigerjahren die meisten Beduinen fuhren, gut versteckt hinter dem Zelt, und unter seinem *Burnus* schaute die Jeans hervor. Ich staunte oft darüber, dass die Menschen das so gern glaubten, was sie glauben wollten. Dabei war Salim alles andere als ein einfacher Beduine, zweimal war er bereits in London gewesen, um dort Sprachkurse zu absolvieren, wie er mir erzählte.

Wenn ich in seinem Zelt zur Arbeit eingeteilt war, lauschte ich amüsiert seinen Vorträgen. Ich konnte sehen, dass die Touristen ihn liebten und ihm gebannt lauschten. Salim verstand es, ungemein lebendig zu erzählen, und oft würzte er seine Geschichten mit Anekdoten und Späßen. Seine schwarzen Augen sprühten dann Funken, und ich konnte verstehen, warum so manche Frau aus dem *Kibbuz* für ihn schwärmte. Aber das schien ihm nichts zu bedeuten. Ohnehin interessierte er sich ganz offenkundig nicht für uns Frauen, weder für uns Volontärinnen noch für die Israelinnen noch für die weiblichen Gäste aus dem Ausland.

Das Leben im *Kibbuz* bot nicht viel Abwechslung. Für größere Ausflüge war es im Sommer viel zu heiß. Zwar kamen täglich ein paar englischsprachige Zeitungen für uns, doch die waren in der Regel sofort vergriffen. Auch das Essen wiederholte sich Tag für Tag, es gab immer dieselben Salate, Hüttenkäse, *Chumus* und so weiter. Wasser, Kaffee und schwarzer Tee waren unsere Getränke. Abends traf man sich im Pub. Und hier ging es eigentlich nur darum, wer mit wem etwas anfing aus lauter Langeweile. Auch die Israeli machten sich an uns Europäerinnen ran, und ihre Masche war immer dieselbe: »Komm, lass uns ein bisschen spazieren gehen.« Dann hieß es: »Ach schau mal, da ist mein Zimmer. Und dort ist mein Bett.« Mit mir lief das nicht, doch das schien die Männer nur noch mehr anzustacheln. Ich empfand das als sehr lästig, denn jede Unterhaltung lief früher oder später auf diesen »Spaziergang« hinaus. Darum freute ich mich, als mich Salim eines Tages fragte, ob ich Lust hätte, mit ihm an einem Abend hinaus in die Wüste zu fahren. Ich hatte davon gehört, dass er hin und wieder mit seinem Subaru Volontäre mitgenommen und manche sogar seiner Familie vorgestellt hatte. Jeder wusste, dass man sich auf ihn verlassen konnte, dass er ein anständiger Kerl war und noch nie eine Frau belästigt hatte. Und so sagte ich gern zu, froh, einmal der *Kibbuz*-Routine entfliehen zu können.

Zum ersten Mal kam ich also weiter hinein in die Judäische Wüste, eine Fels- und Steinwüste von unglaublicher Schönheit. Während die Sonne unterging, färbten sich die Felsformationen in Rot-Violett-Töne, die Schatten schienen zu wachsen und aufzusteigen, bis schließlich das letzte Licht erlosch und die ersten Sterne aufgingen. Salim und ich sprachen nicht viel, und ich genoss in vollen Zügen dieses Naturschauspiel und die Stille. Wir erreichten einen Ort, der von Felsen auf mehreren Seiten geschützt war. Salim stellte den Motor ab.

Es war sehr still. Eben noch hatte der Motor gedröhnt, und nun stiegen wir aus, die Türen klappten zu, und ich sah mich verzaubert um. Am Horizont waren noch die letzten Spuren des Sonnenuntergangs zu erkennen, tiefviolette Streifen versanken in samtigem Indigoblau. In der Ferne, weit unter uns, glitzerte etwas: Es war ein Ausläufer des Toten Meeres.

Während ich so dastand und staunte, hatte Salim ein paar trockene Büsche samt Wurzeln herausgerissen, die hier vereinzelt wuchsen. Im Nu entzündete er ein flackerndes Feuer. Die Zweige prasselten lichterloh und die dicken Wurzeln hielten das Feuer in Gang. Aus einem Leinensäckchen schüttete Salim Mehl in eine zerbeulte Metallschale und goss Wasser darauf. Geschickt verarbeitete er das Ganze mit einer Prise Salz zu einem geschmeidigen Teig. Dann holte er einen metallenen Gegenstand aus dem Auto, der aussah wie ein Wok. Nur dass er ihn umgekehrt ins Feuer legte, mit der gewölbten Seite nach oben.

»*Brot*«, sagte er, während er einen großen runden Stein in die Mitte des Feuers platzierte und eine dünne runde Scheibe von diesem Teig darauf legte. Ich hatte davon gelesen, dass die Beduinen so ihr Brot zubereiten, und nun sah ich es selbst. Der Fladen blähte sich zischend in der Mitte auf, ein leckerer Duft stieg mir in die Nase. Mithilfe eines Stöckchens drehte Salim die Pita um. Kurze Zeit später warf er mir den heißen Fladen in den Schoß. Ich pustete, balancierte ihn von einer Hand in die andere, bis er nicht mehr zu heiß war.

»Iss«, empfahl Salim und sah mich von der Seite grinsend an. »Warm schmeckt es am besten!«

Er griff in seine Umhängetasche und zog ein Stoffpäckchen daraus hervor, legte es vorsichtig auf die Erde und wickelte es auf. Oliven kamen zum Vorschein, ein paar Tomaten und Gurken, die er mit seinem Klappmesser aufschnitt. Der Fels strahlte noch die Hitze des Tages ab, und selbst am Abend und in der Nacht würde es hier nicht sehr abkühlen, wie ich wusste.

Trotzdem stand Salim auf, ging zum Wagen und kam mit einer Decke wieder, die er mir über die Schultern legte. Ich entspannte mich und genoss es, dass mit Salim alles so einfach war. Da war keine Doppeldeutigkeit, keine Absicht in dem, was er tat. Seit Langem war er der erste Mensch, der mich einfach so nahm und sein ließ, wie ich war.

Wir sprachen wenig an diesem ersten Abend. Ich lauschte den Geräuschen der Wüste nach, die langsam aus der Stille herausstachen wie die Details aus einem monochromen Bild, das auf den ersten Blick einfach nur blau aussieht, und erst später entdeckt man die feinen Abstufungen. Hin und wieder sagte Salim etwas zu einem Tierruf, zu einem feinen Rascheln im Dornengebüsch. Schließlich, als ich dachte, dass es Zeit würde, zurückzufahren, ging Salim zum Wagen und machte sich am Heck zu schaffen. Als er zurückkam, schleppte er etwas hinter sich her.

»Was ist das denn?«, fragte ich.

»Eine Matratze«, war seine Antwort. »Ich hab mir gedacht, heute Nacht schlafen wir hier.«

In jener Nacht teilten wir uns diese Matratze, ganz unschuldig wie Bruder und Schwester. Wir waren Freunde, mehr nicht, und kein Funken Erotik schwebte über unserem Wüstenfeuer.

Oder doch? Heute fällt es mir unendlich schwer, jene Zeiten wieder auferstehen zu lassen, denn sie wurden überlagert von all den schrecklichen Erfahrungen, die ich in den vergangenen dreizehn Jahren machen musste. Diese ersten Begegnungen mit Salim hatte ich so erfolgreich verdrängt, dass ich sie fast schon vergessen hatte. Etwas in mir sträubt sich, diesen Mann wieder aus den Augen der jungen Frau zu sehen, die ich damals war. Der Salim von einst erscheint mir heute völlig fremd, so als sei er ein anderer als der, der mir heute meine Kinder streitig macht. Er muss ein anderer sein. Wie konnte er sich so verändern? Oder war er doch immer schon so, hatte es nur sorgsam vor mir und vielen anderen verborgen?

Und ich? Wer war diese Achtzehnjährige, die dort unter dem kristallklaren Sternenhimmel der Judäischen Wüste auf derselben Matratze schlief wie dieser junge Beduine, so vollkommen sicher ihrer selbst und der Tatsache, dass ihr nichts Schlimmes widerfahren konnte in seiner Gesellschaft?

Kai spricht im Schlaf, wirft sich herum. Es wird Zeit, für heute Schluss zu machen. Die Erinnerungen wühlen mich auf, und mein Kleiner scheint das zu spüren. Und doch, ich weiß, es muss sein. Will ich anderen erklären, wie alles kam, wie ich in die Situation kommen konnte, in der ich heute bin, muss ich mich meiner Vergangenheit stellen.

Kapitel 3

Zauber der Wüste

Schon früh hatte ich gelernt, dass man sich auf niemanden verlassen kann, außer auf sich selbst. Das machte mich bereits in jungen Jahren auf eine Weise erwachsen, die mir selbst nicht bewusst war.

Meinen Vater sah ich vorläufig zum letzten Mal, als ich vier Jahre alt war. Ich spielte selbstvergessen mit einem Kaufmannsladen, irgendein Erwachsener war bei mir, an den ich mich nicht erinnere, während meine Mutter und meine sechs Jahre ältere Schwester im Gerichtssaal nebenan dafür sorgten, dass sich das Schicksal unserer Familie auf eine radikale Weise wandelte. Davon hatte ich natürlich keine Ahnung.

Auf einmal öffnete sich die Tür, und mein Vater kam heraus. »Ich darf dich jetzt nicht mehr sehen, Berit«, sagte er zu mir, »deine Schwester hat gegen mich ausgesagt.« Dann ging er fort. Und ich spielte die ganze Zeit einfach weiter, so als hätte ich nichts gehört. Doch ich hatte sehr wohl gehört, und diese beiden Sätze brannten sich damals in mein Gedächtnis ein, nie werde ich sie vergessen.

Ich habe meinen Vater vermisst. Es gab noch ein paar kurze Begegnungen mit ihm, die sich ebenfalls in meine Erinnerung eingebrannt haben: Mein Vater steht am Zaun der Spielwiese meines Kindergartens. Er streckt die Arme nach mir aus, ruft nach mir. Doch die Kindergärtnerin zerrt mich von ihm weg, hinein ins Haus.

Nach der Scheidung schickte mich meine Mutter zu meiner Großmutter an die Ostsee, fünfhundert Kilometer von Jena entfernt. Nach Hause fuhr ich nur noch »auf Urlaub«, und jedes Jahr durfte ich entscheiden, ob ich bleiben oder wieder mit meiner Oma zurück an die Ostsee fahren wollte. Ich entschied mich so lange für meine Oma, bis ich zur Schule kam. Dann ließ mir meine Mutter keine Wahl mehr, viel lieber wäre ich für immer bei meiner Oma geblieben.

Meine Mutter und meine Schwester erlebte ich von klein auf als eingeschworenes Team, zu dem ich nicht gehörte. »Du bist wie dein Vater«, hörte ich meine Mutter oft sagen, und es klang nicht freundlich. Sie klagte darüber, dass mein Vater bei seinem Auszug alle Alben mit den Kinderfotos mitgenommen hatte, auch Kassetten mit Aufnahmen von meiner Schwester, auf denen sie sang.

In meiner Erinnerung war mein Vater, solange er bei uns war, immer freundlicher mit mir umgegangen als meine Mutter. Mein Kinderbett stand im Elternschlafzimmer, und wenn ich weinte, weil ich schlecht geträumt hatte, hätte er es gern erlaubt, dass ich mich zu ihnen legte, während meine Mutter mich sofort wieder zurück in mein Kinderbettchen verfrachtete. Doch wie viele Erinnerungen kann man bewahren von einem Vater, der nach den ersten vier Jahren aus seinem Leben verschwindet?

Meine Mutter erzählte mir nie, wo mein Vater nach der Trennung lebte. Und solange ich Kind war, wagte ich es nie, die Sprache auf meinen Vater zu bringen, ich fühlte, dass dies ein absolutes Tabuthema war. Auch später, als ich älter wurde und sie danach fragte, erhielt ich von ihr nicht das kleinste Detail, weder über seine Herkunft noch über seinen Verbleib. Ich wusste, dass er Doktor der Physik gewesen war, mehr nicht. Als ich für mein Studium einen BAföG-Antrag stellen wollte, brauchte ich seine Unterschrift. Es kostete mich ein Jahr, bis ich herausgefunden hatte, wo er lebte. Dabei wohnte er nur fünf Gehminuten von meiner Mutter entfernt in einer Straße, die ich zuvor Tausende Male entlanggegangen war. Als ich unangemeldet an dem Haus klingelte, war das sicherlich eine Überraschung für ihn. Es waren zwei Männer desselben Alters in der Wohnung, und ich musste sie fragen, wer von beiden mein Vater war, ich erkannte ihn nicht wieder. Sechzehn Jahre waren vergangen seit jenem Tag im Gericht, als er mir sagte, er dürfe mich nicht mehr sehen. Und nun war sein Interesse an mir offenbar ganz und gar erloschen.

Er bot mir keinen Stuhl an, schenkte mir kaum einen Blick. Füllte sofort das Formular aus, das ich mitgebracht hatte.

»Wie heißen Sie?«, fragte er mich emotionslos. »Wann sind Sie geboren?«

Ich war schockiert.

»Aber das musst du doch wissen«, sagte ich, »und warum sagst du Sie zu mir? Ich bin doch deine Tochter.«

Aber das war ich offenbar nicht mehr für ihn. Kann ich es ihm verdenken? Was macht das mit einem Vater, wenn er jahrelang sein Kind nicht sehen darf? Hat er gekämpft um mich, damals, als er zum Kindergarten kam und die Arme nach mir ausstreckte? Hat er den Kampf verloren und aufgegeben?

»Warum brauchen Sie BAföG?«, sagte dieser fremde Mann, der mein Vater war. »Schließlich zahle ich seit Jahren Unterhalt für Sie.«

Das war mir neu. Meine Mutter hatte stets behauptet, dass er keinen Pfennig für mich und meine Schwester bezahlen würde. Jetzt aber stellte sich das genaue Gegenteil heraus. Wo aber war das Geld geblieben? Ich hatte keine Antwort auf seine Frage, fühlte mich wie ein Getreidekorn, das zwischen zwei Mühlsteinen zerrieben werden soll. Ich war verletzt, enttäuscht, zum einen von meiner Mutter, was nichts Neues war. Aber auch von diesem fremden Mann, der mein Vater war – all die Jahre hatte ich mir versucht vorzustellen, wie er wohl sei. Auf diesen bitteren, kalten Mann war ich nicht gefasst gewesen.

Als das Formular ausgefüllt war, schickte er mich umgehend fort. Die Tür fiel hinter mir ins Schloss, und ich fühlte vieles gleichzeitig: Schmerz. Enttäuschung. Aber auch Erleichterung. Das war es nun also gewesen. Er hatte kein Interesse an mir. Also brauchte ich mir auch keine Gedanken mehr um ihn zu machen. Ich hatte das Kapitel »Vater« damals für immer abschließen wollen.

Nun, als ich mit Salim das erste Mal in die Wüste fuhr, war mein Vater nicht mehr als ein Phantom meiner Kindheit, ein Verlust, ein Geheimnis. Dass ich ihm noch einmal wiederbegegnen würde, davon konnte ich noch nichts ahnen.

Ja, ich war ahnungslos. Frei. Meine Kindheit lag hinter mir. Vor mir sah ich eine vielversprechende Zukunft. Alles war möglich. Ich hatte es in der Hand, ich allein. Und ich war entschlossen, das Beste aus meinen Chancen zu machen.

Mit dem Herbst kam die Zeit der großen jüdischen Feiertage. Das Laubhüttenfest, eine Art Erntedankfest, das gleichzeitig an die Rückkehr der Juden aus dem babylonischen Exil erinnern soll, ist eines der wichtigsten davon: Viele kleine Hütten, *Sukkot* genannt, wurden in der Gartenanlage aufgestellt. Dafür rammten wir Holzpfähle in den Boden, umkleideten sie mit Stoffbahnen und deckten sie mit Palmwedeln ab. In diesen Hütten wohnten die gläubigen Juden eine Woche lang, und während dieser Zeit gab es besonders leckeres Obst und viele Süßigkeiten, die man nur zu diesem Fest zubereitet. Bald danach war das jüdische Jahr zu Ende, und man feierte den Jahreswechsel. In Israel gibt es eine andere Zeitrechnung, denn natürlich beginnt sie nicht wie bei uns mit der Geburt von Jesus Christus. So kam es, dass man in Israel 1996 schon im Jahre 5756 lebte.

Natürlich nimmt die Religion in Israel einen hohen Stellenwert ein, ganz anders als in Deutschland. Die Juden leben mit ihrer Tradition, und bestimmte Regeln und Vorschriften haben direkte Auswirkungen auf den Alltag und das persönliche Leben jedes Einzelnen. Das schafft mitunter kuriose Situationen, vor allem am Shabbat. Einem Juden ist es nicht erlaubt, an diesem Tag zu arbeiten, ja, nicht einmal die kleinste Verrichtung vorzunehmen. Und eigentlich darf er am Shabbat auch keine Anweisungen erteilen.

Dennoch mussten die Hotelgäste auch am Shabbat versorgt werden – und genau dafür waren wir Volontäre da. Einmal verlangte eine Frau aus dem *Kibbuz*, dass wir die Klimaanlage voll aufdrehten. Den Gästen und uns Volontären wurde es aber viel zu kalt, und wir schalteten sie kurzerhand wieder aus. Die Frau war überhaupt nicht zufrieden und wollte unbedingt, dass wir sie wieder anschalteten, doch keiner von uns war bereit, das zu tun. Und sie selbst durfte es nicht – also musste sie sich damit abfinden, zu unserem großen Amüsement.

In den folgenden Wochen und Monaten fuhren Salim und ich immer wieder hinaus in die Wüste. Fasziniert lernte ich, wie man sich dort verhält, lernte am Feuer zu kochen und mich mit Sand zu waschen, statt mit Wasser. Salim zeigte mir Pflanzen, die ich zuvor überhaupt nicht wahrgenommen hatte, und Spuren von Tieren, von Vögeln und Reptilien, Insekten und kleinen Säugetieren. Wir beobachteten wilde Steinböcke und besuchten verborgene *Wadis*. Diese ausgetrockneten Flussläufe führten hier und dort aber doch noch Wasser, gespeist von geheimnisvollen Quellen und den Rinnsalen aus dem Gebirge. Hier erblühte eine ganz eigene Pflanzenwelt, und auch Tiere nutzten die *Wadis* als Tränken.

Schon seit einiger Zeit warb Salim mit all seinem Charme – und der war beträchtlich – um mich, er war in mich verliebt, das spürte ich. Auch ich fühlte mich zu ihm hingezogen, aber ich wehrte mich noch lange gegen meine Gefühle zu ihm, wollte ich mich doch in diesem einen Auslandsjahr auf keinen Fall binden. Ich sah keinen Sinn darin, für die wenigen Monate, die ich noch in Israel bleiben würde, eine Beziehung zu beginnen. Und auf nichts anderes als eine feste Beziehung hätte ich mich eingelassen, das wusste auch Salim. Aber zu Hause wartete mein Studienplatz auf mich, ich würde zurück nach Deutschland gehen, und das Letzte, was ich gebrauchen konnte, war eine Beziehung, die keine Zukunft hatte.

Dennoch suchte auch ich Salims Nähe und ließ keine Gelegenheit aus, mit ihm hinauszufahren in sein Land, damit er mir seine Geheimnisse zeigte. Und je mehr er mich in die verborgenen Reichtümer dieser herben Wüstenlandschaft einweihte, desto näher fühlte ich mich ihm und desto heftiger verliebte auch ich mich in ihn. Salim bedeutete mir trotz aller Vorbehalte, die ich hatte, inzwischen sehr viel. Mit niemandem sonst fühlte ich mich so wohl, geborgen und dennoch frei.

So kam es, dass wir leise, still und heimlich, vor allen anderen aus dem *Kibbuz* verborgen, doch ein Liebespaar wurden. Unsere Liebe war für uns etwas so Kostbares, dass wir sie noch einige Monate lang vor aller Welt geheim hielten. In dieser *Kibbuz*-Welt, wo einer so eng auf dem anderen hockte, wo es so gut wie kein Privatleben geben konnte, schafften Salim und ich es, uns diese Nische zu schaffen und zu bewahren und vor allen neugierigen Blicken zu schützen.

Salim hatte nie zuvor eine Affäre mit einer Volontärin im *Kibbuz* gehabt, obwohl er bereits seit fünf Jahren dort arbeitete. Und als die anderen endlich von unserer Beziehung erfuhren, konnten sie es kaum fassen. Im Grunde jedoch waren wir uns ziemlich ähnlich: Wir beide liebten die Natur, beide legten wir großen Wert auf unsere Freiheit. Wir liebten es, gemeinsam zu lachen. Außerdem mochte ich es, wie er mit wenigen, ausdrucksstarken Gesten seiner Hände seinen Worten Gewicht verlieh, und wie gebannt ihm die anderen dann lauschten. Seine Meinung war gefragt, und er hatte zu allem etwas Wichtiges zu sagen.

Wie gesagt, ich hatte nicht vorgehabt, eine Beziehung einzugehen. Und noch immer fühlte ich mich frei, denn auch Salim strahlte diese Unabhängigkeit eines Nomaden aus. Mitunter machte ich mir Gedanken, wie es wohl mit uns weitergehen sollte, doch im Grunde versuchte ich im Hier und Jetzt zu leben. Ich war jung, und verliebt. Und glücklich, wie noch niemals zuvor.

Kurz nachdem wir ein Paar geworden waren, fuhr Salim mit mir für drei Tage in den *Negev*, eine Stein- und Felswüste, die sechzig Prozent des Staates Israel bedeckt und zwölftausend Quadratkilometer groß ist. In diesem riesigen, V-förmigen Gebiet, so erklärte mir Salim, leben nur zehn Prozent der israelischen Bevölkerung.

»*Negev* bedeutet Süd-Land«, erklärte mir Salim, »in unserer Sprache *an-Naqb*.«

Wir besuchten seine Mutter und eine seiner Schwestern, außerdem noch einen Bruder. Seinen Geschwistern erzählte er von unserer Beziehung, seiner Mutter dagegen stellte er mich als Volontärin vor, die das Beduinenleben kennenlernen wollte. Mir war das nur recht, denn ich hatte keine Lust, von einer Beduinenfamilie vereinnahmt zu werden. Ich fand es allerdings spannend, mehr über seine Familie und seine Jugend zu erfahren.

Er hat sieben Schwestern und vier Brüder. Sein Vater, der bereits gestorben war, hatte neben Salims Mutter noch eine zweite Frau gehabt und auch mit ihr Kinder gezeugt.

»Haben die Beduinen alle mehrere Frauen?«, war eine der von den Hotelgästen häufig gestellten Fragen im Beduinenzelt des *Kibbuz*. Mir erklärte Salim stets, dass er nichts von Polygamie hielt, ja, er machte sich stets lustig über seine Stammesgefährten, die mehrere Frauen heirateten. Vor den Touristen allerdings gab er sich als traditionsbewusster Beduine und band ihnen gern einen Bären auf.

»Ich habe vier Frauen, aber ich sage Ihnen: Es ist die Hölle!«, jammerte er dann. »Sie machen sich ja überhaupt kein Bild, was für ein Stress das für uns Männer ist. Stellen Sie mal eine Frau zufrieden – nicht wahr mein Herr, Sie wissen, was ich meine! Ich aber habe vier Frauen! Ständig zanken die sich. Und jede will Geld von mir …«

Die weiblichen Gäste empörten sich dann oft, und Salim und wir anderen, die wir ja wussten, dass er sich nur einen Scherz erlaubte, amüsierten uns köstlich.

Im privaten Kreis kritisierte er Mehrfachehen. Außerdem verstößt dies in Israel ohnehin gegen das Gesetz, das selbstverständlich auch für die hier lebenden Beduinen gilt. Polygamie wird mit bis zu vier Jahren Gefängnis bestraft – doch wo kein Kläger ist, gibt es auch keine Strafen, und auch heute noch gibt es in Salims Familie Fälle von Mehrfachehen. Nur wenige

Jahre später sollte Salims Schwester selbst in eine solche Situation geraten: Lange war sie die einzige Frau ihres Mannes gewesen. Da sie allerdings keine Kinder bekommen konnte, nahm ihr Mann eine jüngere Frau dazu. Sie wehrte sich dagegen, wollte sich sogar scheiden lassen, doch die Familie akzeptierte ihren Wunsch nicht, und so musste sie bleiben und ihren Mann mit der neuen Frau teilen. Dass derselbe Salim, der zu dem Zeitpunkt, als ich mich in ihn verliebte, so vehement gegen die Polygamie gewesen war, einmal seine eigene Schwester dazu zwingen würde, bei ihrem Mann zu bleiben, hätte ich mir damals allerdings nicht träumen lassen. Wie so vieles andere auch nicht.

Um Salims Bruder zu treffen, mussten wir in Richtung Süden fahren, denn er lebte weit weg vom Stamm draußen in der Wüste. Jamal war ein Einzelgänger, der das traditionelle halbnomadische Leben weiterführen wollte, so wie es früher war. Er besaß eine Herde von fünfzehn Kamelen, und oft war er wochenlang mit ihnen und seinem Hund dort draußen in der Wüste, und keiner wusste, wo er sich genau aufhielt. Sein Zelt, das er immer wieder aufsuchte, hatte er in einem *Wadi* in der Nähe eines Städtchens namens *Mitzpe Ramon* aufgestellt, nicht weit von einem Armee-Camp entfernt. Er hatte ständig Ärger mit den Behörden, denn in dieser Gegend durfte man keine Zelte aufbauen – und doch war es altes Beduinenland. Mit der Gründung des Staates Israel, so erfuhr ich, wurden die Beduinen enteignet, ihnen gehört heute kein Land mehr. Jamal aber wollte sich damit nicht abfinden.

War Jamal unterwegs bei seinen Tieren, dann ernährte er sich tagelang nur von Kamelmilch, und auch in seinem Zelt gab es außer Olivenöl, Tee, Kaffee und einem Sack Mehl keine Lebensmittel. Beduinen essen hauptsächlich Fladenbrot, wie jenes, das auf dem gewölbten Metallblech gebacken wird. Außerdem gibt es noch das sogenannte *Libbe*, ein rund zwei Zentimeter dicker Fladen, der in der heißen Asche gebacken wird. Oft vermischen die Beduinen das Fladenbrot mit Kamel- oder Ziegenmilch und träufeln Olivenöl darüber. Oder man kocht eine Suppe, in die man das Brot hineinrührt. Später lernte ich, dass im Frühjahr, wenn der Regen kommt, die Wüste grün wird und alle möglichen Pflanzen sprießen. Einige davon kann man ernten und daraus wohlschmeckende Gerichte zubereiten. Ja, es gibt sogar an einigen Stellen Trüffel unter dem Wüstenboden, und ein paar Mal rösteten wir diese Köstlichkeiten über dem Feuer.

Ehe wir damals Salims Bruder Jamal besuchten, machten wir in dem Wüstenstädtchen *Mitzpe Ramon* halt, das direkt am steil abfallenden Rand des Kraters lag und wirkte, als hätte ein Riese beim Vorübergehen eine Handvoll sandfarbener und weißer Quader verstreut.

»Zuerst war das hier nicht mehr als ein Camp für die Bauarbeiter, die die Straße hinunter in den Süden nach Eilat bauten«, erklärte mir Salim, als wir die kleine Stadt durchquerten. »Dann haben sich Leute hier niedergelassen. Solange der einzige Weg in den Süden hier entlangführte, kamen hier viele Menschen durch. Doch inzwischen gibt es die Schnellstraße im Aravatal. Mehr als fünftausend Menschen leben hier nicht.«

Wir kauften in einem Supermarkt ein paar Lebensmittel ein, damit wir nicht mit leeren Händen zu Salims Bruder kamen und gemeinsam etwas kochen konnten.

Jamal freute sich über die Abwechslung und bereitete für uns diesen typischen Tee der Beduinen zu, für den Schwarztee mit Wüstenkräutern und viel Zucker lange gekocht wird.

»Gefällt es dir hier?«, wollte Jamal von mir wissen.

»Sehr«, antwortete ich.

»Der *Negev*«, begann Jamal zu erzählen, »war einst das Land der Beduinen. Doch die Israeli haben die meisten von uns nach 1948 vertrieben. Sie wollen nicht, dass wir hier so leben wie früher. Darum haben sie Gesetze geschaffen, die unser traditionelles Leben unmöglich machen. Seit jeher leben wir Beduinen von der Viehzucht, wir halten Kamele und Ziegen. Doch die Israeli haben beschlossen, dass im *Negev* keine Tiere mehr weiden dürfen. Darum muss ich meine Kamelherde vor ihnen verstecken.«

»Keiner kennt den *Negev* so gut wie mein Bruder«, warf Salim ein.

»Bring sie mal nach *Ramat Chovav*«, fuhr Jamal zornig fort, »alles, was sie im Norden nicht haben wollen, das schicken sie zu uns. Dort findest du das größte Sondermülllager und riesige Anlagen chemischer Schwerindustrie. Aber nein, wir Beduinen sollen es sein, die die Wüste mit unseren Herden zerstören. Wäre es nicht so traurig, man könnte darüber lachen.«

»Reg dich nicht auf, Bruder«, sagte Salim und erhob sich. »Du weißt, wir sind schlauer als sie. Deine Kamele werden sie nicht finden. Und eines Tages, wer weiß, werde ich vielleicht auch welche haben. Komm«, sagte er zu mir, »ich will dir etwas zeigen.«

Wir stiegen auf einen Berg, der Jamals Zelt gegenüberlag. Als wir oben waren, wurde Salim ganz still, und ich merkte, dass ihn etwas tief bewegte.

»Siehst du da unten die dunklen Flecken im Sand?«, fragte er mich schließlich. Ja, ich konnte sie erkennen, große dunkle Flecken wie Schatten auf dem Wüstensand.

»Da unten hat meine Familie lange gelebt. Die Flecken zeigen noch nach über zwanzig Jahren an, wo einmal unsere Zelte standen.«

Ich versuchte, mir vorzustellen, wie es gewesen sein musste, zählte die Flecken, sah im Geiste die Zelte an diesen Stellen. Also war Jamal an den Ort seiner Kindheit zurückgekehrt. Nun verstand ich, warum er so zornig war und sich nicht vertreiben lassen wollte. Die Beduinen waren zuerst hier gewesen. Dieser Hügel, auf dem ich stand, war für Salim und seine Geschwister einst Spielrevier und Hausberg gewesen, lange bevor die Israeli ein Militär-Camp hierher verlegten.

»Kannst du da unten den Stein sehen?«, unterbrach Salim meine Gedanken. Wieder nickte ich. »Auf diesem Stein hat mich meine Mutter geboren.«

Ich war sprachlos. Auf einem Felsen hatte seine Mutter entbunden? Doch Salim war noch nicht fertig.

»Bei der Geburt schlug mein Kopf gegen den Stein. Die ersten vier Jahre meines Lebens sprach ich kein Wort. Dann gab mir meine Mutter die Milch einer Eselin zu trinken. Kurz darauf fing ich an zu sprechen.«

»Wegen der Eselmilch?«, fragte ich ungläubig.

Salim zuckte die Schultern und lachte.

»Frag meine Mutter«, sagte er, »sie ist noch heute davon überzeugt, dass es an der Eselmilch lag.«

Wir stiegen hinunter zu Jamal, verabschiedeten uns etwas später von ihm und fuhren weiter.

»Jetzt zeige ich dir den schönsten Ort im *Negev*«, sagte Salim, »so etwas hast du noch nie gesehen.«

Wir fuhren in den *Machtesh Ramon*, einen gigantischen, an der breitesten Stelle vierzig Kilometer messenden Krater, der über die Jahrmillionen durch Erosion und Ausschwemmungen entstanden ist. Natürlich hatte ich schon von ihm gehört, viele unserer Hotelgäste machten Tagestouren hierher. Die Erosion hatte unzählige Gesteinsschichten freigelegt, die in vielfältigen Farbnuancen schimmerten: Von fast Weiß über Grau und Grün changierten die Gesteine ins Gelbliche, und ich sah, je nach den Lichtverhältnissen, alle Schattierungen, von Orange- bis Rottönen. Der Krater steht unter Naturschutz, *Ranger* kontrollieren dieses weitläufige Gebiet, denn hier darf man nur auf offiziellen Campingplätzen übernachten. Feuer außerhalb dieser ausgewiesenen Stellen ist streng verboten. Doch die Beduinen interessiert das wenig.

»Ich weiß, wo wir übernachten können, ohne dass die *Ranger* uns sehen«, versicherte mir Salim. »Den Krater kenne ich wie meine Westentasche, viel besser als die.«

Und nun erhielt ich eine eindrucksvolle Lektion darüber, wie man in der Wüste Auto fährt, ohne Aufmerksamkeit zu erwecken oder Spuren zu hinterlassen: Salim fuhr sehr langsam, gab wenig Gas, damit die Reifen seines Subaru keine tiefen Spuren hinterließen. Außerdem achtete er darauf, immer auf festem, steinigem Untergrund zu fahren. Mussten wir doch einmal ein Stück über sandigen Boden zurücklegen, dann stieg er aus und schüttete Wasser auf unsere Reifenspuren, was in der Wüste rasch verdunstet und alle Spuren beseitigt.

»Die *Ranger*«, sagte Salim verächtlich, »fahren sowieso nur die ausgewiesenen Wege entlang. Und wenn sie da nichts zu sehen kriegen, finden sie uns nicht.«

Wir legten den Weg trotz Dunkelheit ohne verräterisches Licht zurück. Salim benutzte außerdem ausschließlich die Handbremse, damit die Bremslichter nicht aufglühten.

»So sehen sie uns auch von *Mitzpe Ramon* aus nicht, keiner kann uns so lokalisieren.«

Ich fühlte mich wie in einem spannenden Abenteuer, und als Salim seinen Subaru in ein *Wadi* hineinsteuerte, klopfte mir das Herz vor freudiger Aufregung bis zum Hals. Schließlich brachte er das Auto zum Stehen.

»Hier findet uns keiner«, sagte er, legte den Arm um mich und zog mich zärtlich an sich.

Später entzündeten wir im Schutz der Felsen, die das *Wadi* umgaben, ein Feuer, kochten uns etwas und backten Fladenbrot in der heißen Asche. Die Flammen ließen unsere Schatten an den Felswänden tanzen. Ich fühlte mich so frei und glücklich wie noch nie zuvor in meinem Leben. Und während wir uns später liebten, hörten wir Wölfe in der Ferne heulen.

Am nächsten Morgen fuhren wir nach *Tlalim*, einem *Kibbuz* rund vierzig Kilometer von *Mitzpe Ramon* entfernt. Salim hatte dort ein Haus gemietet, in dem er wohnte, wenn er in den *Negev* fuhr. Es war ein einfaches Haus, jedoch mit einigem Komfort: Stolz zeigte mir Salim einen Kühlschrank und einige andere Elektrogeräte. Ich ging durch die kleinen Räume und dachte mir: »Hier wohnt er also, wenn er nicht im *Kibbuz* ist.« Und ich hatte das Gefühl, wieder etwas mehr von diesem Mann, den ich liebte, erfahren zu haben.

Am selben Abend noch hatte Salim im *Kibbuz Ein Gedi* eine Touristengruppe zu betreuen, und auch ich musste am Tag darauf wieder arbeiten. Also traten wir den Heimweg an. Als wir hinter *Mitzpe Ramon* die Straße nach Norden einschlugen, sahen wir schwarze Wolken über den Judäischen Bergen. Dort ging ein starker Regen nieder, und seine Auswirkungen sollten wir kurz darauf zu spüren bekommen: Im Nu führten die *Wadis*, die ins Tote Meer hinein mündeten und normalerweise bis auf einige Rinnsale ausgetrocknet waren, riesige Wassermengen und wurden zu reißenden Flüssen. Als unsere Straße das Ufer des Toten Meeres erreichte, war sie überschwemmt, an manchen Stellen stand das Wasser gefährlich hoch. Wir hielten an und ließen ein paar Geländewagen passieren. Salims Subaru war allerdings nicht für die Durchquerung von solchen Wasserständen geeignet, und so warteten wir eine Weile ab. Schließlich hörte das Wasser auf zu steigen und begann sogar, langsam wieder abzufließen. Salim sah auf seine Uhr.

»Viel Zeit bleibt mir nicht mehr«, sagte er. »Ich denke, wir sollten es jetzt versuchen.«

Wir stiegen ins Auto und fuhren los. Salim steuerte beherzt seinen Wagen in die Wasserfluten, und anfangs sah es auch so aus, als könnten wir es schaffen. Doch dann erreichten wir die tiefste Stelle, wo das Wasser fast bis ans Autofenster reichte, und blieben plötzlich stecken. Die Räder drehten durch, so sehr Salim es auch versuchte, wir kamen nicht weiter. Von außen schlugen die Wassermassen gegen den Wagen. Ich merkte, wie meine Füße in meinen Sandalen nass wurden.

»Das Wasser läuft ins Auto!«, rief ich.

Salim nickte finster.

»Bleib du ganz ruhig«, sagte er und schwang sich mit dem Oberkörper aus dem offenen Fenster. Im Nu war er aufs Dach geklettert. Von dort hörte ich, wie er im *Kibbuz* anrief.

»Sie schicken jemanden«, sagte er ruhig, »die ziehen uns raus.«

So war es auch, es dauerte nicht lange, und ein großer Geländewagen kam angefahren.

»Na, Salim«, witzelten die beiden Israeli, als sie uns sahen, »da ist dein Wüstenschiff wohl auf Grund gelaufen?«

Keine fünf Minuten später hatten sie uns aus dem Schlammloch gezogen, und der Subaru fühlte wieder festen Grund unter den Rädern. Wir ließen uns bis zum *Kibbuz* abschleppen. Als wir dort auf dem Parkplatz die Wagentüren öffneten, floss die ganze Soße heraus. Noch nach Wochen konnte man die Spuren unseres Abenteuers dort erkennen.

Wie gefährlich diese Situation tatsächlich war, habe ich erst sehr viel später realisiert, als ich Berichte über tödlich verunglückte Touristen las, die bei einer ähnlichen Gelegenheit ums Leben gekommen waren. So friedlich und still die *Wadis* auch wirken, wie trocken ihr Bett auch aussehen mag, so können sie doch innerhalb von wenigen Minuten zu reißenden Flüssen werden, wenn im Gebirge ein starker Regen niedergeht. Denn in dieser Felslandschaft kann das Wasser kaum versickern, es sammelt sich und sucht sich seinen Weg hinunter ins Tal.

Damals vertraute ich völlig auf Salim. Ich hatte ihn immer als vernünftigen und vorsichtigen Autofahrer kennengelernt, ganz anders als andere Beduinen, zu denen ich mich kein zweites Mal in den Wagen setzte. Salim wusste ganz genau, was er seinem Subaru zutrauen konnte und was nicht. An seiner Seite fühlte ich mich sicher und geborgen.

Kapitel 4

Unterwegs

Ich war ursprünglich nach Israel aufgebrochen, um möglichst viel von diesem faszinierenden Land zu sehen. Der *Kibbuz* war eine ideale Ausgangsbasis für kürzere Ausflüge in der südlichen Landeshälfte, und gemeinsam mit anderen Volontärinnen, mit denen ich mich angefreundet hatte, unternahm ich Touren ins Naturreservat von *Ein Gedi* und nach *Masada*, jener legendären Festung, die ganz in der Nähe lag und zu der wir als Volontärinnen freien Eintritt hatten. Wann immer es möglich war, sammelte ich freie Tage, indem ich an den normalerweise freien Samstagen arbeitete. Ich wollte unbedingt in den *Sinai* fahren, und Monika, eine Kollegin von mir, war ebenfalls interessiert, diesen legendären Landstrich zwischen dem ägyptischen Festland und der arabischen Halbinsel kennenzulernen. Nach einer wechselvollen Geschichte gehört sie seit 1982 wieder zu Ägypten. Und so erkundigten wir uns, wie wir am besten dort hinkommen könnten.

Salim fiel aus allen Wolken, als ich ihm von unseren Plänen erzählte.

»Das ist überhaupt keine gute Idee«, sagte er besorgt, »weißt du nicht mehr, was Ildir erzählt hat? Es gibt Kräuter, die eine Frau gefügig machen, und die Beduinen, die in dieser Gegend leben, kennen die genauso gut wie wir.«

Ich erinnerte mich. Ildir war ein Bekannter von Salim, der uns einmal während eines Abends in der Wüste besucht hatte.

»Ich hab es dir damals nicht übersetzt«, fügte Salim hinzu, »aber Ildir hat erzählt, wie er einmal eine Touristin ins Bett gekriegt hat, nachdem er ihr diese Kräuter in den Tee gemischt hatte. Sie konnte sich hinterher an nichts mehr erinnern. Genau das machen sie in *Dahab* auch. Gerade auf Mädchen wie euch beiden mit hellen Haaren und blauen Augen haben sie es besonders abgesehen!«

Als er merkte, dass ich mich von meinem Plan nicht abbringen ließ, schärfte er uns ein, dass wir niemals gemeinsam in demselben Restaurant essen sollten, damit wenigstens eine von uns beiden noch zurechnungsfähig bliebe und Hilfe holen könnte. Ich versprach, vorsichtig zu sein, denn tatsächlich war es schon damals nicht ganz ungefährlich, in den *Sinai* zu reisen. Heute hat sich die Lage noch verschärft, zahlreiche blutige Terroranschläge trafen die Touristenorte am Roten Meer, aber damals war es durchaus noch möglich, dorthin zu fahren.

Wir nahmen den Bus bis nach *Eilat*, der südlichsten Stadt Israels. Die Route führte die ganze Zeit an der Grenze zu Jordanien entlang. An der Grenze zum *Sinai* wurden wir akribisch kontrolliert, mussten unsere Rucksäcke auspacken und erklären, was wir in Israel machten und wohin wir wollten. Als wir über der Grenze waren, schlossen wir uns anderen Touristen an und nahmen gemeinsam ein Taxi nach *Dahab*, dem Ferienort an der Ostküste. Wir hielten uns weitgehend an Salims Rat und blieben in den Touristenzentren, schnorchelten im unter Tauchern berühmten Blue Hole am Golf von Aqaba, wo eine große Vielfalt an Korallen und Fischen lebte. Von hier aus unternahmen wir einen Ausflug zum Berg Sinai, den wir nachts bestiegen, um auf diesem eindrucksvollen Gipfel den Sonnenaufgang zu erleben. Als es Tag geworden war, machten wir uns an den Abstieg und besuchten das Katharinen-Kloster, das als eins der ältesten christlichen Klöster erstaunlich gut erhalten ist. Es wurde ein unvergessliches Erlebnis, und da wir uns nicht abseits der üblichen Reiseorte aufhielten, hatten wir überhaupt nicht das Gefühl, irgendwie in Gefahr zu sein.

Im Dezember, nachdem ich meine Arbeit im *Kibbuz* beendet hatte, brach ich gemeinsam mit einer weiteren Volontärin namens Iris auf in den Norden. Iris hatte eine Cousine, die als Journalistin für einen deutschen Sender in *Jerusalem* arbeitete.

Diese Cousine war gerade in Deutschland im Urlaub und hatte Iris angeboten, dass sie zwei Wochen lang ihre Wohnung benutzen durfte.

»Willst du nicht mitkommen?«, fragte sie mich. »Wir könnten uns zusammen in Ruhe die Stadt ansehen.«

Das ließ ich mir nicht zweimal sagen, und Iris und ich hatten eine wundervolle Zeit in *Jerusalem*. Zurück in *Ein Gedi* nahm ich im Januar 1997 eine Stelle in der *Field School* an, die kaum einen Kilometer vom *Kibbuz* entfernt lag. Die *Field School* war eine Art *Hostel*, das hauptsächlich für Schulklassen eingerichtet war, die für mehrtägige Exkursionen zu uns kamen – ähnlich wie Landschulheime bei uns in Deutschland. Hier direkt im Naturschutzgebiet in unmittelbarer Nähe zum *Nahal David* und mit Blick auf das Tote Meer erhielten die Schüler vor Ort Anschauungsunterricht im Fach Naturkunde. Ich arbeitete in der Küche und im Diningroom, wo es ganz schön wild herging. Ich konnte es manchmal kaum fassen, welchen Lärm diese Kinder machten, sie waren so laut, dass ihre Lehrer sich im Diningroom oft nur mit einem Megafon Gehör verschaffen konnten. Nach den Mahlzeiten sollten die Kinder die Reste auf ihren Tellern in Mülleimer werfen und das leere Geschirr in eine große Plastikwanne stellen. Daran hielten sich kaum welche von diesen kleinen Rabauken, die Teller samt Essensreste flogen in die Wanne, dass es nur so knallte.

Es kamen auch oft Familien für ein Wanderwochenende zu uns. Gemeinsam mit fünf anderen jungen Leuten aus der ganzen Welt sorgte ich für die Mahlzeiten.

Wir bewohnten alle gemeinsam ein kleines Haus mit drei Räumen und teilten uns je zu zweit ein Zimmer. Ich war es vom *Kibbuz* gewohnt, so eng mit anderen zusammenzuwohnen, und hatte grundsätzlich kein Problem damit. Hier in der *Field School* allerdings hatte ich eine Zimmergenossin, mit der ich überhaupt nicht glücklich wurde. Die junge Engländerin war ständig betrunken, was das Zusammenleben sehr schwierig machte. Netterweise boten mir meine Kollegen einen Zimmertausch an, den ich dankbar annahm. So kam es, dass ich nun mit einem jungen Mann das Zimmer teilte, der aus Frankreich kam. Ich sah darin überhaupt kein Problem, doch Salim war anderer Ansicht. Dummerweise erfuhr er von dem Zimmertausch an jenem Abend nicht direkt von mir, sondern von einer holländischen Kollegin, die es ihm brühwarm erzählte, als er mich abholen kam.

»Wie kannst du so was machen!«, fragte er mich aufgebracht, nachdem wir allein waren. »Mit einem Mann im selben Zimmer schlafen! Bist du etwa nicht mit mir zusammen?«

»Salim«, versuchte ich, ihn zu beruhigen, »René ist schwul, er liebt Männer. Und außerdem hat es doch nichts zu bedeuten, mit wem ich das Zimmer teile.«

Dass Salim damit ein Problem hatte, konnte ich einerseits verstehen. Er ging von den israelischen Männern im *Kibbuz* aus, die keine Gelegenheit ausließen, um eine Volontärin ins Bett zu kriegen.

»Wir Europäer ticken anders als die Israeli«, versuchte ich, ihm zu erklären.

»Männer sind Männer«, erklärte er finster, »früher oder später wirst du mit ihm schlafen.«

Wir fuhren vom Plateau, auf dem die *Field School* lag, hinunter zu den Dattelpalmen, wo wir Hilal, einen Freund von Salim trafen. Hilal hatte eine Weile in Deutschland gelebt und sprach die deutsche Sprache. Zum Glück kannte er unsere westlichen Gepflogenheiten und war einer der aufgeschlossensten Beduinen, die ich kennenlernte. Als Salim ihm erzählte, worüber er sich so aufregte, lachte Hilal ihn nur aus.

»Mein Freund«, sagte er, »hast du nicht auch oft junge Ausländerinnen mit in die Wüste genommen und mit ihnen die Nacht da draußen verbracht, ohne dass du gleich Sex mit ihnen hattest? Wenn Berit dir sagt, dass sie dir treu ist, dann kannst du ihr wirklich glauben.«

Schließlich akzeptierte Salim meine Entscheidung. Und selbst als René abreiste und ein junger Südafrikaner in mein

Zimmer einzog, sagte er kein Wort mehr dazu – obwohl mein neuer Zimmergenosse nicht homosexuell war. Tatsächlich war es aber auch so, dass ich recht selten in meinem Zimmer in der *Field School* schlief, eigentlich nur dann, wenn Salim seine Familie im *Negev* besuchte. Ansonsten verbrachten wir die Nächte gemeinsam.

In der *Field School* arbeiteten wir zehn bis zwölf Stunden am Tag: Früh um sechs Uhr ging es los, und oft endete unser Arbeitstag erst abends gegen zehn. Manchmal hatten wir am Nachmittag drei, vier Stunden frei, dann genoss ich die Außenanlagen der *Field School*, die herrlich gelegen war mit Blick auf den berühmten *Nahal David* und seinen Wasserfall. Auf dem Gelände gab es Steinböcke, und ich liebte es, dort spazieren zu gehen in den wenigen freien Stunden, die mir hier blieben. Manchmal hatte auch Salim Zeit, und dann verbrachten wir diese heißen Nachmittagsstunden gemeinsam im Schatten der Bäume. Jeden Abend holte er mich ab, nachdem er sein Touristen-Programm beendet hatte. Dann fuhren wir hinaus in die Wüste und verbrachten die Nacht dort. Hin und wieder, wenn es schon sehr spät geworden war, schliefen wir in Salims Beduinen-Zelt am Rande des *Kibbuz*, und am Morgen brachte er mich rechtzeitig zurück zur *Field School*.

Im Frühjahr packte mich erneut die Reiselust. Ich wollte unbedingt den Norden Israels besuchen. Dafür ließ ich mir vier Wochen Zeit und plante ganz genau meine Route: Zuerst fuhr ich zurück zu meinem Ausgangspunkt *Tel Aviv*, wo ich vor mehr als einem halben Jahr angekommen war, voller Vorfreude und Spannung auf das, was mich erwarten würde. Wie viel war inzwischen doch passiert! Von *Tel Aviv* reiste ich weiter nach *Haifa* und dann an den See Genezareth.

Wenn ich reise, studiere ich meine Reiseführer und mache mir Listen von den Orten und Sehenswürdigkeiten, die ich besichtigen will. Und doch plane ich immer noch ein wenig Extrazeit für Unternehmungen ein, für Orte oder Sehenswürdigkeiten, die ich unerwartet entdecke oder die mir in den Youth

Hostels andere Backpacker empfehlen. Diese Mischung aus geplanter und spontaner Reise hat sich für mich immer wieder bewährt, so auch in *Tiberias*, als mir ein junges Paar aus Australien vorschlug, mit ihm den See Genezareth mit dem Fahrrad zu umrunden – ein unvergessliches Erlebnis. Von dort reiste ich weiter in den Norden nach *Dan* und *Banyas* nahe der syrischen Grenze, wo ich unglaublich grüne Landschaften antraf. Immer wieder kam ich mit Einheimischen ins Gespräch, auch wenn ich immer noch kaum Hebräisch sprach und darauf angewiesen war, dass die Leute Englisch konnten.

Im März 1997 lief mein Visum aus – ich konnte es kaum glauben, dass ich bereits acht Monate in Israel gelebt hatte, die Zeit war so schnell verflogen. Leider konnte mein Volontärsvisum nicht mehr verlängert werden.

»Wenn du zurück nach Deutschland gehst«, riet mir Manfred, ein deutscher Kollege, der schon mehrmals seinen Aufenthalt in Israel verlängert hatte, »dann bekommst du wieder ein Dreimonatsvisum.«

Nun war es also so weit, ich musste zurück nach Deutschland. Der Abschied fiel mir schwer, viel schwerer, als ich es mir vorgestellt hatte.

»Jetzt ist genau das eingetroffen«, sagte ich zu Salim halb scherzhaft, halb im Ernst, »was ich nie wollte: Mein Herz ist nicht mehr frei.«

»Das Herz macht, was es will«, sagte Salim ernst, »wir können nichts dagegen tun.«

Auch er wollte sich nie in eine Frau verlieben, die nicht Beduinin war wie er, weder in eine Ausländerin noch in eine Israelin, und dass ich Deutsche war, schuf auch für ihn keine kleinen Probleme.

»Meine Familie akzeptiert das nicht«, sagte er ganz offen. »Aber ich liebe dich.«

Es sei die Generation seiner Mutter, die sich gegen unsere Beziehung stellen würde, wie Salim glaubte. Auch seinen älteren Geschwistern erzählte er nichts von uns, während er den jüngeren gegenüber offen von unserer Liebe sprach. Was seine Familie sagte, war mir gleichgültig. Von meiner eigenen Familie hatte ich mich längst gelöst – ich hatte seit meiner Abreise nur sporadisch Kontakt mit meiner Mutter, meiner Schwester und hin und wieder auch mit meiner Oma –, und ich empfand keinerlei Verpflichtung ihr gegenüber. Warum sollte das für einen modernen jungen Mann wie Salim nicht auch möglich sein?

»Wir brauchen unsere Familien nicht«, sagte ich.

Er schwieg. Damals ahnte ich nicht, dass er das so nie sagen würde, nicht damals und nicht heute.

Wie intensiv grün kamen mir die deutschen Landschaften vor, als ich nach acht Monaten aus der Wüste zurückkehrte. Es war Frühling, und mein Studium sollte erst im Herbst beginnen. Ich suchte mir eine Arbeit in einem Supermarkt, um mir das Geld für ein Flugticket nach Israel zu verdienen. So kehrte ich im Mai nach *Ein Gedi* zurück. Ich wollte wieder als Volontärin im *Kibbuz* arbeiten, doch leider erhielt ich diesmal nur ein Visum für zwei Monate. In dieser Zeit lebten Salim und ich unsere Beziehung so wie zuvor. Die Wüstennächte in seinen Armen unter einem unendlichen Sternenhimmel, die eigentümliche Hitze am Toten Meer, die auch in den Nächten nicht weichen wollte, den Zauber der Judäischen Wüste – das alles hatte ich in Deutschland unendlich vermisst.

Und doch war dieser zweite Besuch auch von vielen Zweifeln überschattet. ›Hat unsere Beziehung überhaupt eine Zukunft?‹, das fragte ich mich immer wieder. Zwar war Salim ungeheuer aufgeschlossen und modern eingestellt für einen Beduinen, er akzeptierte mich so, wie ich war, ob ich nun kurze Kleider, Jeans oder Träger-T-Shirts trug oder einen Kurzhaarschnitt mit frech aufgeföhntem Pony. Auf der anderen Seite konnte er es sich nicht vorstellen, anders zu leben, als er es tat – und das wollte ich ja auch gar nicht. Mir war klar, dass man einen Wüstensohn wie Salim auf keinen Fall nach Deutschland verpflanzen könnte. Er würde sich dort einfach nicht wohlfühlen. Auch in Israel schlief er am liebsten unter freiem Himmel; auch wenn er diese Wohnung in *Tlalim* gemietet hatte, so zog es ihn doch immer ins Freie. Dass ich mein Leben nicht in einem Beduinenzelt verbringen wollte, das war ebenso klar, Salim wusste und akzeptierte dies ebenso, wie ich seine Lebensweise respektierte. Wenn ich sein Leben teilte, dann war das für mich wie Urlaub, der irgendwann endet, und dann kehrt man zum normalen Leben zurück. Ich lebte gern in Deutschland, und wenn es mich auch in die Ferne zog, so hatte ich mich doch nie mit Auswanderungsplänen getragen. Eine Fernbeziehung auf die Dauer? War das möglich? Diese Fragen stellten sich immer öfter zwischen uns, ließen uns zweifeln.

Und es kam so weit, dass wir beschlossen, uns zu trennen. Es war eine Vernunftentscheidung, mit großem Bedauern und unter Schmerzen getroffen und nicht etwa aus irgendeinem Streit heraus. Ein paar Tage später fand im *Kibbuz* ein Open-Air-Konzert statt, und ich saß mit ein paar Volontärs-Freunden zusammen auf der Wiese, keine zehn Meter hinter mir Salim mit einem Freund. ›Das war's dann also‹, dachte ich traurig. Und mir wurde klar, dass die Kompassnadel meines Herzens seit fast einem Jahr auf ihn eingestellt gewesen war, und jetzt musste ich erst wieder eine neue Richtung für mein Leben finden. Das tat weh.

›Im Herbst beginnst du mit deinem Studium‹, sagte ich mir, ›besser, du bist wieder ungebunden und frei.‹

Ich unterhielt mich mit einem Volontär und bemerkte, dass mich Salim dabei die ganze Zeit beobachtete, und über die Distanz von diesen zehn Metern hinweg konnte ich fast körperlich seine Eifersucht und Liebe zu mir fühlen. Wenn ich zu ihm hinübersah, dann schaute er weg. Mein Herz klopfte bis zum Hals, ich wusste nicht, was ich tun sollte. Ich wollte so gern tapfer sein und mein Leben von seinem lösen, und doch fühlte ich, dass es unmöglich war. Irgendwann stand der Freund, der neben ihm saß, auf und ging fort. Auch mein Gesprächspartner verabschiedete sich und setzte sich woanders hin. Und dann war auf einmal Salim neben mir. Ich weiß heute nicht mehr, worüber wir sprachen, und es war auch eigentlich egal. Wichtig war, dass wir wieder nebeneinandersaßen, unsere Nähe spürten.

›Wie zwei Magnete‹, dachte ich, ›die sich gegenseitig anziehen.‹

»Wir gehören zusammen«, sagte Salim schließlich.

Ich nickte. Wir liebten uns. Und eine solche Liebe kann man nicht einfach vernünftig beenden.

Doch als es Sommer wurde, rann unsere Zeit erneut aus wie die Körner aus einer Sanduhr, und nach jenen zwei Monaten gab es keine Möglichkeit für mich mehr, meinen Aufenthalt zu verlängern.

»Nun ist es so weit«, sagte ich eines Nachts mit schwerem Herzen, »mein Leben zu Hause geht weiter, so wie ich es geplant hatte: In Deutschland wartet ein Studienplatz auf mich.«

Salim schwieg, stocherte im erkaltenden Feuer herum. Schließlich sagte er: »Und wenn wir heiraten?«

Mir verschlug es die Sprache. Heiraten? Ich war noch keine zwanzig Jahre alt. Auf keinen Fall wollte ich mich jetzt schon binden. Und doch – war ich nicht schon gebunden? Zog es mich nicht mit jeder Faser meines Körpers und jeder Regung meines Herzens zu Salim? Wie sollte ich ein Studium im fernen Deutschland ohne ihn überstehen?

»Wenn wir heiraten, dann kannst du für immer bleiben.«

Er nahm mich in seine Arme.

»Und deine Familie?«, fragte ich, während ich mein Gesicht an seinen Hals schmiegte und seinen ganz speziellen Duft einatmete nach wilden Kräutern und Erde.

Doch er antwortete mir nicht. Nicht mit Worten. Aber seine Gesten und Blicke, seine Umarmung und Leidenschaft sagten mehr als genug.

Ich ging nicht ein auf seinen Vorschlag, ihn zu heiraten – damals nicht. Ich war einfach noch zu jung und vernünftig genug, um mir meine Zukunft nicht so zu verbauen – damals schon.

So schwer es mir auch fiel, ich riss mich zusammen und flog zurück nach Deutschland. Den Sommer über jobbte ich und legte so viel wie möglich zur Seite, ich wusste, dass das Leben, das jetzt vor mir lag, teuer werden würde. Nicht weil ich selbst große Ansprüche hatte. Sondern weil ich so oft wie möglich nach Israel fliegen wollte.

Im Oktober begann ich in Trier schließlich Fremdenverkehrsgeografie zu studieren. Manch eine hätte ihre Beziehung mit einem Beduinen aus dem *Negev* an diesem Punkt beendet. Ich tat es nicht. Ich liebte Salim. Und so war dies der Beginn einer Fernbeziehung der besonderen Art, einer Liebe über fünftausend Kilometer und viele kulturelle Unterschiede hinweg. Wohin das am Ende führen würde, davon hatte ich keine Ahnung. Tatsache war, dass mir während meines Studiums kein anderer Mann über den Weg lief, der mich mehr faszinierte als Salim. Außerdem war ich nicht auf der Suche, ich hatte einen Freund. Und wann immer ich konnte, kaufte ich ein Ticket und flog zu ihm in die Wüste.

Kapitel 5

Über alle Grenzen hinweg

In den folgenden vier Jahren führte ich ein Leben in zwei Welten: zum einen in Trier. Da an der Universität in meinem Jahrgang zu viele Studenten aufgenommen worden waren, fand ich wie viele andere in einigen Vorlesungen keinen Platz und konnte nur drei Tage die Woche studieren. Ich nutzte die übrige Zeit, um Geld zu verdienen, damit ich mir meine Ausflüge in die andere Welt leisten konnte. Ich jobbte als Kellnerin, und wann immer es möglich war, und das war meist vier- bis sechsmal im Jahr der Fall, flog ich nach Israel. In dieser meiner zweiten Welt lebte ich mit Salim meistens in *Ein Gedi*, wo er sein Geld verdiente und wo ich mich ja bestens auskannte. Hin und wieder nahm er mich mit in seine Heimat, den *Negev*, dann wohnten wir in seinem Haus in *Tlalim*, wenn wir nicht in der Wüste übernachteten. Oder wir fuhren nach *Mitzpe Ramon*, wo Salim auch hin und wieder Touristengruppen führte. Mir gefiel es in *Mitzpe Ramon*, dieser unglaublichen Kleinstadt direkt am Rande des gigantischen Erosionskraters, in dem Salim und ich so manche aus der Welt herausgelösten Nächte verbrachten. Hier unter dem sich unendlich über uns wölbenden Sternenhimmel erschien mir mein anderes Dasein in Deutschland so fern, als befände es sich in einer anderen Galaxie.

In Deutschland verdiente ich mit meinen Jobs als Kellnerin sehr gut, und da ich sparsam lebte, konnte ich mir bald einen gebrauchten Ford Fiesta kaufen. Damit erfüllte ich mir im Winter 1998 mit zwanzig einen lang gehegten Traum: einen eigenen fahrbaren Untersatz. Ich hatte gleich nach meinem achtzehnten Geburtstag den Führerschein gemacht, jedoch keine Gelegenheit gehabt, meine Fahrkünste auch praktisch anzuwenden.

Während meiner vorherigen Aufenthalte in der Wüste hatte mir Salim einige Male das Steuer überlassen, war aber von meinem Fahrstil wenig überzeugt gewesen – mir fehlte einfach die Übung. Nachdem ich nun stolze Besitzerin eines Autos war, änderte sich das rasch, ich fuhr bald sicher und ohne Probleme. Und da hatte ich eine Idee: Um in Israel ein eigenes Auto zu haben und damit unabhängig von Salims Terminkalender und persönlichen Plänen zu sein, beschloss ich, dieses Mal mit meinem Ford Fiesta hinzufahren. Salim erzählte ich nichts von meinen Plänen, und ich malte mir jetzt schon sein überraschtes Gesicht aus, wenn er mich in meinem roten Auto sehen würde.

Ich fuhr von Trier über Basel und Mailand nach Ancona durch. Hier nahm ich die Autofähre nach Patras in Griechenland. Von Patras reiste ich weiter nach Piräus, um hier eine weitere Fähre zu nehmen, die mich nach Israel bringen sollte.

Diese Fähre zwischen Griechenland und Haifa war in einem unglaublich schlechten Zustand – ein echter Seelenverkäufer. Auch die anderen Autofahrer waren entsetzt, doch wir hatten keine andere Wahl, wollten wir nicht in Patras zurückbleiben. Als es an die Beladung ging, brach das schiere Chaos aus, denn viel zu viele Fahrzeuge wurden dicht an dicht auf diese Fähre gepfercht, sogar der Auffahrtsbereich wurde vollgestellt. Nachdem ich meinen Ford Fiesta untergebracht hatte, stellte ich fest, dass alle Autos Stoßstange an Stoßstange standen, da passte kein Blatt Papier mehr dazwischen. Um an Deck zu gelangen, musste ich über die anderen Autos klettern. Ich hatte nur einen Deckplatz gebucht, die billigste Variante, und schlief die drei Nächte auf meiner Isomatte. Die Fahrt gestaltete sich als unglaublich langweilig; im Gegensatz zu der Fähre zwischen Italien und Griechenland, auf der es Restaurants, Läden, einen Pool und sogar ein Kino gab, war hier nichts dergleichen vorhanden. So kam ich mit einigen Mitreisenden ins Gespräch, zum Beispiel mit einem Belgier, der seine neue Stelle als Botschafter in Jordanien antreten sollte, und mit einer deutschen Studentin, die ihre Diplomarbeit über israelische Volkstänze schrieb.

Die Fähre lief die Inseln Rhodos und Zypern an, und beide Male ging ich an Land, um Lebensmittel einzukaufen, denn an Bord gab es ja nichts. Nach drei Tagen kamen wir endlich in Haifa an.

Auf meiner Fahrt von Haifa nach *Ein Gedi*, wo ich mich mit Salim treffen wollte, wunderte ich mich, wie häufig ich mit meinem deutschen Autokennzeichen kontrolliert wurde. Doch bald wurde mir die Sache klar, denn es hat in seiner Gestaltung Ähnlichkeiten mit dem der Palästinenser.

Salim hatte ja keine Ahnung, dass ich mit dem Auto unterwegs war, und ich freute mich schon auf die Überraschung, die mir tatsächlich gelingen sollte: Am Strand von *Ein Gedi* gibt es eine Telefonzelle, und von der aus rief ich ihn an, um ihm meine Ankunft mitzuteilen. Er kam mich mit seinem Wagen abholen, erwartete, mich dort wie die Male zuvor mit meinem Rucksack anzutreffen. Ich sah, wie er sich suchend umblickte, dann fuhr ich mit meinem Auto neben seines und drückte auf die Hupe. Nie werde ich seinen überraschten Gesichtsausdruck vergessen, ja, die Erkenntnis, dass ich mit dem Auto den ganzen weiten Weg von Deutschland bis nach Israel zurückgelegt hatte, wirkte auf ihn wie ein Schock. Den ganzen restlichen Tag war er geradezu sprachlos, was bei Salim selten der Fall war.

Der *Kibbuz* hatte Salim inzwischen einen Caravan zur Verfügung gestellt, der auf dem hauseigenen Campingplatz stand. Kurz vor meiner Ankunft war die Anlage geschlossen worden, und außer einem jungen israelischen Paar in unserer Nachbarschaft waren wir ganz allein. Der Grund für die Schließung waren gefährliche Bodenabsenkungen auf dem Terrain, verursacht durch die systematische Absenkung des Grundwasserspiegels.

»Stell dir vor«, erzählte Salim, »eines Abends ging Rachel spazieren, und auf einmal sank der Boden unter ihr fünf Meter in die Tiefe. Siehst du dort unten das Loch? Da steckte Rachel drin. Hätten wir sie nicht rufen hören, dann wäre sie da niemals alleine wieder rausgekommen.«

Damals war es nur dieses eine Loch, doch in den folgenden

Jahren sind große Teile des Ufers eingestürzt, heute gibt es keinen Badestrand mehr wie damals. Der Wasserspiegel hat sich um zehn bis zwanzig Meter gesenkt, und inzwischen muss man zum Wasser hinuntersteigen. Dem See Genezareth wird im Norden zu viel Wasser entnommen, ganze Städte nutzen das Wasser in dem sonst so trockenen Land, und auch die Landwirtschaft wäre sonst nicht möglich. Darum gelangt nur noch sehr wenig Wasser bis zum Toten Meer, und wenn es so weitergeht, wird es irgendwann völlig ausgetrocknet sein.

An dem Tag, als ich mit meinem roten Ford Fiesta in *Ein Gedi* ankam, war wieder einmal Hilal zu Besuch, jener Beduine, der eine Weile in Deutschland gelebt und mich damals unterstützt hatte, weil ich mein Zimmer mit einem Mann teilte. Auch dieses Mal hatte er Grund, sich über Salim zu amüsieren, der sein Erschrecken darüber kaum verwand, dass ich es mit meinen »schlechten Fahrkünsten« – er konnte ja nicht ahnen, dass ich inzwischen eine gute Fahrerin geworden war – bis nach Israel geschafft hatte.

»Die deutschen Frauen bergen so manche Überraschung«, scherzte Hilal, »besser, du gewöhnst dich endlich daran.«

Wenn Salim nicht in *Ein Gedi* arbeiten musste, fuhren wir wie eh und je in die Judäische Wüste, wo wir irgendwo zwischen dem Toten Meer und *Masada* campierten. Ich nahm immer mein Auto mit, denn in ihm befand sich unsere gesamte Ausrüstung wie Schlafsäcke, Wasserkanister, Kochtöpfe und so weiter, mein Ford Fiesta wurde so etwas wie mein fahrbares Zuhause. Manchmal nahmen wir auch beide Autos, vor allem wenn Salim früher wieder zurückmusste und ich den Morgen noch in Ruhe in der Wüste verbringen wollte.

Wenn wir mehrere Tage Zeit hatten, fuhren wir gern in den *Negev* nach *Mitzpe Ramon*, wo es mir besonders gut gefiel. Dabei hielten wir uns außerhalb des Stammesgebiets von Salims Familie auf, denn noch immer blieb unsere Beziehung vor den Ältesten seines Stammes geheim. Hin und wieder trafen wir andere Beduinen oder Freunde von Salim statteten unseren Lagerplätzen einen Besuch ab. Auf diese Weise traf ich damals immer nur die Männer seines Volkes. Einige waren offen und modern eingestellt, sie sprachen mit mir und akzeptierten mich als Salims Gefährtin. Andere jedoch ignorierten mich vollkommen, weder begrüßten sie mich noch sprachen sie mit mir, ja, diese Beduinen behandelten mich, als sei ich Luft. Für Salim schien das ganz normal zu sein, ich bin mir nicht sicher, ob er es überhaupt bemerkte.

Im Jahr darauf fuhr ich erneut mit meinem Ford Fiesta nach Israel. Ich hatte mich vom Studium für ein Jahr beurlauben lassen und blieb insgesamt neun Monate in Israel. In diesem Dreivierteljahr lernte ich eine Menge über die Wüste, mit und ohne Salim. Hatte er keine Zeit, machte ich mich allein auf, und nach und nach fand ich mich immer besser zurecht. Auf meinen einsamen Fahrten beobachtete ich zum Beispiel, wo sich welche Tiere zu welcher Zeit aufhielten. In der Wüste lebten Gazellen, Wölfe und Hyänen. Es gab Schlangen, deren Biss giftig war, und sogar Leoparden. Eine dieser seltenen Wüstenkatzen stattete einmal unserem Nachtlager einen Besuch ab, keine fünf Meter von unseren Schlafsäcken entfernt fanden wir am nächsten Morgen ihre Spuren, wir hatten sie nicht bemerkt. Ich lernte die Spuren all dieser Tiere zu lesen und zu verstehen, warum sie sich an bestimmten Orten aufhielten. Einige Jahre zuvor hatte man die zwischenzeitlich in Israel ausgestorbenen Wildesel, *Onager* genannt, wieder ausgewildert. So lebten damals rund fünfzehn dieser Tiere im *Negev*, und ich hatte das Glück, sie einmal bei einem Wasserloch grasend anzutreffen.

Salim zeigte mir, welche Pflanzen in der Wüste wachsen und welche man essen und aus welchen man Tee zubereiten kann. Im Feuermachen war ich bald ziemlich geübt, dazu nahmen wir dürre Sträucher samt ihrer Wurzeln und oft auch getrockneten Eseldung oder Kamelmist. Ebenso lernte ich, Gefahren rechtzeitig zu erkennen, zum Beispiel wann die *Wadis* überschwemmt sein würden durch die plötzlichen Regenfälle in den Bergen.

Und so bekam ich einen Blick dafür, wenn die Gazellen morgens nicht mehr zu ihren Tränken in den *Wadis* kamen, sondern in höher gelegene Gebiete zogen, denn dies waren deutliche Zeichen dafür, dass auch wir unser Lager räumen sollten.

Außerdem brachte mir Salim bei, wie man einen guten Schlafplatz aussucht. Dafür ist es wichtig zu wissen, wo sich Schlangen am liebsten aufhalten. In Israel gibt es einige giftige Schlangen, wie zum Beispiel die Schwarze Wüstenkobra, deren Biss tödlich ist. Besonders nachts beim Holzsammeln lernte ich, vorsichtig zu sein, denn in der Dunkelheit konnte man eine Schlange leicht mit einem Ast verwechseln.

Dann gibt es noch die Skorpione, deren giftiger Stachel ebenfalls todbringend sein kann. Einmal erlebte ich eine große Überraschung, als Hamdi, ein Freund von Salim, bei unserem Wüstenfeuer zu Besuch war. Er fand unter einem Stein zwei Skorpione und spielte so lange mit ihnen, bis ihm einer seinen Stachel in die Hand rammte. Zu meinem großen Erstaunen zündete sich Hamdi erst einmal eine Zigarette an und war völlig entspannt. Dann lachte er über mein besorgtes Gesicht, und Salim erklärte mir, dass alle Beduinen immun gegen das Gift der Skorpione seien.

»Hat eine Beduinenmutter ein Baby«, erklärte mir schließlich Salim geduldig, »dann sucht sie einen Skorpion, röstet ihn über dem Feuer, bis er ganz trocken ist, und zermahlt ihn dann zu Pulver. Mit diesem Pulver reibt sie ihre Brustwarzen ein, und wenn das Baby bei ihr trinkt, dann nimmt es auch das Gift in sich auf. Auf diese Weise wird das Kind immun gegen Skorpione.«

»Fürs ganze Leben?«, fragte ich ungläubig.

»Fürs ganze Leben«, sagte Salim.

Hin und wieder kam Salims Mutter ihn in *Mitzpe Ramon* besuchen. Wenn sie mich dann dort ebenfalls antraf, dachte sie wahrscheinlich, ich sei eine Arbeitskollegin, und Salim tat alles dafür, sie in ihrem Glauben zu lassen. Es schien ihm unmöglich, seiner Mutter von mir zu erzählen. Und nach all den Jahren konnte er auch schlecht behaupten, ich sei eine Volontärin und begleitete ihn, um das Beduinenleben kennenzulernen, das wäre wenig glaubhaft gewesen. Und so blieb ich in *Mitzpe Ramon* zurück, wenn er zu seiner Familie fuhr.

»Wir sollten einfach heiraten und ein Kind bekommen«, sagte Salim in diesen Wochen immer häufiger. »Dann werden sie dich schon akzeptieren.«

Zum ersten Mal widersprach ich ihm nicht. ›Ja‹, dachte ich. ›Aus einer solchen Liebe sollte ein Kind entstehen, wenn es so sein soll.‹ Und tatsächlich versuchten wir während meines letzten Monats in Israel, ein Kind zu zeugen.

Mir gefiel das Leben in der Wüste. Und doch vermisste ich nach so vielen Monaten in der Einsamkeit mein »normales« Leben: eine richtige Wohnung, ein Dach über dem Kopf, eine heiße Dusche, Elektrizität und das deutsche Essen. Auch wenn ich es mir damals wohl selbst nicht eingestand, so waren diese Wochen und Monate im *Negev* eher eine Auszeit von meinem Leben in Deutschland.

Und so kam es, dass ich nicht besonders unglücklich darüber war, als ich kurz vor meiner Rückfahrt im Frühjahr 2000 feststellte, dass ich doch nicht schwanger geworden war. Das Kind konnte warten. Ich aber fuhr zurück nach Trier, um mein Studium fortzusetzen.

Erneut sollte meine Zeit ausgefüllt sein mit Lernen und Arbeiten, doch kaum war ich in Deutschland, packte mich auch schon wieder das Fernweh. Bis September hielt ich es aus, dann wurden die Tage kürzer und kühler, und so wie die Vögel Richtung Süden zogen, so packte auch ich meine Sachen und machte mich auf den Weg zu meinem Liebsten. Ich hatte so fleißig gearbeitet und so eisern gespart, dass ich mir einen gebrauchten, wüstentauglichen Geländewagen, einen Nissan King Cap, kaufen konnte. Dieses Mal wollte ich ab Griechenland den Landweg nach Israel nehmen, also über die Türkei, Syrien und Jordanien. Diese Fahrt musste gut geplant werden, denn Syrien und Israel waren Erzfeinde, und mit einem israelischen Stempel im Pass hätte ich auf der Rückreise nicht in Syrien einreisen dürfen. Aber ich wollte unbedingt einmal diese Strecke nehmen, und darum ließ ich mir einen zweiten Pass ausstellen. Auf diese Weise konnte ich den einen Pass für die Durchreise von Syrien und Jordanien verwenden, und den anderen für Israel.

Mit voll bepacktem Wagen ging es los. Neben der üblichen Ausrüstung für ein Leben in der Wüste hatte ich dieses Mal noch ein Fahrrad mit dabei. Exjugoslawien wollte ich umgehen, darum nahm ich wie schon zuvor die Fähre von Italien nach Griechenland. Von Patras fuhr ich nach Thessaloniki Richtung Türkei. Vorbei an Istanbul Richtung Ankara, dann einmal quer durch dieses riesige Land bis zu seinem südöstlichen Rand am Mittelmeer. Die Fahrt durch die Türkei verlief angenehm, und selbst als allein reisende Frau hatte ich hier keinerlei Probleme. In kleinen Dörfern wurde ich meist sogar gastfreundlich begrüßt, und immer kannte jemand einen Freund oder Nachbar, der in Deutschland gewesen war.

Als ich die Grenze zwischen der Türkei und Syrien erreichte, wurde es gerade Nacht. Auf der türkischen Seite kontrollierten mich die Grenzer gründlich, ich musste sogar mein gesamtes Auto auspacken. Auf der syrischen Seite hatten sich die Kollegen schon auf die Nachtruhe eingestellt. Neben der Absperrung entdeckte ich ein Bett, und der Beamte, der mir das Durchreisevisum ausstellen sollte, trug ein langes weißes Nachthemd samt Schlafmütze – seine Nachtkleidung. Er machte große Augen, als er mich kommen sah.

»Ein Visum? Von mir?«, fragte er überrascht in gebrochenem Englisch. »Das geht nicht. Das müssen Sie sich in Istanbul besorgen.«

Ich hatte mich natürlich vorher über die Einreisebestimmungen gut informiert und wusste, dass ich das Transitvisum hier an der Grenze erhalten sollte. Zurück nach Istanbul zu fahren und wieder zur syrischen Grenze hätte mich zwei Tage gekostet. Ich dachte nicht daran, mich einfach so abwimmeln zu lassen und diskutierte mit dem Beamten, bis er mich schließlich mit in das Büro nahm, wo noch zwei Kollegen zu uns stießen. Als sie merkten, dass sie mich nicht loswurden, stellten sie mir widerwillig eine für vierundzwanzig Stunden gültige Durchreiseerlaubnis aus. Doch damit war das Problem noch nicht vom Tisch: Ich konnte das Land nur durchqueren, wenn ich eine syrische Autoversicherung abschloss.

»Kein Problem«, sagte ich, »dann mach ich das eben.«

Der Beamte mit der Schlafmütze kratzte sich am Kinn und ging um meinen Geländewagen herum.

»Das ist kein normaler Pkw«, sagte er schließlich.

»Was ist es dann?«

»Tja«, rätselte der Beamte, bis ein Gedanke sein Gesicht erhellte. »Wenn es kein Pkw ist, dann ist es eben ein Lkw. Sie müssen eine Lkw-Versicherung abschließen.«

Ich stöhnte. Auch das noch.

»Na gut«, sagte ich. »Was kostet die denn?«

»Hm«, sagte der Beamte. »Sie sind eine Frau ...«

Ich war kurz davor, die Geduld zu verlieren. Was hatte das damit zu tun? Doch ich lernte bald, dass dies der springende Punkt war. Denn es stellte sich heraus, dass keine Versicherung bereit war, einen Lkw zu versichern, an dessen Steuer eine Frau saß. So etwas kam offenbar in diesem Land nicht vor.

Der Beamte führte viele Telefonate und beriet sich offenbar mit seinen Vorgesetzten, wie man in meinem Fall verfahren sollte. Am Ende beschloss er, meinen Geländewagen kurzerhand als Pkw einzustufen. Ich schloss die Versicherung ab und machte mich erleichtert auf den Weg.

»Halten Sie nirgendwo an während der Nacht«, riet mir der Beamte zum Abschied besorgt. »Höchstens in Damaskus. Halten Sie auch nicht an roten Ampeln, fahren Sie einfach durch. Da werden oft Leute überfallen. Es ist viel zu gefährlich für eine junge Frau wie Sie. Allein unterwegs in einem solchen Wagen! Und dann auch noch bei Nacht!«

Ich dankte ihm und steuerte meinen Geländewagen durch die syrische Nacht. Im Rückspiegel sah ich, wie mir der Grenzbeamte kopfschüttelnd nachblickte, ehe er sich endlich zu Bett begab.

Ich hielt mich an seinen Rat, fuhr durch, ohne anzuhalten, und auch die wenigen roten Ampeln bei der Durchfahrt von Städten ignorierte ich konsequent. Erst in Damaskus machte ich eine kleine Pause, um etwas zum Essen zu kaufen. Mir fielen die klapprigen Autos auf, die Pick-ups, deren Ladeflächen in den frühen Morgenstunden voller Menschen waren, die lange traditionelle Gewänder trugen. In meinem großen Geländewagen mit deutschem Kennzeichen, noch dazu als Frau am Steuer, zog ich alle Blicke auf mich. Auf der Autobahn hinter Damaskus bekam ich einen riesigen Schrecken, als ein syrischer Taxifahrer versuchte, mich zum Anhalten zu zwingen: Er überholte mich halsbrecherisch und stieg direkt vor mir hart in die Eisen – ganz offensichtlich wollte er mich ausbremsen. Zum Glück erkannten andere Autofahrer die Situation und versuchten, mir zu helfen. Sie ließen mich durchfahren und versperrten dem Taxifahrer den Weg hinter mir. Dennoch gelang es ihm fast, mich zum Stoppen zu zwingen, indem er mich von der Straße drängte. Doch mit meinem Vierradantrieb fuhr ich ihm auf dem Wüstensand einfach davon und schnell wieder auf die Straße zurück. Es war aber noch nicht vorbei: Nach kurzer Zeit hatte mich dieser Kerl schon wieder eingeholt, und ich hatte große Angst, einen Unfall zu haben, so verrückt attackierte er mich. Mithilfe der anderen Autofahrer gelang es mir, bis zu einer großen Tankstelle zu kommen. Dort machten wir alle halt. Und während die anderen Männer den Taxifahrer festhielten, fuhr ich so schnell ich konnte weiter zur jordanischen Grenze. Voller Sorge wanderte mein Blick immer wieder zum Rückspiegel. Wie erleichtert war ich, als jenes besagte Taxi nicht mehr auftauchte. Doch erst nach weiteren hundert Kilometern wagte ich es, mich ein wenig zu entspannen. Todmüde kam ich an der jordanischen Grenze an. Hier erhielt ich ohne Probleme mein Durchreisevisum. Nach ein paar Stunden Schlaf konnte die Fahrt weitergehen.

Doch wenn ich auch dieser kritischen Situation entkommen war, so sollte noch mehr Ärger auf mich warten: Kurz vor Amman nahm mir ein Fahrer die Vorfahrt. Es gab einen Riesenknall, und wir kamen beide zum Stehen. Zum Glück war keinem wirklich etwas passiert. Fast nicht. Denn ein Kind in dem jordanischen Wagen, das nicht angeschnallt gewesen war, hatte eine kleine Schramme abbekommen. Auf der anderen Straßenseite war ein Obst- und Gemüsestand, und im Nu war ich von heftig diskutierenden und gestikulierenden Menschen umringt. An ein Weiterfahren war nicht zu denken.

Schließlich kam die Polizei, und ich musste mit auf die Wache. Dort sprach niemand Englisch, von Deutsch ganz zu schweigen. Nach einigem Hin und Her griff einer der Polizisten zum Telefon: Er rief einen Bekannten an, der in Deutschland studiert hatte und nun samt seiner Frau aufs Revier kam, um für mich zu übersetzen.

»Hier in Jordanien«, erklärte er mir, »sind bei einem Autounfall immer beide Fahrer schuldig.«

»Das Kind ist verletzt«, erklärte der Polizist, der den Unfall aufgenommen hatte, ernst. »Sie müssen hier bleiben.«

»Aber warum?«, wollte ich wissen. »Wie lange?«

»Sie werden wegen Körperverletzung verklagt«, eröffnete mir der Beamte. »Morgen ist die Verhandlung. Danach wird man weitersehen.«

Ich konnte es nicht glauben.

»Dem Kind geht es gut«, sagte ich, »sehen Sie doch selbst, es spielt schon wieder mit seinen Geschwistern.«

»Gesetz ist Gesetz«, beharrte der Polizist.

Ich bekam es mit der Angst zu tun.

»Kann ich telefonieren?«, fragte ich.

Die Antwort war nein.

»Sie werden einen Anwalt bekommen«, versuchte mich der freundliche Mann, der in Deutschland studiert hatte, zu beruhigen. »Die Polizisten besorgen Ihnen einen.«

Seine Frau sagte etwas zu ihm.

»Wir würden uns freuen«, übersetzte ihr Mann, »wenn Sie die Nacht in unserem Haus verbringen würden.«

Mir blieb nichts anderes übrig, als das freundliche Angebot anzunehmen. Er versprach der Polizei, dafür zu sorgen, dass ich mich in der Nacht nicht aus dem Staub machen würde. Mein Geländewagen blieb ohnehin in Polizeiverwahrung.

Das Haus meiner Gastgeber war einfach und nach arabischer Art eingerichtet mit ein paar Matratzen auf dem Boden, auf die man sich zum Abendessen niederließ – gerade so wie in einem Beduinenzelt. Es wurde Tee gereicht und auch ein einfaches Abendessen, doch ich war viel zu erledigt, um viel zu essen. Zum Schlafen breitete man noch mehr Matratzen auf dem Boden aus, und hier sollte ich mit der gesamten Familie inmitten vieler Kinder schlafen, aber trotz völliger Erschöpfung lag ich lange wach und fragte mich, was mir der nächste Tag wohl bringen würde.

Am Morgen brachte mich mein Gastgeber, ich hatte mir extra ein langes Kleid angezogen, sehr früh nach Amman zum Shaariya-Gericht, einem großen Gebäude mit vielen Hallen und kleineren Zimmern. Dort versuchte ich nun mit allen Mitteln herauszufinden, wer mich vor Gericht vertreten würde. Ich wollte mich mit dem Anwalt vorher natürlich besprechen, so wie es in Deutschland üblich ist. Doch man erklärte mir, dass es Bereiche für Frauen und Bereiche für Männer gibt, voneinander abgetrennte Räume, und dass es zwischen diesen keine Möglichkeit zur Kommunikation gäbe. Und so sah ich diesen Anwalt erst vor dem Kadi. Glücklicherweise sprach er ein wenig Englisch. Und trotzdem verstand ich während der gesamten Verhandlung nicht, was der Kadi mit dem Vater des Kindes, das angeblich beim Unfall verletzt worden war, sprach. Doch ich war zuversichtlich, schließlich war das Recht auf meiner Seite, der Mann hatte mir die Vorfahrt genommen, nicht ich ihm. Umso schockierter war ich, als sich irgendwann mein Anwalt mir zuwandte und sagte:

»Sie sind soeben zu einer Woche Frauengefängnis verurteilt worden.«

»Was?«, rief ich empört. »Das ist doch wohl unmöglich. Dieser Mann hat mir die Vorfahrt genommen. Außerdem fehlt dem Kind so gut wie nichts.«

»Lassen Sie mich aussprechen«, bat mich der Anwalt geduldig. »Ich konnte für Sie erreichen, dass Sie auf Kaution freikommen.«

Er nannte mir eine geringe Summe, umgerechnet vielleicht zehn Euro.

»Glauben Sie mir«, sagte er, »das Beste ist, Sie stimmen zu und machen keinen Ärger. Der Kadi hat sich nämlich zuerst erkundigt, von welchem Stamm die Familie ist, mit der Sie den Unfall hatten. Und da sie zu einem sehr angesehenen Clan gehört, konnte er kein anderes Urteil fällen.«

Ich schluckte.

»Und wenn ich die Kaution bezahle«, fragte ich, »dann bin ich frei und kann weiterfahren? Ich muss nämlich nach Israel.«

»In einer Woche können Sie fahren, wohin Sie wollen«, erklärte der Anwalt. »Sie müssen zwar nicht ins Gefängnis, aber eine Woche lang im Land bleiben. Glauben Sie mir: Dieses Urteil ist ganz normal in unserem Land und nach unserem muslimischen Recht völlig korrekt«, fügte er fast entschuldigend hinzu. Und dann nannte er mir sein Honorar.

Irgendjemand musste dafür bürgen, dass ich mich nicht aus dem Staub machen würde, und da stellte mir mein Anwalt einen Araber vor, der mich auf Deutsch ansprach.

»Das Gericht hat mich gebeten, Sie während dieser Woche in unserem Haus aufzunehmen«, sagte er. Auch er hatte in Deutschland studiert und praktizierte als Arzt. »Ich vertraue darauf, dass Sie uns keine Schwierigkeiten machen werden. Es ist ja nur für eine Woche.«

Und damit nahm er mich mit in irgendeinen Vorort der Stadt, wo er mit seiner Familie wohnte.

Diese sieben Tage verbrachte ich fast ausschließlich im Haus dieses Arztes. Wollte ich es verlassen, musste ich stets erklären, wohin ich wollte und wann ich zurückkäme. Auch hier war die Einrichtung denkbar einfach. Fließendes Wasser gab es keines, sondern nur welches aus Kanistern, mit dem man sparsam umgehen musste. Ich zählte die Tage und war erleichtert, als dieser Hausarrest endlich vorüber war und ich mit einer Woche Verspätung die Grenze in der Nähe von Tiberias im äußersten Norden Israels passieren konnte.

›Endlich wieder in einem demokratischen Land‹, dachte ich und atmete tief durch. Ich hatte ja keine Ahnung damals, dass auch in Israel die Shaariya eine so große Macht haben könnte. Nie im Traum wäre ich darauf gekommen, wie oft ich noch vor einem solchen Gericht stehen und kein Recht bekommen würde.

Kapitel 6

Wendungen des Schicksals

Diesen Herbst 2000 verbrachte ich mit Salim hauptsächlich im *Negev*. Wir schliefen unter freiem Himmel, während sich die Wölfe, angelockt durch den Geruch unseres Essens, nachts in unser Lager schlichen, um sich die Reste zu holen. Mehr als einmal fühlte ich die Gegenwart dieser Tiere nicht weiter als einen Meter von mir entfernt.

»Verhalte dich vollkommen ruhig«, flüsterte mir Salim zu, »und blicke ihnen nicht in die Augen. Behalte den Kopf unter der Decke.«

Das war gar nicht so einfach, wenn man von einem Rudel wilder Wüstenwölfe umgeben ist. Doch ich vertraute Salim, der hier aufgewachsen war. ›Sicherlich kann er die Situation einschätzen‹, sagte ich mir und kroch noch tiefer unter die Decke.

Eines Morgens fanden wir die Spuren eines Leoparden keine fünf Meter von unserem Nachtlager entfernt. Doch selbst vor Leoparden schien sich Salim nicht zu fürchten.

»Viel schlimmer sind die Schlangen«, sagte er immer wieder.

»Einmal«, so erzählte er, »schlief ich unter einem Baum. Und als ich am Morgen aufwachte, lag eine giftige Schlange schön ordentlich zusammengekringelt auf meinem Bauch. Sie muss in der Nacht in meinen Schlafsack gekrochen sein, während ich schlief. Unter diesen Baum würde ich mich nie wieder legen, das kannst du mir glauben.«

Die Sache war damals noch gut gegangen, denn Salim hatte die Schlange rechtzeitig bemerkt.

Eines Tages erhielten wir äußerst aufgeregten Besuch an unserem Feuerplatz in der Wüste. Die Beduinen erzählten, dass zwei Männer bei einem Wasserloch von Hyänen angegriffen worden waren. Einem der Beduinen gelang es, zu fliehen. Als er jedoch mit Verstärkung zurückkam, fand er von seinem Freund nur noch Blutspuren und die zerrissenen Kleider. Diese Nachricht verbreitete Entsetzen unter den Beduinen des *Negev*.

»Normalerweise greifen Hyänen Menschen nicht an«, sagte Salim besorgt. »Jetzt aber, wo sie einmal Menschenfleisch gefressen haben, ist es sehr gut möglich, dass sie es wieder tun werden.«

Als wir kurze Zeit später rund einhundert Kilometer von diesem Wasserloch entfernt übernachteten und in der Ferne das Geheul von Hyänen hörten, war selbst Salim dafür, dass wir im Wagen schliefen.

Auch in diesem Herbst und Winter verbrachte ich viele Tage allein in der Wüste. Salim musste arbeiten, und hin und wieder besuchte er auch seine Familie.

»Es wird langsam Zeit«, sagte ich immer wieder zu ihm, »dass du deiner Familie endlich von unserer Beziehung erzählst.«

»Das will ich ja«, gab er zurück, »ich muss nur den richtigen Zeitpunkt abwarten.«

»Und wann wird der kommen«, wollte ich wissen, »der richtige Zeitpunkt? Glaubst du nicht, dass es nur umso schwieriger wird, je länger du deiner Mutter unsere Beziehung verheimlichst? Wir sind jetzt doch schon so lange zusammen.«

»Du hast recht«, sagte er, »ich will es ihr ja auch sagen. Das ist nur nicht so einfach, Berit …«

»Das kann nicht ewig so weitergehen«, erklärte ich ihm geduldig, »mit diesem Hin und Her. Entweder sind wir ein Paar und leben eines Tages richtig zusammen, oder wir müssen uns trennen.«

»Aber nein! Wie kommst du darauf? Wir gehören zusammen! Vielleicht wäre es das Beste, ich komme nach Deutschland«, sagte er dann. »Ich weiß nur nicht, was ich da arbeiten könnte. Oder du kommst für immer nach Israel. Du könntest nach *Mitzpe Ramon* ziehen, das gefällt dir doch so gut …«

»Und du?«, fragte ich. »Wo wohnst du dann? Wie stellst du dir ein Zusammenleben vor, wenn deine Familie nichts von mir wissen darf?«

Und so kamen wir immer wieder zum Ausgangspunkt unserer Diskussion zurück. Ich war es leid, mich vor bestimmten Leuten versteckt zu halten oder so zu tun, als wären Salim und ich nur gute Bekannte. Salim schien das zu verstehen, er versprach mir immer wieder, alles mit seiner Familie zu klären und mich dann zu heiraten. Mir persönlich ging es weniger um eine formelle Heirat als darum, dass Salim öffentlich zu seiner Liebe zu mir stand. Doch für Salim kam nichts anderes als eine Heirat infrage.

»Meine Mutter würde es niemals gutheißen, wenn ich mit einer Europäerin einfach so zusammenlebe. Sie ist sehr gläubig, weißt du.«

Wir drehten uns bei diesen Gesprächen stets im Kreis.

Immer wenn ich die Wüste auf eigene Faust erkundete, genoss ich die Unabhängigkeit und Bewegungsfreiheit, die mir vor allem mein Geländewagen bot. Mit ihm konnte ich so gut wie jede Piste nehmen, und war sie auch noch so unwegsam. Alles, was ich brauchte, führte ich ständig mit mir, und so wurde auch ich zu einer Art Nomadin. Lästig waren allerdings die häufigen und gründlichen Verkehrskontrollen, die ich über mich ergehen lassen musste. Denn die israelischen Autokennzeichen tragen schwarze Schrift auf leuchtend gelbem Grund, während die aus den palästinensischen Autonomiegebieten mit ihrer dunkelgrünen Schrift auf weißem Grund den deutschen nun mal sehr ähnlich sehen. Einmal nahm ich einen Wüstenweg, der von der westlichen Seite nah an dem berühmten Festungsberg *Masada* vorbeiführte. Auf einmal hörte ich ein fürchterliches Dröhnen. Es stammte von einem Militärhubschrauber, der sehr tief über mir flog und mir offensichtlich folgte, manchmal nicht höher über mir als zehn Meter. Sicherlich dachte der

Pilot, er hätte es mit einem Palästinenser zu tun, und wollte herausfinden, was ich vorhatte. Irgendwann bemerkte er wohl seinen Irrtum und drehte bei.

Ein anderes Mal folgte ich den Hinweisschildern einer Straße, die von *Mitzpe Ramon* hinunter in den Krater führte und die man laut Beschilderung mit Allradantrieb befahren konnte. Nun, mein Geländewagen verfügte über diesen Allradantrieb, und da wir diesen Weg nie genommen hatten, wollte ich ihn gern ausprobieren. Nach einigen Hundert Metern jedoch wurde die Piste, die sich in halsbrecherischen Kurven den Steilhang hinunterwand, immer schmaler und abschüssiger. Auf der Talseite fiel das Gelände vierhundert Meter in die Tiefe ohne jede Seitenbefestigung. Ja, an einigen Stellen war der Untergrund abgerutscht, und meine Räder fanden nur um Haaresbreite Halt. Ich schwitzte Blut und Wasser. Was hätte ich dafür gegeben, umkehren zu können, doch ein Wendemanöver war auf der schmalen Piste unmöglich. So blieb mir nichts anderes übrig, als ganz vorsichtig meinen Wagen Meter für Meter bergab zu steuern, immer in der Hoffnung, irgendwie heil hinunterzukommen. Als ich endlich auf dem Grund des Kraters angekommen war, atmete ich auf. Meine Hände zitterten, und ich brauchte eine Weile, um mich von diesem Abenteuer zu erholen.

Salim war entsetzt, als ich ihm am Abend von dieser Tour erzählte.

»Bist du wahnsinnig?«, rief er. »Diese mörderische Piste darfst du nie wieder nehmen!«

Das hatte ich auch ganz bestimmt nicht vor.

Einmal besuchten wir einen seiner Neffen mit seiner Familie. Yusuf war um die zwanzig und hatte doch schon zwei Frauen, mit denen er nach Beduinenart in Zelten lebte. Diese Zelte waren ganz und gar mit richtigen Teppichen und auch mit solchen aus Plastik ausgelegt, zum Sitzen dienten Matratzen, zumindest in dem Bereich, in dem sich die Männer niederließen.

Zunächst lernte ich Yusufs Zweitfrau Dunja kennen, eine hübsche Beduinin in dem typischen schwarzen langen Gewand, das über und über mit bunten Stickereien versehen ist. Sie umschwärmte ihren Mann und verwöhnte ihn, und nach dem, was ich von Salim erfuhr, verstand ich auch warum: Sie buhlte um die Gunst ihres Ehemanns, den sie sich mit dessen erster Frau Samira teilen musste. Samira aber hatte zwei Kinder und musste sich um den gesamten Haushalt kümmern, während Dunja sichtlich der Liebling ihres Mannes war.

Beide Frauen hatten ihr eigenes Zelt, doch der Konkurrenzkampf zwischen ihnen war deutlich spürbar. Wir Gäste wurden in Dunjas Zelt geladen, während Samira zunächst ausgeschlossen blieb. Auch als sie endlich in Dunjas Zelt geholt wurde, konnte ich ihr ansehen, wie unwohl sie sich fühlte.

Am Abend kamen einige Beduinen zu Besuch, und dies war offenbar das Zeichen für die Frauen, sich in ihren Teil des Zeltes zurückzuziehen, der mit einem Vorhang vom viel größeren Bereich der Männer abgetrennt war. Den Frauen war es nur erlaubt, kurz auf die Männerseite zu huschen, um Speisen oder Getränke zu servieren. Ich aber blieb neben Salim auf den Teppichen bei den Männern sitzen – so lange zumindest, bis einige ältere, im Stamm hoch angesehene Männer erschienen. Da bat mich Salim aus Respekt vor der Tradition und jenen alten Männern, hinüber zu den Frauen zu gehen. Ihm zuliebe tat ich, worum er mich bat. Und konnte mich mit eigenen Augen davon überzeugen, wie anders es bei den Frauen zuging: Während die Männer Essen und Trinken im Überfluss hatten, mussten sich die Frauen eine Pita und ein paar Tomaten teilen.

Leider konnte ich mich mit den Frauen nicht unterhalten, denn ich verstand ihre Sprache nicht, und weder Samira noch Dunja konnten Englisch. Im Zelt roch es nach dem Rauch des Feuers, nach den Zigaretten der Männer und den Ausdünstungen der Ziegen. Und so betrachtete ich die Plastikteppiche, auf denen die Frauen saßen, ihre typischen schwarzen Baumwollkleider mit ihren aufgestickten Ornamenten und ihre Gesichter – Dunjas selbstsichere Miene und Samiras verletzte und fast schon verhärmte Züge.

Als wir am nächsten Morgen weiterfuhren, sagte Salim: »Ich verstehe Yusuf nicht. Wieso hat er sich zwei Frauen genommen? Jetzt muss er doppelt so viel arbeiten, um alle ernähren zu können. Beduinenfrauen verdienen kein Geld, sie kosten nur. Und ständig diese Streitereien unter den Frauen! Also ich wollte das nicht, mir wäre das zu viel.«

»Hast du gesehen«, fragte ich, »wie unglücklich Samira aussah? Ich finde das unmöglich, wie Yusuf die beiden Frauen gegeneinander ausspielt. An Samiras Stelle würde ich Yusuf verlassen.«

»Das kann sie nicht«, antwortete Salim. »Selbst wenn die Familien zustimmen würden, hätte sie keine Chance ohne Yusuf. Wovon sollte sie leben? Sie stammt aus Hebron, also aus dem Palästinensergebiet. Das heißt, sie gilt in Israel als Ausländerin, und wie gut Palästinenser hier angesehen sind, weißt du ja inzwischen selbst. Aber Samira ist wenigstens Yusufs rechtmäßige Ehefrau auch vor dem Gesetz. Das ist Dunja nicht, Yusuf hat sie im *Negev* nach unserer Tradition zur Frau genommen, aber sie hat natürlich keinerlei Rechte. Außerdem stammt sie aus dem *Sinai*, ist also Ägypterin und lebt illegal hier.«

»Das heißt«, wollte ich wissen, »Dunja ist in Israel überhaupt nicht registriert? Und auf Yusufs Gnaden angewiesen? Das finde ich wirklich skandalös.«

»Ich finde das auch nicht gut«, sagte Salim.

›Zum Glück‹, dachte ich. Niemals wäre ich auf den Gedanken gekommen, dass ich selbst einmal in eine derart rechtlose Situation geraten könnte, nie im Leben.

Ich war ungefähr seit drei Monaten wieder im Land, als Salim in einem Ort namens *Mitzpe Shalem* am Toten Meer einen Job annahm. Für ein dreitägiges Festival mit Trance-Musik war er engagiert worden, sein Zelt aufzubauen, wo er Fladenbrot mit *Labane*, einem speziellen Frischkäse, den man aus Joghurt herstellt, an die Gäste verkaufen sollte. Am Tag zuvor hatte er noch allerhand zu erledigen, wollte noch zusätzliche Teppiche und Matratzen organisieren und bat mich, für ihn schon mal die Lebensmittel einzukaufen. So fuhr ich mit meinem Geländewagen zum Supermarkt. Der Wagen war schwer bepackt, neben meinen Sachen hatten wir ihn mit Salims Ausrüstung vollgeladen, mit Teppichen, Matratzen, Plastikfolien und mit Teekannen samt -gläsern, und über all das hatten wir noch das große Beduinenzelt festgeschnürt. Ich besorgte zwei Einkaufswagen voller Lebensmittel und Getränke und schaffte es auf den Parkplatz. Als ich an die Stelle kam, wo ich geparkt hatte, traute ich meinen Augen nicht: Mein Geländewagen war nicht mehr da. Dort, wo er gestanden hatte, lagen nur noch viele kleine Glasscherben auf dem Asphalt. Offenbar hatte jemand ein Fenster eingeschlagen und den Wagen gestohlen.

›Oh mein Gott‹, dachte ich entsetzt. Alles, was ich besaß, befand sich in dem Wagen. Rasch tastete ich nach meinem Geldbeutel, in dem sich wenigstens meine Kreditkarte befand. Doch alles andere war mitsamt dem Wagen verschwunden.

Ich bat den nächstbesten Menschen darum, sein Handy benutzen zu dürfen, und rief Salim an. Dann nahm ich ein Taxi zur Polizeistation, um Anzeige zu erstatten.

»Zeig mir deinen Pass«, sagte der Beamte streng.

Zu diesem Zeitpunkt hatte ich mich noch immer nicht daran gewöhnt, dass der Umgangston in Israel für unsere Ohren eher rau klingt, um nicht zu sagen: schroff. Auch Fremde zu duzen war nun mal üblich hier und nicht böse gemeint, aber an diesem Tag, als man mir alles gestohlen hatte, was ich besaß, hatte ich Mühe, damit klarzukommen.

»Mein Pass ist im Wagen«, sagte ich. Jetzt erst wurde mir bewusst, was das bedeutete. Es waren sogar beide Pässe im Auto, alle Papiere waren weg. Doch ich ging davon aus, dass die Polizei mir trotzdem helfen und den Wagen rasch finden würde – ob ich mich ausweisen konnte oder nicht.

»Es ist ein auffälliges Auto«, erklärte ich, »ein Geländewagen mit zwei großen Scheinwerfern auf dem Dach. Mit einem deutschen Kennzeichen. Sie müssen sofort nach dem Dieb suchen. Er ist höchstens seit einer halben Stunde weg. Wenn wir uns beeilen, fassen Sie ihn noch.«

»Wenn du dich nicht ausweisen kannst«, sagte der Polizist entschieden, »wie sollen wir dann wissen, ob dir der Wagen tatsächlich gehört? Keine Papiere, keine Anzeige.«

Was auch immer ich sagte, es zeigte keinerlei Wirkung. Und auch als ich darauf bestand, seinen Vorgesetzten zu sprechen, biss ich auf Granit. Ich konnte es nicht fassen. Vor aller Augen stahl man mir meinen auffälligen Geländewagen. Jeder im Umkreis wusste, dass er mir gehörte, es gab in ganz Israel keinen zweiten Nissan King Cap, dieses Modell war hier nicht verbreitet. Würde die Polizei eine Suchmeldung herausgeben, kämen die Diebe nicht weit. Und doch war keiner bereit, etwas zu unternehmen? Ich konnte es nicht fassen.

Tatsächlich wurde nicht einmal meine Anzeige aufgenommen. Und so verließ ich am Boden zerstört und bebend vor Zorn die Polizeistation.

Auch für Salim war der Verlust beträchtlich, ja, nahezu ruinös. Er lebte davon, sein Zelt aufzubauen und Touristen darin zu bewirten, ihnen das Beduinenleben vorzuführen. Er alarmierte seinen gesamten Freundeskreis und seinen Clan, und bald fand man heraus, dass es tatsächlich ein Beduine eines anderen Stammes gewesen war, der mein Auto gestohlen und ins von Israel besetzte palästinensische Gebiet gebracht hatte.

Salim war empört.

»Ich habe noch nie davon gehört«, erklärte er zornig, »dass sich Beduinen untereinander beklauen.«

»Es ist ja ein deutscher Wagen«, wandte ich ein. »Mit einem deutschen Kennzeichen.«

»Aber jeder konnte sehen«, entgegnete er, »dass da ein Beduinenzelt auf dem Dach war. Ein ›Haus‹ zu stehlen ist eines der schlimmsten Vergehen unter uns Beduinen. Das sind Beduinen ohne Ehrgefühl.«

Salims Freunde und Verwandte knüpften Kontakt zu den Dieben, um herauszufinden, ob ich nicht wenigstens meine Papiere zurückbekommen könnte. Es stellte sich heraus, dass diese Leute mit meinem Wagen wenig Glück hatten; wie ich erwartet hatte, fanden sie für dieses Modell keinen Käufer, denn für einen Nissan King Cab konnte man in Israel natürlich auch keine Ersatzteile bekommen. Nicht einmal zum Ausschlachten taugte er, denn wer hätte Ersatzteile haben wollen, die man in die in Israel gebräuchlichen Fahrzeuge nicht einbauen konnte?

Und so boten sie mir dreist an, meinen eigenen Wagen zurückzukaufen. Ich hätte ihn natürlich gern wiedergehabt, doch der Preis, den die Diebe verlangten, war derart astronomisch, dass diese Lösung überhaupt nicht infrage kam. Meinen Pass allerdings brauchte ich unbedingt, und so arrangierten Salims Verwandte ein Treffen mit den Dieben in der Wüste.

»Du kommst da besser nicht mit«, sagte Salim zu mir.

Doch ich war entschlossen, dabei zu sein.

»Immerhin ist es mein Wagen«, sagte ich und setzte mich schließlich durch.

»Also gut«, sagte Salim, »aber nur unter einer Bedingung: Du bleibst im Wagen sitzen und mischst dich nicht ein.«

»Und warum sollte ich das nicht?«, wollte ich wissen.

»Weil das viel zu gefährlich ist«, war Salims Antwort. »Ich kann diese Burschen nicht einschätzen, und wenn es Ärger geben sollte, will ich nicht, dass du dazwischen bist.«

Das leuchtete mir ein. Ich versprach, im Wagen zu bleiben und mich ruhig zu verhalten.

Eines Nachts ging es also zu dritt los: Salim, einer seiner Schwager und ich. Wir nahmen Salims Subaru. Er fuhr einen Subaru Tender, der nur die beiden vorderen Sitze hatte und hinten eine Ladefläche. Salim saß am Steuer, der Mann seiner Schwester auf dem Beifahrersitz, und ich quetschte mich dazwischen.

Der Weg war weit, wir trafen uns mit den Dieben mitten in

der Wüste kurz vor Hebron, also im Gebiet der Palästinenser, wo ich noch nie zuvor gewesen war.

Am vereinbarten Treffpunkt hielten wir an. Drei Männer warteten bereits auf uns. Salim stoppte ein Stück entfernt und schärfte mir noch einmal ein, dass ich den Wagen nicht verlassen sollte. Dann stiegen er und sein Schwager aus und gingen auf die Diebe zu.

Es war dunkel und von meinem Beobachtungspunkt aus konnte ich nicht viel erkennen. Das Ganze dauerte eine Viertelstunde. Papiere wurden gegen die vereinbarte Summe, rund fünfhundert Euro, getauscht, und dann kehrten Salim und sein Schwager auch schon zum Subaru zurück. Zu meiner großen Überraschung brachten sie eine große Stahlkiste, die auf meinem Wagen gewesen war, und luden sie in den Kofferraum. Darin waren meine deutschen Bücher, mit denen die Diebe nichts anfangen konnten.

Salim setzte sich neben mich, reichte mir meinen Pass und startete den Motor. Ich beobachtete, wie die Diebe davonfuhren, wie ihre Rücklichter sich immer weiter entfernten.

Ich fand es ungeheuerlich, dass die israelische Polizei sich schlichtweg weigerte, mir zu meinem Recht zu verhelfen. Wozu sind die denn da, fragte ich mich zornig. Für mich jedenfalls krümmten sie nicht den kleinsten Finger. Da musste schon Salims Stamm eingreifen, damit wir etwas erreichen konnten und ich wenigstens meinen Pass wiederbekam. Und doch ärgerte es mich, die Diebe einfach so unbehelligt davonfahren zu sehen mit meinen fünfhundert Euro, deren Verlust zusätzlich zu meinem Wagen wirklich schmerzlich war.

Damals erhielt ich bereits einen Vorgeschmack auf das, was ich Jahre später immer wieder erleben sollte: Aus Beduinen-Angelegenheiten hält sich die israelische Polizei am liebsten heraus. Was war schon der Wagen einer Touristin gegenüber vielfältiger Schwierigkeiten, die die Beduinen den Ordnungskräften bereiten konnten? Doch damals war ich noch vollkommen davon überzeugt, dass es die Aufgabe eines Staates sein muss, gegen Kriminelle vorzugehen. Und eigentlich bin ich das bis heute, trotz all dem, was ich in Israel erleben musste.

Ich hatte alles verloren, was ich besaß. Mein Geländewagen war mein mobiles Zuhause gewesen, und ich wusste nicht, wie ich ohne ihn in der Wüste leben sollte. Und so beschloss ich schweren Herzens, nach Deutschland zurückzufliegen.

Ich hatte gerade noch genügend Geld auf meinem Kreditkartenkonto, um den Rückflug nach Deutschland zu bezahlen.

Von meinen Sachen waren mir nur die Stahlkiste und mein Fahrrad geblieben, das wir in *Mitzpe Ramon* gelassen hatten, als wir den Wagen mit Salims Beduinen-Ausrüstung beladen hatten. Und so machten wir uns auf den Weg nach *Tel Aviv*.

Es war das einzige Mal, dass Salim mich dorthin brachte, denn er scheute die vielen Verkehrskontrollen, denen er als Beduine ausgesetzt war. Da ich einen Nachtflug gebucht hatte, besuchten wir am Abend zuvor einen jüdischen Freund von Salim, der mich dann später auch zum Flughafen fuhr. Denn um zum Flughafen zu gelangen, musste man noch weitere und strengere Sicherheitsposten passieren, und da war es besser, ich fuhr in Begleitung eines Juden. Zumal mein seltsames Gepäck, eine Stahlkiste und ein Fahrrad, für viele Fragen und einige Irritation sorgte.

Es war ein trauriger Abschied. Ich versuchte, mir einzureden, dass er ganz normal war, einer wie viele zuvor.

»Irgendwann hätte ich sowieso wieder zurück nach Deutschland fahren müssen«, sagte ich mehr zu mir selbst als zu Salim, als wir uns umarmten. Vor anderen Leuten war Salim immer sehr zurückhaltend mit Zärtlichkeiten, und auch jetzt drückte er mich nur kurz und klopfte mir freundschaftlich auf die Schulter. Ich stieg zu dem Freund in den Wagen. Ein Stück des Weges hatten wir gemeinsam, und so fuhr Salim in seinem Subaru so lange wie möglich vor uns her, und als sich die Straße dann teilte, wir zum Flughafen weiterfuhren und er Richtung

Süden abbog, da drehte er sich mehrmals nach mir um, so lange, bis wir einander nicht mehr sehen konnten.

Damals verschwendete ich keine weiteren Gedanken an den Diebstahl meines Geländewagens. Ich hatte einfach Pech gehabt, so sah ich das. Die ganze Sache war sehr ärgerlich, vor allem das Verhalten der israelischen Polizei. Auch als sich kurz nach dem Vorfall herausstellte, dass das Fest, für das ich in jenem Supermarkt einkaufen war, gar nicht am anderen Tag, sondern eine Woche später stattfand, dachte ich mir nichts dabei. Es war nicht das erste Mal, dass Salim Termine durcheinandergebracht hatte. Gut war daran, dass er Zeit hatte, sich ein neues Zelt und all die anderen Dinge, die er für seine Arbeit brauchte, zu besorgen. Ich wurde auch nicht misstrauisch, als sich Salim wenig später selbst einen teuren Geländewagen kaufte.

»Woher hast du denn so viel Geld?«, fragte ich verwundert.

»Das hab ich mir geliehen«, war seine Antwort.

Das hatte er noch nie getan. Aber ich wusste, dass es für ihn mehr als peinlich gewesen war, dass ich ein so viel größeres Auto fuhr als er. Einerseits hatte er es genossen, dass wir mit meinem Nissan King Cab überall hinfahren konnten, auch dorthin, wo es mit seinem Subaru nicht möglich war. Auf der anderen Seite hatten ihn die anderen Beduinen ständig damit aufgezogen, dass seine Freundin einen Geländewagen hatte und er »nur« einen Subaru. Der Gedanke, dass er oder sein Clan den Diebstahl organisiert oder fingiert haben könnten, kam mir erst Jahre später, als mir klar wurde, dass mich Salim während dieses Israel-Aufenthaltes in noch ganz anderer Hinsicht hintergangen hatte. Ich kannte Salims Einkünfte, hatte einen guten Überblick über das, was er verdienen konnte, und gerade in den Jahren 2000 und 2001 hatte er wenig Arbeit. Da war ein Geländewagen definitiv nicht drin – außer er war damals schon in illegale Geschäfte involviert, so wie es später der Fall sein würde.

Doch all solche Gedanken und Spekulationen lagen mir fern,

als ich mit nichts als einem Fahrrad und einer Metallkiste voller Bücher nach Deutschland kam. Ich liebte Salim und fand keinen Grund, an seiner Liebe zu mir zu zweifeln. Außerdem hatte ich genug zu tun: Ich musste finanziell wieder auf die Beine kommen. Denn meinen gesamten Besitz hatten wahrscheinlich irgendwelche Beduinen in der Nähe von Hebron längst unter sich aufgeteilt.

Kapitel 7

Vater, Mutter, Kind

Es war kurz vor Weihnachten im Jahr 2000, und ich brauchte ganz dringend einen Job. Die Kneipe, in der ich früher gearbeitet hatte, konnte mich nicht täglich beschäftigen. Ich aber brauchte eine volle Anstellung, und die fand ich in dem gehobenen Restaurant in direkter Nachbarschaft meiner früheren Arbeitsstätte. Alles fügte sich wie von selbst, denn der Besitzer des Restaurants war Stammkunde in der Kneipe, und er war hocherfreut, ausgerechnet während der Vorweihnachtszeit, in der ein Geschäftsessen das nächste jagte, jemanden mit so viel Erfahrung in der Gastronomie wie mich einzustellen. Er merkte schnell, dass ich gut arbeitete, und bereits nach ein paar Tagen überließ er mir die Leitung auf der zweiten Etage des Restaurants mit einigen Aushilfen, während er sich selbst um den unteren Bereich kümmerte. Und so wurde ich zu seiner rechten Hand, nahm Bestellungen auf und gab sie in die Kasse ein, während die Aushilfen die Tische neu eindeckten und Speisen und Getränke auftrugen. Da er sich auf mich verlassen konnte, ließ mich mein Chef nach Restaurantschluss die gesamte Abrechnung machen und die Löhne an die Aushilfen auszahlen, während er in der Kneipe nebenan – meinem früheren Arbeitsplatz – die Nacht ausklingen ließ.

Eines Tages trug ich einen Stapel Teller in die Küche. Nachdem ich ihn abgestellt hatte, fuhr ich mir ganz unbewusst mit der Hand über den Bauch. Mir war, wie öfter in letzter Zeit, kurz schwindlig geworden. Das kannte ich sonst gar nicht von mir, Schwindel hatte ich noch nie gehabt.

»Bist du etwa schwanger?«, fragte mich der Koch.

Ich musste lachen.

»Sehe ich etwa schwanger aus?«, fragte ich zurück.

Ich hatte kein Gramm zugenommen und trug nach wie vor Größe 34. Meine Periode hatte ich ganz regelmäßig. Und doch, irgendetwas war anders. Ich schlief gern auf dem Bauch, und immer öfter wurde ich nachts von einem seltsamen Bauchgrummeln wach. Was konnte das sein? Waren das etwa Tritte in meinem Bauch?

Schließlich kaufte ich mir doch einen Schwangerschaftstest. Wie überrascht war ich, als er eindeutig war: positiv.

Am folgenden Tag erzählte ich mittags, noch ehe die Gäste kamen, meiner Kollegin Anne, mit der ich mich gut verstand, von dem Testergebnis.

»Na, dann brauchst du jetzt einen Frauenarzt«, sagte sie pragmatisch, legte das Telefonbuch mit den Gelben Seiten auf die Theke und schlug die Liste der Gynäkologen auf. In diesem Moment kam unser Chef von hinten und blickte uns über die Schultern.

»Na«, meinte er neugierig, »wonach sucht ihr denn?«

»Wir suchen nach einem Frauenarzt«, sagte Anne und warf mir einen Seitenblick zu. Wir beide erwarteten, dass er hellhörig würde. Doch stattdessen sagte er lapidar:

»Dr. Keuler!«

Anne und ich mussten lachen. Die Vorstellung, zu einem Gynäkologen namens »Keuler« zu gehen, fanden wir ungeheuer komisch.

»Der war doch erst gestern hier«, fuhr unser Chef ungerührt fort, der überhaupt nicht verstand, warum wir so lachten, »dort drüben saß er in der Ecke. Der Keuler, der kommt aus Schweich.«

Schweich ist ein kleiner Ort, rund zwanzig Kilometer von Trier entfernt.

»Na ja«, meinte Anne, nachdem sie sich beruhigt hatte, »das ist ein bisschen weit weg, oder nicht? Berit muss da nämlich demnächst öfter hin.«

Wenn sie aber geglaubt hatte, dass unser Chef ihren zarten

Hinweis verstanden hatte, dann sah sie sich getäuscht. Erst am nächsten Tag, als ich es ihm offiziell mitteilte, fiel bei ihm der Groschen.

Zuvor aber machte ich einen Termin bei einer Frauenärztin. Während der Ultraschalluntersuchung sagte sie: »Ja klar, hier sind die Arme, hier die Beine. Ich würde sagen, Sie sind Ende des fünften Monats.«

»Wie bitte?«, entfuhr es mir. »Das ist nicht Ihr Ernst.«

Einige Momente lang konnte ich es nicht fassen. Schon im fünften Monat sollte ich sein, bald im sechsten?

»Aber ich hatte doch regelmäßig meine Tage«, wandte ich ein. »Außerdem hab ich kein Gramm zugenommen!«

»Tja«, meinte die Ärztin, »bei manchen Frauen ist das halt so.«

Da fühlte ich, wie sich ganz langsam ein warmes Gefühl in mir ausbreitete. Ich war schwanger. Salim und ich bekamen ein Kind. Vor einem Jahr hatten wir es versucht, doch es hatte nicht geklappt. Bei meinem letzten Besuch in Israel hatte keiner von uns beiden an ein Kind gedacht. Ich hatte sogar die Pille genommen, wenn auch vielleicht nicht immer ganz regelmäßig. Jedenfalls war es jetzt so weit. Wir würden eine Familie gründen.

Ja, ich freute mich wirklich. Auch wenn ich es kaum fassen konnte, dass ich so lange nichts von meiner Schwangerschaft bemerkt hatte. Ich rief Salim an, um ihm mitzuteilen, dass er Vater würde. Mir war klar, dass ich keine Begeisterungsstürme erwarten durfte. Es würde nicht einfach sein, es seiner Familie beizubringen. Als er ans Telefon ging, merkte ich, dass es ein ungünstiger Zeitpunkt war, um ihm etwas so Wichtiges zu sagen, denn er hatte gerade eine Touristengruppe zu betreuen. Also wartete ich ab und rief ihn später noch mal an.

»Bist du allein?«, fragte ich ihn.

»Ja«, gab er zur Antwort, »was gibt es denn?«

»Stell dir vor«, sagte ich, »ich bin schwanger.«

»WAS?«

»Wir bekommen ein Kind, Salim.«

Schweigen in der Leitung. Und dann ein Knacken.

»Salim«, rief ich, »bist du noch da?« Doch er hatte bereits die Verbindung unterbrochen.

Ich verbrachte eine äußerst unruhige Nacht. Hatte Salim tatsächlich aufgelegt? Oder war es eine Störung in der Leitung gewesen? Am nächsten Tag nahm ich all meinen Mut zusammen und rief Salim erneut an. Zu meiner großen Erleichterung hatte er sich etwas beruhigt. Dennoch reagierte er sehr zurückhaltend auf meine Schwangerschaft.

»Hör zu, Salim«, sagte ich, »für mich ist das im ersten Moment auch ein Schock gewesen. Aber es ist unser Kind, das wir uns doch eigentlich auch wünschen, und wir müssen eine Lösung finden.«

»Meine Familie wird es niemals akzeptieren«, wandte er ein. »Ein uneheliches Kind! Das Kind einer Deutschen! Niemals, Berit. Du solltest das Kind wegmachen lassen.«

»Für eine Abtreibung ist es zu spät«, erklärte ich ihm, tief getroffen. »Und selbst wenn das noch möglich wäre: Ich würde es nicht tun.«

Nach diesem ersten Gespräch quälten mich große Zweifel, ob wir alle zusammen eine gemeinsame Zukunft hatten. Was, wenn Salim ablehnend bleiben würde? Vielleicht sollte ich das Kind allein großziehen? Der Gedanke erschreckte mich nicht, ich war mir sicher, dass ich das schaffen würde. Und doch, war es nicht besser, das Kind hatte einen Vater? Wahrscheinlich musste ich einfach noch Geduld mit Salim haben. Für ihn war das Kind eine abstrakte Größe im fernen Deutschland, er fühlte nicht wie ich die leisen Tritte, er wusste nichts von diesem ganz neuen Körpergefühl.

»Du bist mir einer«, sagte ich zärtlich zu dem Kind in meinem Bauch, »ganz still und heimlich hast du in mir dein Nestchen gebaut.«

Und tatsächlich schien es mir, als habe es sich die ganze Zeit nicht bemerkbar machen wollen, und erst jetzt, nachdem ich von der Schwangerschaft wusste, beanspruchte es seinen Raum: Auf einmal sah man mir den Babybauch an, auch meine Periode blieb nun aus. Ich kaufte die ersten Babysachen und freute mich immer mehr auf das werdende Leben in mir.

Im Gegensatz zu Salim gewöhnte ich mich rasch an den Gedanken, Mutter zu werden – ausgerechnet ich, die ich immer so sehr gezögert und auf meine Freiheit gepocht hatte. Und doch hatte ich mir immer vorgestellt, nicht allzu lange mit dem Kinderkriegen zu warten. Ich wollte, dass meine Kinder, gern auch zwei, drei, eine junge Mutter hätten, vielleicht auch deshalb, weil ich meine eigene Mutter immer als recht alt empfunden hatte, vor allem alt im Denken, in ihren Einstellungen. Außerdem war ich nicht der Meinung, dass ein Kind meine Freiheit einschränken würde. Kinder kann man eigentlich überallhin mitnehmen. Für mich stand von Anfang an fest, dass ich mein Kind tragen würde und auf diese Weise immer ganz in meiner Nähe hätte, ohne dass ich dadurch meinen Radius einschränken müsste. Je mehr ich mich mit dem Gedanken beschäftigte, desto einfacher fand ich es, Mutter zu werden. Salim und ich telefonierten regelmäßig. Ich erzählte ihm von den Fortschritten der Schwangerschaft und hatte das Gefühl, dass auch er sich ganz allmählich darauf einstellte, Vater zu werden.

Doch wie würde es mit uns weitergehen? Sollte ich mit dem Kind nach Israel gehen? Oder war es nicht besser, Salim käme nach Deutschland?

Es war unmöglich, so weitreichende Fragen am Telefon zu klären, und ich beschloss, noch vor der Geburt nach Israel zu fliegen. Ich wollte Salim ins Gesicht sehen und herausfinden, ob er bereit war, sein Kind auch wirklich anzunehmen. Mir war durchaus bewusst, welch große Entscheidung es bedeuten würde, mit einem Baby in ein so fernes Land zu ziehen. Dafür brauchte ich die ganze Unterstützung und den Rückhalt seines Vaters. Sollte der nicht vorhanden sein, dann war für mich klar, dass ich in Deutschland bleiben würde. Ich hatte mir nie gewünscht, für immer in Israel zu leben. In Trier hatte ich mich inzwischen gut eingelebt, ich hatte mich mit einigen Studienkollegen angefreundet und fühlte mich hier sehr wohl. Und doch wollte ich unserer multikulturellen Liebe, unserer kleinen Familie eine Chance geben.

Im Januar 2001, als ich wieder einmal in Israel landete und den Bus von *Tel Aviv* nach *Mitzpe Ramon* nahm, war es bitterkalt. Auch dieses Mal gab es Bombenalarm, und zwar in *Beer Sheva*, und ich dachte an jenes erste Mal zurück, als ich mit einem schweren Rucksack auf dem Rücken und großen Erwartungen im Herzen auf dem Weg zum *Kibbuz Ein Gedi* gewesen war. Inzwischen war ich dreiundzwanzig Jahre alt und erwartete ein Kind von einem israelischen Beduinen. Ich musste darüber lächeln, wie routiniert ich inzwischen mit der Bombendrohung umging. Da sprach mich eine junge Frau mit einem Rucksack an, wollte auf Englisch wissen, warum wir alle den Busbahnhof verlassen mussten. Und während ich ihr erklärte, dass wahrscheinlich wieder einmal jemand seine Tasche unbeaufsichtigt hatte stehen lassen, musste ich daran denken, wie viel doch in diesen vergangenen vier Jahren geschehen war.

Gespannt wartete ich schließlich auf Salim, der versprochen hatte, mich abzuholen. Wie meist mussten wir darauf achten, nicht zusammen gesehen zu werden, heute umso mehr, weil man mir meine Schwangerschaft inzwischen schon ansehen konnte – und das durfte ja niemand von seiner Familie wissen. Ich stieg zu Salim in den Wagen, und er fuhr mit mir in den Krater, wo er damals im Beduinenzelt für Touristen gearbeitet hatte.

»Es wird ein Junge, Salim«, sagte ich zu ihm, als wir etwas später endlich in Ruhe zusammensaßen.

Sein Gesicht hellte sich auf, endlich lächelte er sogar ein bisschen. Mir war klar, dass ein Sohn für einen Araber etwas sehr Wichtiges ist.

»Das ist schön«, sagte er und nahm mich in seine Arme.

Harun, ein Freund von Salim, kam dazu und erkannte sofort,

dass ich schwanger war. Er gratulierte uns freudig. Er gehörte zu den eher aufgeschlossenen Beduinen, hatte selbst schon mal im Ausland gelebt und war moderner eingestellt als manch anderer.

Eines Tages nahm mich Harun von *Mitzpe Ramon* mit dem Auto zurück in den Krater.

»Habt ihr schon einen Namen für das Kind?«, fragte er mich.

Ich schüttelte den Kopf. Eine Weile sagte Harun nichts, sondern konzentrierte sich auf die Straße.

»Ihr solltet einen Namen wählen«, fuhr er schließlich fort, »der sowohl bei den Beduinen als auch bei den Israeli funktioniert.«

Ich antwortete nichts darauf. Aber ich verstand, was er sagen wollte: Er zog durchaus die Möglichkeit in Betracht, dass unser Kind von Salims Familienclan nicht akzeptiert werden würde, und sein Leben unter Israeli führen musste. Und es rührte mich, dass sich Harun solche Gedanken um uns und unser Kind machte.

Aber es gab auch hässliche Situationen. Eines Abends besuchte uns Hamdi, jener Freund, der sich damals absichtlich von den Skorpionen hatte beißen lassen. Er zeigte uns stolz seinen Arm, auf dem er ein neues Tattoo hatte. Es war das grüne Blatt einer Pflanze, und Salim sagte später zu mir, als wir allein waren, dass man dumm sein müsste, um ein solches Motiv auf seinem Arm herumzutragen. Was er damit meinte, verstand ich erst viele Jahre später, es war das Blatt einer Cannabis-Pflanze, und Hamdi war Drogendealer. Als wir damals im Zelt am Feuer beisammensaßen, rauchte Hamdi eine Zigarette. Da die Zugluft den Rauch direkt zu mir herüberwehte, stand ich auf und setzte mich, ohne ein Wort zu sagen, etwas zur Seite. Da sprang Hamdi ebenfalls auf, ging auf mich los und beschimpfte mich wegen meiner Schwangerschaft. Wäre Salim nicht eingeschritten, dann hätte mich sein Freund geschlagen. So aber verließ er wütend und beleidigt das Zelt.

»So wie Hamdi«, sagte Salim nach einer Weile zu mir, »würden viele Beduinen auf deine Schwangerschaft reagieren. Und das will ich nicht, ich will nicht, dass sie dich so behandeln. Das ist der Grund, warum ich nicht möchte, dass sie dich in diesem Zustand sehen. Verstehst du das?«

Ich nickte. Er hatte ja recht.

»Wir müssen eine Lösung finden«, fuhr er fort, »damit der Stamm nicht merkt, dass unser Kind unehelich entstanden ist. Das können die nicht akzeptieren.«

»Und wie soll das gehen?«, fragte ich.

Salim zuckte mit den Schultern.

»Wir sollten heiraten«, sagte er schließlich. »Das hätten wir schon lange tun sollen.«

»Aber selbst wenn wir jetzt heiraten«, wandte ich ein, »kann sich jeder ausrechnen, dass das Kind vor unserer Hochzeit entstanden ist.«

Salim brütete vor sich hin.

»Mir wird schon etwas einfallen«, sagte er schließlich.

In diesen zwei Wochen sprachen wir viel darüber, wie unsere gemeinsame Zukunft aussehen könnte. Ob sich Salim vorstellen könnte, in Deutschland zu leben? Er hatte immer wieder davon gesprochen, und jetzt plante er sogar, zur Geburt nach Deutschland zu kommen. Er hatte ja schließlich einen israelischen Pass, und für Israeli ist es kein Problem, nach Deutschland einzureisen. Bei ihrer Ankunft in Deutschland erhalten sie ein Touristenvisum. Ich freute mich sehr darüber, dass er kommen würde. Auch dies war für mich ein deutliches Zeichen, dass er das Kind nun akzeptierte und in seine Vaterrolle hineinwuchs. Ein Beduine kümmert sich normalerweise nicht im Geringsten um seine Frau, wenn sie niederkommt. Oftmals müssen die Frauen für eine Geburt den Stamm sogar verlassen und das Kind in der Wüste gebären. Die Tatsache, dass Salim bereit war, eine solche Reise in ein für ihn völlig fremdes Land auf sich zu nehmen, um dabei zu sein, wenn sein Kind zur Welt kam, gab mir Vertrauen, dass wir es als Multikulti-Familie schaffen könnten.

Natürlich überlegten wir auch, ob Salim nicht für immer

nach Deutschland kommen sollte. Es war ja nicht so, dass seine Geschäfte in Israel immer fantastisch liefen. Selbst wenn er ein gutes Jahr hatte, konnte man nie wissen, ob im nächsten die Touristen wieder so zahlreich kommen würden. Kaum gab es eine politische Krise im Nahen Osten – und wann gab es die nicht? –, konnte alles schon wieder ganz anders aussehen. Während dieser Gespräche erfuhr ich eine Menge über Salims Kindheit und Jugend.

»Mein Vater«, erzählte er mir eines Abends, »starb, als ich siebzehn war. Ich musste die Schule ohne Abschluss verlassen und Geld verdienen, um die Familie zu ernähren. Meine Mutter hätte die Schulgebühren niemals aufbringen können. Den Kurs zum Reiseleiter machte ich an der *Field School* in *Mitzpe Ramon*. Seitdem arbeite ich im Tourismus. Ich habe keine Ahnung, wie ich in Deutschland Geld verdienen könnte.«

Er hatte recht. Außerdem hatte ich mir ja vorher schon Salim nicht in Deutschland vorstellen können. Salim war definitiv kein Stadtmensch, und eine Wüste gibt es in Deutschland schließlich auch nicht.

»Dann komme ich also nach Israel«, entschied ich schließlich. »Wenigstens für die ersten Jahre. Und danach sehen wir weiter.«

Salim nickte zustimmend. Für mich schien er aus vollem Herzen dafür zu sein, dass ich mit dem Baby zu ihm kommen würde.

»Wir werden eine Familie sein«, sagte ich. »So, wie du es dir all die Jahre gewünscht hast.« Dass sich unser Leben nicht einfach gestalten würde, das war uns beiden klar.

»Und wir werden heiraten«, sagte Salim bestimmt. »Sobald mein Sohn da ist und du zurückkommen kannst, wirst du meine Frau. Dann kann ich dich und das Kind auch endlich meiner Familie vorstellen.«

»Und wie wollen wir unseren Sohn nennen?«, fragte ich.

»Tarek«, gab Salim prompt zur Antwort. Darüber hatte er sich anscheinend auch schon Gedanken gemacht.

Ich wusste, dass dies ein arabischer Name war, kein israelischer. Doch ich sagte nichts dazu. Mir gefiel Tarek. Und wenn Salim der Meinung war, sein Sohn würde bei seinem Stamm angenommen werden, dann war mir das nur recht.

Zurück in Deutschland hatte ich ein Ziel: Während das Kind in mir heranwuchs, arbeitete ich so viel wie möglich, um mir ein finanzielles Polster für Israel anzusparen. Außerdem wollte ich einen VW-Bus kaufen, um wieder ein fahrbares Zuhause für mich und das Kind zu haben.

Alles ging gut, meine Schwangerschaft verlief ohne Probleme. Zum Geburtstermin unseres Kindes wollte Salim ja kommen. Doch dann – ich hatte gerade alles für die Ankunft des Babys vorbereitet und die letzten Babysachen eingekauft – meldeten sich die Wehen drei Wochen zu früh. Auf einmal ging alles ganz schnell. Ich hatte eine Geburt ohne Komplikationen und brachte unseren ersten Sohn schon im Juni 2001 ohne Salims Beisein im Krankenhaus zur Welt.

»Dein Sohn ist schon da«, sagte ich nach der Geburt am Telefon zu Salim. »Wie sieht er aus?«, fragte er zurück, und dann schilderte ich meine eigene Überraschung darüber, dass unser Baby ganz weiße Haut hatte, so wie alle anderen Babys. Erst später erfuhr ich, dass die braune Hautfarbe sich erst im Lauf der Zeit entwickelt.

Ich hatte die Geburt recht bald verkraftet und gewöhnte mich ohne Probleme daran, ein Kind zu haben. Ich hatte sehr genaue Vorstellungen davon, wie ich mein Baby großziehen wollte. Zum Beispiel stand für mich von Anfang an fest, dass ich mein Kind immer nahe an meinem Körper haben und mit mir herumtragen würde, und darum hatte ich erst einmal keinen Kinderwagen angeschafft, sondern kaufte ein Tragetuch. Auch war von Anfang an klar, dass ich mein Baby stillen wollte und dass der Kleine nachts bei uns im Familienbett schlafen würde. Ich wusste, dass dies ganz im Sinne der Tradition von Salims Familie war, denn auch Beduinenkinder werden ausschließlich getragen, sie schlafen bei der Mutter und werden bis ins Kleinkindalter gestillt.

Ich war die Erste in meinem Bekanntenkreis, die ein Kind bekam, und meine Freunde kümmerten sich rührend um uns. Sie besuchten mich im Krankenhaus, und auch als ich zu Hause war, kam öfter jemand vorbei, brachte Abendessen mit, damit ich nicht zu kochen brauchte. Alle wussten, dass ich auf unbestimmte Zeit nach Israel aufbrechen würde, weil dort der Vater meines Kindes lebte.

Mit meiner eigenen Familie hatte ich auch jetzt so gut wie keinen Kontakt mehr. Ich hatte weder meiner Mutter noch meiner Schwester von meiner Schwangerschaft überhaupt erzählt. Meine Oma, bei der ich als Kind drei Jahre lang gewesen war, hatte schon rund fünf Jahre zuvor den Kontakt zu mir abgebrochen. Der Grund war meine Beziehung zu Salim. Sie konnte nicht akzeptieren, dass ich »mit so einem« zusammen war. »Zu meiner Zeit«, sagte sie, »hat man mit Leuten wie dir noch das Richtige gemacht«, und ich verstand sehr wohl, dass sie auf den Holocaust anspielte. »Es ist mir peinlich«, sagte sie, »wenn die Leute mich fragen: ›Was macht denn die Berit heute so?‹ Was soll ich denen denn sagen? Dass du ein Ausländerflittchen bist?«

Und so sah ich keinen Grund, meiner Familie mitzuteilen, dass ich ein Kind hatte. Nur Salim schickte ich einige Fotos von Tarek, schlafend im Krankenhausbettchen und in meinem Arm. Ich war völlig vernarrt in diesen Winzling und konnte ihn stundenlang einfach nur betrachten, die kleinen Hände und Füßchen, das erste Lächeln im Schlaf, das zufriedene Saugen an meiner Brust.

Ich wartete noch die Routineuntersuchung ab, die in Deutschland nach den ersten vier Wochen bei einem Baby vorgenommen wird, und besprach mit dem Kinderarzt die für Israel notwendigen Impfungen. Und dann war es so weit: Ich packte alles, was ich in Israel benötigen würde, in den gebrauchten VW-Bus, den ich mir angeschafft hatte, und los ging es.

Ich nahm, wie schon viele Male zuvor, die Route über Italien und Griechenland und das Mittelmeer. Normalerweise brauchte ich eine Woche für diese Reise, doch mit meinem Baby an Bord ließ ich mir einige Tage länger Zeit. Ich fuhr immer nur, solange Tarek schlief. Sobald er unruhig wurde, stoppte ich, noch ehe er aufwachte. Ich hielt ihn im Arm, stillte ihn, wickelte ihn, erzählte ihm, dass wir bald bei seinem Papa sein würden. So legten wir die ersten tausend Kilometer bis Ancona ganz gemächlich zurück. Auf der Fähre nach Griechenland gönnte ich uns dieses Mal eine Kabine, sodass die zwanzigstündige Überfahrt nach Patras die reinste Erholung für uns beide wurde. Unsere nächste Fähre, die uns nach Israel brachte, fuhr von Athen los, und ich richtete es so ein, dass wir die dreihundert Kilometer dorthin während der Nacht fuhren, damit wir in keinen Verkehrsstau gerieten. Als wir nach dreitägiger Überfahrt schließlich in Haifa ankamen, wurden wir von der Grenzpolizei zunächst im Hafen zurückgehalten. Während ich zusah, wie einem meiner Mitpassagiere nach dem anderen die Einreise gewährt wurde, musste ich meinen VW-Bus komplett aus- und wieder einräumen, sogar Spürhunde wurden auf mein Gepäck angesetzt und beschnüffelten die Karosserie. Gerade als ich dachte, dass sie mich dieses Mal nicht einreisen lassen wollten, bekam ich grünes Licht: Zehn Stunden waren da nach unserer Ankunft im Hafen vergangen.

Salim war nicht zum Hafen gekommen, um uns abzuholen. Er musste arbeiten, jedenfalls war es das, was er mir sagte. Auch als ich mit dem Baby in *Mitzpe Ramon* angekommen war, ließ er sich nicht blicken. Erst zwei Tage später schlich er sich im Schutz der Dunkelheit zu uns. Mit ernstem Blick sah er abwechselnd den friedlich schlafenden Tarek an und dann mich.

»Jeder in *Mitzpe Ramon* weiß, dass wir ein Paar sind«, sagte er, »da ist es ja klar, dass das Kind von mir ist.«

»Ja und?«, fragte ich leise. »Es ist ja auch dein Kind.«

»Ja schon«, wand er sich, »aber es ist ein uneheliches Kind. Wir müssen unbedingt erst heiraten, bevor man dich mit dem Kind hier sieht.«

Und so kam es, dass ich mit meinem Baby die ersten beiden Wochen in der Wüste bei *Machtesh Ramon* verbrachte, möglichst weit weg von allen Menschen, die Salim kennen konnten. Salim kam hin und wieder, um uns Nahrungsmittel vorbeizubringen, denn er wollte auf keinen Fall, dass ich nach *Mitzpe Ramon* fuhr, um dort einzukaufen.

Nun war ich wirklich froh, den VW-Bus zu haben. Ich hatte hinten eine Matratze hineingelegt, auf der ich mit dem Kleinen gut schlafen konnte. Die Nächte im *Negev* sind im August warm, aber nicht heiß, und die Tage verbrachte ich mit Tarek im Schatten unter Bäumen oder Brücken. Ich hatte einen Gaskocher und Kanister, die ich mit frischem Wasser füllte. Salim hatte mir Stellen gezeigt, wo an den Leitungen, die durch die Wüste verlegt waren, Wasser abgezapft werden konnte. Hier holte ich mir Trinkwasser, und hier wusch ich unsere Wäsche. Auch Beduinen nutzten diese Stellen, manche tränkten ihre Herden an solchen offenen Leitungen, und so musste ich gut aufpassen, dass mich dort keiner sah.

Schließlich mietete Salim eine Drei-Zimmer-Wohnung in *Mitzpe Ramon* direkt am Kraterrand für uns, in einer ärmlichen Gegend, wo nur Israeli lebten und keine Beduinen hinkamen. Außer der Küche und dem Bad war sie allerdings leer, und Salim versprach, so bald wie möglich die nötigen Möbel und vor allem auch Elektrogeräte für uns zu kaufen. Wir vereinbarten, dass Salim die Miete der Wohnung und ihre Einrichtung übernehmen würde, während ich von meinen Ersparnissen den Lebensunterhalt von mir und meinem Baby bestreiten wollte.

»Mit der Einrichtung«, sagte Salim, »musst du ein bisschen warten. Dieses Jahr konnte ich nicht viel verdienen, doch das wird sich bald ändern. Vor allem müssen wir jetzt so bald wie möglich heiraten. Und zwar vor dem Kadi.«

Ich wusste, dass der muslimische Glaube in Salims Leben keine Rolle spielte. Noch nie hatte ich ihn beten sehen oder zu einer Moschee gehen. Es machte mir also nichts aus, der Form halber zum Islam zu konvertieren und ihn vor dem Kadi zu heiraten. Und so fuhren wir eines Tages nach *Beer Sheva* zum Shaariya-Gericht, einem alten, heruntergekommenen Gebäude mit einem Gerichtssaal und zwei Warteräumen, einer für die Frauen, der andere für die Männer. Ich hatte mir beileibe keine romantische Hochzeit erwartet, doch von der kurzen Prozedur war ich dann doch tief enttäuscht. Ich saß auf der einen Seite des Gerichtssaals, während Salim mit seinen beiden Freunden, die als Trauzeugen fungierten, auf der anderen saß. Diese Freunde hatte Salim mit Bedacht ausgesucht: Beide hatten heimlich jüdische Freundinnen, und da also jeder sein Geheimnis vor dem Stamm hatte, war gegenseitiges Stillschweigen gewährleistet.

Um einen Muslim zu heiraten, musste ich wie gesagt zunächst selbst zum Islam übertreten. Dafür sprach ich vor dem Kadi die Formel: »*Aschhadu an la-ilaha-ill-allah wa aschhadu anna muhammadan rasulullah*« – »Ich bezeuge, dass es keinen Gott außer Allah gibt und Mohammed sein Prophet ist«, und schon war ich Muslimin – jedenfalls sagte man mir das. Keine Minute später hieß es, dass wir verheiratet seien, das Ganze lief so schnell ab, dass ich es gar nicht wirklich mitbekam. Danach ging Salim zur Tagesordnung über: Es gab weder eine Feier noch das kleinste Geschenk. Viel mehr beschäftigte Salim, wie er am schnellsten mithilfe seines Freundes Hamdi, der mich noch vor wenigen Monaten fast geschlagen hätte, unsere Heiratsurkunde fälschen konnte. Er datierte sie um mehr als ein Jahr zurück, damit es so aussah, als seien wir bereits verheiratet gewesen, als Tarek gezeugt wurde.

Erst viele Jahre später sollte ich erfahren, dass das Ganze nichts anderes als eine Farce war. Ich glaubte zwar, vor dem islamischen Recht verheiratet zu sein, tatsächlich aber war ich es überhaupt nicht. Was der Kadi uns dort am Tag unserer »Hochzeit« ausstellte, war eine amtliche Bestätigung einer Heirat, die irgendwo in der Wüste nach Beduinenbrauch stattgefunden haben sollte – doch eine solche Heirat hatte es nie gegeben. Und darum fälschte Salim die Urkunde kurzerhand, sie war ja auch »nur für die Familie« gedacht. Und natürlich auch für mich, denn Salim klärte mich nie darüber auf, dass wir eigentlich gar nicht verheiratet waren, ganz im Gegenteil. Es sollten Zeiten kommen, finstere Jahre, in denen er auf das angebliche Recht, mein Ehemann zu sein, pochen sollte. Doch zum Glück ahnte ich damals noch nichts von dem Unheil, das sich über mir zusammenbrauen sollte und zu dem hier das Fundament gelegt wurde. Ich vertraute Salim, er war der Vater meines Kindes. Er suchte nach einem Weg, mit mir in Frieden zusammenleben zu können, mit dem Segen seines Familienclans, und wenn es dazu diese ernüchternde Zeremonie brauchte, dann sah ich damals keinen Grund, mich ihr zu verweigern.

Nach der Heirat konnte Salim nun endlich seiner Familie von unserem gemeinsamen Kind erzählen. Seine Mutter sollte die Erste sein, die es erfuhr. Ich war erleichtert. Und doch kam alles anders, als ich es mir vorgestellt hatte.

Eines Tages brachte Salim seine Mutter zu unserer Wohnung.

»Ich hab noch etwas zu erledigen«, sagte er zu mir auf Englisch und zu seiner Mutter in seiner Sprache, und schon war er fort.

Zuerst war ich zu verblüfft, um etwas zu sagen. Ich hatte keine Ahnung, ob Salim seiner Mutter bereits die Wahrheit über uns gesagt hatte oder nicht. Ihren irritierten Blicken nach zu urteilen, hatte er es nicht. Erwartete er etwa, dass ich das erledigte?

Ich bat die würdevolle Beduinin, Platz zu nehmen. Sie setzte sich auf den Boden, direkt vor die Matratze, auf der Tarek lag und fröhlich vor sich hin brabbelte. Ich beschäftigte mich damit, Tee für uns beide zu kochen, doch auch das war irgendwann getan. Ich setzte mich Salims Mutter gegenüber, zwischen uns die Matratze mit Tarek. Ich raffte meine paar Brocken Arabisch zusammen, doch Salims Mutter sprach nur den Beduinendialekt, von dem ich zwar ziemlich viel verstand, ihn aber nicht sprechen konnte, und so war kaum eine Verständigung möglich. Was um alles in der Welt hatte sich Salim dabei gedacht, mich mit seiner Mutter allein zu lassen? Sollte ich ihr beibringen, dass Tarek sein Sohn war?

›Das muss er schon selber tun‹, dachte ich, während die Beduinin Tarek auf den Arm nahm und ihn gutmütig wiegte, ohne auch nur den blassesten Schimmer zu haben, dass sie ihr Enkelkind hielt. Es war nicht zu übersehen, wie sehr sie sich wunderte, warum Salim sie ausgerechnet bei mir abgeladen hatte.

»Wann kommt Salim zurück?«, glaubte ich sie immer wieder zu verstehen. Ich zuckte mit den Schultern und lächelte höflich. Das hätte ich auch gern gewusst. Es ist unglaublich, wie lange eine Stunde sein kann, wenn man sich in einer so grotesken Situation befindet. Salims Mutter und ich lächelten uns hilflos an, blickten auf Tarek, schauten uns immer wieder in die Augen, ratlos, verlegen.

Schließlich kam Salim zurück. Ich atmete auf. Seine Mutter legte Tarek zurück auf die Matratze, stand auf und sagte zu ihrem Sohn, er solle sie wieder nach Hause bringen.

Salim schaute zu mir, dann zurück auf seine Mutter. Er begriff, dass das Wunder, das er offenbar erhofft hatte, nicht eingetreten war und wir »die Sache« nicht unter uns Frauen »geklärt« hatten. Und nun endlich rückte Salim mit der Wahrheit heraus. Er deutete auf Tarek und sagte im Beduinendialekt seines Volkes:

»Dies ist mein Sohn.«

Niemals werde ich das Gesicht dieser alten Frau vergessen, den Schock, der ihre Augen weitete und sie für eine ganze Weile sprachlos dastehen ließ. Ich wagte nicht zu atmen während dieser schrecklichen Sekunden, fühlte ich doch, wie wichtig ihre Reaktion für Salim war. Dann fasste sie sich. Sicherlich hatte sie bereits ganz andere Schicksalsschläge hinnehmen müssen, als dass einer ihrer Söhne ein Kind mit einer Europäerin hatte. Sie wandte sich zu mir und sagte freundlich:

»Ich mag dich.«

Dann richtete sie ihre Aufmerksamkeit wieder auf ihren Sohn, fasste ihn streng ins Auge und sagte wohl sinngemäß: »Aber wie konntest du das verschweigen?«

Sie verabschiedete sich von mir, verließ die Wohnung, und

Salim folgte ihr, um sie zurück in die Wüste zu bringen. Mit Sicherheit hat sie ihm unterwegs noch gründlich die Meinung gesagt, doch ich schätzte es sehr, dass sie so höflich zu mir blieb und sich vor mir so sehr in der Gewalt hatte.

Ich atmete auf an jenem Abend. Endlich war diese Hürde genommen. Jetzt mussten Tarek und ich uns nicht mehr länger verstecken. Salim und ich waren offiziell Mann und Frau, und wer es nicht glauben wollte, dem konnte Salim die gefälschte Heiratsurkunde vor die Nase halten, die bezeugte, dass wir schon lange ein Ehepaar waren, dass unser Kind in Ehren geboren worden war und alles seine Ordnung hatte.

»Jetzt wird alles gut«, sagte ich zu Tarek, als ich ihn zum Stillen an die Brust nahm. »Ab jetzt bist du Teil einer großen Familie.«

Wenig später brachte mir Salim ein Geschenk von seiner Mutter, es waren zwei typische Beduinenkleider samt Schleier. Sie hatte den traditionellen schwarzen Stoff über und über mit bunten Blütenmustern bestickt. Ich freute mich über dieses Zeichen. Auch wenn ich wusste, dass ich so etwas niemals tragen würde, verstand ich es als einen Willkommensgruß in Salims Familie. Ich wusste ja nicht, dass genau diese Familie mein Verhängnis werden sollte.

Kapitel 8

Schwieriger Anfang

Mein ältester Sohn Tarek war in einem Jahr zur Welt gekommen, in dem es weltweit viele Konflikte gab. Der Anschlag auf das World Trade Center im September 2001 sorgte dafür, dass der Nahe Osten besonders gefährlich schien, und so kamen wenige Touristen nach Israel. Salim, der hauptsächlich vom Fremdenverkehr lebte, fand in diesem Jahr kaum Arbeit. Deshalb entschied er sich, eine Kamelzucht zu beginnen, und kaufte dafür vierundzwanzig trächtige Kamele.

In der Wüste *Negev* halten viele Beduinen Kamele und handeln mit ihnen. Ich war nicht wirklich begeistert von diesem Plan, zumal dies eine große Investition bedeutete, so ein Tier kostete rund tausendvierhundert Euro.

»Woher hast du so viel Geld?«, fragte ich ihn.

»Das hab ich mir geliehen«, gab er zur Antwort, wie damals, als ich wissen wollte, wie er sich einen so großen Geländewagen leisten konnte.

Ich stand diesem Unternehmen skeptisch gegenüber. Meiner Meinung nach hatte er mit den Touristen immer gutes Geld verdient, ich fand es normal, dass er in einem Jahr mehr und im anderen weniger verdiente. In den guten Jahren müsste er einfach etwas beiseitelegen für die schlechten, doch so dachte Salim nicht. Er konnte nicht besonders gut mit Geld umgehen, und wenn er welches hatte, gab er es rasch aus. Oft verlieh er es auch an andere Beduinen, und wenn er selbst welches brauchte, dann waren sie oft nicht in der Lage, es ihm zurückzuzahlen. Außerdem hatte er, bevor wir uns kennenlernten, bereits Kamele besessen, doch nachdem sie einmal bei Nacht in das Gelände des *Ein-Gedi-Kibbuz* eingedrungen waren und die Felder und Gärten verwüstet hatten, musste er sie verkaufen, um den Schaden zu bezahlen.

Doch Salim hörte nicht auf mich, lieh sich das Geld und kaufte bei verschiedenen Beduinen seine neue Herde zusammen. Leider hatte die Kamelzucht zur Folge, dass mein Mann in der Wüste bei den Tieren bleiben musste, während ich mit unserem Baby allein in *Mitzpe Ramon* zurückblieb.

»Die Tiere müssen sich erst richtig aneinander gewöhnen«, erklärte er mir. »Erst wenn die Herde funktioniert und jedes Tier seine Rangordnung gefunden hat, kann ich sie ein paar Tage allein lassen.«

Salim hielt seine Herde nahe der Grenze zum *Sinai*, und da die Tiere den *Wadis* folgten, wo sie genügend Wasser und Futter finden konnten, fürchtete er, sie könnten über die Grenze geraten.

»Dann schnappen sich die dortigen Beduinen meine Kamele«, sagte er, »das kann ich nicht riskieren.«

Als sich die Herde eingespielt hatte, kam der nächste Grund für Salim, in der Wüste zu bleiben: Ein trächtiges Kamel nach dem anderen bekam sein Junges, und wir Salim weiterhin kaum zu Gesicht.

»Wenn ein Kamel niederkommt«, erklärte mir Salim, »dann entfernt es sich von der Herde. Und wenn dann so ein kleines Kamel auf der Welt ist und noch nicht richtig laufen kann, ist es ein gefundenes Fressen für die Wölfe. Ich muss mich um sie kümmern und sie beschützen, das verstehst du doch.«

Es blieb mir nichts anderes übrig. Und während sich Salim um die Kamelbabys kümmerte, sorgte ich für unseren Sohn in einer noch immer leeren Wohnung, wo Salim pro Woche gerade mal für ein Stündchen vorbeischaute.

Die Situation war nicht einfach für mich. Ich verstand, dass Salim sich erst daran gewöhnen musste, Vater zu sein und diese Rolle auch zu übernehmen. Er konnte nichts mit Babys anfangen, das war offensichtlich, er nahm Tarek kaum auf den Arm oder schenkte ihm überhaupt einen längeren Blick.

›Das wird sicher anders, wenn Tarek älter wird‹, sagte ich mir. Bei den Beduinen waren Kleinkinder Frauensache, erst ab dem Alter von fünf Jahren wurden sie von den Männern überhaupt wahrgenommen. Aber ich war keine Beduinin. Ich begann mich zu langweilen in dem kleinen Städtchen am Rande des Kraters. Mein Leben lang war ich aktiv gewesen, hatte gearbeitet und für mich gesorgt, hatte mich mit Freunden getroffen und Dinge unternommen, und jetzt saß ich auf einmal in diesem Wüstenstädtchen fest, in der Hoffnung, dass der Vater meines Kindes die Zeit fände, vorbeizuschauen. Ich ging viel mit Tarek spazieren, genoss die immer wieder aufs Neue faszinierende Landschaft des Kraters, die in jedem Licht anders erschien. Es ging mir nicht schlecht, von meinem ersparten Geld konnte ich leicht mit Tarek ein Jahr lang leben, und so lange wollte ich auch kein Geld von Salim für meinen Lebensunterhalt haben. Er würde für die Miete der Wohnung und die Einrichtung sorgen, so hatte er es mir versprochen. Doch noch immer war sie leer, bis auf die Matratze und die anderen Dinge, die ich in meinem VW-Bus mitgebracht hatte. Ich hatte mein Geschirr, mein Besteck, eine Musikanlage und meine Kleider. Dass wir auf dem Boden saßen, machte Salim nichts aus, in einem Beduinenzelt ist das schließlich nicht anders, und auch ich konnte damit leben. Was aber dringend fehlte, waren ein Kühlschrank und eine Waschmaschine – gerade mit einem kleinen Kind ist es sehr mühselig, ohne diese Geräte auszukommen.

»Sobald die Kamele Geld einbringen«, versicherte mir Salim, »dann bringe ich dir alles, was du brauchst.«

Doch ich ahnte, dass das noch lange dauern würde. Die Kamelzüchter verkauften die Tiere hauptsächlich nach Hebron, wo Kamelfleisch gern gegessen wurde. Kein Jude würde Kamelfleisch anrühren, weil diese Tiere, so wie Schweine, gespaltene Zehen haben, doch in Hebron lebten viele Beduinen und Araber. Mir war klar, dass die Tiere erst wachsen und gedeihen mussten, ehe Salim Geld mit ihnen verdienen konnte. Außerdem hatte er ja noch seinen Kredit abzubezahlen. Ich wartete

Monate, bis Salim endlich eine Waschmaschine besorgte. Meine Enttäuschung war riesengroß, als ich feststellen musste, dass das Gerät uralt war und nicht funktionierte.

»Ich bring dir jemanden, der sie repariert«, versicherte mir Salim mit großer Überzeugungskraft. »In ein paar Tagen funktioniert alles wie neu.«

Doch auch darauf wartete ich lange und schließlich vergeblich.

In dieser Zeit hatte ich oft Zweifel, ob ich nicht einfach alles wieder in meinen VW-Bus packen, mein Kind nehmen und zurück nach Deutschland fahren sollte. Mehrere Male stand ich kurz davor, doch dann verschob ich es doch immer wieder. Dieser Schritt hätte bedeutet, meinem Sohn den Vater zu nehmen, wahrscheinlich für immer. Mir war klar, dass Salim aus der Ferne den Kontakt zu seinem Kind nicht halten würde, er kümmerte sich ja jetzt schon nicht um ihn, wo wir vor Ort waren. Vielleicht war es auch die eigene Kindheitserfahrung, als mir mit vier Jahren mein Vater von heute auf morgen genommen wurde, so unwiederbringlich und für immer, die mich zögern ließ.

›Nach Deutschland kann ich immer noch gehen‹, sagte ich mir. Auf Tareks Geburtsurkunde war nur ich eingetragen, ich hatte das alleinige Sorgerecht für ihn. In Deutschland wartete außerdem niemand auf mich. Also konnte ich genauso gut noch eine Weile bleiben und sehen, wie sich alles entwickelte. Und schließlich glaubte ich Salims Beteuerungen, dass sich alles ändern würde, wenn die Herde erst einmal zusammengewachsen und die jungen Kamele groß genug wären, damit sie nicht mehr gefährdet waren.

Durch unser Kind traten allerdings nach und nach die kulturellen Unterschiede unserer Herkunft immer deutlicher zutage. Als Tarek vier Monate alt war, kaufte ich ihm ein Baby-Gym. Ich halte dieses kleine Holzgestell, das über dem liegenden Kind aufgestellt wird, für ein sehr sinnvolles Spielzeug, das seiner Entwicklung zugutekommt. An dem Gestell sind bunte

Greifringe befestigt, mit dem das Baby spielen und damit seine Motorik, Reaktion und Konzentration trainieren kann. Salim aber konnte überhaupt nicht verstehen, dass ich mein Geld für einen solchen Unsinn ausgab. Einmal kam Hamdi zu Besuch, der Beduine, der mich während meiner Schwangerschaft fast geschlagen hatte. Als er das Baby-Gym sah, weigerte er sich, bei uns Kaffee zu trinken.

»Ihr erzieht euer Kind wie die Juden«, sagte er voller Abscheu und verließ unser Haus.

Ich zuckte nur mit den Schultern. Von Hamdi wunderte mich gar nichts mehr. Salim gefiel die Art seines Freundes auch nicht. Er konnte zwar nicht verstehen, dass ich Geld für solche Dinge ausgab, doch er mischte sich nicht ein. Schließlich war es ja mein eigenes Geld.

Zwei Monate später beschloss ich, dass Tarek zur Muttermilch Gemüsebrei bekommen sollte. Ich fuhr nach *Beer Sheva*, um Bio-Möhren und Kartoffeln einzukaufen. Für Salim war es vollkommen unverständlich, dass ich so weit fuhr, um Bio-Produkte einzukaufen, wo die doch so viel teurer waren als normales Gemüse aus dem Supermarkt. Noch weniger Verständnis hatte er dafür, als ich ihn bat, einen Mixer für uns zu kaufen.

»Einen Mixer?«, fragte er entgeistert, »wofür brauchst du denn so was?«

»Um das gekochte Gemüse für Tarek zu pürieren«, erklärte ich geduldig.

»So ein Unsinn«, gab er zurück, »warum kaust du es ihm nicht einfach vor? Meine Mutter hat auch keinen Mixer gebraucht, um mich zu ernähren, als ich so klein war.«

Ich ließ mich auf keine weiteren Diskussionen ein und kaufte mir den Mixer selbst. Auch einen Kinderwagen schaffte ich nun an, denn es war einfach unmöglich, mit Tarek im Tragetuch die Einkäufe vom Supermarkt nach Hause zu schleppen. Allerdings wollte der Junge nach wie vor getragen werden, und so kam es häufig vor, dass ich die Einkäufe im Kinderwagen nach Hause transportierte, während sich Tarek im Tragetuch wie ein kleines Äffchen an mich klammerte. Die Diskussionen um den Kühlschrank jedoch nahmen kein Ende: In der Hitze wurde frisches Gemüse schnell welk, und auch der Brei hielt sich nicht lange. Gern hätte ich den Gemüsebrei für Tarek portionsweise tiefgefroren, denn er aß ja immer nur ein paar Löffel. Doch Salim hatte für all das überhaupt kein Verständnis und so gab es viele ermüdende Diskussionen. Einen Kühlschrank bekam ich trotzdem nicht.

Jede Mutter weiß, wie anstrengend die ersten Monate mit einem Baby sind. Und Tarek wollte immer getragen werden und fing sofort an zu weinen, wenn man ihn ablegte. Er schlief schlecht und übergab sich regelmäßig nach dem Stillen. In diesen Monaten war ich völlig übermüdet und wünschte mir sehnlichst, ein wenig entlastet zu werden. Salim aber kümmerte sich nicht einmal eine Stunde um seinen Sohn, damit ich mich hinlegen oder in Ruhe die Wäsche waschen konnte. Ohne Waschmaschine und mit einem Kind, das sich so oft übergab, hatte ich immer einen Berg von schmutziger Wäsche.

In jenem Winter 2001/2002 hielt Salim sich zum ersten Mal, seit ich ihn kannte, an die Regeln des *Ramadan*. Er schaffte es zwar nicht, konsequent an allen Tagen zu fasten, doch ich spürte, dass ein Wandel in ihm stattfand. Er hatte sich nie für seine Religion interessiert, und über die Regeln des Islam hatte er sich eher lustig gemacht. Ich machte mir Gedanken darüber, doch als wir einen Monat später alle zusammen Weihnachten feierten und Salim sogar ein Geschenk für Tarek brachte – das erste, das er ihm überhaupt machte, da war ich wieder beruhigt.

Im Februar 2002 erhielt ich vom israelischen Verkehrsministerium keine Verlängerung für meinen VW-Bus. Autos, die im Ausland zugelassen wurden, darf man in Israel nicht länger als ein Jahr im Land behalten, vorausgesetzt, sie sind nicht älter als drei Jahre. Mein VW-Bus war zwölf Jahre alt, und so hatte ich Glück, dass ich ihn statt der vorgeschriebenen sechs Monate acht behalten durfte. Nun aber musste ich ihn ausführen. Ich beschloss, ihn nach Deutschland zu bringen und ihn dort zu verkaufen. Tarek war nun acht Monate alt und recht lebhaft und mobil, sodass es nicht infrage kam, mit ihm über dem Landweg zurück nach Deutschland zu fahren, zumal er Autofahrten nicht gut vertrug. Außerdem lag in der Schweiz Schnee und der VW-Bus war für den Winter nicht ausgerüstet. So beschloss ich, den Bus nach Rotterdam zu verschiffen und mit meinem kleinen Sohn zwei Wochen später nach Deutschland zu fliegen.

Drei Wochen verbrachten wir in Trier bei guten Freunden, und ich genoss es sehr, wieder in Deutschland zu sein. Mit dem Bus hatte ich allerdings großes Pech: Um Geld zu sparen hatte ich ihn auf dem offenen Deck verfrachten lassen. Das stellte sich jetzt als großer Fehler heraus, denn sowohl die Scheibenwischer als auch das Radio waren geklaut worden.

Ich hatte mit Tarek den Zug nach Rotterdam genommen, und bis wir alles geregelt hatten, war es später Abend. Das hatte den Vorteil, dass Tarek müde war und während der Fahrt einschlief. In Belgien hielt ich für eine kurze Rast an, und da geschah es: Ein Lkw-Fahrer setzte seinen Wagen rund zehn Meter zurück, ohne nach hinten zu schauen, und krachte in uns hinein. Glücklicherweise war mein VW-Bus nur leicht beschädigt. Dennoch brachte dieser Vorfall meinen Deutschlandurlaub ziemlich durcheinander. Statt mich ein bisschen zu erholen, musste ich Termine mit einem Sachverständigen machen und einen Anwalt einschalten. Außerdem war es nicht einfach, für den VW-Bus in diesem Zustand einen Käufer zu finden.

Salim meldete sich während dieser drei Wochen kein einziges Mal bei mir. Vermisste er uns nicht? Sorgte er sich nicht um uns? War er vielleicht sogar froh, dass wir nach Deutschland gefahren waren? In mir wuchsen große Zweifel, ob ich überhaupt nach Israel zurückkehren sollte. Meine Freunde, die mich und mein Baby so herzlich aufgenommen hatten, wollte ich jetzt nicht auch noch mit meinen Sorgen belasten. Aber sie merkten, dass etwas nicht stimmte, und sprachen mich darauf an.

»Bleib doch hier«, rieten sie mir. »Was hast du überhaupt für eine Zukunft in Israel? Wenn sich der Vater des Kindes so wenig für euch interessiert, bist du dann in Deutschland nicht besser dran?«

Sie sprachen den wunden Punkt unumwunden an. Vielleicht stimmte, was sie sagten. Aber war es richtig, seinem Kind den Vater wegzunehmen? Hatte ich das Recht, Salim die Möglichkeit zu nehmen, seinen Sohn zu sehen? Musste ich ihm nicht die Chance geben, mit der Zeit ein Verhältnis zu ihm aufzubauen, wenn er erst einmal größer war und für einen Mann seines Kulturkreises erst wirklich interessant wurde? Und hörte ich vielleicht nur deswegen nichts von ihm die ganze Zeit, weil er in der Wüste bei seinen Kamelen war, wo er keinen Handyempfang hatte? Oder weil er sich um Touristengruppen kümmern musste?

Und so entschloss ich mich, trotz meiner Sorgen und Bedenken zurück nach Israel zu fliegen.

»Ich bin selbst ohne Vater aufgewachsen«, sagte ich zu meinen Freunden, »weil meine Mutter es so wollte. Ich möchte bei meinem Kind nicht denselben Fehler machen.«

Und so kehrten wir nach *Mitzpe Ramon* zurück.

Salim freute sich sichtlich uns wiederzusehen, und ich atmete auf. Als ich unsere Wohnung betrat, stand dort nicht nur ein Sofa, sondern auch ein Kühlschrank. Salim war mächtig stolz, ich freute mich darüber. Allerdings stellte sich bei näherer Betrachtung heraus, dass der Kühlschrank sehr alt war, und tatsächlich gab er auch nach wenigen Wochen den Geist auf. Doch ich mahnte mich zur Geduld: Er war eben Beduine, und in einem Beduinenzelt gibt es weder Kühlschrank noch Waschmaschine.

Tatsächlich kümmerte sich Salim jetzt mehr um seinen Sohn und war öfter bei uns zu Hause, was mich sehr freute. In diesem Frühling 2002 schien sich unser Leben zum Positiven zu wenden. Immer häufiger fuhren wir zu dritt in die Wüste zu der Kamelherde an der Grenze zum *Sinai*. Einmal wollten wir für zwei Tage hinausfahren, doch kaum waren wir dort, bekamen einige Kamele auf einmal ihre Jungen, und Salim konnte uns nicht nach Hause bringen.

»Findest du den Weg allein nach Hause?«, fragte er mich.

Wir waren aber den ganzen Tag abseits der Wege gefahren, um die Kamele einzusammeln. Ich war mir nicht sicher, ob ich den Weg finden würde. Außerdem stellte ich fest, dass im Tank nur noch sehr wenig Benzin war, das wohl gerade noch bis nach *Mitzpe Ramon* gereicht hätte. Aber wenn ich mich verfahren sollte? Es war nicht leicht, sich in der Wüste zu orientieren, und in diesem Teil des *Negev* war ich noch nie gewesen. So beschlossen wir, dass es das Vernünftigste war, einfach alle drei in der Wüste zu bleiben.

Es wurde eine denkwürdige Woche. Nach zwei Tagen gingen unsere Vorräte zur Neige, außer Mehl und einer Tüte Getreideflocken für Tareks Brei hatten wir nichts mehr, und auch das Trinkwasser ging aus. Zum Glück war Frühling, es hatte geregnet, die Wüste erblühte, und es gab in der Nähe zwei größere Pfützen. Eine benutzten wir zum Waschen, und aus der anderen entnahmen wir Trinkwasser. Während Salim nach den Kamelen sah, versuchte ich, unseren Speiseplan aufzubessern. Ich hatte gelernt, welche Wüstenpflanzen essbar waren. Also machte ich mich auf, diese Blumen zu sammeln, damit wir zu dem Fladenbrot, das wir in der Asche des Feuers aus Mehl und Wasser buken, wenigstens ein bisschen Salat hatten. Die Blüten waren allerdings winzig, und die Pflanzen wuchsen weit verstreut, sodass es Stunden brauchte, bis ich eine Schüssel zusammenhatte. Danach mussten wir Feuerholz sammeln gehen und dazu weite Strecken zurücklegen, denn rasch war das, was wir in der Nähe fanden, aufgebraucht. Auch unser Salz ging aus, doch Salim kannte in der Nähe einen Berg, von dem er Salz abkratzen konnte. So aßen wir all die Tage Brot, das wir in frische Kamelmilch einweichten, und Salat aus Wüstenblumen. Tareks Brei rührte ich mit Wasser oder ebenfalls mit Kamelmilch an, und zusätzlich stillte ich ihn. Ein weiteres Problem stellten die Windeln dar, die natürlich rasch zur Neige gingen. Darum ließ ich Tarek tagsüber ohne Windeln herumkrabbeln, während ich die gebrauchten Pampers in der Sonne trocknete. Nachts bekam er sie zwar schmutzig, doch wenigstens trocken, wieder um. So schafften wir es, über die Tage zu kommen, bis es endlich wieder nach Hause ging. Ich fand es erstaunlich, wie einfach es doch geht, wenn es sein muss. Und doch atmete ich auf, als wir wieder in die »Zivilisation« kamen. Der erste Stopp führte uns direkt zum Supermarkt: Nach unserer Zeit in der Wüste brauchten wir dringend etwas »Richtiges« zu essen.

Tarek wuchs und gedieh, entwickelte sich vom süßen Baby zu einem niedlichen kleinen Jungen mit dunklen Locken und dicken Pausbäckchen. Seine Augen waren groß und dunkelbraun, seine Haut nicht ganz so hell wie meine, aber auch nicht so dunkel wie Salims. Er war lebhaft und brauchte viel Bewegung, und so verbrachte ich mit ihm die meiste Zeit draußen im Freien. In *Mitzpe Ramon* gab es mehrere Spielplätze, einer war ganz in der Nähe unserer Wohnung, doch ein besonders schöner lag direkt am Kraterrand. Hier gab es mehrere Klettergerüste und natürlich die beliebten Rutschen, und gegen Abend kamen Steinböcke, die sich gern von den Kindern füttern ließen. Im Sommer konnten wir wegen der Hitze oft erst gegen fünf Uhr nachmittags das Haus verlassen, dann gingen wir zu diesem Spielplatz und blieben bis zum Sonnenuntergang. Hier lernte ich mit der Zeit andere Mütter mit Kindern in Tareks Alter kennen, was eine Wohltat war nach den vielen Monaten, die ich so allein verbracht hatte. Besonders mit einer Frau namens Batya, die ein wenig jünger war als ich, freundete ich mich an, und auch Tarek und ihr Kleiner spielten jedes Mal vergnügt miteinander. Tarek begann bald, ein paar Worte zu sprechen, jedoch vermischte er Deutsch, Englisch und Hebräisch, was er auf dem Spielplatz hörte. Da sein Vater jedoch so gut wie nie da war, lernte er kein Arabisch. Das gefiel Salim überhaupt nicht.

»Dann musst du eben mehr Zeit mit ihm verbringen«, schlug ich vor.

Doch das tat Salim nicht, er war es offenbar einfach nicht gewohnt, sich mit einem Kleinkind zu beschäftigen. Bei den Beduinen wachsen die Kinder nebenher auf, dort sind es die Frauen und älteren Geschwister, die sich um sie kümmern, die Väter nehmen sich dafür keine Zeit. In den ersten Jahren stellen sie ihre Kinder höchstens stolz zur Schau, wenn Besuch kommt. Selbstverständlich lernen die Kinder von klein auf, dass Jungen ein höherer Stellenwert zukommt als Mädchen. Stattet ein Beduine einem anderen einen Besuch ab, dann kann es schon vorkommen, dass er seinen kleinen Sohn mitnimmt. Bei einer Tochter würde ihm das nie einfallen, sie bleibt grundsätzlich zu Hause bei den Frauen. Nach *Mitzpe Ramon* kamen viele Beduinen aus der Wüste, um ihre Einkäufe zu machen, vor allem an den Markttagen. Da konnte ich beobachten, dass die Beduinenfrauen immer ein paar Schritte hinter ihrem Mann bleiben mussten. Meist hatten sie Babys auf den Armen, und an ihren Kleidern hielten sich weitere Kinder fest. Ab einem gewissen Alter durften die Söhne neben ihrem Vater gehen, während die Mutter immer ein Stück dahinter blieb. Oft sah ich, wie der Mann sich irgendwann zu der Frau umwandte, ihr ein paar Scheine in die Hand drückte und sie und die Kinder zum Einkaufen schickte, während er mit seinen Freunden ins Café ging. Waren die Frauen mit ihren Einkäufen fertig, setzten sie sich mit ihren Kindern in den Schatten eines Baumes und warteten geduldig, bis der Mann aus dem Café kam und sie abholte. Niemals würde eine Beduinenfrau es wagen, das Café zu betreten und ihrem Mann zu sagen, dass sie fertig mit Einkaufen sei, oder sich gar selbst dazusetzen und eine Tasse Kaffee bestellen. Holt ihr Mann sie endlich ab, dann schreitet er wiederum vorneweg, während die Frau und die Kinder die Einkäufe schleppen.

Salim war in dieser Hinsicht anders, er verlangte nicht, dass ich hinter ihm ging, und bevor wir Kinder hatten, saß ich öfters mit ihm und seinen Freunden im Café. Ich genoss also eine gewisse Sonderstellung, die auch die meisten anderen Beduinen respektierten. Trotzdem fühlte ich die Missgunst der Männer, wenn sie selbst ein klappriges, altes Auto fuhren, während ich zum Beispiel einen Geländewagen oder einen VW-Bus besaß. Ich merkte deutlich, wie sehr ihnen das missfiel, und doch wussten sie nur zu gut, dass sie mit mir anders umgehen mussten als mit den Beduinenfrauen, die nur die Wüste kannten und keine Schulbildung hatten. Auch mit den modernen jüdischen Frauen gehen die Beduinen anders um als mit ihren eigenen. Seit Jahrzehnten existieren die beiden so unterschiedlichen Kulturen und Religionen nebeneinander, und viele der Beduinenmänner haben gelernt, sowohl modern und westlich aufzutreten als auch sich in ihrer konventionellen Rolle zu bewegen. Das macht das Leben für sie und alle Beteiligten oft nicht einfach, sie leben mit zwei Gesichtern, die unterschiedlicher nicht sein könnten und sich oft widersprechen, so wie die beiden Kulturen, in denen sie sich bewegen. Die meisten Juden versuchen, mit den Beduinen in Freundschaft zu leben, auch wenn sie sie vielleicht verachten mögen, so bringen sie ihnen viele Vorteile. Es gibt bis heute zahlreiche Beduinen, die in der israelischen Armee dienen, besonders als Fährtenleser sind sie sehr gefragt. Das bringt ihnen aber auf der anderen Seite die Feindschaft der Palästinenser ein, die es als Verrat gegenüber den arabischen und islamischen Werten ansehen, wenn ein Araber, zu denen die Beduinen schließlich auch gehören, zur israelischen Armee geht. Denn für israelische Araber besteht gar keine Wehrpflicht, während die jüdischen Männer drei Jahre und die Frauen zwei Jahre in der Armee dienen müssen.

So erhielt ich nach und nach eine gewisse Ahnung von den vielen Verwerfungen in der israelischen Bevölkerung, dem Nebeneinander von so unterschiedlichen Kulturen und Prägungen. Selbst die jüdischen Israeli waren ja Einwanderer aus allen Teilen der Welt, und jeder brachte seine eigene Geschichte und seine Traditionen mit. Dazu kommt das Zusammenleben mit den arabischen Israeli, unter denen die Beduinen eine Sonderstellung einnehmen, sich nicht vereinnahmen lassen wollen, weder von der jüdischen noch von der arabischen Seite, und mitunter ein gefährliches Wechselspiel zwischen allen Fronten versuchen. Was ich damals spürte, aber noch nicht bewusst analysieren konnte, war, dass die Beduinen gelernt hatten, sich anzupassen und aus jeder Situation das Beste für sich zu machen. Im positiven Sinn heißt das, dass sie integrationsfähig sind, sich einfügen und eine fremde Kultur leicht annehmen können. Doch tatsächlich, und das lernte ich erst in den darauffolgenden Jahren, heißt das nicht, dass sie damit auch ihre Überzeugungen, ihr Denken verändern. So sind viele Beduinen, die mit den Israeli und den Touristen Geschäfte machen, in der Lage, eine westliche moderne Haltung überzustreifen wie ein neues Gewand und sich perfekt darin zu bewegen. Darunter aber bleiben sie immer sie selbst, ob ihnen das bewusst ist oder nicht.

Damals, als Tarek sich vom krabbelnden Kleinkind zu einem kleinen Jungen entwickelte, der auf seinen beiden Beinchen die Welt erkundete, da erwachte Salims Interesse an seinem Sohn. Endlich trat das ein, was er mir so lange schon versprochen hatte, er verbrachte mehr Zeit mit uns und nahm uns häufiger mit hinaus zu den Kamelen. Das Zusammensein brachte uns einander wieder näher, ich fühlte, wie wichtig ich für ihn war, wie sehr wir einander liebten. Mir war von Anfang an klar gewesen, dass es nicht einfach werden würde, wenn zwei Menschen sich zusammentun, die aus so unterschiedlichen Kulturkreisen stammten, so unterschiedlich aufgewachsen und von so unterschiedlichen Wertesystemen geprägt worden waren. Doch ich war davon überzeugt, dass wir es schaffen würden, wenn sich nur jeder von uns beiden ein Stück weit auf den anderen zubewegte, ein wenig von dem aufgab, was seine Welt zuvor ausgemacht hatte, und bereit war, vom anderen etwas anzunehmen. Ich hatte meinen Teil schon dazu beigetragen, ich hatte das Land, in dem ich geboren wurde, hinter mir gelassen, ich ließ mich, so weit ich konnte, auf das Leben in und am Rand der Wüste ein und hatte bewiesen, dass ich keine Mühen und Entbehrungen scheute, wenn das dazugehörte, einen gemeinsamen Weg zu finden. Und ich erwartete von Salim, dass er das hielt, was er mir so oft versprochen hatte: dass ich die einzige Frau in seinem Leben wäre und er bereit war, die wenigen Ansprüche, die ich stellte, zu erfüllen. Ich hatte mir immer vorgestellt, mehrere Kinder zu haben, und diese sollten in beiden Welten zu Hause sein, in meiner Welt, in der es einen Kühlschrank geben sollte und eine Waschmaschine, wo man Deutsch sprach und Bio-Gemüse aß, aber auch in seiner Welt, wo man Kamele züchtete und unter freiem Himmel oder in Zelten schlief. Denn sie waren zur Hälfte Beduinenkinder und sollten dieses Leben ebenso erfahren wie das meine.

Salim stimmte mir in allem zu. In diesem Frühjahr und Sommer 2002, als wir Tareks ersten Geburtstag feierten, da dachte ich, wie gut ich daran getan hatte, Salim die Zeit gelassen zu haben, die er brauchte, um sich auf unsere kleine Familie einzulassen. Ich hörte von anderen Frauen, dass die ersten Monate mit einem kleinen Kind immer schwierig seien, dass sich die Paare, selbst wenn sie aus demselben Kulturkreis kommen, in ihrer neuen Rolle als Mutter oder Vater erst finden müssen. Wie viel schwieriger also war dieser Prozess für uns. Zwar fiel mir die Umstellung leicht, umso schwerer aber war es für Salim.

Hinzu kam, dass Tarek immer häufiger fremdelte und sich kaum von anderen Menschen als von mir anfassen ließ. Ging ich aus dem Zimmer und ließ ihn mit seinem Vater allein, fing er wie am Spieß an zu schreien. Es gab leider auch recht wenig Körperkontakt zwischen Vater und Sohn, die wenigen Male, die sein Vater ihn trug, ließ Salim ihn auf seiner Hüfte reiten, doch im Grunde überließ er das Tragen, Kuscheln und Kümmern mir. Und wenn Salim mit seinem Sohn spielte, ging es immer sehr laut und ungestüm zu, was gar nicht zu Tarek passte, der eher ein ruhiges, sensibles Kind war. Da jagte Salim Tarek zum Beispiel auf seinem Plastikauto durch die Wohnung, um ihn dann mit lautem Gezeter einzufangen. Einmal spielten sie in der Küche Ball, während ich kochte, und zerschossen dabei fast das Geschirr. Salim kannte mit seinem Sohn keine Besonnenheit, keine Zärtlichkeit, nichts Fürsorgliches.

Wenn sich Salim mit seinem Sohn beschäftigte, ging es immer sehr wild und für meinen Geschmack manchmal fast schon aggressiv dabei zu. Aber das war nun mal seine Art. Und ich war froh, dass er überhaupt mit ihm spielte. Ich nahm mir vor, weiterhin mit ihm Geduld zu haben.

›Alles wird gut‹, dachte ich, wenn ich Salim und Tarek so zusammen sah, ›wir sind doch schon fast eine richtige Familie.‹

Kapitel 9

Sturz ins Bodenlose

Nachdem Tarek ein Jahr alt geworden war, beschloss ich, wieder zu arbeiten. Meine Geldreserven gingen zur Neige, und ich wollte unbedingt auch weiterhin etwas zu unseren Lebenskosten beitragen und unabhängig bleiben. Das gestaltete sich jedoch schwieriger, als ich dachte, denn ich erhielt keine offizielle Arbeitserlaubnis. Ich hatte mich erkundigt: Im Regelfall bekommt ein Ausländer, der in Israel lebt, schon nach ein paar Monaten eine Arbeitserlaubnis, nach drei Jahren im Land eine israelische ID-Nummer, und nach fünf Jahren ist es möglich, die Staatsbürgerschaft zu beantragen. Da man aber dabei die eigene verlieren kann, geben sich die meisten mit der ID-Nummer zufrieden.

Mit der Zeit sollte ich lernen, dass es viele Fälle gibt, in denen das Innenministerium Probleme macht. Leider gehörte ich zu ihnen. Bei meinen vielen Besuchen beim Ministerium lernte ich andere Immigranten kennen, und aus den vielen Schicksalen und Geschichten wurde mir klar, dass die israelischen Behörden keine Mischehen wünschten, der Staat Israel soll jüdisch bleiben. Eheschließungen zwischen jüdischen Israeli und Nichtjuden sind bis heute im Land nicht möglich, viele solcher Paare reisen zum Heiraten nach Zypern. Ist die Ehe einmal im Ausland geschlossen, wird sie nachträglich in Israel anerkannt.

Besonders Mischehen mit arabischen Israeli waren und sind dem Staat bis heute ein Dorn im Auge, denn er will nicht, dass sich der arabische Bevölkerungsanteil im Land vergrößert. Meistens gelangen durch solche Heiraten Palästinenser, Ägypter oder Bewohner des Gaza nach Israel, und das ist nicht erwünscht. Und nach und nach begriff ich, dass ich, da ich mit einem Araber verheiratet war und mein Kind als arabisch galt, selbst wie eine Araberin behandelt wurde. Salim kam zu diesen Terminen leider nur selten mit, und später begleitete er mich überhaupt nicht mehr.

Mein Status war also formal nach wie vor der einer Touristin ohne Arbeitserlaubnis. Ohnehin gab es in *Mitzpe Ramon* so gut wie keine Jobs für mich. In einem der Cafés zu arbeiten, hätte Salim niemals erlaubt. Für ihn war es undenkbar, dass ich dort als Bedienung arbeitete, wo seine männliche Verwandtschaft tagtäglich ihren Kaffee trank. Ein Bürojob wäre für ihn akzeptabel gewesen oder eine Stelle als Lehrerin, doch für all das war mein Hebräisch einfach zu schlecht. Mein Vorschlag, einen Sprachkurs zu machen, stieß bei Salim auf taube Ohren – schließlich hätte er ihn bezahlen und in der Zeit auf Tarek aufpassen müssen! Und beides kam für ihn nicht infrage. Bei jedem Betrag aber, den ich meinem schwindenden Konto entnahm, wurde ich unruhiger. Was würde sein, wenn ich kein eigenes Geld mehr hatte?

Ende Oktober 2002 flog ich mit Tarek noch einmal nach Deutschland, um Urlaub zu machen und meine Freunde zu sehen.

Tarek war nun ein Jahr und vier Monate alt und nahm die Welt um sich herum aufmerksam wahr. Mit seinen großen dunklen Augen schaute er sich staunend um, zeigte aufgeregt mit seinen kleinen Händen, wenn er wieder etwas entdeckt hatte, was er nicht kannte. Besonders fasziniert war er, als ganz am Ende unseres Urlaubs in Trier der Weihnachtsmarkt öffnete. Tarek konnte gar nicht genug bekommen vom Zauber der weihnachtlichen Dekorationen, der vielen hellen Lichter und glänzenden Kugeln an grünen Zweigen. Immer wieder zog es uns auch zu dem Weihnachtsmann, der mit einem Schlitten in einem Kaufhaus aufgebaut war. Dann stand Tarek mit seinen kurzen Beinchen und der hellblau-weiß gestreiften Mütze da und strahlte das Ensemble aus Holz, Stoffen und buntem Pappmaché glücklich an.

In den folgenden Jahren gab ich mir alle Mühe, um es auch in Israel so weihnachtlich wie möglich werden zu lassen. Ich bastelte einen Adventskalender, für den ich zum Beispiel vierundzwanzig kleine Säckchen aus rotem Vlies nähte und mit Überraschungen füllte. Tarek liebte die Bücher von *Petterson und Findus* und die Weihnachtsgeschichten von Astrid Lindgren, die wir auf CD hatten. Immer wieder schaute er sich, als er älter war, die Fotos an, die ich von ihm damals in Deutschland gemacht hatte. Und als er drei oder vier Jahre war, sagte er zu meiner großen Überraschung: »Können wir nicht nach Deutschland fahren zu Weihnachten?« Einmal schneite es in *Mitzpe Ramon*, und der Schnee lag dreißig Zentimeter hoch. »Ist heute Weihnachten?«, fragte da Tarek. Für ihn war Schnee untrennbar mit Weihnachten in Deutschland verbunden.

Wenn ich heute diese Szenen auf dem Weihnachtsmarkt in Trier wieder heraufbeschwöre, dann tut mir das Herz weh. Wenn ich daran denke, dass ich Tarek versprochen habe, Weihnachten mit ihm irgendwann einmal in Deutschland zu feiern, dann kommen mir die Tränen. Niemals wäre mir in den Sinn gekommen, dass dies bis heute Tareks letzter Aufenthalt in Deutschland sein würde. Keine deutsche Weihnacht, keine Rückkehr in das Land, in dem er geboren wurde. Hätte ich damals geahnt, was uns erwartete, dann wäre ich in Deutschland geblieben und hätte nie mehr einen Fuß auf israelischen Boden gesetzt.

Es ist heute schwer zu beschreiben, wie ich mich damals fühlte, was mich in jener Zeit bewegte. Ich glaube, ich war hin- und hergerissen. Da waren auf der einen Seite die Liebe zu Salim und der feste Wunsch, mit ihm gemeinsam ein Leben aufzubauen. Wir waren so verschieden, und das war ja auch ein Teil der Faszination, die mich mit ihm verband. Auf der anderen Seite war ich mir nicht sicher, ob wir es schaffen würden. Ich war bereit, alles zu geben und auch viele Opfer zu bringen, um ein Miteinander möglich zu machen. Doch war er das auch? Es hatte viele Situationen im vergangenen Jahr gegeben, die mich zweifeln ließen. Hinzu kamen mein ungesicherter Status in Israel, die Schwierigkeiten, Arbeit zu finden. Hier in Deutschland wäre alles so viel leichter für mich. Da war eine Stimme in mir, die sagte: »Bleib hier in Deutschland mit deinem Kind! Geh nicht mehr zurück!« Und tatsächlich erkundigte ich mich bereits über meine Möglichkeiten als alleinerziehende Mutter in Deutschland und holte mir sogar einen Antrag auf Kindergeld.

Gleichzeitig kam ich mir aber vor wie eine Verräterin. Ich würde Salim sein Kind wegnehmen, Tarek seinen Vater. Hatte ich das Recht, so eigensüchtig zu handeln? Und da war immer noch das Bild des Salim, so, wie ich ihn kennen- und lieben gelernt hatte. Er war schließlich immer noch derselbe Mensch, dieser liebenswürdige, großzügige, aufgeschlossene und warmherzige Salim musste doch noch irgendwo vorhanden sein, auch wenn er sich im letzten Jahr oftmals anders verhalten hatte. Trug daran auch ich teilweise die Schuld?

Heute sehe ich, dass ich mich bereits damals in einer latenten Abhängigkeit von Salim befand. Schon immer war er unglaublich eloquent gewesen, konnte einen Sachverhalt so lange kommentieren, bis man schließlich selbst davon überzeugt war, dass die Farbe Weiß nicht weiß war, sondern beispielsweise grün. Stritten wir uns, dann konnte es oft geschehen, dass er mich am Ende davon überzeugt hatte, dass die Schuld eigentlich bei mir gelegen hatte. Diese Fähigkeit, andere Menschen von seinem eigenen Standpunkt zu überzeugen, zieht sich bis heute durch unsere Geschichte hindurch: Damals überzeugte er mich, heute Sozialarbeiter, Anwälte und Richter. Hätte ich nicht am eigenen Leib erfahren, wie schwer es ist, sich seiner Argumentation zu entziehen, wäre es für mich völlig unverständlich, wie das möglich sein kann.

Doch nur vor diesem Hintergrund ist nachzuvollziehen, warum ich damals nicht die Notbremse zog und in Deutschland blieb, um mir hier für mich und mein Kind eine Zukunft aufzubauen. Stattdessen kehrte ich mit Tarek nach *Mitzpe Ramon* zurück.

Salim umarmte mich bei unserer Rückkehr und wollte auch Tarek an sich drücken, der das allerdings nicht mochte. Mal wieder reichten diese Gesten, um die zweifelnden Stimmen in mir zur Ruhe zu bringen.

Und wenige Tage nach unserer Rückkehr schlug Salim sogar vor, dass wir ein zweites Kind haben sollten. War dies nicht ein deutliches Zeichen dafür, dass er uns als Familie sah, dass er zu uns stand? Dass er seine Vaterrolle voll und ganz angenommen hatte? Auch mir selbst gefiel der Gedanke, mehrere Kinder zu haben, die miteinander groß wurden. Der Altersunterschied von sechs Jahren zwischen meiner Schwester und mir hatte dafür gesorgt, dass wir nicht wirklich etwas miteinander anfangen konnten.

Tatsächlich wurde ich sofort wieder schwanger. Als ich mir sicher war und es Salim sagte, war seine Antwort:

»Na, das ging jetzt aber schnell!«

Nein, ich mache mir nichts vor: Im Grunde war ich mir darüber im Klaren, dass dieser Schritt nicht vernünftig war. Und doch fühlte ich mich wie in einem Sog, gegen den ich mich einfach nicht wehren konnte. Vielen Frauen ergeht es so, später tauschte ich mich mit anderen Müttern über dieses seltsame Phänomen aus, die mir das bestätigten. Es ist, als schwimme man in einem Fluss und versuche, das gegenüberliegende Ufer zu erreichen, doch eine unaufhaltsame Strömung treibt einen immer weiter ab. Man weiß, man könnte noch umkehren, und doch schwimmt man weiter und weiter. Man weiß, man wird das Ufer nicht erreichen, und doch hält man immer weiter darauf zu. Und so wusste ich auch tief in meinem Innern, dass meine Entscheidungen in dieser Zeit nicht richtig waren, und doch konnte ich nicht anders, von der Hoffnung getrieben, dass sich alles irgendwie wieder einrenken würde.

Mit dem neuen Jahr 2003 kamen auch wieder mehr Touristen ins Land, und Salim fand Arbeit in einer Touristen-Lodge am Rande des Kraters bei *Mitzpe Ramon*. So kam es, dass er ein bisschen öfter bei uns war und weniger Zeit bei seinen Kamelen verbrachte.

Dennoch ging ganz unmerkbar ein Wandel in ihm vor, so schleichend, dass es mir zunächst nicht auffiel. Er trug nun stets eine *Kafiya* um den Kopf geschlungen, das sogenannte »Palästinensertuch«, was er bislang nur für seine »Shows« vor den Touristen getragen hatte. Außerdem hielt er die muslimischen Gebete ein, die *Salat*, und betete fünf Mal am Tag, nachdem er die im Koran vorgeschriebenen rituellen Waschungen vorgenommen hatte. Ich selbst bin nicht religiös, tolerierte es aber natürlich, wenn mein Partner das anders sah. Und dennoch beschlich mich ein seltsames Gefühl, wenn ich ihn so sah.

Wie erwartet ging mein eigenes Geld zur Neige. Es war ein eigenartiges Gefühl, den letzten Betrag abzuheben, um Essen für mich und Tarek zu kaufen. Salim wusste genau, dass meine finanziellen Ressourcen nicht unendlich waren, ich hatte ihn mehrmals darauf hingewiesen, dass er dann für Tarek und mich auch den Lebensunterhalt bestreiten müsste, den bislang ich übernommen hatte. Als es aber so weit war und ich mit ihm besprechen wollte, wie wir das mit dem Geld regeln würden, merkte ich, dass ihm das Thema überhaupt nicht gefiel. Statt mir regelmäßig eine ausreichende Summe zur Verfügung zu stellen, wie ich es vorschlug, musste ich ihn ständig um Geld bitten. Unnötig zu betonen, wie erniedrigend das für mich war, hatte ich doch bislang immer für mich selbst gesorgt und war es gewohnt, über mein eigenes Geld zu verfügen.

Doch zunächst gab mir Salim das Geld, das ich brauchte, auch wenn ich es lästig fand, ihn immer wieder daran erinnern zu müssen. Dann, nach einigen Wochen, bat er mich, bestimmte Produkte nicht mehr einzukaufen.

»Weißt du, Berit«, sagte er, »ich verdiene im Moment nicht so viel. Es wäre gut, wenn du darauf eine Weile verzichten könntest.«

Das fand ich in Ordnung und hielt mich daran, auch wenn ich nicht der Meinung war, dass es sich um Luxusartikel handelte. Doch dann wurde die Liste der Dinge, die ich nicht kaufen sollte, immer länger, und die Summe, die ich zur Verfügung erhielt, immer kleiner. Es gab ständig Spannungen zwischen uns, und ich musste ernüchtert feststellen, dass Salim aufgrund der Tatsache, dass ich von ihm finanziell abhängig war, den Respekt vor mir verloren hatte. Sein Umgangston mit mir wurde mehr als harsch, und ich begann, mich vor ihm zu fürchten.

Es war im vierten Monat meiner Schwangerschaft, als Salim eines Morgens vorschlug, dass wir alle drei gemeinsam seine Kamelherde besuchen sollten, die inzwischen nicht mehr an der Grenze zum *Sinai*, sondern nur rund eine Autostunde von *Mitzpe Ramon* entfernt weidete. Ich freute mich, denn nach wie vor fuhr ich sehr gern in die Wüste, und ein gemeinsamer Ausflug war auch für Tarek immer etwas Besonderes. An diesem Tag jedoch war Salim sehr wortkarg. Am Nachmittag sagte er plötzlich:

»Komm mit. Wir machen eine Wanderung.«

»Wohin?«, wollte ich wissen.

Doch er marschierte los, ohne mir zu antworten. Wir wanderten zu einem entlegenen *Wadi*, den ich noch nicht kannte. Der Weg durch das trockene Flussbett war weit und steinig, er fiel mir nicht leicht in meinem Zustand, zumal ich noch Tarek tragen musste, der sich von seinem Vater nicht anfassen ließ.

Bei ein paar aufgehäuften großen Steinen blieb Salim schließlich stehen. Ich sah ihn fragend an.

»Das ist das Grab eines Verwandten«, erklärte er. Doch mehr sagte er nicht, und ich fragte nicht weiter.

Bald darauf machten wir uns auf den Rückweg.

»Ich hatte einen Traum«, begann Salim schließlich zu erzählen. »Und in diesem Traum ist der Beduine, der dort begraben liegt, zu mir gekommen. ›Bringe deinen Sohn zu meinem Grab‹, hat er zu mir gesagt. In meinem Stamm wird jedes Kind irgendwann einmal zu diesem Grab gebracht, und zwar dann, wenn es einem von der Familie eingegeben wird. So wie mir im Traum.«

Salim schwieg.

»Wer war dieser Beduine?«, erkundigte ich mich.

»Er war eine Art Heiliger, sehr gläubig, und er konnte mit Allah und dem Propheten kommunizieren. Wenn einer etwas wissen wollte, dann ging er zu diesem Mann, und er konnte ihm Antwort von Allah geben.«

»Eine Art Medium?«, schlug ich vor.

»Genau«, antwortete Salim. »Ein weiser Mann, der Kontakt mit der anderen Welt aufnehmen konnte. So einer war er. Und daneben ist meine Schwester begraben.«

»Deine Schwester?«

Ich hatte kein weiteres Grab erkannt. Aber ich wusste auch, dass die Gräber der Beduinen lediglich mit ein paar Steinen markiert werden. Jemandem, der die Landschaft nicht kennt und von dem Grab nichts weiß, fällt es nicht auf.

»Meine älteste Schwester«, erklärte Salim. »Sie starb, als sie vier Jahre alt war.«

»Woran ist sie gestorben?«, fragte ich.

Salim zuckte mit den Schultern.

»Das weiß man nicht. Wir hatten keinen Arzt, und wenn Kinder krank werden, bringt man sie nicht ins Krankenhaus.«

Ich machte mir meine eigenen Gedanken. Woran das kleine Mädchen wohl gestorben war? Vielleicht an den Folgen einer Genitalbeschneidung? Noch heute gibt es alte Beduinenfrauen, die trotz aller Verbote und Aufklärungsmaßnahmen mit rostigen Messern oder Rasierklingen kleinen Mädchen in diesem Alter die Klitoris entfernen und die Wunde danach notdürftig zunähen. Viele Mädchen sterben am Blutverlust oder an einer Blutvergiftung.

Als wir zu unserem Lagerplatz zurückkamen, war ich von der langen Wanderung geschwächt, und es plagte mich Übelkeit, mehrmals musste ich mich hinter einem Felsen übergeben. Salim schien es nicht wahrzunehmen.

»Ich habe Hunger. Mach ein Feuer und koch was für mich«, sagte er kurz angebunden. »Ich muss jetzt nach den Kamelen sehen, und danach will ich ein Abendessen haben.«

»Mir ist schlecht, das ist die Schwangerschaft«, erklärte ich, »dauernd wird mir schwarz vor Augen. Ich muss mich unbedingt ein bisschen hinlegen.«

»Das kommt nicht infrage«, herrschte mich Salim an. »Ich bin hungrig! Mach deinem Mann etwas zu essen!«

»Wir haben noch etwas Käse und Brot«, schlug ich vor, während ich wieder mit dem Würgereiz kämpfte. »Das reicht doch fürs Abendbrot.«

»Nein!«, schrie Salim. »Du kochst Essen für mich, wie es sich gehört.«

Und damit war er fort.

Ich kämpfte mit den Tränen und einer aufsteigenden Wut. Wie konnte er so mit mir reden? Trotzdem versuchte ich, so gut ich konnte, Feuerholz zu sammeln. Währenddessen lief Tarek fröhlich durch die Gegend, steckte sich hier etwas in den Mund und fasste dort in einen Dornbusch. Ich hatte alle Hände voll zu tun, dieses lebhafte Kind zu beaufsichtigen und gleichzeitig zuzusehen, dass ich nicht vor Übelkeit und Kraftlosigkeit ohnmächtig wurde. Und so kam es, dass ich eine Stunde später, als Salim zurückkam, nicht einmal ausreichend Holz für ein Feuer am Lagerplatz hatte. Mit Entsetzen sah ich, wie blinder Zorn in seinen Augen aufloderte.

»Du bist nicht mehr als ein Stück Fleisch«, schrie er mich an, »wie ein *Shwuarma*, das sich nur im Kreis herum drehen kann!«

Shwuarma ist die arabische Variante von Döner, also Fleisch auf einem Spieß, das sich über dem Feuer dreht. Ich war schrecklich verletzt über diese Beleidigung, und mehr noch über sein Unverständnis meinem Zustand gegenüber. Und dennoch war ich nicht in der Lage, mich zu wehren – was hätte ich auch tun sollen? Und so zwang mich Salim, ihm sein Essen zu kochen, während er wütend danebensaß und keinen Finger rührte.

Ich verstand das alles nicht. Salim hatte schon so oft und gern gekocht, schon allein deswegen, weil ihm mein Essen meistens nicht schmeckte. Warum konnte er an diesem Tag nicht freundlicher mit mir sein? Warum musste er mich zum Kochen zwingen, obwohl er sehen konnte, wie elend mir war? Mir war so übel, dass ich selbst keinen Bissen hinunterbrachte.

Am nächsten Morgen brachte uns Salim wieder zu unserer Wohnung in *Mitzpe Ramon* und fuhr fort, ohne ein Wort und ohne uns Geld für Lebensmittel dazulassen. Doch das war noch nicht alles. Kurz nachdem Salim gegangen war, klingelte es an der Tür.

»Sind Sie Fatima?«, wollte ein fremder Mann wissen.

In diesem Moment schaute Tarek um die Ecke, und der Mann fragte:

»Und das ist sicherlich Chalil?«

»Nein«, antwortete ich. »Hier wohnt niemand, der so heißt. Was wollen Sie von mir?«

Er kam von einer Versicherung und schien sichtlich irritiert. Er nannte Salims Namen und fragte, ob er hier nicht wohne und ob ich nicht seine Frau sei.

»Doch«, antwortete ich.

»Das ist seltsam«, meinte er. »Denn laut der Versicherung, die er bei uns abgeschlossen hat, heißt seine Frau Fatima und sein Sohn Chalil.«

»Das muss ein Missverständnis sein«, sagte ich fest. Und doch kroch ein fremdes Gefühl in mir hoch, eine Mischung aus Misstrauen, Angst und Wut.

Nachdem ich den Versicherungsvertreter losgeworden war, wusste ich nicht, was ich tun sollte. Am liebsten hätte ich Salim angerufen und ihn gefragt, was er von der ganzen Sache hielt. Doch der war schon wieder in der Wüste und außerhalb eines Handynetzes. Außerdem sagte mir ein Gefühl, dass er vielleicht nicht der Richtige war, den ich fragen musste. Was wenn …? Was wenn er tatsächlich eine andere Frau …? Nein. Ich konnte den Gedanken nicht zu Ende denken. Außerdem fühlte ich mich nicht gut, nein, überhaupt nicht. Dieser Ausflug in die Wüste hatte mich fürchterlich mitgenommen. Ich legte mich mit Tarek auf unsere Matratze und wartete, bis er einschlief. Währenddessen ließ ich Salims Verhalten noch einmal Revue passieren. Was war nur geschehen? Wie hatte es dazu kommen können, wie waren wir in eine solch vertrackte Situation geraten? Was hatte ich falsch gemacht?

Im Nachhinein sehe ich alles ganz klar, und es fällt mir schwer, zu verstehen, warum ich die Anzeichen für den allmählichen Wandel, der in Salim stattfand, nicht früher erkannte. Ja, er hatte begonnen, die Gebete einzuhalten. Er trug die traditionelle Kopfbedeckung der Beduinen. Hieß das aber gleich, dass er sich von einem freundlichen, intelligenten und aufgeschlossenen jungen Mann mit modernen, westlichen Ansichten in den Prototyp eines fundamentalistischen Beduinen verwandelt hatte? Das konnte doch nicht sein. Ich kannte diesen Mann seit nunmehr fünf Jahren, ich wusste alles über ihn, jedenfalls glaubte ich das. Und Salim hatte schon immer die Gabe, derart überzeugend zu sein in allem, was er tat und sagte, dass man ihm einfach glauben musste. Mir fielen zahlreiche Gelegenheiten ein, bei denen er es bei Auseinandersetzungen zwischen uns immer irgendwie geschafft hatte, dass ich mich am Ende schuldig gefühlt hatte. Wie zum Beispiel bei der immer wiederkehrenden Frage, warum er mich niemals, auch nicht bei Festen, zu seiner Familie mitnahm. »Du bist ja nicht bereit, dich so anzuziehen, damit mein Stamm nichts Schlechtes über dich denkt«, pflegte er dann zu sagen. »Hat dir meine Mutter nicht gleich nach unserer Hochzeit zwei wunderschöne Kleider samt Schleier geschickt? Hast du sie jemals getragen? Ein einziges Mal? Nein? Na also. Was? Sie sind dir zu weit? Als ob das eine Rolle spielt. Wenn du nicht einmal so viel Entgegenkommen zeigen kannst, wie soll ich dich dann zu meiner Familie mitnehmen, kannst du mir das verraten? Wenn du dort in deinen engen Jeans und kurzärmligen T-Shirts aufkreuzt, dann haben sie eine schlechte Meinung von dir. Und genau das will ich dir ersparen. Weil ich dich liebe. Verstehst du?«

Am Ende war immer er es, der recht hatte, und ich hatte wiedermal alles falsch gemacht.

Aber was, wenn er mich nur deshalb nicht mit zu seiner Familie genommen hatte, weil er dort eine andere Frau hatte, die Fatima hieß? Mir wurde heiß und kalt gleichzeitig. Und einen Sohn namens Chalil? Nein, das konnte nicht wahr sein. Das war einfach unmöglich. Waren aber die Kamele nicht eine fantastische Ausrede für ein Doppelleben? Auf einmal fielen mir unzählige Gelegenheiten ein, bei denen er die Herde bedenkenlos allein gelassen hatte, weil ihm etwas anderes wichtiger gewesen war. Nur wenn ich ihn brauchte, dann standen diese verdammten Kamele immer über allem anderen.

Als ich vielleicht zwei Stunden später zur Toilette ging, sah ich voller Entsetzen, dass ich Blutungen hatte. Blutungen im vierten Schwangerschaftsmonat können leicht zu einer Fehlgeburt führen. Mit Tarek, er hatte nach einem kurzen Erholungsschlaf Bilderbücher geguckt, lief ich zu einer freundlichen Nachbarin und bat sie, den Krankenwagen anzurufen, denn ich hatte kein Telefon – noch so etwas, was Salim mir seit Monaten versprochen und nie gehalten hatte.

»Sei so lieb und versuch, Salim zu erreichen«, bat ich sie, ehe ich Tarek bei der Nachbarin, die er gut kannte, ließ und ins Krankenhaus fuhr, »und erzähl ihm, was passiert ist.«

Im Krankenhaus stellte sich heraus, dass sich die Plazenta ein Stück abgelöst hatte, und zwar genau neben der Nabelschnur.

»Geh wieder nach Hause«, sagte der Arzt, »und bleib so lange im Bett, bis die Blutungen aufhören.«

»Werde ich mein Kind verlieren?«, fragte ich.

»Ich will dir nichts vormachen«, antwortete der Arzt, »die Chancen, dass das Kind bleiben wird, liegen vielleicht bei zwanzig Prozent.«

Als ich auf die Straße trat, waren Salim und eine seiner Schwestern, die Tarek auf dem Arm trug, gerade angekommen. Meine Nachbarin hatte ihn also erreicht, sodass er wusste, wo ich war.

»Wie kannst du dein Kind einfach bei der Nachbarin lassen?«, schrie er mich wütend an. »Glaubst du, ich habe nichts

Besseres zu tun, als nach *Mitzpe Ramon* zu fahren und ihn dort abzuholen?«

Ich konnte kaum glauben, was ich da zu hören bekam. Salims Schwester war deutlich anzusehen, dass sie überhaupt nicht einverstanden war mit der Art und Weise, wie ihr Bruder mit mir umging. Aber sie schwieg. Es war die Schwester, die selbst keine Kinder bekommen konnte und erdulden musste, dass sich ihr Mann eine zweite Frau genommen hatte.

»Salim«, sagte ich, um Fassung bemüht, »es kann gut sein, dass ich das Baby verliere.«

Doch er hörte nicht. Vielleicht war es ihm auch egal. Tarek schrie wie am Spieß und wollte unbedingt auf meinen Arm, auf keinen Fall wollte er von seinem Vater angefasst werden.

»Fahrt doch mit dem Bus nach Hause, alle beide«, schrie Salim verbittert, »wenn dieser kleine Mistkerl mich nicht anfassen will«, und machte auf dem Absatz kehrt.

Nun endlich schritt seine Schwester ein und begann, auf ihn einzureden. Offenbar versuchte sie, ihm klarzumachen, dass er mich auf jeden Fall nach Hause bringen musste in meinem Zustand. Salim aber bugsierte sie in seinen Wagen, packte Tarek, setzte ihn ihr auf den Schoß und schlug die Tür zu. Dann stieg er ein und fuhr, ohne sich umzusehen, davon. Mich aber ließ er einfach so stehen.

Ich bewegte mich wie in einem Traum. Die vergangenen vierundzwanzig Stunden waren ein bisschen viel für mich gewesen. Salims unverständliche Verwandlung, der seltsame Besuch an diesem Grab, sein unversöhnlicher Zorn wegen des Abendessens. Dann die Sache mit dem Versicherungsmenschen, das Gespenst einer Fatima und eines kleinen Jungen namens Chalil. Und jetzt die Blutungen, die drohende Fehlgeburt. Hier stand ich nun, und während ich fühlte, wie immer mehr Blut aus mir herauslief und mit ihm die Chancen für das Überleben meines ungeborenen Kindes, raffte ich mich auf und schleppte mich zur Haltestelle. Eine Stunde musste ich warten, bis der nächste Bus fuhr. Ich erwischte einen, der alle Dörfer abklapperte und für die achtzig Kilometer nach *Mitzpe Ramon* mehr als eineinhalb Stunden brauchte.

Als ich nach Hause kam, war Salim in unserer Wohnung. Er hatte ein paar Sachen von Tarek zusammengesucht und schickte sich an, ihn mitzunehmen. Tarek wehrte sich, schrie und weinte. Trotz aller Annäherungen in den vergangenen Wochen kannte er seinen Vater wenig, er war ständig mit mir zusammen gewesen, noch nie hatte er auch nur eine Stunde allein mit Salim verbracht. Außerdem hatte ich Tarek bis jetzt gestillt. Ich wusste aber, dass das Stillen Wehen auslösen kann, und war gerade dabei, den Jungen von der Brust zu entwöhnen, was ihm äußerst schwer fiel. Ich hätte dringend jemanden gebraucht, der sich mit Tarek beschäftigte, ihn ablenkte. Doch ihn der Mutter gleich ganz zu entreißen war in dieser Situation besonders grausam und für die Entwicklung des Kindes denkbar schlecht.

»Lass ihn bei mir«, flehte ich, »du siehst doch, dass er nicht mit dir kommen will. Ich muss ihn doch erst langsam abstillen, bevor das möglich ist. Außerdem versteht Tarek überhaupt kein Arabisch, du kannst nicht mal mit ihm reden!«

Doch Salim hörte nicht. Es war klar, dass er sein Programm durchziehen würde, das, was er sich in den Kopf gesetzt hatte, und meine Meinung dazu oder gar die des Kindes spielten keine Rolle. Er war schon an der Tür, als ich noch fragte:

»Wer ist Fatima?«

Er stutzte, blieb einen Moment stehen.

»Welche Fatima?«, fragte er dann.

»Da war ein Mann hier«, sagte ich, »von einer Versicherung. Er fragte nach dir und sagte, deine Frau heißt Fatima und dein Sohn Chalil.«

»Ach so«, sagte er leichthin. »Da hat sicher mal wieder jemand aus meiner Familie unsere Adresse angegeben. Du weißt doch. Will man eine Versicherung, braucht man eine Adresse. Viele meiner Freunde und Verwandten nutzen unsere Anschrift. Was ist schon dabei?«

Und damit ging er und zog den weinenden Tarek hinter sich her. Ich legte mich auf meine Matratze und schlug die Hände vors Gesicht. Salim hatte mir nicht gesagt, wohin er den Kleinen bringen würde. Wie würde er die Trennung von mir verkraften? Mühsam stand ich auf und wechselte die Binde, die voller Blut war. Verzweiflung kroch in mir hoch und füllte mich aus bis in die letzte Pore. Wo war ich hier? Was tat ich in diesem Land? Wie war ich bloß in eine solche Situation geraten? Ich, die ich immer alles so gut im Griff gehabt hatte, die allein durch halb Europa und halb Asien mit dem Geländewagen fahren konnte, die immer eine Lösung wusste und sich von jedem Schicksalsschlag in kürzester Zeit wieder aufrappeln konnte. Jetzt aber fühlte ich mich völlig kraft- und hilflos.

›Als Erstes, Berit, musst du an dein Baby denken‹, sagte ich mir und legte mich wieder hin. Die Ruhe tat meinem Körper gut, doch die Gedanken wollten nicht verstummen. Mein Blick wanderte im Raum umher, und seit Langem wurde mir einmal wieder mit aller Deutlichkeit bewusst, wie schäbig ich hier lebte. Außer einem defekten Kühlschrank samt Waschmaschine und dem Sofa hatte ich alles mitgebracht. Die Wohnung war so gut wie leer. Hier lag ich also Stunde um Stunde und hatte nichts, womit ich mich ein bisschen hätte ablenken können: kein Buch, keinen Fernseher, keinen Computer, kein Radio. Nichts. Ohne Tarek war es erschreckend still in der Wohnung. Umso lauter waren meine Gedanken und Ängste. Was war mit dieser Fatima? Es klang plausibel, was Salim gesagt hatte. Aber klang nicht alles wunderbar plausibel aus seinem Munde, auch die größten Lügen? Hatte ich es nicht selbst miterlebt, wie er den Touristen die grandiosesten Lügengeschichten aufgetischt hatte, und mich gemeinsam mit ihm hinterher köstlich darüber amüsiert, wie leichtgläubig die Menschen doch waren? Lachte er im Geheimen nun über mich, weil auch ich ihm alles glaubte? Wer war dieser Mann, für den ich alles aufgegeben hatte? Mit wem hatte ich es hier zu tun? Wer war vor allem dieses Monster, das ich erst gestern zum ersten Mal kennengelernt hatte, dort in der Wüste, als er mich zwang, Holz zu sammeln und ein Essen auf einem offenen Feuer für ihn zu kochen, obwohl es mir so schlecht ging? Er war es, der mitverantwortlich war für meinen jetzigen Zustand, und auch dafür wollte er mich noch bestrafen? Und jetzt hatte er mir mein Kind weggenommen, gegen seinen Willen, und ich hatte keine Ahnung, was gerade mit ihm geschah.

Nach ein paar Stunden fiel mir ein, dass er mir wieder kein Geld dagelassen hatte. Es waren noch ein paar Brocken altes Brot im Haus, das war alles. Auf einmal wurde mir mit aller Deutlichkeit bewusst, wie abhängig ich von ihm war. Schlagartig wurde mir klar, dass er mich von dem Tag an, als ich ihm gesagt hatte, dass mein Konto leer sei, immer schlechter behandelt hatte.

»Ich muss mich von ihm trennen«, sagte ich laut vor mich hin, »ich muss mit Tarek zurück nach Deutschland gehen. Besser heute als morgen.«

Nachdem ich dies ausgesprochen hatte, fühlte ich mich etwas besser. Hier hatte ich keine Zukunft. In Israel würde ich niemals arbeiten können. Und so wie sich Salim verhielt, würde ich auch keine Aufenthaltsgenehmigung mehr bekommen. Zu den Terminen beim Innenministerium, das für die Aufenthaltsgenehmigungen und Arbeitserlaubnisse zuständig war, war Salim die letzten Male nicht mehr mitgekommen.

Ich hatte alles versucht, damit Tarek seinen Vater nicht entbehren musste. Jetzt aber musste ich ihn vor diesem Vater schützen, der unser Leben ruinierte.

Kapitel 10

Ein Albtraum beginnt

Fünf Tage vergingen, in denen ich verzweifelt auf zwei Ereignisse wartete: dass meine Blutungen aufhörten und dass ich meinen kleinen Sohn wieder in die Arme schließen konnte. Ich trank Leitungswasser und aß das wenige alte Brot, das ich noch im Haus hatte, und versuchte, nicht die Nerven zu verlieren. ›Was, wenn Salim nicht wiederkommt?‹, war der Gedanke, den ich mit aller Kraft von mir schob. Natürlich würde er wiederkommen. Doch mit jedem Tag, der verging, fühlte ich mich elender. Und immer noch floss mein Blut.

Endlich hörte ich den Motor seines Geländewagens. Autotüren wurden geschlagen. Salim stürmte herein und zerrte Tarek hinter sich her. Der riss sich von ihm los und verkroch sich in eine Ecke. Er wandte sich demonstrativ von Salim und von mir ab. Er sah mich nicht ein Mal an.

»Hier«, sagte Salim mit kalter Stimme und warf mir eine Tüte mit Tomaten in den Schoß.

Unter dem Arm hatte er ein Bündel schmutziger Wäsche, das er einfach fallen ließ. Ich erkannte Tareks Kleidung, aber auch von Salim waren Sachen dabei. Ich sah zu ihm auf. Sein Gesicht war hart, der Mund zu einem schmalen Strich zusammengepresst. Er schenkte mir keinen Blick und wandte sich schon wieder zum Gehen.

»Salim«, rief ich, »bleib hier, ich muss mit dir reden!«

Salim wandte den Kopf, sah mich mit eiskalten Augen an.

»Was ist?«

Verzweifelt fuhr ich mir mit der Hand durch mein Haar. Wo sollte ich anfangen? Wie konnte ich ihn dazu bringen, mir zuzuhören?

»Zuerst einmal, ich muss Lebensmittel kaufen. Ich brauche Geld.«

Salim verzog verächtlich das Gesicht und schüttelte den Kopf.

»Geld«, sagte er, »immer willst du Geld.«

»Aber Salim, ich hab nichts mehr zu essen. Das bisschen trockenes Brot, das noch im Haus war, hat gerade mal bis gestern gereicht. Mit ein paar Tomaten kommen Tarek und ich nicht weit.«

Salim langte in seine Tasche, zog einen zerknitterten Geldschein hervor und warf ihn mir hin. Es waren fünfzig Schekel. Eine Packung Windeln für Tarek kostete schon so viel.

»Das reicht nicht!«, rief ich verzweifelt, doch Salim schritt unbeirrt zur Tür.

»Es wird reichen«, sagte er. Dann war er fort.

In diesem Moment konnte ich kaum die Tränen zurückhalten. Doch ich riss mich zusammen. Noch immer saß Tarek in der Ecke und versteckte sein Gesicht in seinen Händen.

»Tarek«, sagte ich leise und zärtlich und ging auf ihn zu. »Komm her zu mir.«

Er hielt sein Gesicht versteckt und ließ sich nur widerstrebend in den Arm nehmen. Immer wieder drehte er den Kopf von mir weg, wollte mir nicht in die Augen schauen. Was war nur geschehen? War er sauer auf mich, weil ich zugelassen hatte, dass sein Vater ihn mitnahm?

»Komm, Tarek«, sagte ich aufmunternd, »wir gehen jetzt einkaufen.«

Denn das mussten wir ohnehin, und ich hoffte, dass die Ablenkung ihm helfen würde, sich bald wieder zu Hause und geborgen zu fühlen. ›Es ist nicht gut, wenn sich Mutter und Vater vor den Kindern streiten, wenn der Vater die Mutter so schlecht behandelt. Kinder spüren das ganz genau, und sie leiden.‹ All das ging mir durch den Kopf, als ich, trotz andauernder Blutungen, mit Tarek an der Hand zum Supermarkt ging. Was sollte ich kaufen von dem wenigen Geld? Ich hatte keine Ahnung, wann Salim das nächste Mal kommen, wann er mir wieder Geld geben würde. Ein unbändiger Zorn gemischt mit Bitterkeit stieg in mir auf. Das war exakt die Situation, in die ich nie, niemals hatte geraten wollen. Immer war mir meine Selbstständigkeit über alles andere gegangen. Wie erniedrigend es doch war, um Geld zu betteln! Wollte sich Salim jetzt an mir für all die Situationen rächen, in denen ich finanziell besser gestellt gewesen war als er? Als ich ein größeres Auto fuhr und mit Ersparnissen aus Deutschland kam? Ich hatte mich immer bemüht, kein Aufheben darum zu machen, die Tatsache runterzuspielen, dass ich gut verdiente und mir leisten konnte, was ich mir wünschte. Hatte er geglaubt, das ginge immer so weiter? Dass der Geldstrom aus Deutschland niemals versiegen würde? Auch er hatte das zweite Kind gewollt. Es musste ihm doch klar gewesen sein, dass ich mit zwei kleinen Kindern kein Geld verdienen konnte, zumal er nichts dafür tat, dass ich eine Arbeitserlaubnis erhielt …

»Mama«, sagte Tarek und zog an meiner Hand. Ich hatte gar nicht gemerkt, dass wir beim Supermarkt angekommen waren.

Ich kaufte schließlich Reis und Linsen, Mehl, Nudeln, Milch und Tomatenmark und ein paar Gurken. Damit konnten Tarek und ich am längsten auskommen, wenn es sein musste.

Als wir wieder zu Hause waren und ich Linsen mit Reis für uns kochte und ein paar Tomaten aufschnitt, überlegte ich fieberhaft, wie ich es anstellen könnte, nach Deutschland zu kommen. Ich hatte kein Geld für ein Flugticket. Außerdem fühlte ich mich durch die tagelangen Blutungen entsetzlich schwach. Selbst wenn ich das Geld hätte, würde ich in meinem Zustand einen Flug überstehen? Allein bei dem Gedanken, mit dem Bus nach *Tel Aviv* zum Flughafen zu fahren, wurde mir mulmig. Mein Baby würde den Flug sicherlich nicht überstehen.

Ich hatte eine Auslandskrankenversicherung abgeschlossen, doch die Behandlungskosten musste ich zunächst vorstrecken. Ein weiterer Besuch bei einem Arzt war also nur möglich, wenn Salim sich bereit erklärte, mir sein Honorar auszulegen.

Und so, wie es um uns stand, hatte ich meine Zweifel, dass er das tun würde.

Ich kümmerte mich um Tarek, der nicht mehr dasselbe Kind war, seitdem Salim ihn mitgenommen hatte. Was war nur geschehen? Tarek war noch zu klein, um mir etwas zu erzählen. Er wuchs ja mit vier Sprachen gleichzeitig auf, Deutsch, Englisch, Hebräisch und jetzt auch noch Arabisch, und mehr als Zwei-Wort-Sätze sprach er damals mit seinen eineinhalb Jahren noch nicht.

Die folgenden Wochen erschienen mir wie ein nie enden wollender Albtraum: Salim kam und ging, manchmal nahm er Tarek mit für nur einen Tag oder mehrere, nie wusste ich, wann er auftauchen würde, wann er das Kind mitnahm oder es zurückbrachte. Und jedes Mal hatten wir Streit um Geld, das er nicht bereit war, mir zu geben. Während er selbst täglich mit seinen Beduinenfreunden im Café saß, war er der Meinung, hundert Schekel, umgerechnet etwa zwanzig Euro, pro Monat seien mehr als genug für mich. Er wollte nicht einsehen, dass es unmöglich war, damit auszukommen. Für sich selbst kaufte er eine Menge guter Lebensmittel ein, die er allerdings mit in die Wüste nahm. Tarek und ich dagegen sollten uns mit Reis und Linsen begnügen, dazu brachte er mir irgendwann einen Sack Mehl und einen Kanister Olivenöl. Gemüse und Obst brauchten wir seiner Meinung nach nicht.

Nach drei Wochen hatten die Blutungen noch immer nicht aufgehört, und Salim sah ein, dass ich zu einem Arzt musste.

»Sie sollten sich für einen Schwangerschaftsabbruch entscheiden«, sagte der Arzt zu meinem Entsetzen. »Denn wenn das Baby durchkommt, ist es höchstwahrscheinlich behindert.«

Als Salim das hörte, drängte er mich dazu, abzutreiben. Ein behindertes Kind kam für ihn nicht infrage.

»Wenn du das nicht tust«, sagte er, »dann war es das letzte Mal, dass ich dich zu einem Arzt bringe. Schau doch selbst, wie du durchkommst. Das ist völlig unvernünftig. Was sollen wir mit einem behinderten Kind anfangen? Was, frage ich dich!«

Es war eine entsetzliche Situation. Ich konnte doch nicht einfach so entscheiden, das Kind in meinem Bauch zu töten. Das musste ich schließlich in Ruhe überlegen, und eigentlich, wenn ich so in mich hineinhörte, hatte ich das sichere Gefühl, dass mit dem Baby alles in Ordnung war. Nur mit mir war etwas ganz und gar nicht in Ordnung. Mir ging es miserabel. Ich hatte keinerlei Unterstützung. Kein liebes Wort. Ständig Streit und Demütigungen. Und keine Hilfe mit Tarek. Unter diesen Umständen war ich tatsächlich nicht bereit, ein zweites Kind zu bekommen. Wofür? Um immer mehr von Salim abhängig zu werden? Um mich weiter beleidigen zu lassen? Um ganz bestimmt nicht mehr arbeiten zu können und damit erpressbar und verletzlich zu sein?

Es waren fürchterliche Tage, die auf diesen Arztbesuch folgten. Täglich bestürmte mich Salim, ich solle die Abtreibung vornehmen. Die Blutungen hörten und hörten nicht auf. Bis ich eines Nachts, als ich wie so oft nicht schlafen konnte, alles ganz klar vor mir sah: Das Kind war zweifelsohne gesund. Ich war es, die aufgrund der seelischen Belastung innerlich die Schwangerschaft ablehnte. Nicht das Kind war das Problem, das Problem waren wir: Salim und ich, die wir nicht mehr miteinander auskamen. Aber was konnte das Kind dafür? Nichts. Und so beschloss ich in dieser Nacht, das Kind in mir anzunehmen, ohne Wenn und Aber. Trotz der katastrophalen Umstände und des Dauerstresses, dem ich seit meiner Ankunft in Israel ausgesetzt war, trotz der Ablehnung seines Vaters.

»Ich heiße dich willkommen«, flüsterte ich unhörbar und legte meine Hände auf meinen Bauch. »Ich bin deine Mutter, du bist mein Kind. Wir gehören zusammen.« Und damit schlief ich ein.

Am nächsten Morgen hatten die Blutungen aufgehört. Sie kamen auch nicht wieder. Es war tatsächlich so, wie ich es gefühlt hatte: Das alles war psychisch bedingt gewesen und Folge der Belastungen, denen Salim mich aussetzte.

Der hörte allerdings nicht auf, auf mich einzureden und mich davon überzeugen zu wollen, dass ich das Kind abtreiben sollte. Doch ich gab nicht nach. Er hatte mir nichts mehr zu sagen. Das Kind wuchs in meinem Bauch heran. Irgendwie würde ich schon klarkommen, auch ohne Salim.

In den folgenden Monaten überlegte ich hin und her, wie ich es anstellen könnte, mit Tarek nach Deutschland auszureisen. Auch wenn die Blutungen aufgehört hatten, so war meine zweite Schwangerschaft nach Aussage des Arztes jedoch nach wie vor gefährdet. Aus eigener Kraft konnte ich ohnehin nicht reisen, ich hatte kein Geld. Und anderen Menschen von meiner misslichen Situation zu erzählen, dazu war ich noch nicht bereit. Es war mir schlichtweg peinlich, zuzugeben, wie ich mich von Salim behandeln ließ. Heute weiß ich, dass ich in dieser Hinsicht kein Einzelfall war und bin: Frauen, die unter ihren Männern leiden, die von ihnen drangsaliert und gar geschlagen werden, scheuen sich fast immer, um Hilfe zu bitten, und zwar aus demselben Grund wie ich damals: aus Scham. ›Es wird sicher irgendwann wieder besser‹, ist der Satz, der mich damals aufrechterhielt, ›Salim war doch früher nicht so. Vielleicht steckt er nur in einer Krise. Und wenn er so bleibt, dann wird sich irgendwann eine Chance ergeben, es allein zu schaffen. Zum jetzigen Zeitpunkt wäre ein Flug für das Baby in mir ohnehin viel zu riskant.‹ So dachte ich damals. Doch was eigentlich dahintersteckte: Ich konnte die Hürde nicht überwinden, meinen Freunden in Deutschland zu gestehen, dass mein multikulturelles Abenteuer gescheitert war, dass der Mann, den ich liebte, mich behandelte wie ein Stück Dreck und dass ich nicht in der Lage war, mich aus eigener Kraft aus dieser Situation zu befreien. Hätte ich in die Zukunft sehen können, dann hätte ich auf der Stelle mein Kind genommen und hätte alles versucht, um so schnell wie möglich aus Salims Leben zu verschwinden. Jedoch sagt man nicht umsonst: Die Hoffnung stirbt zuletzt. Auch ich hoffte, dass sich irgendwie alles fügen würde. ›Wenn erst das Kind auf der Welt ist‹, redete ich mir ein, ›dann gehe ich mit meinen beiden Kindern nach Deutschland.‹ So lange aber wollte ich noch ausharren. ›Schlimmer als jetzt‹, dachte ich, ›kann es eigentlich nicht mehr kommen.‹ Wie sehr ich mich da täuschen sollte.

Sechs Wochen vor dem Geburtstermin brachte Salim ein Beduinenkind mit, einen Jungen in Tareks Alter.

»Chalil wohnt jetzt hier«, sagte Salim, als sei es das Normalste von der Welt, seiner hochschwangeren Frau, die ein knapp zweijähriges Kind hatte, noch ein weiteres zu bringen.

»Wie bitte?«, fragte ich konsterniert. »Das kommt überhaupt nicht infrage.«

Doch sofort schrie mich Salim unbeherrscht an.

»Ich hab gesagt, er wohnt jetzt hier, hörst du?«

»Ja aber … wieso? Wer ist das überhaupt?«

»Seine Mutter hat ihn geschlagen. Und sein Vater hat keine Zeit für ihn. Darum kann er nicht zu ihnen zurück.«

Chalil – hatte so nicht jener Junge geheißen, für den der Versicherungsvertreter Tarek gehalten hatte?

»Ist das der Junge, der auf unsere Adresse versichert wurde?«, fragte ich vorsichtig. Doch Salim gab mir keine Antwort.

Inzwischen war ich ziemlich eingeschüchtert von Salims Verhalten. Schon viele Male war er in den vergangenen Monaten laut geworden und hatte mir sogar gedroht. Zwar hatte er mich nicht geschlagen, doch ich hielt das nicht mehr für unmöglich. Ich hatte Angst. Und darum wagte ich es nicht, weiter in Salim zu dringen. Er hatte mehrfach abgestritten, noch weitere Kinder zu haben. Und doch fiel es mir immer schwerer, seinen Worten zu glauben.

Jetzt hatte ich mich also auch noch um diesen fremden Jungen zu kümmern, der in Tränen ausbrach, als er begriff, dass Salim ihn nicht mehr mitnehmen würde. Ich war eine völlige Fremde für ihn, und so, wie er sich verhielt, war ich mir sicher, dass er in einem Zelt groß geworden war und noch nie zuvor eine Wohnung von innen gesehen hatte. Ich versuchte, ihn zu beruhigen, doch er fragte unablässig nach seiner Mutter. Mit den Jahren hatte ich gelernt, den Beduinendialekt weitgehend zu verstehen. Doch mein Arabisch war viel zu schlecht, als dass ich richtig mit ihm hätte sprechen können. Chalil hörte nicht auf zu weinen. Mit Tareks Spielsachen konnte er überhaupt nichts anfangen. Er hatte keine Ahnung, wie man ein Puzzle legt, noch nicht einmal in einem Buch konnte der Junge blättern. Eines Tages weinte Chalil so verzweifelt, ohne sich beruhigen zu können, sodass ich einen Beduinen, der gerade in *Mitzpe Ramon* war, bat, Salim zu verständigen und ihm zu sagen, dass Chalil unbedingt zu seiner Mutter will. Als Salim jedoch Stunden später endlich kam, hatte sich der Junge vollkommen erschöpft in den Schlaf geweint.

»Was ist bloß los mit dir?«, schrie mich Salim an. »Wenn du glaubst, du kannst mich reinlegen, dann hast du dich aber getäuscht.«

Es war spät am Abend, und Salim beschloss, bei uns über Nacht zu bleiben. Als Chalil am nächsten Morgen erwachte und ihm wieder bewusst wurde, wo er war, fing er sofort wieder herzzerreißend an zu weinen. Salim nahm ihn, packte ihn ins Auto und befahl Tarek und mir, ebenfalls einzusteigen. Er fuhr mit uns zu einem Kiosk und kaufte den beiden Jungen ein Eis. Während Tarek seines brav aufaß, war Chalil, der wahrscheinlich gehofft hatte, nach Hause zu fahren, so frustriert, dass er das Eis in den Dreck warf und sich selbst schreiend auf den Boden. Salim stand dabei und lachte nur.

»Bitte, Salim«, flehte ich, »du musst den Jungen wieder nach Hause bringen. Er ist viel zu klein, um bei einer Fremden zu wohnen. Ich kann ja nicht mal mit ihm reden! Sieh doch ein, dass das einfach unmöglich ist, was du von uns verlangst.«

Doch was immer ich sagte, Salim ging nicht darauf ein. Chalil blieb bei uns.

Der Geburtstermin rückte näher.

»Wann kommt endlich das Baby?«, fragte Salim mit genervter Stimme. »Du bist jetzt wirklich lange genug schwanger. Ist ja nicht zum Aushalten, wie lange das schon geht.«

Eines Tages saßen wir beim Essen, als er mich aufforderte, mich woanders hinzusetzen.

»Ich will deinen hässlichen Bauch nicht mehr sehen! Es ist ja ekelhaft, wie dick du bist. Wahrscheinlich bist du gar nicht schwanger«, sagte er mit böser Stimme, »sondern einfach bloß fett.«

In dieser schlimmen Atmosphäre kündigte sich schließlich die Geburt an, indem meine Fruchtblase platzte. Zum Glück war Salim gerade da, wenn nicht, ich hätte nicht gewusst, wo ich Tarek und Chalil hätte lassen können.

Salim brachte die Kinder zu seinem Bruder Jamal in die Wüste. Es dauerte ewig, bis er wieder zurückkam und wir zum Krankenhaus nach *Tel Aviv* fahren konnten. In *Beer Sheva* machte Salim aber in aller Ruhe halt, um sich neue Kleider zu kaufen, denn so schmutzig, wie er war, wollte er nicht im Krankenhaus erscheinen. Ich wartete derweil im Auto. Ich wartete und wartete, bis Salim nach eineinhalb Stunden endlich wieder auftauchte. Er hatte sich nicht nur neue Kleider gekauft, sondern auch mit Freunden in aller Ruhe im Café gesessen. Schließlich fuhren wir nach *Tel Aviv* weiter, und Salim lieferte mich im Krankenhaus ab. Er drückte mir ein Handy in die Hand, damit ich ihm Bescheid sagen konnte, wenn alles vorbei war, und verschwand. War dies derselbe Mann, der nach Deutschland hatte fliegen wollen, um bei Tareks Geburt dabei zu sein? Jetzt meldete er sich nur, um sich zu erkundigen, ob das Kind endlich da sei.

»Ich übernachte bei meinem Freund in *Tel Aviv*«, sagte er, als es Abend wurde. »Du bist ja sowieso mit der Geburt beschäftigt. Das wird sicher noch dauern, oder?«

Er hatte leider recht. Obwohl die Fruchtblase geplatzt war, traten keine Wehen auf. Erst zwei Tage später wurde die Geburt künstlich eingeleitet. Sie dauerte die ganze Nacht, und morgens um sechs kam mein zweiter Sohn auf die Welt.

Tarek hatte ich in Deutschland geboren, es war selbstverständlich gewesen, dass man ihn bei mir ließ. Mein zweites Kind aber nahm mir eine Schwester wenige Minuten nach der Geburt fort.

»Er muss untersucht werden«, sagte die Schwester und war mit dem winzigen Bündel auch schon aus der Tür.

Zwei Stunden später hörte ich das Handy in meiner Tasche klingeln. Es war niemand da, den ich hätte bitten können, es mir zu reichen. Und nach der langen Geburt war es mir unmöglich, aufzustehen. Ich dachte mir, dass es Salim war. ›Sicherlich hat er jetzt ausgeschlafen‹, dachte ich erschöpft und verbittert, ›und sitzt mit seinem Freund beim Frühstück. Vielleicht sagt er gerade: Wollen wir doch mal sehen, ob ich wieder einen Sohn habe?‹

Gegen zehn Uhr erschien er im Krankenhaus und beschwerte sich wütend, dass ich nicht ans Telefon gegangen war. In diesen ganzen vier Stunden hatte ich mein Baby nicht wiedergesehen, und ich war außer mir vor Sorge. Mehrmals hatte ich nach ihm gefragt, aber keine Auskunft erhalten. Als ich mich beschwerte, sagte die Krankenschwester kurz angebunden:

»Da muss erst der Vater kommen. Vorher kriegen Sie das Kind nicht. Wir lassen hier keine Mutter mit ihrem Baby allein.«

Und tatsächlich, kaum war Salim da, brachte man mir mein Kind. Es war in den vergangenen vier Stunden aber weder untersucht noch angezogen worden, man hatte es nur provisorisch in eine Decke gewickelt. Endlich erschien ein Arzt, um den Jungen in Augenschein zu nehmen.

»Das ist aber seltsam«, sagte er, nachdem er das Kind untersucht hatte, »er gibt ja überhaupt keinen Laut von sich! Wahrscheinlich stimmt etwas mit der Atmung nicht.«

Sofort wurde der Kleine auf die Intensivstation gebracht. Salim kümmerte das wenig, er verabschiedete sich und fuhr nach Hause. Wie es unserem Kind oder mir ging, das interessierte ihn nicht.

Ich aber war voller Sorge um unser Baby. Stimmte es doch? War der Kleine mit einer Behinderung auf die Welt gekommen? In dieser Nacht schlief ich schlecht und hatte wirre Träume.

Am nächsten Tag erfuhr ich, dass mit meinem Kind alles in Ordnung war. Bis auf den Umstand, dass er nach der Geburt, vollkommen allein gelassen, so lange geweint hatte, bis er heißer war und einfach keinen Laut mehr herausbrachte. Ich war entsetzlich wütend auf die Schwestern. Wie konnten sie nur so mit einem Neugeborenen umgehen? Ich hatte mehrfach nach ihm gefragt und dringend gebeten, man möge mir meinen Sohn bringen. Stattdessen ließen sie ihn einfach irgendwo liegen und sich heiser schreien. Salim jedoch, der kam, um uns abzuholen, war das alles vollkommen gleichgültig. Mir war klar, dass ich schon froh sein konnte, dass ich mit dem Neugeborenen nicht mit dem Bus nach Hause fahren musste, wie damals, als ich diese schweren Blutungen hatte.

Zurück in *Mitzpe Ramon* brachte mir Salim zu meinem zwei Tage alten Baby sofort wieder Tarek und Chalil, verschwand und ließ sich die nächsten Tage nicht mehr blicken. Ich hatte noch nicht mal über einen Namen für unseren neugeborenen Sohn mit ihm sprechen können. Als ich ein paar Tage später zu einem Kinderarzt in *Mitzpe Ramon* ging, um weitere Untersuchungen und Tests mit dem Neugeborenen machen zu lassen, waren der Arzt und sein Kollege entsetzt, mich so kurz nach der Geburt nicht nur mit meinen beiden eigenen Kindern, sondern auch mit einem völlig fremden Jungen zu sehen.

Es war keine einfache Zeit, für keinen von uns: Tarek war schrecklich eifersüchtig auf seinen kleinen Bruder, und Chalil wollte immer noch nichts anderes als unbedingt nach Hause. Glücklicherweise war wenigstens das Baby gesund – meine Intuition war also doch richtig gewesen.

Wenn Salim bei uns vorbeischaute, versuchte ich, mich mit ihm auf einen Namen für unser Baby zu einigen, was jedoch alles andere als leicht war.

»Mir würde Amir gefallen«, sagte ich zum Beispiel, doch Salim schüttelte nur den Kopf. Ich machte noch weitere Vorschläge, doch keiner war ihm recht.

Drei Wochen lang blieb der Kleine ohne Namen. Dann kam Salim nach Hause und sagte: »Ich nenne ihn Karim.« Und damit war es für ihn beschlossene Sache. Mir hätte ein anderer Name besser gefallen, und ich sagte es ihm auch. Das hielt ihn aber nicht davon zurück, den Jungen als Karim beim Innenministerium anzumelden. Wieder setzte er sich gegen meinen Willen durch.

In meiner Erinnerung verschwimmen die Wochen, die auf Karims Geburt folgten, zu einem Einerlei aus Erschöpfung und der Sorge, die Kinder satt zu bekommen mit dem wenigen Geld, das Salim mir überließ. Der mangelnde Schlaf, den jede stillende Mutter kennt, machte sich mehr und mehr bemerkbar. Tagsüber hatte ich zwei kleine, wilde Jungs zu beaufsichtigen, von denen der eine viel weinte und den ich nicht zu trösten vermochte. Was macht man mit einem Kind, das in einem Beduinenzelt aufwuchs, gewöhnt ist, barfuß zu laufen und mit den Tieren des Stammes zu spielen? Ein Kind, mit dem man sich aufgrund der Sprache nicht verständigen kann und das abgrundtief unglücklich ist? Und was hatte ich eigentlich mit diesem fremden Kind zu tun? So leid er mir tat – wieso musste ausgerechnet ich, hochschwanger und jetzt gerade niedergekommen, mich um ein Beduinenkind kümmern, mit dem mich, wenn ich Salims Beteuerungen glauben sollte, überhaupt nichts verband?

Irgendwie brachten wir die folgenden Wochen herum, und schließlich kam Salim, um Tarek und Chalil abzuholen und mit ihnen für ein paar Tage in die Wüste zu fahren. Und so erleichtert ich war, endlich ein bisschen Ruhe für das Baby und mich zu haben, so sehr bedrückte mich, dass ich wieder keine Ahnung hatte, wohin Salim Tarek mitnahm und wann er ihn zurückbrachte. Es gab keinerlei Absprachen, Salim kam, wie es ihm gerade einfiel. So konnte ich kaum Pläne machen. Wurde Tarek beispielsweise zu einem Kind, das wir auf dem Spielplatz kennengelernt hatten, nach Hause eingeladen, dann konnte ich nie sicher sein, dass er auch da war zu dem Zeitpunkt. Häufig kam es vor, dass ich eine Einladung absagen musste, weil Tarek noch bei seinem Vater war. Und weil mir das unsäglich peinlich war und keiner wusste, wie die Situation bei uns zu Hause tatsächlich war, erzählte ich dann, Tarek sei krank geworden.

Als er dieses Mal wiederkam, brachte mir Salim nur Tarek zurück. Was aus Chalil geworden war, erfuhr ich nicht. Vielleicht hatte er ihn woanders untergebracht. Ich hoffte allerdings, dass der arme Junge endlich wieder bei seiner Mutter sein durfte, nach der er wochenlang geweint hatte.

Nachdem mein zweiter Sohn, dessen Schwangerschaft so schwierig gewesen war, nun auf der Welt war, wollte ich so schnell wie möglich unsere Abreise organisieren. Irgendwie musste ich das Geld für die Flugtickets auftreiben. Und Karim brauchte natürlich einen Pass. Ohne amtliche Papiere konnte er Israel nicht verlassen. An dem Tag, als ich begriff, dass ich dazu Salims Unterschrift benötigte, wusste ich, dass ich klug vorgehen musste. Er durfte auf keinen Fall Verdacht schöpfen. Und so bemühte ich mich, mit ihm in Frieden zu leben und das zu sein, was für ihn eine »gute Ehefrau« bedeutete.

Kapitel 11

In der Falle

Ich hatte mich schon früher oft gefragt, wie Salim bestimmte Investitionen finanzierte. Zum Beispiel den Kauf seines Geländewagens ausgerechnet in einem Jahr, in dem er ausgesprochen wenig verdiente. Oder den Kauf der vierundzwanzig trächtigen Kamele, eine ungeheuer große Summe. Selbst wenn er sich das Geld borgte, so musste er es doch irgendwann wieder zurückbezahlen. Die Einkünfte aber, von denen ich wusste, hätten dazu niemals ausgereicht.

Als mir Salim eines Tages voller Stolz eine schwarze Plastiktüte zeigte, wurde Gewissheit, was ich vorher nur vermutet hatte: Der Mann, mit dem ich verheiratet war, handelte mit Drogen. Und nun begriff ich auch den eigentlichen Sinn, der hinter der Kamelherde steckte: Sie bot ihm die ideale Tarnung für seine illegalen Geschäfte.

Ich war mit den Kindern einmal wieder mit ihm in der Wüste, als das geschah, und ich war schockiert. Nicht zuletzt von Salims selbstherrlicher Pose, mit der er mir erklärte, dass er weder vom Militär noch von der Polizei etwas zu befürchten habe. Schließlich kannten sie ihn alle gut, auf der Polizeiwache in *Mitzpe Ramon* saß sogar einer seiner Schulfreunde.

»Das ist meine Art«, sagte er selbstzufrieden, »die Israeli nach und nach umzubringen. Und das Schöne daran ist, dass ich damit auch noch jede Menge Geld verdiene.«

Auf meine Frage, woher er denn um alles in der Welt die Drogen hätte, erzählte er mir die ganze Geschichte: Er bezog sie von Beduinen aus dem *Sinai*. Seine Kamele hatte er wieder in das *Wadi* nahe der israelisch-ägyptischen Grenze verlegt, und inzwischen kannten ihn die israelischen Militärposten. Denn natürlich machte sich jeder verdächtig, der sich der Grenze näherte, vor allem Beduinen. Doch jeder kannte Salim, wusste, dass er seine Kamele dort hielt, und niemand kümmerte sich mehr um sein Kommen und Gehen. Schon lange wurde er nicht mehr kontrolliert, und so war die Kamelherde die beste Tarnung für seinen Drogenhandel.

»Was für Drogen sind das?«, fragte ich entsetzt.

»Gras«, sagte er und hielt mir die Tüte hin. »Sieh selbst.«

In der Plastiktüte waren getrocknete Pflanzen, doch da ich nie zuvor Cannabis gesehen hatte, konnte ich es auch nicht erkennen. Aber ich erinnerte mich an das Tattoo, das Cannabis-Blatt, das Salims Freund Hamdi sich auf den Arm hatte stechen lassen. Erst jetzt begriff ich den Zusammenhang. Waren die beiden schon seit damals im Drogen-Geschäft? An jenem Abend fuhr Salim allein weg, und als er zurückkam, war die schwarze Tüte nicht mehr im Wagen. Mir war bewusst, dass ich alles daransetzen musste, Salim dazu zu bringen, mich mit den Kindern nach Deutschland in Urlaub fahren zu lassen. Und wieder nahm ich mir vor, so entgegenkommend wie nur möglich zu sein, damit er das eines Tages erlauben würde.

Salim sprach jetzt auch immer häufiger davon, »Gold zu klauen«. Damit meinte er das Metall in den Stromleitungen, die feinen Kupferdrähte, für die er auf dem Schwarzmarkt gute Preise erzielen konnte. Und so kam es, dass er und seine Freunde immer öfter loszogen, um Stromkabel zu stehlen. Ein besonders guter Coup gelang ihnen zu *Yom Kippur* des Jahres 2003, einem der höchsten jüdischen Feiertage, an dem kein Auto fahren durfte, die Straßen wie leer gefegt waren und sich selbst die Polizei einen gemütlichen Tag machte. Salim und seine Kumpel hatten es auf ein Lager voller Rollen besonders dicker Kabel abgesehen. Sie nutzten die Nacht des Feiertags, um es leer zu räumen.

»Das hättest du sehen sollen«, erzählte Salim später ausgelassen, »wir haben die Rollen mit den Kabeln einfach in die Wüste hinaus zu unseren Wagen gerollt und sie aufgeladen. Ein Kinderspiel!«

Damals überlegte ich, ob ich nicht einfach zur Polizei gehen und Salim anzeigen sollte. Doch ich wagte es nicht. Ich war mir nicht sicher, ob man mir glauben würde, und ich fürchtete mich vor Salims Zorn. Dass meine Sorge berechtigt war, sollte ich erfahren, als ich ein Jahr später diesen Schritt tatsächlich wagte. Obwohl jeder in *Mitzpe Ramon* von diesem Diebstahl wusste, wollten die Polizisten nichts von einer Anzeige wissen. Wunderte es mich? Schließlich hatte Salim mit einigen der Polizisten die Schulbank gedrückt. Möglicherweise waren sie an dem Gewinn sogar beteiligt worden, wer weiß das schon?

Damals aber war meine Strategie, mich so gut wie möglich mit Salim zu stellen, damit er keinen Verdacht schöpfte, dass ich ihn verlassen wollte. Denn einen Reisepass für Karim konnte ich nur mit ihm gemeinsam beantragen. Mein Plan war, ihn so in Sicherheit zu wiegen, dass er mich mit den Kindern für ein paar Urlaubswochen nach Deutschland fahren ließ. Das ging jedoch nur mit seinem Einverständnis, denn selbst mit gültigen Pässen hätte ich am Flughafen eine schriftliche Erlaubnis des Vaters vorzeigen müssen, um mit den Kindern ausreisen zu dürfen. Tarek und Karim waren beim Innenministerium gemeldet, und zwar mit Salims Familiennamen, schon das allein hätte die Ausreisebeamten stutzig gemacht. Da ich selbst inzwischen illegal in Israel lebte – mein Touristenvisum war schon einige Jahre abgelaufen, und ohne Salims Hilfe konnte ich keine Aufenthaltsgenehmigung als seine Ehefrau beantragen –, hätte es mir im schlimmsten Fall sogar passieren können, dass ich ausgewiesen worden wäre, während man die Kinder zurückbehalten hätte. Und ich wäre nicht die erste Frau, mit der man so verfährt.

Ich erwog jedoch noch eine andere Möglichkeit, mit den Kindern zu fliehen. Was, wenn ich mich einer israelischen Reisegruppe anschlösse, die nach Jordanien reiste? Mit ein bisschen Glück würde der Reisebus nicht Person für Person kontrolliert, und ich könnte es nach Amman schaffen, um von dort nach Deutschland zu fliegen. Doch dafür brauchte ich Reisepässe für beide Kinder, auch für Karim. Als ich aber die Sprache auf den Antrag dafür brachte, wollte Salim nichts davon hören.

»Karim braucht keinen Pass«, sagte Salim in einem Ton, der keinen Widerspruch duldete. »Er ist ein Beduinenkind. Beduinen brauchen keine Papiere.«

»Aber einen israelischen Ausweis, den braucht er doch. Auch du hast einen Pass, und du bist auch Beduine.«

»Wieso glaubst du, dass mein Sohn einen Pass braucht?«, fragte er schneidend. »Er ist noch so klein. Wer sollte ihn schon nach einem Ausweis fragen?«

Da fürchtete ich, dass er mich durchschaute. Ich saß in der Falle. Ohne Papiere konnte ich das Kind nicht außer Landes bringen. Entsetzt wurde mir klar, dass ich zu lange abgewartet hatte. Ich hätte während meiner Schwangerschaft alles daransetzen sollen, mit Tarek außer Landes zu gehen. Stattdessen hatte mich Salim jetzt vollkommen in der Hand: Ich hatte keine gültige Aufenthaltsgenehmigung und war finanziell vollkommen auf ihn angewiesen.

In meiner Verzweiflung nahm ich Kontakt zur deutschen Botschaft auf, um herauszufinden, ob diese mir nicht zu einem deutschen Pass für Karim verhelfen könnte. Doch das Gespräch mit der Angestellten, die ich am Apparat hatte, verlief äußerst ernüchternd. »Nein«, sagte sie, nachdem ich ihr meine Situation beschrieben hatte, »da können wir leider nichts für Sie tun. Ihr Mann hat ja schließlich auch Rechte an den Kindern. Sie können die Kinder nicht einfach so ins Ausland bringen, das geht nicht. Tut mir leid für Sie.«

Eines Tages stellte mir Salim einige große Kanister mit Olivenöl in die Küche und sagte:

»Hier«, sagte er, »wenn du Geld brauchst, dann verkauf das Öl. So kannst du dich mal wieder ein bisschen nützlich machen.«

Ich schluckte meinen Protest hinunter und machte gute Miene zu bösem Spiel. Ich wollte alles tun, damit Salim uns irgendwann auf Urlaub nach Deutschland fliegen ließ. Und so füllte ich das Öl in Flaschen um und versuchte, es auf dem Wochenmarkt zu verkaufen, was nicht gerade einfach war mit zwei kleinen Kindern. Ich lud so viele Olivenölflaschen wie möglich in den Kinderwagen, packte einen kleinen Plastiktisch darauf, den Salim für Tarek gekauft hatte, band mir Karim im Tragetuch vor den Bauch und nahm Tarek an der Hand. Während wir so mühselig zum Markt gingen, rauschte Salim in seinem Geländewagen an uns vorbei.

Von nun an sah man mich jeden Montag mit meinen Kindern gegen eine Standgebühr auf dem Wochenmarkt und jeden Freitag zwischen ein paar Blumenständen vor dem Supermarkt stehen, wo ich auf Tareks Spieltisch das Olivenöl feilbot. Während wir auf dem Markt wenigstens Schatten hatten, standen wir vor dem Supermarkt in der prallen Sonne. Meistens musste ich ohne einen Schekel in der Tasche morgens losziehen, in der Hoffnung, etwas einzunehmen, um Essen kaufen zu können. Es war kräftezehrend, mit den Kindern den ganzen Tag dort herumzustehen. Tarek langweilte sich und die Sonne brannte auf uns herab. Karim wurde immer noch gestillt, doch Tarek bekam gegen Mittag natürlich Hunger. Oft hatte ich aber bis dahin noch keine einzige Flasche Olivenöl an den Mann gebracht und konnte ihm nichts kaufen. Es gibt wahrscheinlich kaum etwas Bittereres, als wenn eine Mutter ihrem hungrigen Kind das erklären muss. Und dann musste ich auch noch Karim mitten auf dem Gehsteig die Windeln wechseln und dabei ständig aufpassen, dass Tarek nicht auf die Straße lief.

»Ich finde das nicht in Ordnung«, sagte einmal ein Jude zu mir, der mir immer wieder eine Flasche Olivenöl abkaufte, »und ich habe es deinem Mann auch gesagt, als ich ihn neulich im Café sah, während du hier mit den Kindern stehen musst.« Das Mitgefühl dieses Mannes tat mir gut, und doch beschämte es mich auch.

Auch Salims Mutter und eine seiner Schwestern kamen immer mal wieder vorbei, kauften für Tarek ein bisschen Schokolade und blieben eine Viertel- oder eine halbe Stunde. Sie missbilligten Salims Verhalten, und doch nahmen sie es als gegeben hin, wie eine Naturgewalt, gegen die man nichts ausrichten kann.

Eines Tages kam eine ältere Frau an meinem kleinen Stand vorbei, und als sie mich mit den Kindern Deutsch sprechen hörte, sprach sie mich an.

»Bist du Deutsche?«, fragte sie mich in meiner Sprache. »Ich auch. Ich heiße Anna.« Wir plauderten ein bisschen unverbindlich miteinander. Von da an kaufte sie mir öfter eine Flasche ab.

Eines Tages drückte mir Anna zu meiner Überraschung ein Buch in die Hand. Es war *Nicht ohne meine Tochter* von Betty Mahmoody. Sie sagte dazu nichts, kaufte eine Flasche Öl und verabschiedete sich.

Nachdem ich das Buch gelesen hatte, konnte ich nicht umhin, mir Gedanken zu machen, ob Anna wohl ahnte, in welcher Situation ich mich befand. Denn natürlich erkannte ich die Parallelen zwischen dem Schicksal der Amerikanerin, die mit ihrer Tochter im Iran festsaß, bevor ihr die Flucht gelang, und meiner Geschichte. Bei Annas nächstem Einkauf bedankte ich mich noch einmal für das Geschenk, sagte aber erst einmal nichts weiter dazu. Anna war eine sympathische und gute Kundin, nicht mehr und nicht weniger.

Glücklicherweise gelang es mir tatsächlich jedes Mal, mit dem Verkauf des Olivenöls ein bisschen Geld einzunehmen, und davon bezahlte ich unsere Lebensmittel. Nach ein paar Monaten hatte ich das ganze Öl verkauft.

»Und wo ist das Geld?«, wollte Salim wissen, als ich es ihm sagte.

»Wie meinst du das?«, fragte ich überrascht zurück.

»Das Geld, das du eingenommen hast!«

»Salim«, begann ich vorsichtig, um ihn nicht zu verärgern, und doch konnte ich kaum fassen, dass er tatsächlich Geld zurück erwartete, »das haben wir gebraucht, um davon leben zu können. Wir müssen schließlich etwas essen. Du gibst mir ja nichts mehr.«

»Glaubst du, ich bekomme das Öl umsonst?«, wetterte er los. »Zumindest das Geld, das ich dafür ausgegeben habe, das musst du mir zurückgeben!«

»Es ist nichts übrig«, sagte ich und würgte meinen aufsteigenden Zorn hinunter, »von irgendwas müssen wir leben, wenn du uns nichts gibst.«

»Du bist eine Verschwenderin«, sagte Salim kalt, »wirfst das Geld für unnötige Dinge zum Fenster hinaus. Kaufst den Kindern Möhren, die dreimal so viel kosten wie im Supermarkt. Und Spielzeug, das die Kinder zu Idioten macht.«

»Das ist nicht wahr«, beteuerte ich wahrheitsgemäß, denn die Zeiten waren längst vorüber, dass ich mir Biogemüse oder Spielsachen für meine Kinder leisten konnte.

»Von jetzt an wirst du jeden Kassenbeleg aufbewahren«, herrschte Salim mich an, »hörst du? Ich will genau wissen, wofür du mein Geld ausgibst. Und dann werden wir ja sehen, ob du mich anlügst.«

Am nächsten Tag brachte er mir neues Öl, und ich stand weiterhin mit den Kindern auf dem Markt. Außerdem musste ich von nun an tatsächlich über jeden Artikel, den ich im Supermarkt kaufte, Rechenschaft ablegen.

Zwei Monate nach Karims Geburt erhielt ich von meiner deutschen Krankenversicherung das Geld, um die noch offene Rechnung des Krankenhauses zu bezahlen, in dem ich Karim zur Welt gebracht hatte. Ich musste also nach *Tel Aviv* fahren, um die Rechnung bar zu begleichen, und bat Salim, mir Geld für den Bus zu geben.

»Du musst da nicht hinfahren«, sagte Salim, »das ist doch viel zu kompliziert mit den Kindern. Ich fahre ohnehin noch diese Woche nach *Tel Aviv*, dann kann ich das für dich erledigen.«

Erleichtert, die Reise nicht machen zu müssen und das Fahrgeld zu sparen, händigte ich ihm das Geld aus. Doch sein Termin verschob sich immer weiter, und die erste Mahnung traf ein.

»Ja, ja«, sagte Salim nur, »ich fahre bald.«

Aber wieder vergingen Wochen, und ich fand weitere Zahlungserinnerungen im Briefkasten.

»Wenn du es nicht schaffst«, sagte ich schließlich zu Salim, bemüht, ihn nicht zu verärgern, »dann bringe ich eben selbst das Geld nach *Tel Aviv*. Bitte gib es mir zurück.«

Da stellte sich heraus, dass er die rund zweitausendsiebenhundert Euro bereits ausgegeben hatte. Salim beglich die Rechnung nie. Bis heute läuft deshalb eine Forderung auf meinen Namen, deren Betrag durch die Verzugszinsen ständig steigt. Ich weiß nicht, wie ich diese Schuld jemals begleichen kann – wie so vieles, was mir einfach über den Kopf gewachsen ist nach all diesen Jahren, in denen ich unter Extrembedingungen leben musste.

Es war im Sommer 2003, Tarek war gerade zwei Jahre alt geworden, als er eines Tages von der Toilette kam.

»Da sitzt ein Hund mit Hosen auf der Toilette«, sagte er, »ich kann da kein Pipi machen.«

Es war großes Pech, dass Salim gerade da war und das mit anhörte. Ich ging gemeinsam mit Tarek auf die Toilette und zeigte ihm, dass da niemand war, auch kein Hund mit Hosen. Tarek konnte Pipi machen, und meiner Meinung nach war die Sache erledigt. Nicht aber für Salim.

»Da muss ein Dschinn sein«, sagte er. »Dagegen müssen wir etwas unternehmen. Es gibt da einen Beduinen«, fuhr er fort, »einen heiligen Mann, den müssen wir holen, der verjagt den Dschinn.«

Ich versuchte, Salim zu beruhigen, und erklärte ihm, dass Kinder in diesem Alter manchmal in einer Fantasiewelt leben.

»Es gibt wirklich keinen Grund zur Sorge«, versuchte ich ihn zu besänftigen. Denn das Letzte, was ich in meinem Haus wollte, war so ein Teufelsaustreiber.

»Da sitzt ein Dschinn auf der Toilette«, widersprach mir Salim gereizt, »und der will von meinem Sohn Besitz ergreifen, verstehst du das nicht?«

Ich war schockiert über den blinden Eifer, den ich in Salims Augen sah. Und tatsächlich, eines späten Abends sollte der Beduine kommen, um unsere Wohnung auszuräuchern und damit den Dschinn zu vertreiben.

»Du kannst so lange draußen bleiben«, schlug mir Salim vor, »wenn du nicht dabei sein willst.«

Ich schwankte. Karim war ja noch so klein, vielleicht wäre es besser, ihn dieser Sache nicht auszusetzen. Auf der anderen Seite wollte ich Tarek auf keinen Fall allein mit diesen Wahnsinnigen lassen. Außerdem wollte ich auch nicht stundenlang nachts draußen auf der Straße herumlaufen.

»Nein«, sagte ich schließlich, »ich bleibe da.«

»Dann musst du dir aber etwas Anständiges überziehen«, fuhr Salim streng fort. »Eines der Kleider, die meine Mutter dir geschenkt hat nach unserer Hochzeit.«

Ich willigte ein und holte sie. Sie waren leider viel zu groß für mich, sowohl in der Länge als auch in der Breite. Unter den Armen hatte man vergessen, sie zuzunähen, da klafften große Löcher. Dennoch schlüpfte ich in eins hinein.

»Und jetzt den Schleier«, befahl Salim.

Es war seltsam. Kaum hatte ich den dünnen Stoff um meinen Kopf gebunden, fühlte ich mich, als sei ich gar nicht mehr anwesend im Raum. ›So fühlen sich also die Beduinenfrauen‹, schoss es mir durch den Kopf. Es war, als seien meine Ohren blockiert, und am liebsten hätte ich mir das Tuch sofort wieder vom Kopf gerissen.

›Es ist ja nur für diesen einen Abend‹, sagte ich mir, ›danach verschwindet das alles wieder in der Tüte.‹ Ich band mir Karim im Tragetuch an den Körper und harrte der Dinge, die da kommen würden.

Der Beduine kam und wies Salim an, alle Fenster sorgfältig zu schließen. Er hatte ein Kassettengerät mitgebracht. Tarek sollte sich die Kopfhörer aufsetzen und während der Zeremonie Koranverse hören.

Nun sollte die Wohnung mit Kohle und Weihrauch ausgeräuchert werden, um den Dämon zu vertreiben. Dafür entfachte Salim mitten im Wohnzimmer in einem Metallkasten ein Kohlefeuer. Ich las auf der Packung, dass die Kohlen nur draußen verwendet werden durften, in geschlossenen Räumen drohe Erstickungsgefahr. Ich wies Salim darauf hin, doch er wollte nichts davon wissen. Daraufhin zog ich mich mit Karim ins Nebenzimmer zurück, doch der Metallkasten mit den qualmenden Kohlen, auf die der Beduine Weihrauchstückchen streute, wurde nun von Zimmer zu Zimmer getragen, bis das ganze Haus von dem beißenden Qualm erfüllt war. Dabei sprach der Beduine Gebete oder rezitierte Koranverse. Mir wurde schlecht von dem Rauch, und ich wollte ein Fenster öffnen.

»Lass das!«, herrschte mich Salim an.

»Aber der Qualm ist giftig, wir werden krank davon«, antwortete ich, auf seine Einsicht hoffend.

»Das ist nur ein Zeichen, dass du selbst einen Dschinn in dir hast, der den Weihrauch nicht erträgt!«, behauptete er.

»Aber hier steht es doch«, versuchte ich ihn zur Vernunft zu bringen und zeigte auf die Packung. »Hier. Schwarz auf weiß. Das ist gefährlich, was du hier mit uns tust!«

Doch was ich auch sagte, es hatte keinen Zweck.

Endlich war der Beduine zufrieden, und die qualmenden Kohlen wurden nach draußen getragen. Nun verstreute er noch fünf Kilogramm Salz überall in unserer Wohnung.

»Das muss sieben Tage hier bleiben«, sagte der Beduine zu Salim, der es mir übersetzte. »Sieben Tage lang darf man es nicht entfernen.«

Ich sagte nichts mehr dazu. Es hatte ja ohnehin keinen Sinn. Ich war nur froh, als der Hokuspokus ein Ende hatte und der Beduine wieder verschwand. Ich öffnete alle Fenster, damit der giftige Qualm hinausziehen konnte. Eine Woche lang fand ich überall dieses Salz in der Wohnung: Es war zwischen unseren Kleidern, im Bett, sogar in der Badewanne. Das Schlimmste war, dass wir eine Woche lang nicht duschen durften, denn damit hätten wir das Salz herausgespült. Und Salim wachte darüber, dass ich die Anweisungen des heiligen Mannes genau einhielt.

Von nun an hatte Salim ständig etwas über die Art auszusetzen, wie ich mich anzog. Wir hatten uns vor unserer Heirat darauf geeinigt, dass ich mich weiterhin westlich kleiden würde, so, wie ich es immer getan hatte. Ich hatte versprochen, keine zu kurzen Röcke mehr zu tragen und daran hielt ich mich auch. Für den Fall, dass jemand von seiner Familie zu Besuch kam, hatte ich zugestimmt, langärmlige T-Shirts anzuziehen. Das alles war kein Problem für mich, da ich ohnehin fast immer lange Hosen trug. Seine Angehörigen besuchten uns ohnehin so gut wie nie.

Und doch geschah eines Tages etwas sehr Merkwürdiges: Salim brachte mir eine Tüte mit Kleidung. Zunächst freute ich mich sehr, denn ich brauchte wirklich dringend neue Sachen zum Anziehen, und es war lange her, dass mir Salim etwas geschenkt hatte. Meine alten Jeans und T-Shirts waren völlig abgetragen und durchgewetzt, sodass mir nur die Schwangerschaftskleider blieben, die mir natürlich jetzt viel zu weit waren. Auch sie waren vom vielen Tragen schon ganz zerschlissen. Voller Freude fasste ich in die Tüte. Wie überrascht war ich, als ich einen langen schwarzen Rock daraus hervorzog und ein Oberteil, das über und über mit glitzernden Pailletten bestickt war.

»Ich möchte, dass du das von jetzt an anziehst«, sagte Salim.

Ich hob den Rock hoch und stellte fest, dass er Größe 46 gekauft hatte, ich trug aber 34, höchstens 36.

»Der Rock ist viel zu groß, sieh mal«, sagte ich zu ihm. »Der fällt glatt an mir herunter. Und das Oberteil … So was trage ich doch nicht, Salim, das weißt du doch. Dabei könnte ich dringend neue Kleider gebrauchen, meine alten Sachen gehen alle kaputt«, fügte ich hinzu. »Können wir das nicht umtauschen? In etwas, was mir passt? Ich schäme mich schon, in meinen alten Kleidern überhaupt aus dem Haus zu gehen …«

Zu meinem Schrecken sah ich, dass Salims Gesicht erst völlig weiß wurde, dann dunkelrot. Seine Augen waren nur noch schmale, verkniffene Schlitze. Er war dabei, völlig auszurasten.

»Du ziehst dich wie eine Schlampe an«, schrie er, »mein Bruder würde nie im Leben mit so etwas wie dir auch nur reden!«

Er schrie und beschimpfte mich, dann rannte er in die Küche. Als er mit dem Brotmesser zurückkam, bekam ich es erst recht mit der Angst zu tun. Salim holte mit dem großen Messer aus und stach viele Male in die Kleider, die er mir gebracht hatte, und zerschnitt sie wie von Sinnen. Schließlich rannte er aus der Wohnung und ließ sich einige Tage lang nicht mehr bei uns sehen.

Als er wiederkam, erwähnte keiner von uns beiden diesen Zwischenfall auch nur mit einem Wort. Ich für meinen Teil hatte viel zu große Angst vor seiner Reaktion. Schließlich tat ich alles, um die Situation nicht eskalieren zu lassen. Was hatte das alles bloß zu bedeuten? War es ihm tatsächlich so wichtig, dass ich mich anzog wie eine Araberin? Wieso konnten wir die Kleider, für die er ja Geld ausgegeben hatte, nicht einfach umtauschen? Von mir aus in einen langen Rock mit einem Oberteil, in dem ich mich nicht verkleidet fühlte? Ich verstand ihn einfach nicht mehr, wusste nicht mehr, was in seinem Kopf vor sich ging.

In den darauffolgenden Wochen vermisste ich immer wieder Kleidungsstücke von mir, und zwar fehlte immer dann etwas, wenn Salim da gewesen war. Und eines Tages waren auch Tareks Schuhe verschwunden. Als ich Salim nach ihnen fragte, sagte er nur:

»Es wird Zeit, dass er aufwächst wie die anderen Beduinenkinder auch. Die lachen ihn ja schon aus, weil er so zarte Füßchen hat und nicht barfuß laufen kann. Dieser kleine Kerl fängt an zu heulen, wenn er über Steine laufen soll. Das muss anders werden. Von jetzt an gibt es keine Schuhe mehr.«

Meine Einwände stießen auf taube Ohren. Für uns hatte der Verlust von Tareks Schuhen aber große Folgen: Wir konnten nur noch abends das Haus verlassen. Denn tagsüber war der Asphalt so glühend heiß, dass es einfach unmöglich war, barfuß darauf zu gehen. Jedes Mal, wenn Salim zu uns kam, bat ich ihn, die Schuhe zurückzubringen, und jedes Mal endete das in großen Diskussionen. Ich versuchte, ihm klarzumachen, dass die Verhältnisse in der Stadt ganz anders waren als draußen in der Wüste. Der schwarze Asphalt heizt sich schließlich viel mehr auf als der Sand, außerdem lagen auf den Straßen viele Glasscherben, an denen Tarek sich verletzen konnte.

»Ach was«, meinte Salim nur, »der kriegt bald eine Hornhaut an den Füßen, und dann macht ihm das überhaupt nichts mehr aus. Du verzärtelst ihn bloß, das ist alles.«

Zwei Wochen ging das so, dann brachte er zum Glück die Schuhe wieder zurück.

Als Tarek etwas größer wurde, nahm uns Salim einmal wieder mit zu den Kamelen. Die Herde befand sich nun in einem anderen Teil der Wüste. Der Sommer war lang und trocken gewesen, und Salim musste Heu kaufen für die Tiere, selbst in den *Wadis* fanden sie nicht mehr genug zu fressen. Nachts wurden sie aus Wasserkanistern getränkt.

Als wir zu der Herde fuhren, sah ich schon von Weitem, dass in den Bäumen, die es vereinzelt gab, weiße Bettlaken hingen. Dies war ein alter Brauch der Beduinen, um Regen herbeizurufen. Ich wusste, dass der Beduinenstamm, dem Salim angehörte, den Islam mit Elementen einer uralten Naturreligion vermischte, doch ich hatte geglaubt, dass dies der Vergangenheit angehörte oder höchstens noch von den Älteren im Clan praktiziert wurde. Dass Salim auf solche abergläubische Riten zurückgriff, erschreckte mich. Mir wurde klar, dass er weit konservativer geworden war, als ich es mir hätte vorstellen können. Dämonen mit giftigem Kohlerauch auszutreiben, weiße Bettlaken, um Regen herbeizurufen – was würde als Nächstes kommen?

Als wir die Herde erreichten, glaubte ich, meinen Augen nicht zu trauen: Einige der Kamele trugen meine Kleider! Salim hatte ihnen meine Hosen und T-Shirts um die Euter gebunden. So traurig die ganze Sache war – beim Anblick der Kamele mit meinen Klamotten musste ich laut auflachen. Auch wenn es meine letzten Kleider waren, die jetzt die Kamele trugen, das Ganze kam mir völlig absurd vor, es war einfach unmöglich, da ernst zu bleiben.

Ich erfuhr, dass Salim auf diese Weise verhindern wollte, dass die kleinen Kamele an die Euter ihrer Mütter herankamen und von der Milch tranken, denn die Muttertiere sollten so schnell wie möglich wieder trächtig werden. Das Säugen der Kameljungen hätte aber eine Befruchtung verhindert.

›Na ja‹, dachte ich, ›jetzt weiß ich wenigstens, wo meine Sachen abgeblieben sind.‹

Auf der Rückfahrt wollte Salim seinen Bruder Jamal besuchen, aber wir trafen ihn nicht in seinem Zelt an.

»Jamal ist mit einer Dschinn-Frau verheiratet«, erklärte mir Salim zu meinem großen Befremden. »Das ist der Grund, warum er die Menschen scheut und sich so zurückzieht.«

»Wie meinst du das?«, fragte ich vorsichtig, »was ist das, eine Dschinn-Frau?«

»Das ist ein Geist, der einen menschlichen Körper besetzt, denn er hat keinen eigenen. Nimmt ein Dschinn einen Menschen in Besitz, dann ist der nicht mehr Herr seiner selbst. Er muss dann tun, was der Geist ihm befiehlt.«

»Und Jamal hat also eine Dschinn-Frau?«, fragte ich nach.

»Genau«, antwortete Salim. »Und die will ihn für sich behalten. Sie ist es, die ihn zwingt, immer so ganz allein und weit weg vom Stamm zu leben. Ich hab neulich den heiligen Mann zu ihm gebracht, der unser Haus von dem Dämon gereinigt hat. Damit er etwas gegen diese Dschinn-Frau tut. Doch als Jamal von Weitem gesehen hat, dass ich einen Geistlichen bringe, ist er davongelaufen. Seitdem hat ihn niemand zu Gesicht bekommen. Er läuft sogar vor mir davon. Und das alles ist die Schuld von dieser Dschinn-Frau.«

›Was für ein Unsinn‹, dachte ich. Ich konnte mir nicht vorstellen, dass Jamal tatsächlich vor Salim davonlaufen würde, die beiden hatten ein so gutes Verhältnis miteinander. Was ich mir allerdings vorstellen konnte, war der Druck, den die Familie auf den Einzelgänger Jamal ausübte. Er war schon um die dreißig und noch immer unverheiratet, hatte keine Kinder. Da musste ja etwas nicht stimmen. ›Ob er wohl vor einer arrangierten Hochzeit geflohen war?‹, fragte ich mich. Ich hatte schon seit Längerem das Gefühl, dass Jamal homosexuell veranlagt sein könnte, was bei den Beduinen überhaupt nicht akzeptiert würde. ›Wahrscheinlich würde ihn seine Familie umbringen‹, dachte ich, ›wenn sie das wüsste.‹

Auf dem Wochenmarkt kaufte regelmäßig ein Mann bei mir ein, der zu den sogenannten *Community Black Hebrews* gehörte. Das sind Afroamerikaner, die ihre Herkunft auf die alttestamentarischen Israeliten zurückführen. Der Mann wollte wissen, wo das Öl herkomme, das ich verkaufte, und als er hörte, dass es von Beduinen aus Hebron stammte, wurde er hellhörig. Ich erzählte ihm, dass ich mit einem Beduinen verheiratet sei, und er sagt:

»Das ist ja interessant! Weißt du, ich versuche schon eine ganze Weile, einen guten Kontakt zu den Beduinen zu knüpfen.«

Er erzählte, dass er Ingenieur sei und ein Projekt plane, von dem die Beduinen profitieren sollten.

»Es geht um Anlagen«, erklärte er mir, »mit denen man ganz einfach und überall, auch in der Wüste, aus den Fäkalien von Mensch und Tier sein eigenes Biogas produzieren kann. Damit kann man kochen, Lampen betreiben und sogar Autos betanken. Vielleicht könntest du ein Treffen mit deinem Mann arrangieren, damit ich ihm meine Vorschläge unterbreiten kann. Ich will dafür kein Geld von den Beduinen«, fügte er hinzu, »ich denke an ein Hilfsprojekt zugunsten dieser Menschen.«

Ich fand diese Idee großartig.

»Da ist mein Mann sicher der richtige Ansprechpartner«, sagte ich. Denn da Salim in *Mitzpe Ramon* die jüdische Schule besucht hatte, war er in der Stadt so etwas wie ein Mittler zwischen den Kulturen geworden. Und so arrangierte ich ein Treffen und lud den Amerikaner zu uns nach Hause ein.

Salim hörte sich alles an, und auch ich war ganz Ohr.

»Überlegt es euch«, sagte der Ingenieur zum Abschied. »Wie gesagt, deine Leute hätten nur Vorteile, es würde euch nichts kosten, und sie würden sich zu nichts verpflichten. Sie könnten aber davon sehr profitieren.«

Am selben Abend kamen zwei Beduinenfreunde von Salim zu Besuch, und er erzählte ihnen von dem Projekt mit dem Biogas. Zu meiner großen Bestürzung brachen die Freunde in Gelächter aus und konnten sich gar nicht mehr beruhigen.

»Durch Scheiße Strom erzeugen«, sagte der eine, »das ist das Dümmste, was ich je gehört habe.«

»Ich stelle mir das gerade vor, wie wir im Zelt sitzen und Fernsehen schauen«, witzelte der andere, »auf einmal geht der Strom aus. Dann muss einfach einer kurz scheißen gehen, und schon können wir weiter unseren Film ansehen.«

Auf diese Weise zogen sie die ganze Sache ins Lächerliche und hielten sich die Bäuche vor Lachen. Auch Salim schien das alles jetzt nur noch lächerlich zu finden. Ich konnte es nicht fassen, wie man eine solche Chance vorüberziehen lassen konnte.

»Ach was«, meinte Salim nur, »wir haben unsere Generatoren, wenn wir Strom brauchen.«

Er bedachte nicht, dass diese von den Autos betrieben wurden. Sobald der Mann aber wegfuhr, standen die Frauen ohne Elektrizität da. Mit dem Biogas hätten sie zu jeder Zeit Strom zur Verfügung gehabt. Wie viel Geld hätten sie darüber hinaus sparen können, wenn sie tatsächlich ihre Autos auf Biogas umgerüstet hätten?

Doch Salim und seine Gefährten wollten lieber weiterhin leben wie ihre Vorväter. An sinnvollem Fortschritt waren sie offenbar nicht im Geringsten interessiert. Salims innere Uhr schien sich rückwärts zu drehen und ihn mehr und mehr in die Welt seiner Vorväter zu versetzen.

Wie sehr sich Salim mittlerweile den Traditionen und Gesetzen seines Stammes beugte, zeigte mir ein weiteres Erlebnis. Die Kinder und ich waren mit Salim wieder einmal in der Wüste bei den Kamelen. Draußen bei den Tieren erzählte er mir von einer jungen Beduinenfrau, die »Ärger machte« und den Mann verschmähte, den ihr Vater für sie ausgesucht hatte. Sie war davongelaufen, da ihr Bräutigam viel älter war als sie und bereits mehrere Frauen hatte.

»Ein Verwandter hat ihr geholfen«, sagte Salim verächtlich, »unter der Bedingung, dass sie mit ihm schläft. Er gab der Hure westliche Kleidung und etwas Geld. Ihr Vater hat dem Stamm den Auftrag gegeben, sie zu finden.«

»Und wenn sie die Frau finden«, fragte ich, »was geschieht dann mit ihr?«

Salim schwieg, doch sein Blick sagte alles. Es war klar, dass eine Frau in einem solchen Fall getötet wurde, da sie die Ehre der Familie befleckt hatte.

Gegen Abend brachte uns Salim wieder zurück nach *Mitzpe Ramon*. Er fuhr noch rasch eine Tankstelle an, als er plötzlich ganz aufmerksam wurde.

»Da«, rief er und deutete mit dem Finger zu dem Tankstellengebäude, »das war sie!«

»Wer denn?«, fragte ich und schaute in dieselbe Richtung. Ich sah niemanden.

»Die Beduinenfrau, die wir alle suchen«, sagte er und ließ den Motor wieder an. »Jemand rannte hinter das Haus, und ich könnte schwören, sie war es.« Er fuhr langsam um das Gebäude herum. Niemand war zu sehen.

»Die weiß, wie man sich verstecken muss«, murmelte Salim vor sich hin. Und auf einmal kam er mir vor wie ein Bluthund, der eine Schweißspur aufgenommen hatte. Er zückte sein Mobiltelefon und machte hektische Telefonate. Vor der Tankstelle befand sich die Haltestelle der Buslinie nach *Beer Sheva*, und Salim und seine Freunde hatten die Vermutung, die Frau könnte mit dem Bus entwischt sein. Voller Entsetzen sah ich zu, wie mein Mann mit fanatischer Stimme eine Menschenjagd organisierte. An jeder Bushaltestelle, so viel konnte ich verstehen, von *Mitzpe Ramon* bis *Beer Sheva* und sicherheitshalber im gesamten *Negev*, wurde ein Mitglied des Stammes postiert, sodass die Frau, sollte sie sich tatsächlich in dem Bus befinden, keine Chance hatte, irgendwo unerkannt entwischen zu können.

›Er hilft mit, diese Frau zu jagen‹, dachte ich, und eine eisige Hand griff nach meinem Magen, ›damit einer sie töten kann. Und warum? Nur weil sie einen alten Mann nicht heiraten will.‹ Meine einzige Hoffnung war, dass keiner außer ihrer Familie sie je unverschleiert gesehen hatte. Jetzt in westlicher Kleidung zwischen all den anderen Juden – wie sollte man sie erkennen?

»Wir finden dich schon«, murmelte Salim vor sich hin, als hätte er meine Gedanken erraten. Und während ich Salims einmal so attraktives Gesicht betrachtete, in das sich über die Jahre immer mehr strenge Falten gegraben hatten, und die zu Schlitzen verengten Augen mit jenem sonderbaren harten Glanz, da wurde mir klar, dass diese Geschichte, deren Zeugin ich jetzt wurde, eine klare Warnung war: Wenn ich mich nicht fügte, würde ich bestraft werden, genauso wie diese Beduinenfrau, die nichts anderes wünschte, als ein selbstbestimmtes Leben.

Ob die Unglückliche je gefunden wurde, erfuhr ich nicht. Ich fragte auch nicht nach. Ich war zu sehr mit meinen eigenen Problemen beschäftigt. Vielleicht ahnte ich aber auch, dass ich die Wahrheit möglicherweise nicht ertragen hätte. Und doch dachte ich oft an die Frau, die ich nie im Leben zu Gesicht bekommen hatte. »Verschwinde von hier«, schien sie mich warnen zu wollen. »Verschwinde, so lange du noch kannst.«

Aber das Land verlassen, das konnte auch ich nur noch mit Salims Einverständnis. Und so tat ich mein Bestes, damit er mir vertraute.

»Ich würde meinen Kindern so gern Deutschland zeigen«, sagte ich eines Abends, als er besonders gut gelaunt schien.

»Und meine Freunde vermisse ich auch. Könnten wir nicht einfach mal für zwei Wochen in Urlaub hinfliegen?«

»Klar«, sagte er ganz ruhig und verständnisvoll, »warum nicht. Leider hab ich gerade überhaupt kein Geld, um für euch die Tickets zu kaufen. Aber vielleicht in ein paar Monaten.«

Und ich schöpfte wieder Hoffnung. Also war er nicht grundsätzlich dagegen. Vielleicht würde er im nächsten Monat mehr Touristengruppen haben. Vielleicht würde doch alles noch einmal gut ausgehen.

Kapitel 12

Auf Leben und Tod

Ausgerechnet an Tareks drittem Geburtstag nahm das Unheil seinen Lauf, im Sommer 2004.

Am Abend zuvor schmückten wir das Wohnzimmer. Ich backte Kuchen, verpackte Geschenke, und Tarek freute sich auf sein Fest mit der Begeisterung eines Kleinkindes. Ich hatte Salim immer wieder an diesen Tag erinnert und ihn gebeten, zu kommen, damit wir alle zusammen feiern konnten. Wir hatten ein paar Kinder eingeladen, mit denen Tarek gern spielte und mit deren Müttern ich mich angefreundet hatte. Da waren zum Beispiel Batya, die nur fünf Minuten von uns entfernt wohnte und die wir fast täglich auf dem Spielplatz trafen, und Janet, die aus Australien stammte und, ganz ähnlich wie ich, hier geheiratet hatte.

Insgesamt vier Frauen mit ihren Kindern sollten am Nachmittag kommen. Und da ich nur zu gut wusste, dass Salim sich selten an Termine hielt, da für ihn Zeit keine Bedeutung hatte – er wusste auch kein einziges Geburtsdatum seiner Kinder auswendig –, hatte ich ihn immer wieder daran erinnert. Was will man von einem Menschen, der selbst nicht weiß, wann er auf die Welt kam, auch anderes erwarten? Ich war daran gewöhnt, dass Salim ein ganz anderes Zeitgefühl hatte, er verwechselte oft Termine, und es kam auch vor, dass er mich fragte: »Welchen Monat haben wir eigentlich gerade?« Ich musste daran denken, wie ich mich einmal vor vielen Jahren, als wir noch keine Kinder hatten, darüber aufgeregt hatte, dass Salim zwei Stunden zu spät zu einer Verabredung gekommen war. Sein Freund Hilal aber lachte mich aus.

»Da regst du dich wegen der paar Stunden auf?«, sagte er.

»Jetzt will ich dir mal was erzählen! Es ist noch gar nicht so lange her, da kam Salim zu mir und sagte: ›Hilal, mach schon mal Kaffee, ich muss nur noch kurz rauf zum *Kibbuz*.‹ Und was mache ich? Sammle Holz, zünde ein Feuer an, koche Kaffee. Und warte. Warte eine Stunde, warte zwei Stunden, warte drei Stunden – der ganze Tag verging, und kein Salim kam. Eine Woche später tauchte er auf und sagte: ›Hilal, wo ist der Kaffee?‹« Der Beduine lachte. »Tja, Berit«, sagte er damals, »so ist das nun mal mit uns Beduinen. Und ich gebe dir noch einen guten Rat: Wenn du mal ein Treffen hast mit zwei von unserer Sorte, und einer ist zufällig wirklich pünktlich da und sagt: ›Ach, bis der andere kommt, geh ich noch kurz mal rüber zum Supermarkt ...‹ – lass ihn nicht gehen, Berit, auf keinen Fall, denn ganz sicher wird er am selben Tag nicht wiederkommen.«

Damals hatte ich darüber gelacht. Doch das war lange her, und das Lachen war mir inzwischen wahrlich vergangen.

Am Morgen seines Geburtstags packte Tarek seine Geschenke aus und wartete den halben Tag voller Vorfreude auf seinen Vater. Um drei Uhr nachmittags sollten die anderen Kinder kommen, und Tarek war schon ganz aufgeregt. Gegen zwei Uhr stürmte Salim schlecht gelaunt ins Haus.

»Los komm«, sagte er barsch zu Tarek, der auf dem Sofa thronte und auf seine kleinen Gäste wartete, »wir gehen zu den Kamelen.«

Tarek riss entsetzt die Augen auf.

»Moment mal, Salim«, protestierte ich, »Tarek hat doch heute Geburtstag. Hast du das vergessen? Wir wollen doch gemeinsam feiern! Nachher kommen Kinder zu Besuch, da kann das Geburtstagskind doch nicht fehlen.«

»Du hattest Tarek schon den ganzen Tag«, schrie Salim mich an, »da hattest du genug Zeit, mit ihm Geburtstag zu feiern. Und jetzt kommt er mit mir.«

In dem Moment fing Tarek an zu weinen. Ich beugte mich zu ihm hinunter, um ihn auf den Arm zu nehmen und zu trösten. Da fühlte ich auf einmal harte Faustschläge auf meinem Rücken, sodass mir fast die Luft wegblieb: Salim schlug auf mich ein und trat nach mir.

Ich sank auf die Knie, versuchte, mit den Armen meinen Kopf zu schützen und mein Kind mit meinem Körper zu decken. Es war das erste Mal, dass ich geschlagen wurde, und ich fühlte mich wie betäubt. Als Salim von mir abließ und zur Seite stieß, sagte er zu Tarek:

»Schau, deine Mutter hat mich an der Hand verletzt. Hier« – er streckte dem zitternden Jungen seine Hand entgegen – »küsse die Hand deines Vaters!«

Und unter Tränen tat Tarek, was sein Vater von ihm verlangte. Dann packte Salim Tarek am Arm und zerrte ihn hinter sich her.

Ich blieb allein zurück und versuchte, den weinenden Karim zu beruhigen. Doch wer war da, um mich zu trösten? Mein Atem ging stoßweise, ich konnte mich nur mit Mühe beruhigen. Salim war schon viele Male aggressiv geworden, hatte herumgeschrien und mit dem Messer die Kleider zerschnitten. Noch nie jedoch war er handgreiflich gegen mich geworden. Nun aber hatte er eine weitere Grenze überschritten.

»Ich muss hier weg«, schoss es mir immer wieder durch den Kopf, »ich muss fort von ihm, so schnell wie möglich.« Und ich fragte mich ängstlich, wie weit er noch gehen würde. Mir wurde bewusst, dass ich ihn nicht mehr einschätzen konnte: Der Mann, den ich geliebt hatte, war unberechenbar geworden.

Ich sah auf die Uhr. In einer halben Stunde würden die Geburtstagsgäste kommen. Mühsam raffte ich mich auf, befühlte die Stellen, an denen Salim mich geschlagen hatte, betrachtete mich im Spiegel und erschrak vor meinem eigenen bleichen Gesicht. ›So weit ist es jetzt also gekommen‹, dachte ich. ›Das Letzte, was ich mir hätte träumen lassen, ist, einmal von meinem eigenen Mann geschlagen zu werden.‹

Ich riss mich zusammen und ging zu meinen Freundinnen und Bekannten und sagte die Geburtstagsfeier ab. »Tarek ist lei-

Mein erstes eigenes Auto, mit dem ich auch in Israel unabhängig war.

Der Geländewagen, mit dem ich im September 2000 die abenteuerliche Route durch die Türkei und Syrien bewältigte.

Tarek 2001 im Kindersitz vor dem Krater in Mitzpe. Ich hatte viel Vertrauen in mich und in dieses Land.

Schnappschüsse von Tarek und Karim in der Wüste.

Als Tarek ein Jahr alt war, reiste ich mit ihm ins vorweihnachtliche Deutschland – er war begeistert von den riesigen Christaumkugeln und vom Weihnachtsmann.

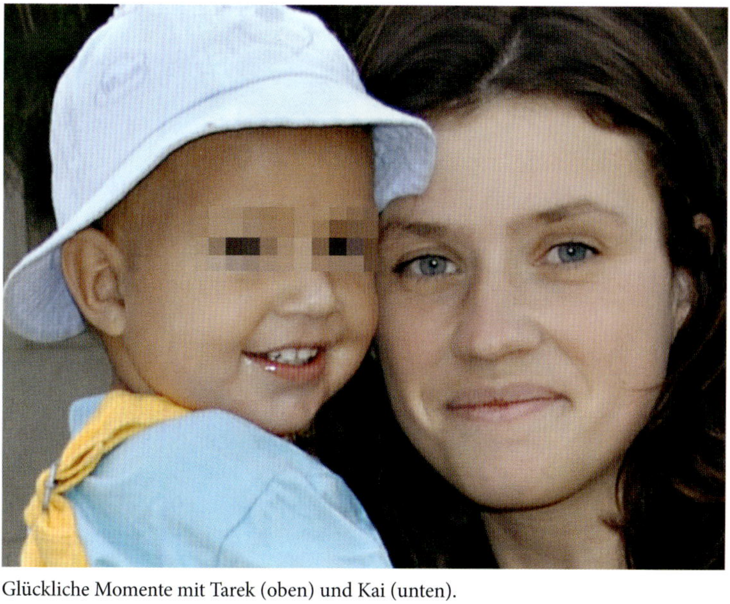

Glückliche Momente mit Tarek (oben) und Kai (unten).

Die drei Brüder verbindet eine innige Liebe. Es zerreißt mir das Herz, dass sie nun nicht mehr miteinander aufwachsen dürfen. Oben: Tarek und Karim, Mitte und unten: Tarek und Kai.

Das ganze Kinderzimmer in Mitzpe Ramon war tapeziert mit Tareks selbst gemalten Bildern.

Ich liebte dieses Land wirklich. Warum hat es mir nur so viele Steine in den Weg gelegt?

Wie Tarek sich selbst sah: oben als unglückliches Kind, mit leeren Augen, ohne Bauch und ohne Hände. Unten malte Tarek, wie sein Vater (in Gestalt des Steinmanns) ihn ins Maul der Schlange schubst. Psychologisch steht die Schlange für den sexuellen Missbrauch.

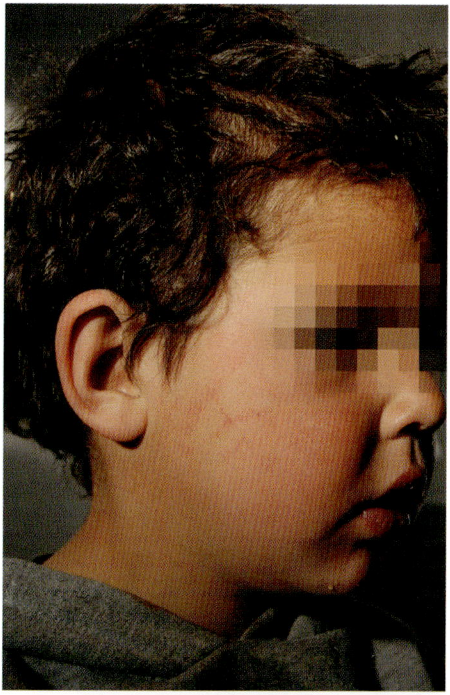

Karim, nachdem Salim ihn geschlagen hatte.

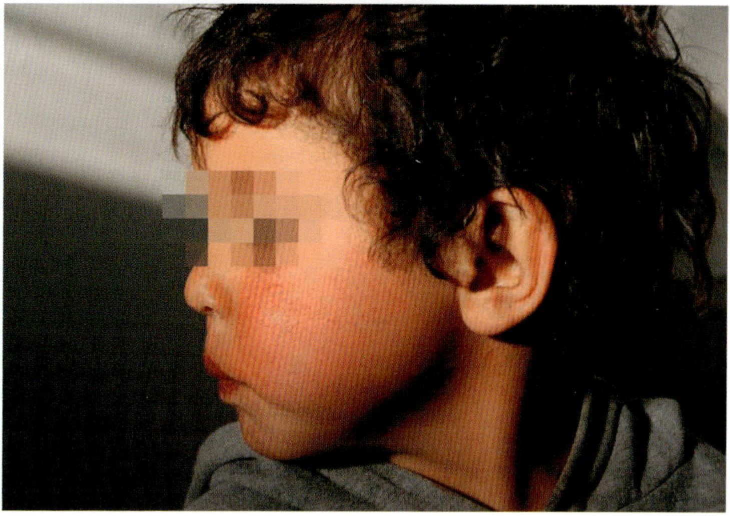

Gemeinsam mit Kai und meinen Freundinnen demonstrierte ich vor der deutschen Botschaft, um endlich Hilfe zu bekommen.

2013 durfte ich mit Kai zum ersten Mal nach Deutschland reisen.

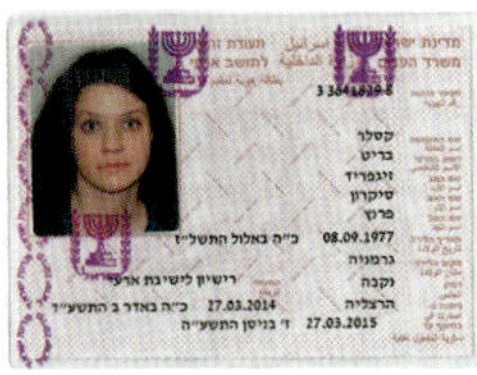

Ein bitterer Witz: Eine Woche vor meiner Ausreise bekam ich die israelische ID.

der krank geworden«, log ich. Es schien mir unmöglich, den Frauen zu erzählen, was tatsächlich geschehen war.

Ich überlegte hin und her, was ich tun sollte. Schließlich suchte ich die Nummer der deutschen Botschaft heraus und ging zu einer Telefonzelle. Ich wurde zigmal verbunden und sprach schließlich mit einer Botschaftsmitarbeiterin, der ich meine Situation erklärte. Doch die Frau sagte nur: »Da können wir nichts machen. Das ist nicht unser Problem.« Dann legte sie auf.

Ich war verzweifelt. Was blieb mir übrig, zu tun? Ohne Salims Zustimmung konnte ich aus Israel nicht ausreisen. Mich von ihm trennen konnte ich auch nicht, denn ich hatte nicht das Geld, um eine eigene Wohnung zu mieten, außerdem besaß ich auch keine gültige Aufenthaltsgenehmigung, die für einen Mietvertrag notwendig gewesen wäre. Es wurde Abend, es wurde Nacht und wieder Morgen, und so gingen meine verzweifelten Gedanken im Kreis, ohne einen Ausweg zu finden. Schließlich raffte ich mich auf und besuchte Batya.

Ich erzählte ihr einfach alles. Es war höchste Zeit, mein Schweigen zu brechen und aufzuhören, so zu tun, als seien wir eine glückliche Familie. Es tat mir gut, mich endlich jemandem anvertrauen zu können, und in Batyas freundlichen hellbraunen Augen las ich Anteilnahme und Verständnis. Ich glaube, nur jemand, der Ähnliches durchgemacht hat, kann verstehen, wie schwierig dieser Schritt für Frauen wie mich war und heute noch ist. Denn es ist mit viel Scham verbunden, zugeben zu müssen, dass man in eine so ausweglose Situation geraten ist, dass man sich derart schlecht behandeln lässt, und das schon seit Jahren. Viel zu lange hofft man, dass es wieder besser werden wird, dass man aus eigener Kraft einen Ausweg finden könnte. Schließlich hatte ich viele schwierige Situationen allein gemeistert. Doch jetzt war mir klar geworden, dass ich mich, wie immer ich es auch drehte und wendete, in einer Situation befand, aus der ich mich aus eigener Kraft nicht mehr befreien konnte.

Auch Batya war zunächst ratlos, nachdem sie sich alles angehört hatte.

»Salim ist sehr beliebt in *Mitzpe Ramon*«, sagte sie, »er ist mit der halben Stadt befreundet.«

Ich nickte und biss mir auf die Lippen. Auch das war ein Grund für mein langes Schweigen gewesen. Salim war hier aufgewachsen, jeder schätzte ihn, viele Beduinen, aber auch Juden arbeiteten mit Salim zusammen, denn *Mitzpe Ramon* lebt vom Tourismus, und einer war auf den anderen angewiesen. Salim konnte unheimlich gut reden, und wenn man ihm lange genug zuhörte, dann glaubte man ihm alles, was er sagte, selbst wenn man wusste, dass das Gegenteil stimmte. Er war extrem gut vernetzt, und mit den Beduinen wollte sich sowieso niemand anlegen. Was sollten wir also tun? Da kam mir die deutsche Frau in den Sinn, die mir einige Monate zuvor das Buch *Nicht ohne meine Tochter* geschenkt hatte.

»Vielleicht sollten wir mit Anna sprechen«, schlug ich vor.

Batya, die Anna ebenfalls flüchtig kannte, hielt dies für eine gute Idee, und wir machten uns auf den Weg.

Nachdem Anna alles gehört hatte, sagte sie: »Ich wusste, dass du eines Tages mit einer solchen Geschichte kommen würdest.«

Wir beratschlagten, was ich tun könnte, fanden aber keine Lösung.

»Wieso hast du dich nicht an die Botschaft gewandt?«, fragte Anna.

»Das habe ich«, antwortete ich und erzählte ihr, welch entmutigende Erfahrungen ich mit der deutschen Botschaft bereits gemacht hatte.

»Das kann ja nicht wahr sein«, meinte Anna entrüstet. »Ich habe gute Freunde dort.« Und sie versprach, sich dort für mich zu erkundigen.

»Übermorgen ist Freitag«, sagte sie, »da treffen wir uns vor dem Supermarkt, du verkaufst doch sicher wieder Öl dort? Bis dahin habe ich hoffentlich etwas herausgefunden. Hältst du es so lange noch zu Hause aus?«

Ich nickte. Hatte ich eine Wahl? Und so trafen wir uns regelmäßig, wenn auch möglichst unauffällig an den Markttagen und freitags vor dem Supermarkt. Auf diese Weise erhielt ich von Anna erste Informationen. Außerdem gab sie mir die Direktdurchwahl von ihrem Bekannten bei der Botschaft. So erfuhr ich, dass ich eventuell im Bundesland Thüringen, wo ich ja geboren bin, Sozialhilfe beantragen könnte und dass das thüringische Sozialamt unter Umständen auch die Miete einer Wohnung übernehmen würde.

»Außerdem werde ich mich erkundigen«, erklärte mir Annas Bekannter bei der Botschaft, »ob Sie als illegale Ausländerin hier in Israel mit Ihren Kindern in ein Frauenhaus gehen könnten und wer in diesem Fall die Kosten tragen müsste.«

Dann sagte er mir, dass jene Frau, die bei meinem ersten Anruf so unfreundlich gewesen war, für meinen Fall zuständig sei. Als er meine Bedenken hörte, beruhigte er mich: »Keine Sorge. Ich spreche mit ihr. Sie wird sich gut um alles kümmern.«

Ich musste also abwarten. Was das Frauenhaus anbelangte, zögerte ich. Immer noch hegte ich die Hoffnung, dass Salim sich wieder so weit beruhigte, dass er eines Tages einem Urlaub in Deutschland zustimmte. Mir war klar, dass Salim eine Flucht mit den Kindern ins Frauenhaus als Kriegserklärung auffassen würde und ich die Reise nach Deutschland vergessen konnte.

»Du musst achtgeben«, erklärte mir Janet, die Australierin, als wir sie einweihten, »dass dein Mann keine Ausreisesperre für die Kinder beantragt. Das ist einmal einer Freundin von mir passiert. Wenn das geschieht, kriegst du sie hier nie wieder raus. Ist die hier in Israel erst einmal ausgesprochen, ist es fast nicht mehr möglich, sie aufzuheben.«

Nein, eine Ausreisesperre für die Kinder wollte ich auf alle Fälle vermeiden. Ich setzte also auf Deeskalation, versuchte, so ruhig, geduldig und angepasst wie möglich zu sein, wenn Salim bei uns war, was damals zum Glück nur ungefähr einmal in sieben Tagen der Fall war. Dennoch kam es in den Wochen nach seinem ersten Gewaltausbruch immer wieder zu Zwischenfällen, in denen er mich anschrie, aggressiv bedrohte und mir auch hin und wieder ins Gesicht schlug.

Die Zeit verging, und nichts geschah. Das Zusammenleben mit Salim war nicht zu ertragen. Täglich konnte er ohne Vorwarnung hereinschneien, einen Streit vom Zaun brechen und mich anschreien, bedrohen und schlagen. Diese ständige Anspannung und Ungewissheit, die Angst, was wohl der nächste Tag bringen würde, zerrten an meinen Nerven, was sich natürlich auch auf die Kinder übertrug. Noch immer hatte ich keine Auskunft darüber, ob ich Sozialhilfe bekommen könnte. Allerdings hatte die Botschaft Kontakt zu einem Frauenhaus in *Herzeliya*, einem nördlichen Vorort von *Tel Aviv*, aufgenommen und erreicht, dass ich dort mit meinen Kindern unterkommen könnte. Doch noch immer schreckte ich vor diesem Schritt zurück und hoffte stattdessen, dass ich mich irgendwann mit Salim doch wieder im Guten einigen könnte. Also hielt ich weiter durch.

Noch immer stillte ich Karim, doch auf einmal wollte er nur noch an einer Brust trinken. Die Folge war ein Milchstau auf der anderen Seite, was ausgesprochen schmerzhaft war. Ich bat Salim, mir die Kosten für einen Arztbesuch vorzustrecken, die meine Auslandskrankenversicherung später wieder erstatten würde.

»Kommt nicht infrage«, sagte er kalt. »Wir müssen alle irgendwann einmal sterben, und deine Zeit ist anscheinend jetzt gekommen.«

Als Salim kurz darauf wieder zu seinen Kamelen fuhr, besuchte ich Batya und kühlte dort meine Brust mit kaltem Salat – zu Hause hatte ich ja noch nicht einmal einen Kühlschrank.

Am nächsten Tag gingen Batya und ich gemeinsam mit unseren Kindern zu einer Spielgruppe, die von der Sozialarbeiterin Rina geleitet wurde. Rina hörte, wie ich mit Batya beratschlagte, was ich wegen meines Milchstaus tun könnte, außer mir Salat in den BH zu stopfen. Sie bat mich in ihr Sprechzimmer, um mit mir darüber zu beratschlagen und zu sehen, ob sie mir vielleicht irgendwie helfen konnte.

»Du hast kein Geld für einen Arztbesuch, oder?«, fragte sie. Und als ich den Kopf schüttelte, fuhr sie fort: »Ich kenne ein paar Hilfsorganisationen für Beduinen. Und da du mit einem verheiratet bist, könnte ich mir vorstellen, dass sie dir helfen.«

Doch ich bekam es mit der Angst zu tun.

»Lieber nicht«, wehrte ich ab. »Salim könnte davon erfahren. Und das wäre nicht gut.«

Rina sah mich eine Weile sehr aufmerksam an. Ich zögerte, ihr zu erzählen, wie schlecht es um mein Verhältnis zu Salim stand, doch sie war klug genug, um zu merken, dass da etwas nicht in Ordnung war. Sie begann, mir vorsichtig Fragen zu stellen, und schließlich fasste ich mir ein Herz und erzählte ihr alles.

»Ich habe mir so etwas schon gedacht«, sagte Rina nach einer Weile des Schweigens. »Doch ich wollte dich nicht darauf ansprechen, ich kann mir vorstellen, wie unangenehm dir das ist.«

Mir traten die Tränen in die Augen. Es war so gut, mit jemandem über mein Elend sprechen zu können. Und da ich ohnehin schon so viel erzählt hatte, berichtete ich Rina von meinem Verdacht, dass Salim noch andere Frauen und weitere Kinder haben könnte.

»Nun«, meinte Rina, »wenn du Gewissheit haben möchtest, dann können wir das vielleicht herausfinden.«

Im selben Gebäude, wo die Kindergruppe stattfand, war auch das *Tipat Chalav* untergebracht, eine typisch israelische Gesundheitseinrichtung, eine kostenlose medizinische Anlaufstelle für schwangere Frauen, Neugeborene und Kleinkinder. Da sich das einzige *Tipat Chalav* der gesamten Gegend in *Mitzpe Ramon* befand, waren hier auch alle Kinder registriert.

»Komm«, sagte Rina, »gehen wir zu Rosa und schauen, was in ihren Akten steht.«

Wie im Traum folgte ich ihr ins Zimmer nebenan zu ihrer

Kollegin Rosa. Es dauerte keine fünf Minuten, und ich hatte die Antwort auf die Frage, die mich schon so lange quälte: Salim hatte tatsächlich zwei weitere Söhne, beide im selben Alter wie meine Kinder. Der eine hieß Chalil, und mir wurde klar, dass er derselbe Junge war, den Salim monatelang bei mir untergebracht hatte. Der jüngere Sohn hieß Murat und war ungefähr im selben Alter wie Karim.

»Seine Frau heißt Fatima«, sagte Rosa.

Mir wurde schwindlig. Der Mann von der Versicherung hatte also recht gehabt. Salim hatte all die Jahre gelogen. Obwohl ich es eigentlich die ganze Zeit geahnt hatte, traf mich die Gewissheit nun wie ein Keulenschlag.

»Du darfst ihm auf keinen Fall sagen, dass du Bescheid weißt«, hörte ich Rina beschwörend sagen. »Hörst du? Wer weiß, wozu er fähig ist, wenn er es erfährt. Versprich mir, dass du kühlen Kopf bewahrst und es für dich behältst, bis wir eine Idee haben, wohin du gehen könntest.«

Ich nickte und murmelte irgendeine Zustimmung. Ja, ich nahm mir fest vor, zu schweigen. Und doch fühlte ich eine derartige Wut auf diesen Mann, der mich so hintergangen hatte, dass sie mich fast zersprengte. Er wusste genau, dass es für mich nicht tolerierbar war, meinen Partner mit einer anderen Frau zu teilen, ich hatte es ihm immer wieder gesagt. Wie oft hatte er mir versichert, dass er auf keinen Fall zwei Frauen haben wollte, dass ihm das viel zu stressig und teuer wäre. Zum ersten Mal fiel mir auf, wie fragwürdig diese Begründung war. Und stimmte es nicht? War Salim seit der Geburt von Tarek nicht unentwegt gestresst? Ging es ihm in den vergangenen Jahren nicht immer nur ums Geld, das ich ihn angeblich kostete? Waren dies die Koordinaten seines Lebens, und Gefühle, Liebe und Loyalität spielten überhaupt keine Rolle? Wie um alles in der Welt hatte ich auf so einen Mann hereinfallen können? Warum war mir das nicht rechtzeitig aufgefallen? Wie hatte ich mich ausgerechnet von einem solchen Menschen derart abhängig machen können?

Dass ich Salim verlassen müsste, das war mir schon längst klar geworden. Sein Verhalten, sein ganzes Wesen hatte sich in den vergangenen Jahren langsam, aber unaufhaltsam auf eine Weise verändert, die mir ein Zusammenleben mit ihm unmöglich machte. Ich war durchaus gewillt gewesen, mit diesem Mann eine fremde Kultur kennenlernen zu wollen, doch seine Entwicklung von einem modernen, aufgeschlossenen und toleranten Menschen zu diesem unberechenbaren, gewalttätigen und abergläubischen Mann, der an böse Dschinns glaubte und sogar behauptete, ich sei von einem besessen, war nicht hinnehmbar. Seit er mich an Tareks drittem Geburtstag so sehr geschlagen hatte, dass ich noch Tage danach Rückenschmerzen und blaue Flecke hatte, fühlte ich mich in Gefahr. Und wenn ich mir meine Kinder ansah, die jedes Mal, wenn sie mit ihrem Vater weiß der Himmel wo gewesen waren, verstört und aggressiv nach Hause kamen, dann war mir klar, dass ich auch meine Kinder in Sicherheit vor ihrem Vater bringen musste. Die Gewissheit aber, von dem Mann, dem ich einmal so vertraut hatte, mit dem ich zwei Kinder hatte, derart belogen worden zu sein, war der letzte Tropfen, der ein ohnehin volles Fass nun zum Überlaufen brachte. All die vielen Monate hatte ich mich fest in der Gewalt gehabt, denn ich kannte nur ein Ziel: Salim so in Sicherheit zu wiegen, dass er mich mit den Kindern nach Deutschland fahren ließ. Nun aber fühlte ich, dass ich mit meiner Selbstbeherrschung am Ende war. Es fühlte sich an wie ein Geschwür, das in mir aufbrach, und ich versuchte vergeblich, das, was herauswollte, zurückzuhalten.

Ich hoffte, dass Salim an diesem Tag nicht nach Hause kommen würde, damit ich Zeit hätte, mich zu beruhigen. Und gleichzeitig wünschte ich nichts mehr, als ihn mit der Wahrheit zu konfrontieren.

Wir waren kaum zu Hause angekommen, als Salim vorfuhr. Ich versuchte verzweifelt, meine Fassung zurückzugewinnen. Doch als er durch die Tür trat, mit dem mir inzwischen so verhassten, selbstgefälligen Grinsen auf dem Gesicht, da konnte ich mich nicht mehr beherrschen.

»Salim«, sagte ich, und meine Stimme war schneidend, »sag mir die Wahrheit: Hast du noch andere Kinder? Gibt es eine andere Frau?«

Salim stöhnte gelangweilt, verdrehte die Augen und sagte:

»Bei Gott, Berit, du kannst einem aber auf die Nerven gehen mit deinem Gefrage. Nein. Hab ich nicht. Wie oft soll ich es dir noch sagen!«

»Du hast keine anderen Kinder?«

»Nein!«

Da war es um meine Selbstbeherrschung geschehen.

»Du lügst! Du hast noch einen Sohn namens Chalil, und er ist sieben Tage jünger als Tarek. Sieben Tage! Und da ist noch Murat, der sechs Wochen vor Karim geboren wurde. Ich nehme an, das war der Grund, warum du Chalil fast drei Monate lang bei mir geparkt hattest, damit Fatima, deine Beduinenfrau, in Ruhe Murat zur Welt bringen ...«

Weiter kam ich nicht. Salim versetzte mir einen fürchterlichen Schlag gegen den Kopf, sodass ich das Gleichgewicht verlor.

»Ich bring dich um«, schrie er, während er mich am Bein packte und es brutal verdrehte, »du verdammte Schlampe, du hast kein Recht, so mit mir zu sprechen. Du bist tot, Berit!«

Sein Gesicht war ganz nah vor meinem, in seinen Augen flackerte eine mörderische Wut, die mich in Todesangst versetzte. ›Ja‹, fuhr es mir durch den Kopf, ›heute ist er zu allem fähig.‹

Salim verdrehte immer weiter mein Bein, sodass ich vor Schmerzen schrie und mir sicher war, dass es ihm dieses Mal gelingen würde, es zu brechen. In meiner Angst wuchsen mir Riesenkräfte, mit dem freien Bein stieß ich nach ihm und versuchte, ihn in die Genitalien zu treten. Da ließ er endlich mein Bein los und packte stattdessen meinen Kopf. So sehr ich mich auch wehrte und versuchte, meinen Kopf mit meinen Armen zu schützen, er hielt ihn in eisernem Griff und beabsichtigte, ihn gegen die Mauer zu donnern, während er schrie: »Ich will dein Blut an der Wand sehen. Ich will, dass du tot bist ...«

Ich trat verzweifelt um mich. Irgendwann gelang es mir, mich zu befreien, und ich floh in den Garten. Es war nicht mehr als eine instinktive Reaktion. Salim wollte vor anderen Leuten immer als guter Vater und Ehemann dastehen, und ich hoffte, dass er sich auch an diesem Nachmittag noch so weit kontrollieren konnte und sich vor den Nachbarn und Straßenpassanten beherrschen würde. Ich hatte Glück. Er begnügte sich damit, die Fäuste zu ballen.

»Wenn du auch nur einem einzigen Menschen davon erzählst«, sagte er drohend, »dann bringe ich dich um. Das schwöre ich dir, beim Leben deiner Söhne. Ich bringe dich um.«

Dann packte er den völlig verstörten Tarek, der nicht wusste, wie ihm geschah, und verschwand mit ihm.

Ich zitterte am ganzen Körper. Salims Gewalttätigkeit hatte eine neue Dimension angenommen. Hatte er sich sonst immer so weit kontrollieren können, dass er mir zwar so große Schmerzen wie möglich zufügte, doch dabei keine sichtbaren Spuren hinterließ, so war seine Drohung, mich zu töten, an jenem Nachmittag vollkommen glaubhaft. Ja, er wäre dazu imstande. Je länger ich hier blieb, desto mehr war mein Leben in Gefahr.

Ich wartete vielleicht eine halbe Stunde, bis ich mich einigermaßen beruhigt hatte und mir halbwegs sicher war, dass Salim nicht gleich wieder zurückkommen würde. Dann nahm ich Karim ins Tragetuch und lief zu Batya.

Stockend erzählte ich ihr, was geschehen war. Ich habe heute Mühe, mich zu erinnern, in welcher Reihenfolge wir damals unsere Schritte setzten, so tief saß der Schock. Sicher ist, dass ich von Batyas Haus mit der Botschaft telefonierte.

»Sie sollten sofort ins Frauenhaus nach *Herzeliya*«, riet mir die Frau. »Sie können jederzeit hinfahren, wir haben alles geklärt.«

Doch ich zögerte. Tarek war bei Salim, ich konnte doch nicht ohne meinen ältesten Sohn fortgehen! Batya rief Rina an, die uns vorschlug, sofort bei ihr vorbeizukommen.

»Wenn er gesagt hat, dass er dich umbringen will«, sagte Rina, »dann solltest du so schnell wie möglich von hier verschwinden.«

»Ich gehe nicht ohne Tarek«, sagte ich. »Wenn ich ihn jetzt bei Salim lasse, sehe ich ihn nie wieder.«

Batya und Rina verstummten, ihnen war klar, dass ich recht hatte.

»Ich gehe«, sagte ich mit fester Stimme, »wenn Salim das Kind zurückgebracht hat.«

»Und wann wird das sein?«, wollte Rina wissen.

Ich zuckte mit den Schultern.

»Keine Ahnung«, musste ich eingestehen. »Vielleicht morgen. Vielleicht auch erst in ein paar Tagen.«

Rina dachte eine Weile nach. Dann sagte sie:

»Also gut. Dann hör dieses Mal auf meinen Rat: Entferne alles aus der Wohnung, was Salim als Waffe benutzen könnte: Messer. Scheren. Hammer. Werkzeug. Alles, womit er dir etwas antun könnte.«

Ich versprach es.

»Aber wie soll Berit denn nach *Herzeliya* kommen?«, fragte Batya. »Wenn sie mit dem Bus fährt, kriegt das doch jeder Beduine hier mit. Und sofort weiß Salim davon.«

»Du musst aus *Beer Sheva* ein Taxi bestellen«, sagte Rina bestimmt. »Am besten fährst du mitten in der Nacht, damit dich keiner sieht, wenn du mit den Kindern losfährst.«

»Mit dem Taxi?«, fragte Batya und sprach mir dabei aus dem Herzen. »Wovon soll sie denn ein Taxi bis nach *Tel Aviv* bezahlen?«

Wir sahen uns ratlos an. Mir war zum Weinen zumute, und doch fühlte ich mich völlig leer. Ich war an einem Punkt der Verzweiflung angelangt, den ich nicht für möglich gehalten hätte. Und doch. Ich gab mir einen Ruck. Diesen Triumph würde ich Salim nicht lassen. Er konnte mich schlagen und mir eine Menge Schwierigkeiten machen. Aber brechen würde er mich noch lange nicht.

»Lass uns zu Anna gehen«, sagte ich und stand auf. »Vielleicht kann sie mir etwas leihen.«

Anna erkannte sofort den Ernst der Lage.

»Du musst aus *Mitzpe Ramon* verschwinden«, sagte sie in ihrer pragmatischen Art. »Und zwar im Schutz der Dunkelheit. Hier hast du etwas Geld, das sollte für die Fahrt ausreichen. Hoffen wir, dass du bald aufbrechen kannst. Das gefällt mir ganz und gar nicht, was du da von deinem Mann erzählst.«

Wie dankbar war ich ihr. Auch wenn die Situation so schlimm war wie nie zuvor und ich nicht wusste, was die Nacht bringen würde, so war es doch gut, die Solidarität der Frauen zu erleben. Batya begleitete mich nach Hause und gemeinsam sortierten wir Messer und Scheren aus meinen Schubladen aus.

»Am besten nimmst du sie mit«, sagte ich zu ihr. »Bewahre sie für mich auf.«

Sie war schon an der Tür, als sie sich noch mal umdrehte. Sie fasst in ihre Handtasche und zog ihr Handy hervor.

»Hier«, sagte sie und reichte es mir, »nimm das. Ich habe noch ein zweites zu Hause. Damit du anrufen kannst, wenn du Hilfe brauchst.«

Wir umarmten uns, dann ließ sie mich mit Karim allein. Ich kontrollierte in der Küche noch einmal alle Schubladen, ob wir nichts vergessen hatten, was Salim gegen mich verwenden könnte. Es ist ein seltsames Gefühl, durch seine Wohnung zu gehen und sich zu überlegen, mit welchem Gegenstand der eigene Mann einen umbringen könnte. Und dann konnte ich nichts anderes tun, als zu warten.

Zu meiner Überraschung kam Salim bereits am selben Abend gegen neun Uhr zurück. Ich erwartete das Schlimmste, doch er schaute nur kurz herein, lud Tarek ab und verschwand ohne ein Wort. Ich atmete auf. Besser hätte es nicht laufen können. Rasch begann ich, ein paar Sachen zusammenzupacken, und bestellte mit Batyas Handy ein Taxi auf Mitternacht. Dann würden die Straßen ausgestorben sein und hoffentlich niemand unsere Flucht bemerken.

Doch so einfach sollte es nicht gehen: Etwa eine halbe Stunde später sah ich Salim am Gartentor – er kam zurück. Rasch schloss ich die Wohnungstür ab. Er durfte auf keinen Fall die gepackten Taschen sehen, denn dann würde er meinen Plan durchschauen und endgültig durchdrehen. Was dann geschehen würde – daran wagte ich nicht zu denken. Salim rüttelte an der Tür.

»Mach sofort auf!«, brüllte er.

Ich verhielt mich still. Natürlich schloss ich nicht auf. Und doch hatte ich große Angst, er könnte die Tür eintreten. Voller Angst saß ich mit meinen beiden Kindern in der Wohnung. Da hörte ich, wie sich Salim von der Haustür entfernte. Durchs Fenster konnte ich beobachten, dass er im Garten herumlief wie ein wütender Tiger. Auf einmal bückte er sich und hob etwas auf. Er hielt den Gegenstand hoch in die Luft. Es war ein riesiger Schraubenzieher.

»Wenn du nicht aufmachst«, brüllte er, »dann bring ich mich um!« Und tatsächlich begann er, sich den Schraubenzieher in den Bauch zu rammen.

Ich wusste nicht, was ich tun sollte. Schließlich ging ich ins angrenzende Zimmer, damit Salim nicht mitbekam, dass ich ein Handy hatte, und rief Batya an. Sie wohnte ja nur wenige Minuten von uns entfernt, aber sie wagte es nicht, herüberzukommen. Wir wussten beide keinen Rat, und ich war kurz davor, die Nerven zu verlieren. Draußen schrie Salim, als würde er geschlachtet werden, Karim und Tarek weinten, und ich hatte keine Ahnung, was ich tun sollte.

»Hör zu«, sagte Batya endlich, »ich geh zu eurem Nachbar. Aron ist doch mit Salim zur Schule gegangen. Vielleicht hört er auf den.«

Tatsächlich kam Aron kurze Zeit später vorbei. Doch da war Salim schon verschwunden, keiner hatte gesehen, in welche Richtung er gegangen war. Sein Auto stand noch vor der Tür.

»Ich habe die Polizei verständigt«, sagte Aron.

Und da kam auch schon eine Polizeistreife um die Ecke gebogen. Auf einmal war nur noch wichtig, wo Salim war, ob er sich etwas angetan hatte oder vielleicht gerade versuchte, sich das Leben zu nehmen. Sofort machte sich ein ganzer Suchtrupp nach ihm auf.

Eine halbe Stunde später fanden sie ihn in der Wüste. Er war unverletzt, wieder einmal war alles nur Schau gewesen. Die Polizei nahm ihn mit auf die Wache und befragte ihn dort lange. Er erhielt eine Woche Hausverbot, und tatsächlich fuhr regelmäßig eine Polizeistreife an unserem Haus vorbei, bis ich um Mitternacht mit den Kindern das Taxi bestieg und *Mitzpe Ramon* in Richtung Frauenhaus verließ.

Kapitel 13

Flucht ins Ungewisse

Gegen drei Uhr nachts kamen wir endlich im Frauenhaus in *Herzeliya* an, wo wir schon erwartet wurden. Tarek und Karim hatten die ganze Fahrt über nicht einschlafen können und waren nun völlig übermüdet.

»Ich heiße Ronit«, sagte die Sozialarbeiterin, die aufgeblieben war, »hast du ein Handy?«

Ich bejahte arglos und zeigte ihr Batyas Telefon. Ronit konfiszierte es sofort. Als ich protestieren wollte, erklärte sie mir:

»Tut mir leid, aber hier darf keine Frau ein eigenes Handy haben. Viel zu oft rufen Frauen nämlich ihre Männer an, und das ist viel zu gefährlich. Schließlich kann man den Anruf von einem Mobiltelefon zurückverfolgen – und schon ist unsere Anonymität aufgeflogen. Wenn du telefonieren musst, kannst du das vom Büro aus tun.«

Schließlich brachte uns Ronit auf ein Zimmer, in dem bereits mehrere Menschen in tiefem Schlaf lagen. Die Sozialarbeiterin schaltete unbarmherzig das Deckenlicht an und rüttelte zwei Kinder wach.

»Los! Raus!«, rief sie und zerrte einen Achtjährigen am Arm aus den Federn, um unsere Betten unter seinem herauszuziehen. Der Junge wusste gar nicht, wie ihm geschah, und begann zu weinen. An den für deutsche Ohren eher rüden Umgangston in Israel hatte ich mich ja inzwischen gewöhnt. Dass man aber zu nachtschlafender Stunde zwei Kinder derart grob aus dem Schlaf riss, fand ich jedoch unmöglich, und es tat mir leid, dass wir die Ursache dafür waren. Bei dem Anblick des weinenden Jungen brachen auch Tarek und Karim in Tränen aus, und es dauerte lange, bis sich die Kinder wieder beruhigen konnten. Immer wieder schreckte Karim auf, und ich nahm ihn an meine Brust, fiel selbst nur für kurze Momente in einen leichten Schlaf, so aufgewühlt war ich. Im Geist ging ich die wenigen Möglichkeiten durch, die ich für mich und meine Kinder sah, und erwog die Gefahren, die von Salim für uns ausgingen. So lag ich die meiste Zeit wach, horchte auf das regelmäßige Atmen meiner Kinder und dem der fremden Menschen im Raum und schlief endlich zur Morgendämmerung ein.

Punkt sieben wurden wir wieder aus den Betten gescheucht. Auch Tarek und Karim, die gerade mal drei Stunden geschlafen hatten und nach den Aufregungen des Vortags und der langen Nacht dringend Ruhe benötigt hätten, durften nicht länger liegen bleiben. Stattdessen fanden wir uns schlaftrunken inmitten des allmorgendlichen Chaos wieder, das im Frauenhaus herrschte:

Für rund dreißig Personen gab es drei Duschen, und so standen übermüdete Frauen und schlaftrunkene Kinder im Flur gefühlte Ewigkeiten an, bis sie endlich an die Reihe kamen. Es herrschte Hektik und eine gereizte Stimmung, denn alle Kinder mussten für die Schule oder den Kindergarten fertig gemacht werden. Alles war viel zu beengt, und wer nicht unter den Ersten im Bad war, musste sich mit einer kalten Dusche begnügen. Zum Glück durften meine Kinder zunächst einmal bei mir bleiben und mussten sich noch nicht in die Frauenhaus-Routine eingliedern.

Nachdem wir den ersten Morgenstress überstanden hatten, die meisten anderen Kinder in der Schule oder im dem Frauenhaus angegliederten Kindergarten waren und einige der Frauen bei ihrer Arbeit, wurde ich ins Zimmer der Sozialarbeiterinnen gerufen.

»Nehmt erst einmal Platz«, sagte eine schlanke Frau mit kurzen Haaren freundlich zu mir und den Kindern. »Ich bin Tabea. Erzähl mir mal, was dein Problem ist.«

Es war seltsam. Jahrelang hatte ich geschwiegen und alles in mich hineingefressen. Und nun sollte ich meine Geschichte so erzählen, dass man eine Akte anlegen konnte und verstand, wie alles gekommen war. Wo ich es doch selbst nicht verstand, bis heute nicht verstehe. Nämlich wie ein liebenswürdiger, humorvoller und aufgeschlossener junger Mann sich in so wenigen Jahren in dieses unberechenbare Ungeheuer verwandeln konnte, das mich ohne jede Vorwarnung schlug, nur weil ich mit ihm gemeinsam den Geburtstag unseres Kindes feiern wollte.

Und so begann ich zu erzählen, während Tabea die traurigen Wendungen meines Schicksals mitnotierte.

Als ich mit meinem Bericht geendet hatte, fügte ich hinzu: »Ich möchte als Erstes die Scheidung einreichen. Mein größtes Problem ist aber, dass ich keine Arbeitserlaubnis habe. Wenn ich die hätte, könnte ich für mich selbst sorgen und wäre nicht mehr von meinem Mann abhängig. Dann könnte ich mit den Kindern eine eigene Wohnung mieten. Und am liebsten würde ich natürlich mit den Kindern nach Deutschland gehen. Was meinst du, was muss ich unternehmen? Könnt ihr mir helfen? Was sind die nächsten Schritte, die ich unternehmen sollte?«

Ich hatte mir während meiner schlaflosen Nacht alles genau überlegt. Es war ein Glück, dass wir hier im Frauenhaus unterkommen konnten. Doch natürlich wollte ich so schnell wie möglich wieder auf eigenen Beinen stehen und die Trennung von Salim vollziehen, die Scheidung einreichen und alle Schritte, die dafür nötig waren. Und von den Sozialarbeiterinnen erhoffte ich mir kompetente Beratung. Tabea hörte sich alles verständnisvoll an. Doch als ich fragte, was ich jetzt am besten tun sollte, antwortete sie mir ausweichend.

»Du bist doch gerade erst angekommen«, sagte sie. »Erhol dich erst mal ein bisschen und gewöhne dich ein mit den Kindern.«

Ich schwieg. Statt mich einzugewöhnen, würde ich lieber alles dafür tun, um aus dem Schlamassel, in dem ich mich befand, herauszukommen.

»Hier im Frauenhaus«, fuhr Tabea fort, »gibt es gewisse Regeln, an die du dich halten musst. In den ersten fünf Tagen darfst du das Haus nicht verlassen. Das ist eine Sicherheitsvorkehrung, denn wir müssen davon ausgehen, dass dein Mann nach dir sucht. Und falls es ihm gelungen sein sollte, dir zu folgen, darf er dich auf keinen Fall hier irgendwo auf den Straßen sehen, verstehst du? Danach kannst du das Frauenhaus schon verlassen, aber du musst dich jedes Mal vorher abmelden und uns sagen, wo du hingehst. Auch das ist zu deiner Sicherheit.«

Ich erfuhr, dass es festgelegte Schlafenszeiten gab; dass man morgens gemeinsam geweckt wurde, hatte ich ja schon miterlebt.

»Außerdem erwarten wir von euch, dass ihr mithelft. Dafür gibt es einen Haushaltsplan, da kannst du sehen, ob du in der Küche eingeteilt bist oder zum Putzen. Und wenn deine Kinder sich eingelebt haben, werden sie in den Kindergarten gehen.«

Es machte mir nichts aus, meinen Teil zur Gemeinschaft beizutragen. Jedoch war die Atmosphäre im Frauenhaus für die Kinder und mich sehr gewöhnungsbedürftig. Es war für uns nicht leicht, auf so engem Raum mit derart vielen fremden Menschen zusammenzuleben, auch wenn ich mich mit Fida, mit der wir das Zimmer teilten und deren Sohn in der Nacht unserer Ankunft so unsanft geweckt worden war, auf Anhieb gut verstand. Die schrecklichen Szenen zu Hause, die unserer Flucht ins Frauenhaus vorangegangen waren, verfolgten mich immer noch, und auch die Kinder waren ganz durcheinander. Doch es blieb kaum Gelegenheit, unter diesen beengten Verhältnissen das Erlebte zu verarbeiten und »zur Ruhe zu kommen«, wie Tabea es geraten hatte. Denn bald sah ich mich auch hier mit Spannungen und Reibereien konfrontiert, die unter solchen Umständen natürlich nicht ausbleiben. Jede von uns Frauen, die hier Zuflucht suchte, brachte ihr eigenes schwieriges emotionales Gepäck mit, viele Kinder waren traumatisiert und verhaltensauffällig, was ich im Grunde als Hilfeschrei verstand, den allerdings niemand wahrnehmen wollte. Es gab Frauen, mit denen ich mich gut verstand, andere, mit denen sich das Zusammenleben schwierig gestaltete. Viele saßen nach der Erfüllung der

Pflichtarbeiten tagtäglich beisammen, rauchten Zigaretten und lästerten über ihre Männer, und wenn sie mit denen durch waren, über uns andere Frauen. Kamen die Kinder aus der Schule oder dem Kindergarten, wurden die meisten sich selbst überlassen, denn ihre Mütter waren viel zu sehr mit sich selbst beschäftigt. Nicht, dass ich kein Verständnis dafür hatte. So manche dieser Frauen hatte es zwanzig Jahre und länger bei ihrem gewalttätigen Ehemann ausgehalten und gewartet, bis ihre Kinder erwachsen waren. Nun waren sie im Frauenhaus gelandet, weil sie finanziell nicht auf eigenen Beinen stehen konnten. Es war zu spüren, wie leer und ausgebrannt sie sich fühlten, kaum fähig, die Initiative zu ergreifen und eine Perspektive für ihre Zukunft zu entwickeln. Statt ihre Energie darauf zu verwenden, wie sie sich aus dieser Sackgasse herausarbeiten könnten, verbrachten sie ihre Zeit damit, ihren Frust auf uns andere Frauen zu übertragen und uns das Leben schwer zu machen. Dass ihre Kinder Konflikte lieber mit Schlägen, Tritten oder Beleidigungen austrugen als mit vernünftigen Mitteln, war nicht verwunderlich, schließlich hatten sie es jahrelang bei den eigenen Eltern nicht anders erlebt. Dass die Mütter sich aber darum überhaupt nicht kümmerten, machte das Zusammenleben nicht einfacher. Erschwerend kam noch hinzu, dass mein Hebräisch damals noch sehr rudimentär war und wenige der Frauen Englisch sprachen, sodass eine vernünftige Kommunikation kaum möglich war.

Es gab ein paar wenige Frauen, bei denen war das anders, und ihnen schloss ich mich an, wenn ich auch sonst viel für mich blieb und versuchte, mich auf meine Kinder und unsere Zukunft zu fokussieren. Ich sah das Frauenhaus als Durchgangsstation, als Ort, an dem ich mich neu sortieren konnte und hoffentlich die notwendige Unterstützung fand, um von Salim loszukommen und ein eigenes Leben zu beginnen. Doch wenn ich mir von den Sozialarbeiterinnen tatkräftige Unterstützung und kompetente Beratung erhofft hatte, so war ich mehr und mehr enttäuscht.

Ich musste lernen, dass die meisten Sozialarbeiterinnen des Frauenhauses offenbar ebenso überfordert von dem allgemeinen Tohuwabohu waren wie wir. Tatsächlich war die Einrichtung völlig überfüllt. Ein paar Tage nach unserem Einzug wurde in unser Zimmer eine junge Drusin, also eine Anhängerin einer sehr strengen islamischen Glaubensgemeinschaft, mit drei Kindern einquartiert, sodass wir nun zu elft in diesem kleinen Zimmer waren, und in den übrigen ging es nicht anders zu.

Aisha und ihre Kinder waren im Schlafanzug ins Frauenhaus gekommen, und die Geschichte, die sie mitbrachte, war haarsträubend: Ihr Vater hatte sie bereits im Kindesalter ihrem zukünftigen Ehemann versprochen. Nach der arrangierten Hochzeit musste sie feststellen, dass ihr Mann drogenabhängig und äußerst gewalttätig war. Zehn Jahre lang sperrte er sie nach der Heirat ein, und auch die Kinder, die nach und nach geboren wurden, durften das Haus nicht verlassen.

»Er nahm Drogen«, erzählte Aisha einmal, »und hin und wieder spritzte er uns auch welche.«

Das erklärte, warum diese Frau die größten Schwierigkeiten hatte, ihr Leben in den Griff zu bekommen, wie sollte sie das auch nach zehn Jahren völliger Abhängigkeit und Isolation. Sie nahm Kontakt zu ihrer Familie auf, was all die Jahre nicht möglich gewesen war, und erfuhr, dass ihr Vater inzwischen verstorben war. Als sie sich ein paar Tage nach ihrem Einzug bei uns mit ihrem Bruder traf, kaufte er ihr ein Handy, das sie heimlich ins Frauenhaus schmuggelte. Es kam, wie es kommen musste: Eines Tages rief sie ihren Mann an, »um mich bei ihm zu rächen«, wie sie uns später kleinlaut gestand. Was sie nicht bedachte: Auf diese Weise hatte ihr Mann leichtes Spiel, herauszufinden, wo sie sich befand.

»Ich weiß, wo du bist, und komme dich holen«, lautete die Kurznachricht, die Aisha wenige Tage darauf von ihm erhielt. Uns anderen, mit denen sie das Zimmer teilte, erzählte sie voller Angst davon, doch den Sozialarbeiterinnen wollte sie es nicht beichten. Auch die anderen Frauen hatten kein Interesse daran, denn alle fürchteten eine Handy-Razzia, Aisha war nicht die Einzige, die heimlich ein Handy besaß.

»Aber was«, wandte ich ein, »wenn dein Mann tatsächlich hier reinkommt?«

Wir alle hofften, dass ihm das nicht gelingen würde, denn um das Frauenhaus war eine hohe Mauer und der Eingang wurde von mehreren Videokameras bewacht.

»Allerdings ist es schon anderen gelungen, hier einzudringen«, sagte Fida.

Und so waren wir alle sehr besorgt. Tage vergingen, bis die Nachricht eintraf, dass Aishas Mann von der Polizei geschnappt und verhaftet worden war.

Die gemeinsam ausgestandene Angst aber sorgte leider nicht dafür, dass die sehr strenggläubige Aisha dazu beitrug, das Klima in unserem gemeinsamen Zimmer erträglich zu machen.

»Musst du schon wieder deinen Busen zeigen«, giftete sie mich an, wenn ich vor ihren Kindern Karim stillte. Dabei deckte ich meine Brust und Karim stets mit einem Tuch ab oder stillte ihn unter dem Pullover, sodass man wirklich nichts sehen konnte. Und schließlich: Wo hätte ich mein Kind stillen sollen, wenn nicht in unserem Zimmer?

In dem allgemeinen Chaos verlegten sich die meisten der Sozialarbeiterinnen auf eine harsche Tonart, versuchten, uns herumzukommandieren und wie unmündige Kinder zu behandeln. Tabea war eine der nettesten, und auch eine andere Frau namens Hadassah, die oft Nachtdienst hatte, setzte sich gern mit den Frauen im Gemeinschaftsraum zusammen und hörte sich ihre Geschichten an. Sie war außerdem die Einzige, die immer wieder Süßigkeiten, die dem Frauenhaus gespendet worden waren, unter uns verteilte und die Verständnis für die Nöte der Einzelnen zeigte.

Bei Tarek hatten wir beispielsweise erst ein halbes Jahr nach dem Abstillen eine Laktose-Unverträglichkeit festgestellt. Kuhmilchprodukte verursachten bei ihm Mittelohrentzündungen und Atemwegsverschleimungen. Er musste monatelang Antibiotika schlucken, bis eine Kinderärztin, die auch als Heilpraktikerin arbeitete, endlich herausfand, dass es die Kuhmilch war, die er nicht vertrug.

»Viele Beduinen vertragen das nicht«, hatte sie mir erklärt, »weil sie über Generationen nicht gewohnt waren, Kuhmilch zu trinken, sondern nur Milch von Ziegen und Kamelen. Auf diese Weise hat ihr Körper nicht gelernt, Laktose umzuwandeln.« Sie behielt recht, und seit Tarek keine Kuhmilchprodukte mehr zu sich nahm, waren die Symptome verschwunden.

Außer Tarek gab es noch ein afrikanisches Kind, das keine Kuhmilch vertrug. Leider gab es im Frauenhaus immer wieder Ärger deshalb, besonders mit Ronit, der Sozialarbeiterin, die uns nachts in Empfang genommen hatte. Sie stammte aus einem teuren Wohnviertel, ihr Mann hatte eine gute Anstellung, und sie arbeitete nur als Teilzeitkraft im Frauenhaus. Dass sie auf der Sonnenseite des Lebens zu Hause war und wir viele Stufen unter ihr rangierten, ließ sie uns täglich spüren. Sie sah nicht ein, dass Tarek und der afrikanische Junge eine »Extrawurst« kriegen sollten. Eines Morgens gab es zum Frühstück nur Käse, was Tarek ja nicht essen durfte, und Ronit weigerte sich, den zweiten Kühlschrank aufzuschließen, in dem es *Chumus* und andere milchfreie Lebensmittel gab, sodass Tarek und der andere Junge bis zum Mittag warten mussten, um etwas essen zu können.

Sobald es möglich war, nahm ich eine Putzstelle außer Haus an, um eigenes Geld zu verdienen. Tarek durfte dort fernsehen, während ich Karim im Tragetuch auf dem Rücken hatte. Leider gingen die beiden vormittags überhaupt nicht gern in den Kindergarten und weigerten sich, ohne mich dort zu sein, sodass ich die meiste Zeit bei ihnen bleiben musste. Ich hatte Verständnis für ihre Weigerung, denn im Kindergarten ging es wüst her: Es gab nur eine einzige Erzieherin für zwanzig Kinder im Alter von wenigen Monaten bis fünf Jahre, und die war von der wilden Kinderhorde völlig überfordert. Dazu kamen die schwierigen Mütter, die sich ständig beschwerten und von denen jede eine andere Meinung dazu hatte, was ihre Kinder tun und lassen sollten, und die teilweise völlig überreagierten, wenn ihr Kind zum Beispiel einmal hingefallen war. Viele ließen ihren Frust ungehemmt an der Kindergärtnerin oder an uns anderen aus, und es gab Tage, da herrschte regelrecht Kriegsstimmung im Haus.

Während meiner Zeit im Frauenhaus lernte ich viele Geschichten kennen, schwere Schicksale, und jedes war anders. Es gab jüdische Frauen, arabische und auch afrikanische. Und nach kurzer Zeit hatte ich schon ein Gefühl dafür entwickelt, welche Frau es wohl schaffen würde, ihr Leben wieder selbst in die Hand zu nehmen, und wer nicht. Grundsätzlich vermutete ich, dass es die Frauen, die sich jahrelang von ihren Ehemännern prügeln ließen, schwerer hatten als jene, die sich rasch aus einer gewalttätigen Beziehung befreit hatten. Da war zum Beispiel Nour, eine arabische Christin, die ich gern mochte und die es sicherlich geschafft hat – auch wenn wir uns aus den Augen verloren haben und ich nicht weiß, was aus ihr geworden ist. Nour heiratete in jungen Jahren einen muslimischen Araber, der ihretwegen katholisch wurde. Doch schon eine Woche nach der Hochzeit schlug er sie, und Nour zog zurück zu ihren Eltern. An ihrem zweiundzwanzigsten Geburtstag zündete ihr Ehemann das Haus ihrer Eltern an. Das Feuer konnte zwar rasch gelöscht werden, nur der Hauseingang war abgebrannt, doch Nour entschloss sich, ins Frauenhaus zu gehen, um ihre Familie nicht weiter zu gefährden. Ihr Mann wurde als Brandstifter polizeilich gesucht, war aber seit Monaten untergetaucht.

»Eines Tages wird er mich aufspüren«, sagte sie oft voller Angst, »so wie in dem anderen Frauenhaus.« Denn dies war bereits das zweite, in dem sie Zuflucht vor ihm suchte.

»Ich hab mir sogar die Haare blond gefärbt und blaue Kontaktlinsen getragen«, erzählte sie, »und trotzdem hat er mich erkannt. ›Ich werde dich unter Tausenden herausfinden‹, hat er zu mir gesagt. Und glaub mir, er ist dazu fähig.«

»Wenigstens hast du keine Kinder mit ihm«, versuchte ich sie aufzumuntern. Und doch war das kein Trost für Nour. Da sie streng katholisch war, würde sie nie wieder heiraten können und auch keine Kinder mit einem anderen Mann bekommen. Darunter litt sie sehr. Und doch war es für sie einfacher, wieder auf die Beine zu kommen. Waren Kinder da, das sollte ich später am eigenen Leib erleben, dann rieten die Sozialarbeiterinnen grundsätzlich dazu, es noch einmal mit dem Ehemann zu versuchen. Und viele taten das auch, denn sie hatten einfach nicht die Kraft dazu, das Leben einer alleinerziehenden Mutter zu schultern. Tatsächlich scheitern viele schon allein an den finanziellen Umständen. Selbst wenn man Arbeit findet, verdient man oft nur umgerechnet fünf Euro in der Stunde. Eine Wohnung kostet um die sechshundert Euro plus Nebenkosten, die Kindergrippe verschlingt weitere fünfhundert Euro, und für die Lebenshaltungskosten bezahlt man das Zwei- bis Dreifache als in Deutschland.

»Ich schaff es einfach nicht«, sagte Dorit, die schon zum dritten Mal im Frauenhaus war, verzweifelt. »Mehr als achthundert Euro kann ich nicht verdienen, und wenn ich mich noch so anstrenge. Und das reicht vorne und hinten nicht. Am Ende bleibt mir keine andere Wahl, als zu meinem Mann zurückzukehren.«

Alleinerziehende Frauen mit einer israelischen ID, also dem israelischen Personalausweis, können beim Staat einen Mietzuschuss von fünfzig Prozent beantragen und eine monatliche Unterstützung von dreihundert Euro. Doch auch das reicht natürlich nicht aus. Hat eine Frau Kinder, dann steht sie vor dem Problem, einen oder mehrere Hortplätze finanzieren zu müssen, was schon einen großen Teil ihres Verdienstes verschlingt. Es war also kein Wunder, wenn viele Frauen das Handtuch warfen.

Woche um Woche verging, und ich konnte immer noch keinen Anwalt kontaktieren. Die Stimmung im Frauenhaus wurde immer verzweifelter und vergifteter, die Bewohnerinnen stritten erbittert miteinander und beschuldigten sich gegenseitig sogar des Diebstahls. Immer wieder rief ich die deutsche Botschaft an, um herauszufinden, wie es mit der Sozialhilfe aus Deutschland aussah.

»Da gibt es übrigens noch eine deutsche Frau«, sagte mir eines Tages die Botschaftsmitarbeiterin, »die in einer ganz ähnlichen Situation ist wie Sie«, und gab mir eine Telefonnummer. Ich nahm mit Maren Kontakt auf und traf mich mit ihr in *Herzeliya* auf einem Spielplatz.

»Ich versuche seit eineinhalb Jahren, mit meiner Tochter Israel zu verlassen«, erzählte sie resigniert. »Lenas Vater hat eine Ausreisesperre über sie verhängen lassen. Alle sagen, ich hätte keine Chance.«

Es gab viele Parallelen zwischen Marens Geschichte und meiner, auch sie hatte keine Arbeitserlaubnis in Israel. Die einzige positive Neuigkeit für mich war, dass sie tatsächlich Sozialhilfe aus Deutschland erhielt. Wenn es bei ihr möglich war, könnte es doch auch bei mir gelingen.

»Wenn du willst«, schlug Maren vor, »kann ich dich mit weiteren Frauen bekannt machen, die alle in derselben Situation sind. Aber eines ist klar: Ohne die Zustimmung des Vaters ist es so gut wie unmöglich, unsere Kinder aus dem Land zu bringen.«

Ich drückte Karim an mich und betrachtete Tarek, der in einem Sandkasten spielte. Salim würde niemals zustimmen, dass ich die beiden mit nach Deutschland nahm. So wohl es tat zu erfahren, dass ich nicht die Einzige war, dass es noch andere gab, die in derselben Situation waren wie ich, so niederschmetternd waren doch die negativen Erfahrungen, die mir Maren und manche andere Frau voraushatten.

»Da gibt es Mütter«, fuhr Maren fort, »die seit Jahren vor Gericht um das Sorgerecht für ihre Kinder kämpfen, und nichts geschieht.«

»Aber im Frauenhaus haben sie mir gesagt«, wandte ich ein, »dass eine Scheidung in drei Monaten durch wäre und dass damit auch das Sorgerecht und der Unterhalt gleich mit geklärt würden.«

Maren lachte bitter auf.

»Wenn sie damit meinen«, sagte sie dann, »dass das Sorgerecht dem israelischen Vater zugesprochen wird und er sich den Unterhalt sparen kann, dann stimmt das.«

Nach einer Weile verabschiedete ich mich von Maren und versprach, in Kontakt zu bleiben. Es wurde für mich in den kommenden Jahren zu einem wichtigen Trost und Ansporn, mich mit ihr und den anderen Frauen auszutauschen und auf dem Laufenden zu halten. Maren schaffte es sieben Jahre später tatsächlich, mit Lena nach Deutschland auszureisen, und diese Nachricht erfüllte mich mit Freude und Mut. Und doch war es ein weiter Weg für sie.

»Wir brauchen einen richtig langen Atem«, sagte Maren damals zum Abschied.

›Ja‹, dachte ich, ›und den werde ich auch haben.‹

Zehn Jahre ist das jetzt schon her. Zum Glück ahnte ich damals nicht, wie lange ich tatsächlich durchhalten musste. Wer weiß, vielleicht hätte ich den Mut verloren, hätte ich gewusst, was mich noch alles erwartete. Doch ein Blick auf meine Kinder schenkte mir immer wieder aufs Neue die Kraft, zu kämpfen, auch wenn mich die Hoffnung mehr als einmal verlassen wollte.

Kapitel 14

Eine verzweifelte Entscheidung

Eines Tages kam eine schwangere Frau namens Martha zu uns, die von ihrem Mann verprügelt worden war.

»Meine Tochter«, weinte sie, »ich konnte sie nicht mitnehmen. Sie ist doch erst sieben Jahre alt. Und jetzt ist sie alleine mit ihrem gewalttätigen Vater. Hoffentlich lässt er seine Wut auf mich nicht an ihr aus.« Es war offensichtlich, wie sehr sie unter dieser Vorstellung litt.

Am Abend bekam Martha starke Bauchschmerzen und schließlich auch Blutungen.

»Sie muss sofort zu einem Arzt«, sagte ich zu Ronit, der unfreundlichen Sozialarbeiterin, die gerade Dienst hatte. Nur zu gut erinnerte ich mich an meine eigene problematische Schwangerschaft mit Karim und an die drohende Fehlgeburt.

»Das geht nicht«, entgegnete die Sozialarbeiterin kurz angebunden. »Sie ist gerade erst angekommen. Während der ersten Tage darf keine das Frauenhaus verlassen, das wisst ihr doch!«

Es dauerte nicht lange, und Martha glühte im Fieber, ihr Zustand verschlechterte sich von Stunde zu Stunde. Wieder und wieder baten wir Ronit, einen Arzt zu rufen – vergebens. Bis sie endlich ein Einsehen hatte und einen Krankenwagen rief, war es zu spät: Martha verlor ihr Baby, sie selbst litt bereits an einer schweren Blutvergiftung. Dieses Ereignis bestätigte meinen Eindruck, dass im Frauenhaus vieles im Argen lag. So lange ich dort war, gelang es Martha nicht, ihre Tochter zu sich zu holen, und man muss leider sagen, dass sie von den Sozialarbeitern kaum Unterstützung in ihren Bemühungen erfuhr.

So war es auch in meinem Fall. Wenn ich die Sozialarbeiterinnen darauf ansprach, ob ich nicht rechtliche Schritte einleiten sollte, und sie um Rat fragte, wohin ich mich dazu wenden müsste, dann blieben sie stets vage. Dass abzuwarten die falsche Strategie war, ahnte ich von Anfang an. Zur Gewissheit wurde es, als drei Wochen nach meiner Ankunft im Frauenhaus eine Sozialarbeiterin mit einem Fax in der Hand zu mir kam.

»Schlechte Nachrichten«, sagte sie lapidar, »dein Mann weiß, dass du hier im Frauenhaus bist.«

Doch das war noch nicht alles. Das Fax war von seinem Anwalt, und ich wurde darin in Kenntnis gesetzt, dass Salim das Sorgerecht für Tarek und Karim beim Shaariya-Gericht beantragt hatte. Über die Kinder war nun die von mir so gefürchtete gerichtliche Ausreisesperre verhängt worden. Zwar hatte mir das Gericht das Sorgerecht über die Kinder nicht aberkannt, dafür Salim aber ein Besuchsrecht zugesprochen. Das hieß im Klartext, dass er Tarek nun jede Woche von Sonntag bis Dienstag mitnehmen durfte. Dasselbe hätte auch für Karim gegolten, doch an ihm zeigte Salim damals kein Interesse, er war ihm noch zu klein. Während er sich also in die bessere Position brachte, hatte ich bis dahin noch nicht einmal einen Anwalt sprechen können. Ich war auch nicht darüber informiert worden, dass ein Gerichtstermin stattgefunden hatte.

»Wir können dir einen Anwalt vermitteln«, versicherte mir die Sozialarbeiterin rasch, als sie mein Gesicht sah. »Wir kennen da einen arabischen Christen, der Deutsch spricht.«

Ich ließ mich auf den nächstbesten Stuhl fallen. Jetzt kam dieser Vorschlag, jetzt, wo es Salim bereits gelungen war, so viele Fakten zu schaffen. Es hatte erst so weit kommen müssen, ehe man hier bereit war, mir zu helfen.

Zwei Wochen später kam der Anwalt ins Frauenhaus. Endlich erklärte mir jemand – leider sechs Wochen zu spät –, wie das israelische Rechtssystem funktioniert: Hier gibt es nämlich drei Rechtssysteme, die nebeneinander existieren. Da ist zum einen das Rabbinat für die Juden, das Shaariya-Gericht für die muslimische Bevölkerung und zum dritten das Zivilgericht, an das sich alle wenden können, unabhängig davon, welcher Religion sie angehören. Ich erfuhr, dass Männer sich bei Ehestreitigkeiten grundsätzlich lieber an die konfessionellen Gerichte wenden, da sie dort die besten Chancen hätten, ihre Interessen durchzusetzen. Eine Frau dagegen ist gut beraten, sich an das Zivilgericht zu wenden.

Mein Problem war nun, dass ein Fall dort verhandelt wird, wo er zuerst eingereicht wurde. Es wäre also entscheidend für mich gewesen, mich sofort an das Zivilgericht zu wenden – doch trotz meiner wiederholten Nachfragen gab mir im Frauenhaus niemand diese wichtige Information. Ich war fassungslos. Dieses Frauenhaus in *Herzeliya*, so wie zwei weitere im Land, wurde von einer Frauenrechtlerin und Anwältin geleitet. Warum um alles in der Welt hatte sie mich nicht gleich am Morgen nach unserer Ankunft im Frauenhaus zum Gericht geschickt, um sicherzustellen, dass mein Fall vor das Zivilgericht kam? Stattdessen wurde ich die ganze Zeit vertröstet. So hatte ich wertvolle Zeit verloren. Nun war es geschehen, Salim hatte sich an das Shaariya-Gericht gewendet, und dort würde nun unser Fall bis zum bitteren Ende verhandelt werden. Ich wagte mir nicht auszudenken, wie der Kadi in unserem Fall entscheiden würde – die Mutter eine ausländische »Ungläubige«, der Vater ein angesehener und allseits beliebter und gut vernetzter Muslim.

»Gibt es denn keine Möglichkeit, die Gerichtsbarkeit zu wechseln?«, fragte ich den Anwalt.

Der wiegte den Kopf.

»Theoretisch ist das möglich«, sagte er bedächtig. »Ich kenne allerdings keinen Fall, bei dem das gelungen ist. Aber jetzt beruhige dich mal, so schlecht ist die Shaariya nun auch wieder nicht.«

Was sollte ich nur mit dieser Antwort anfangen?

»Gegen das Besuchsrecht werden wir allerdings Einspruch

erheben«, fuhr der Anwalt fort. Eine Woche später, es war inzwischen Dezember geworden, erfuhren wir, dass dieser Antrag abgelehnt worden war.

Am darauffolgenden Sonntag musste ich also Tarek zur Polizeistation bringen und ihn dort Salim übergeben. Ich versuchte dem Jungen zu erklären, was passiert war und dass er am Dienstagabend wieder zu mir zurückkommen würde. Tarek sagte nichts dazu, doch während uns Tabea mit dem Wagen zur Polizeistation fuhr, sang er unentwegt ein deutsches Kinderlied. Der Text ging so: »Es regnet, es regnet, die Erde wird nass …«, und das, obwohl am blauen Himmel die Sonne schien. Mir zerriss es fast das Herz.

Salim war noch nicht dort, als wir ankamen. Wir betraten die Polizeistation, Tarek setzte sich auf eine Bank vor dem Eingang und wartete still. Als sein Vater kam, schaute er ihn nur mit seinen großen, dunklen Augen an. Salim hatte für die Jungen Geschenke mitgebracht: Jeder erhielt ein billiges, pinkfarbenes Plastik-Karussell, auf das man draufschlagen konnte und dann bewegten sich die Figuren im Kreis. Ich hatte nicht den Eindruck, dass Tarek sich freute, weder über das Geschenk, für das er viel zu groß war, noch darüber, seinen Vater zu sehen. Als ihn Salim aufforderte mitzukommen, rutschte er von der Bank und folgte ihm mit schleppenden Schritten.

»Komm«, sagte Tabea, »lass uns gehen.«

Mir fiel es unendlich schwer, Tarek einfach bei seinem Vater zu lassen, doch ich war machtlos. Und so nahm ich Karim auf den Arm und folgte Tabea zum Wagen.

»Man kann sehen, was für ein gutes Verhältnis Tarek zu seinem Vater hat«, sagte Tabea auf dem Rückweg zum Frauenhaus.

Ich schwieg. Wie kam sie denn auf so etwas? Wenn Tarek auf seinen Vater zugelaufen wäre, ja, dann würde auch ich von einem »guten Verhältnis« sprechen. Aber Tarek war teilnahmslos auf der Bank sitzen geblieben und hatte sich erst in Bewegung gesetzt, als er dazu aufgefordert wurde.

Die folgenden Tage waren ein Albtraum für mich. Zwar

hatte Tarek schon öfter mehrere Tage bei seinem Vater verbracht, doch jetzt war die Situation eine andere. Ständig musste ich an meinen kleinen Jungen denken, der so traurig das Lied vom Regen gesungen hatte, und machte mir die größten Sorgen.

Eines Abends saß ich mit anderen Frauen vor dem gemeinsamen Fernseher und sah Nachrichten. Ich sah das Foto eines kleinen Mädchens und dann eine Wohnung, aus der ein Mann in Handschellen abgeführt wurde. Auf einmal begann die Frau neben mir fürchterlich zu weinen und konnte sich überhaupt nicht mehr beruhigen. Erschrocken sah ich sie an. Sie hatte eine kleine Tochter bei sich, die sie fest umklammert hielt, als wollten wir sie ihr entreißen.

»Na, na«, meinte Nour tröstend auf Arabisch zu ihr, »du solltest solche Nachrichten nicht anschauen, Latifa, das tut dir wirklich nicht gut«, und half ihr aus dem Zimmer.

Als Nour zurückkam, erzählte sie mir Latifas Geschichte.

»Stell dir vor«, begann sie, »Latifa kommt nach Hause und trifft ihren Mann dabei an, wie er versucht, die Kleine einzubetonieren! Ist das nicht unfassbar? Und jetzt sieht sie hier diesen Fernsehbericht von einem Vater, der seine Tochter umgebracht hat.«

Wir schwiegen betroffen. Wie weit konnte die Grausamkeit der Männer noch gehen?

»Wo ist Latifas Mann jetzt?«

»Dort, wo er hingehört«, antwortete Nour, »im Gefängnis. Aber das Beste ist«, fuhr sie fort, »dass sein Anwalt durchsetzen will, dass Latifa die Kleine regelmäßig zum Gefängnis bringen muss, weil der Vater sie sehen will! Erst will er sie einbetonieren. Und dann soll sie ihn jede Woche im Gefängnis besuchen kommen.«

»Das wird nicht durchgehen«, sagte ich, »das kann ich mir einfach nicht vorstellen.«

Nour zog die Augenbrauen hoch und hob die Schultern.

»Ihr Fall ist vor dem Shaariya-Gericht«, sagte sie dann. »Und da ist, wie man weiß, allerhand möglich, was wir uns nicht vorstellen können.«

Mir lief es eiskalt den Rücken hinunter. Welche bösen Überraschungen warteten wohl noch auf mich?

Nour sollte übrigens recht behalten: Latifas kleine Tochter musste tatsächlich den Vater, der versucht hatte, sie umzubringen, zweimal pro Woche im Gefängnis besuchen.

»Ich fürchte mich schon vor dem Tag«, sagte Latifa einmal zu mir, »wenn mein Mann aus dem Gefängnis entlassen wird. Denn dann wird er sich an mir rächen, das hat er mehr als einmal gesagt. Und wer weiß, dem Shaariya-Gericht traue ich zu, dass es ihm das Sorgerecht zuspricht, wenn er seine Strafe verbüßt hat. Ich weiß wirklich nicht, was ich machen soll.«

Drei Tage nachdem ich Tarek zur Polizeiwache gebracht hatte, durfte ich ihn dort wieder abholen. An diesem Tag hatte keine der Sozialarbeiterinnen Zeit, mich zu begleiten, und so ging ich mit Karim auf dem Rücken allein hin. Entgegen meinen Befürchtungen war Salim pünktlich. Doch als ich Tarek begrüßen wollte, war er wie ausgewechselt: Er schrie und weinte und wollte sich von mir nicht anfassen lassen. Auf keinen Fall wollte er mit mir kommen.

»Was ist denn passiert?«, fragte ich Salim fassungslos.

»Keine Ahnung«, antwortete er. »Ich weiß nicht, was in ihn gefahren ist. So jedenfalls kannst du ihn ja nicht mitnehmen.«

Ich musste an den Tag vor fast zwei Jahren denken, an dem ich fast eine Fehlgeburt gehabt hatte und Tarek zum ersten Mal mit Salim fort gewesen war. Auch danach wollte er sich zunächst nicht von mir anfassen lassen. Hatte Salim den Jungen derart eingeschüchtert und manipuliert, dass er innerhalb von drei Tagen seine Mutter ablehnte, wo wir doch ein so liebevolles und inniges Verhältnis hatten? Es tat unglaublich weh, ihn so zu erleben, dass ich selbst heute, nach all den Jahren, kaum Worte dafür finde, um diesen Schmerz zu beschreiben.

»Lass uns doch erst mal miteinander etwas essen«, schlug Salim vor, »vielleicht beruhigt er sich ja wieder.«

Es blieb mir nichts anderes übrig, als zuzustimmen. So konnte ich Tarek tatsächlich nicht mitnehmen. Und so fuhren wir zusammen zu einem McDonald's und bestellten ein paar Portionen Pommes.

»Wie ist es so im Frauenhaus?«, wollte Salim freundlich wissen.

Ich betrachtete ihn prüfend. Das letzte Mal, als ich ihn gesehen hatte, versuchte er, sich einen Schraubenzieher in den Bauch zu rammen. Heute allerdings schien er wieder der vernünftige und ruhige Salim zu sein, den ich früher gekannt hatte.

»Willst du nicht wieder mit den Kindern nach *Mitzpe Ramon* kommen?«

Ich schwieg erschrocken. Mit allem hatte ich gerechnet. Doch nicht damit, dass Tarek sich mit Händen und Füßen wehrte, sich von mir anfassen zu lassen. Und auch mit einem ruhigen, vernünftigen Salim, der freundlich mit mir sprach, war nicht zu rechnen gewesen. Ich betrachtete Tarek, der jetzt friedlich von den Kartoffelstäbchen aß. Die Tränen waren auf seinen Wangen getrocknet und hatten Spuren auf ihnen hinterlassen. Karim krähte fröhlich auf meinem Schoß.

»Ich kann nicht mehr mit dir zusammen unter einem Dach leben«, sagte ich so ruhig wie möglich. »Das ist für mich nicht mehr möglich, nach allem, was passiert ist.«

»Das musst du auch nicht«, gab Salim zur Antwort. »Hat man dir nicht gesagt, dass ich die Scheidung eingereicht habe? Du kannst die Wohnung mit den Kindern haben. Ich möchte nur zu Besuch kommen und die Kinder sehen. Das ist alles.«

Ich schaute ihn überrascht an.

»Meinst du das ernst?«

»Vollkommen ernst«, sagte er und schaute mir dabei in die Augen.

Und als ich nicht gleich antwortete, fuhr er fort.

»Ich finde, wir sollten uns wie zwei vernünftige Menschen verhalten. Warum vor Gericht ziehen, wenn wir uns auch so einigen können? Das alles kostet doch nur Zeit, Geld und Nerven.«

Ich dachte nach. Im Frauenhaus war die Situation angespannt und auch für meine Söhne äußerst zermürbend. Täglich mussten sie sich gegen die anderen Kinder zur Wehr setzen. Dazu kam die Unsicherheit wegen des Shaariya-Gerichts. Wenn ich ehrlich war, rechnete ich mir keine guten Chancen aus, vor einem Kadi das Sorgerecht der Kinder zugesprochen zu bekommen. Im Frauenhaus konnte ich ohnehin nicht länger als sechs Monate bleiben, und ich bezweifelte es, bis dahin auf eigenen Beinen stehen zu können. Wie oft hatte ich mir gemeinsam mit Maren ausgerechnet, welche Kosten auf mich zukämen und was ich maximal verdienen könnte. Es reichte einfach hinten und vorne nicht. Wenn Salim aber bereit wäre, weiterhin die Miete für uns zu bezahlen, dann hatte ich vielleicht eine Chance. Karim war bald aus dem Gröbsten heraus. Wenn Salim vernünftig war und mir half, einen offiziellen Status hier in Israel zu erlangen, könnte ich eine Arbeitserlaubnis bekommen. Wie die Lage im Augenblick war, verbrachte Tarek ohnehin die Hälfte der Woche mit seinem Vater. Und wenn er jedes Mal so aufgewühlt und verstört zurückkam wie heute, würde ich ihn über kurz oder lang ganz an Salim verlieren. Mit Karim würde sicherlich bald schon dasselbe geschehen, wenn er nur etwas älter wäre …

»Komm«, sagte Salim, und seine Stimme klang wie damals, als ich ihm noch vertrauen konnte, »zu Hause habt ihr es doch viel schöner.«

War es möglich, dass Salim wieder zur Vernunft gekommen war? Hatte ihn meine Flucht möglicherweise aufgerüttelt?

»Hör zu, Salim«, sagte ich, »damit hier keine Missverständnisse entstehen: Was geschehen ist, kann man nicht mehr rückgängig machen. Die Scheidung muss in jedem Fall weiterlaufen.«

»Klar«, sagte er, »das will ich genauso.«

»Wenn ich mit den Kindern nach *Mitzpe Ramon* in die alte

Wohnung zurückkomme, dann müssen wir ein paar Dinge klären. Du bleibst nicht mehr über Nacht ...«

»Ich komme nur noch zu Besuch, um die Kinder zu sehen. Und ich nehme sie mit zu den Kamelen, wie bisher ...«

»... mit dem Unterschied«, unterbrach ich ihn, »dass du mir von nun an sagst, wann du sie wiederbringst und dich daran auch hältst.«

»In Ordnung«, antwortete Salim.

»Und die Scheidung wird weiterlaufen«, wiederholte ich.

»Ich bin einverstanden.«

Ich sah ihn immer noch zweifelnd an.

»Ich verspreche es, Berit«, fügte er hinzu.

Ich überlegte. Der Botschaftsangestellte hatte mir gesagt, dass ich wahrscheinlich in einem Monat Sozialhilfe bekommen würde, bis dahin wäre der Antrag durch. Davon erzählte ich Salim natürlich nichts. Mir war klar, dass er alles dransetzen würde, um an das Geld heranzukommen. Ich aber hatte andere Pläne. Ich wollte meine alte Unabhängigkeit wiedererlangen. Wer weiß, vielleicht würde es mir sogar gelingen, so lange etwas heimlich beiseitezulegen, bis ich die Flugtickets nach Deutschland finanzieren könnte.

Im Frauenhaus fühlte ich mich wie eine Gefangene und man half mir nicht einmal wirklich weiter, ich war mir inzwischen sicher, dass dies auch so bleiben würde. Ich musste mir selbst helfen, selbst sehen, wie ich unter diesen schwierigen Umständen mit meinen Kindern am besten klarkam. Es war riskant, wieder zurück in die Wohnung zu gehen, in der mich Salim bereits zweimal misshandelt hatte. Und doch sah ich unter den gegebenen Umständen einfach keine bessere Lösung.

»Also gut«, sagte ich schließlich zu Salim. Und zu den Kindern: »Wir gehen wieder nach Hause.«

Salim kannte die Anschrift des Frauenhauses nicht, und so ließ ich ihn mit den Kindern einige Kreuzungen entfernt auf mich warten und ging den Rest zu Fuß.

»Ich gehe zurück nach *Mitzpe Ramon*«, sagte ich zu Tabea, die gerade Dienst hatte.

Tabea sah mich erstaunt an, sagte aber nichts, sondern gab mir Batyas Handy wieder zurück.

War es richtig, was ich da tat? Ich hatte diese Entscheidung ohne Bedenkzeit getroffen. Damals wusste ich nicht, dass ein hoher Prozentsatz der Frauen, die zum ersten Mal vor ihren Ehemännern flüchten, dasselbe tun wie ich damals, wenn auch meist mit anderen Vorstellungen. Ich wollte auf keinen Fall versuchen, unsere Ehe zu retten, denn mir war klar, dass das nicht möglich war. Jedoch hoffte ich, dass wir dazu fähig sein würden, wovon Salim gesprochen hatte: uns wie zwei vernünftige, erwachsene Menschen zu benehmen und unsere Beziehung fair zu beenden.

Ich brauchte nicht lange, um unsere wenigen Sachen einzupacken. Ich verabschiedete mich von Nour und einigen wenigen anderen Frauen.

»Alles Gute«, sagte Tabea zum Abschied, und ich wusste, sie meinte es ehrlich.

Als wir in *Mitzpe Ramon* ankamen, beschlich mich beim Anblick unserer armseligen Wohnung mit dem Sofa als einzigem Möbelstück und den kaputten Haushaltsgeräten eine ungute Vorahnung. Alle unsere Habseligkeiten waren durcheinandergeworfen, die Wohnung war ein einziges Chaos.

»Was ist denn hier passiert?«, fragte ich erschrocken.

»Keine Ahnung«, sagte Salim ruhig, »so sah es hier aus, als ich zurückkam.« Und ganz, wie er es versprochen hatte, verabschiedete er sich bald und verschwand.

Ich machte mich ans Aufräumen. Es war schön zu sehen, wie sehr Tarek und Karim sich freuten, als sie ihre vertrauten Spielsachen entdeckten. Die beiden blühten in der vertrauten Umgebung richtig auf.

In dieser Nacht schliefen wir alle drei tief und traumlos. Bald, so war ich mir sicher, würde sich alles zum Guten wenden. Wenn ich nur erst einmal Sozialhilfe bekam. Wenn nur bald die Scheidung durch war. Und irgendwann, so hoffte ich, würden wir alle drei in Deutschland sein, weit weg von allem, was uns jetzt noch Angst machen konnte.

Kapitel 15

Zurück in der Hölle

Das war ein Riesenfehler«, sagte Anna erbarmungslos in ihrer direkten, offenen Art.

Batya und ich schwiegen betroffen. Und doch machte sich Trotz in mir breit. Woher sollte Anna das wissen?

»Bis jetzt hält sich Salim an das, was er versprochen hat.«

Anna sah nicht überzeugt aus, doch sie schwieg.

»Wollen wir hoffen, dass es so bleibt«, meinte Janet. Und dabei beließen wir es.

Nicht nur die Kinder, auch ich empfand es als eine große Erleichterung, wieder meine eigene Herrin zu sein. Sechs Wochen lang hatte ich jeden Schritt, den ich tat, rechtfertigen müssen. Auch das Zusammenleben mit all den Frauen, die jede ihre eigene, schlimme Geschichte hatte, war mir an die Nieren gegangen.

Zunächst sah es auch wirklich so aus, als hätte Salim Vernunft angenommen. Doch bereits nach der ersten Woche änderte sich sein Verhalten. Tarek war mit ihm bei den Kamelen gewesen, und Salim hatte ihn pünktlich zurückgebracht. Doch statt ihn abzugeben und zu gehen, kam er wie selbstverständlich herein, setzte sich auf das Sofa, schlug die Beine übereinander und lächelte mich unbekümmert an.

›Sicher geht er bald‹, versuchte ich mich zu beruhigen.

Doch die Zeit verging – er schien Wurzeln bei uns zu schlagen. Als es Abend wurde und er immer noch keine Anstalten machte, zu verschwinden, wuchs die Sorge in mir, ich könnte einmal mehr auf seine hinterlistige Freundlichkeit hereingefallen sein. Die Situation spannte sich noch mehr an, als er die Jungs zu seinem Vergnügen mal wieder mit lautem Gezeter durch die Wohnung jagte, um sie schließlich einzufangen. Völlig aufgedreht rannten Tarek und Karim durch die Zimmer. Ich ahnte mit dem sicheren Gespür einer Mutter, dass dieser Abend noch mit Tränen enden würde. Und so kam es auch. Irgendwann fiel Karim hin und tat sich bei dem Sturz weh, und kurz darauf waren beide Kinder am Weinen. Es dauerte lange, bis die Jungen an jenem Abend endlich einschlafen konnten. Und Salim war immer noch da.

Erst jetzt wurde mir bewusst, dass ich keine Vorkehrungen getroffen hatte für den Fall, dass Salim mir wieder gefährlich werden würde. Zwar hatte ich nach wie vor Batyas Mobiltelefon, und ich war entschlossen, es vor Salim versteckt zu halten. Doch ich hatte nicht daran gedacht, jemanden zu bitten, nach mir zu sehen oder sonst irgendwie für ein wenig Schutz und Sicherheit zu sorgen. Doch wer um alles in der Welt hätte das auch tun können und wie? Einmal mehr wurde mir bewusst, wie vollkommen auf mich selbst gestellt ich schon seit Jahren war. Nicht einmal im Frauenhaus hatten die Sozialarbeiterinnen es geschafft, mich und meine Kinder wirksam vor Salim zu schützen. Ungestört hatte Salim vor dem Kadi das Urteil erwirken können, die Kinder die Hälfte der Woche bei sich zu haben. Und niemand war da, um zu kontrollieren, was mit den Kindern in diesen drei Tagen geschah. Und während mir bewusst wurde, dass ich noch immer genauso abhängig von diesem hassgetriebenen, gewalttätigen und völlig unberechenbaren Mann war, musste ich mitansehen, wie Salim sich sein Lager in einem der Räume richtete und sich zum Schlafen niederlegte. Ich wagte nicht, ihn auf unsere Vereinbarung hinzuweisen und ihn zum Gehen aufzufordern. Auch wenn er vorgab, wir seien eine ganz normale Familie, so schwang seit Kurzem doch in allem, was er tat und sagte, eine latente Bedrohung mit. Wen wundert es, dass ich in dieser Nacht kaum schlief und, wenn ich eingeschlafen war, von diffusen Träumen gequält wurde. Hatte Anna recht? War es ein Fehler gewesen, das Frauenhaus zu verlassen? Diese Fragen ließen mich nicht zur Ruhe kommen.

Am nächsten Morgen machte Salim weiterhin keine Anstalten, zu gehen, und so war es auch am übernächsten und einen weiteren Tag. Als er endlich davonfuhr und ich gerade aufatmen und das Haus verlassen wollte, um mit den Kindern Batya zu besuchen, die sich sicher schon Sorgen machte, fiel mir ein Beduine auf, der auf der gegenüberliegenden Straßenseite von unserem Haus auf und ab ging und immer wieder zur Haustür herübersah. Und obwohl ich den Mann noch nie gesehen hatte, begriff ich, dass er ein Freund von Salim war und die Aufgabe hatte, mich zu überwachen, solange er selbst nicht da war.

Als mir das klar wurde, musste ich einen Anfall von Panik niederkämpfen. Die Beduinenfrau kam mir in den Sinn, die nicht die kleinste Chance hatte, weil die Männer des gesamten Stammes beschlossen hatten, sie zu töten für ihre Dreistigkeit. Wie einfach war es dagegen, mich mit den Kindern in der Wohnung zu observieren, wenn Salim nicht da war?

Und er war fast immer da. Wenn er zu den Kamelen fuhr, dann mussten wir mit ihm kommen. Er hatte offenbar seine Meinung geändert, unsere Absprache zählte nicht mehr. Ich wagte nicht, ihn darauf anzusprechen, ich kannte ihn gut genug, um die deutlichen Anzeichen für seine Gewaltbereitschaft zu erkennen. Außerdem fürchtete ich, er könnte mich einfach mit den Kindern auf die Straße setzen – was dann? Ich war vollkommen mittellos und in allem abhängig von ihm.

›Was ist passiert?‹, fragte ich mich. ›Hatte er von vorneherein geplant, mich wieder in seine Gewalt zu bekommen, und die sogenannte Absprache war nur vorgeschoben? Oder ist etwas geschehen, was dazu führte, dass er seine Meinung änderte?‹

Ich hatte keine Ahnung. Vielleicht hatte er mich bei Rina gesehen oder mit Anna und Janet. Vielleicht hatte ihn das argwöhnisch gemacht, und er glaubte, ich würde irgendetwas gegen ihn planen, um mit den Kindern nach Deutschland zu fliehen.

Erst später begriff ich, was ihn noch antrieb und was ihn

dazu brachte, sich an nichts von all dem zu halten, was er mir damals im McDonald's versprochen hatte: Ich hatte ihn in seiner Ehre gekränkt, als ich vor ihm davongelaufen war und die Kinder mit mir nahm, meine Flucht ins Frauenhaus hatte seinem Ansehen geschadet. Salim war ein Mann, der die Anerkennung anderer so dringend brauchte wie die Luft zum Atmen. Er liebte es, im Mittelpunkt zu stehen. Zum Gespött der anderen Männer zu werden war dagegen das Letzte, was er ertragen konnte. Und so verstand ich allmählich, dass eine friedliche Einigung mit mir nie sein ernsthafter Plan gewesen war. Er wollte seiner Umwelt zeigen, dass er seine Frau samt Kindern zurückgeholt und wieder voll im Griff hatte. Und das war ihm tatsächlich gelungen.

Es war an einem Montagmorgen, als Salim mich ausnahmsweise zum Markt gehen ließ. Für das wenige Geld, das er mir gegeben hatte, kaufte ich ein paar Kartoffeln, Tomaten und Gurken und legte sie zu Hause in eine Schüssel. Es war lange her, dass wir Gemüse kaufen durften, meistens kochte ich Reis mit Linsen, weil das satt machte und nicht viel kostete.

Später ging Salim fort und sperrte die Haustür ab, damit wir in seiner Abwesenheit nicht hinauskonnten. Er hatte jedoch übersehen, dass die Seitentür zum Garten unverschlossen war, und so ging ich am Nachmittag mit meinen Kindern zum Spielplatz, der nur ein paar Schritte vom Haus entfernt war. Als wir nach zwei Stunden zurückkamen, entdeckte ich wieder einen Beduinen auf der anderen Straßenseite, der uns unverhohlen beobachtete. Und noch zwei Menschen fielen mir auf, zwei Frauen, die vor unserem Haus standen und warteten. Nicht weit entfernt hatten sie ihren Wagen geparkt. Auffälliger hätte dieser Besuch gar nicht sein können in unserer Straße, wo nie etwas geschah und wo jeder alles vom anderen mitbekam.

»Sind Sie Berit Kessler?«, fragte mich die eine Frau auf Deutsch und musterte mich von oben bis unten, was dazu führte, dass ich mich noch unwohler fühlte. Noch immer hatte sich an meiner Kleidersituation nichts geändert. Ich trug, was Salim nicht zu seinen Kamelen gebracht hatte, und alles, was ich noch besaß, waren zwei zerschlissene Umstandshosen und fadenscheinige T-Shirts. Auch die Kinder waren ärmlich angezogen: Ohne Waschmaschine musste ich alles von Hand waschen, doch der Sand der Wüste hinterließ solche Spuren, dass ich die Kleider nie mehr ganz sauber bekam.

»Wir kommen von der Botschaft und wollen Ihre Wohnung sehen. Schließlich haben Sie Sozialhilfe beantragt.«

Die Frau war neu an der Botschaft, sie war die Nachfolgerin jener unfreundlichen Angestellten, die mich bei meinen ersten Anrufen so rüde abgekanzelt hatte. ›Hoffentlich komm ich mit dieser Frau besser klar‹, hoffte ich, dann fiel mein Blick auf den Beduinen. Er hatte sein Handy am Ohr und sprach hinein. Ich biss mir auf die Lippen. Mir war klar, dass Salim gerade in Echtzeit mitbekam, was hier geschah.

Die Leute von der Botschaft hatten keine Ahnung, in welch schwierige Situation sie mich brachten. Salim wusste nichts davon, dass ich Sozialhilfe beantragt hatte. Ich atmete tief durch und führte sie durch den Seiteneingang in die Wohnung. Mit der Miene eines Spürhundes streifte die Frau von der Botschaft durch die Wohnung.

»Mal sehen«, sagte sie, »ob Sie wirklich Anspruch auf Sozialhilfe haben.«

»Wir haben gerade mal wieder weder Strom noch Wasser«, erklärte ich, »der Vater meiner Kinder hat die Rechnungen nicht bezahlt, und man hat es mir abgestellt.«

Das passierte immer wieder. Dann musste ich von dem wenigen Geld, das Salim mir gab, auch noch Wasser in Flaschen im Supermarkt kaufen. Einmal hatte ich alles zum Kochen vorbereitet, als der Strom wegblieb. Die Kinder waren hungrig, und ich überlegte, was ich tun könnte. Schließlich setzte ich Tarek in den Kinderwagen und verstaute Gemüse, Topf und die anderen Zutaten um ihn herum, band mir Karim auf den Rücken und marschierte rund fünf Kilometer hinaus in die Wüste.

Dort sammelte ich Holz, machte ein Feuer und stellte den Topf mitten hinein ... Daran musste ich denken, als die beiden Botschaftsangestellten durch meine armselige Wohnung marschierten, als hätte ich irgendwo Gold versteckt. Dass ich mit zwei kleinen Kindern ohne Wasser und Strom auskommen musste, interessierte sie nicht.

Doch da entdeckten sie in der Küche die Schüssel mit dem bisschen Gemüse, das ich vom Markt mitgebracht hatte.

»Na bitte«, meinte eine der Frauen triumphierend, »Sie haben ja zu essen. Ich glaube nicht, dass Sie Sozialhilfe brauchen.«

Ich holte tief Atem. Dann versuchte ich, ihr zu erklären, dass heute Markttag war und ich ausnahmsweise ein wenig Geld bekommen hatte.

»Das muss die ganze Woche reichen. Ich habe keine Ahnung, wann mein Mann mir wieder Geld gibt.«

Mir wurde ganz schwindlig vor Sorge, meine Hoffnungen auf die Unterstützung vom Sozialamt könnten mit einem Mal durch eine Schüssel voller Gemüse zunichte gemacht werden. Doch was ich auch sagte, die beiden von der Botschaft schien das nicht im Geringsten zu interessieren. Als sie genug gesehen hatten, verabschiedeten sie sich wieder.

»Wir wollen uns noch den Krater ansehen«, sagten sie zum Abschied. »Kennen Sie einen guten Ort zum Übernachten? Wir haben uns nämlich den Tag morgen freigenommen. Wenn wir schon mal hier sind. Die Landschaft ist ja wunderbar.«

Ja. Die Landschaft war wirklich wunderbar. Ich jedoch war nach diesem Kontrollbesuch furchtbar niedergeschlagen, der wohl einzig dem Anliegen diente, einen Grund zu finden, um mir die Sozialhilfe zu verweigern.

Doch es sollte noch schlimmer kommen an jenem Tag. Als Salim am Abend zurückkam, konnte ich bereits an seiner Miene ablesen, dass er außer sich war vor Zorn.

»Du schmiedest heimlich Fluchtpläne mit Leuten von der deutschen Botschaft«, schrie er mich an. Und begann, mich vor den Augen der Kinder brutal zu verprügeln.

Wieder tat er es auf eine systematische und bewusste Art und Weise. Während unseres gesamten Zusammenlebens schlug er mich nie blindwütig und achtete stets darauf, dass man hinterher keine eindeutigen Spuren oder Verletzungen erkennen konnte. Ich hatte zwar Blutergüsse an Stellen, die von meiner Kleidung bedeckt waren, wie zum Beispiel am Rücken. Jedoch achtete er bei aller Wut, die er an den Tag legte, stets darauf, mir niemals ein blaues Auge zu schlagen oder mir Verletzungen zuzufügen, die offensichtlich auf Schläge hingewiesen hätten. Oft tat er so, als würde er mir Arme oder Beine brechen, verdrehte meine Glieder so lange, bis die Schmerzen unerträglich wurden, schrie dabei auch: »Ich breche dir jetzt das Bein!«, doch hörte er immer kurz vor dem Punkt auf, wo es zu einer ernsthaften Verletzung gekommen wäre. Diese Beherrschtheit und Berechnung während seiner Gewaltausbrüche jagten mir zusätzlich noch eine solche Angst ein, die schwer zu benennen ist. Es gab mir das Gefühl, es mit einem Wahnsinnigen zu tun zu haben, der gleichzeitig ganz genau wusste, was er tat.

Da es Salim so wichtig war, dass niemand erfuhr, dass er mich misshandelte, gewöhnte ich es mir an, so schnell wie möglich aus dem Haus zu fliehen und in den Garten zu laufen, wenn es einmal wieder so weit war. Denn vor den Nachbarn tat Salim nach wie vor so, als sei er der beste aller Ehemänner. Er achtete stets darauf, dass es keine Zeugen gab. Es war ebenso faszinierend wie unheimlich, wie schnell sich Salims Stimmung wandeln konnte: So war es möglich, dass er mich eben noch schlug und in den Garten verfolgte, wenn ihm dann aber ein Freund von der Straße her einen Gruß zurief, dann konnte er den im selben Atemzug, mit dem er mich beschimpfen wollte, auf einen Kaffee in unsere Wohnung einladen. Dann saß er da und tat, als sei nichts gewesen, als seien wir die glücklichste Familie in *Mitzpe Ramon* und auf der ganzen Welt, während ich für ihn und seinen Freund Kaffee kochen und die beiden bedienen musste.

Gelang es mir nicht, ins Freie zu fliehen, wenn er mich

schlug, dann hatte ich schlechte Karten. Wenn er dann endlich von mir abließ, verließ er einfach das Haus und kam erst Stunden oder Tage später zurück und tat, als sei nie etwas gewesen. Ich selbst sprach ihn nur ein einziges Mal darauf an, doch als ich die Erfahrung machte, dass er dann erneut wütend auf mich losging, ließ ich das sein.

Wieder war ich Salim vollkommen ausgeliefert, ja vielleicht noch mehr als zuvor. Wenn man schon einmal einen Fluchtversuch unternommen hat und wieder zurück in der Hölle ist, dann fühlt es sich fast schlimmer an als beim ersten Mal. Schon vorher schämte ich mich, wenn ich geschlagen oder schlecht behandelt wurde. Doch jetzt war das Gefühl der Scham noch viel stärker. Schließlich war ich freiwillig zurückgekehrt. Ich wusste, die einzige Chance für eine dauerhafte Flucht war, dass Salim mich mit den Kindern auf Urlaub nach Deutschland ließ, eine andere Möglichkeit gab es nicht. Und so versuchte ich trotz allem immer wieder, diesem Mann auf keinen Fall Anlass zur Wut oder Unzufriedenheit zu geben. Wie tief man sich in einer solchen Situation erniedrigt fühlt, dafür gibt es keine Worte. Nichts ist demütigender als Schläge. Doch andere davon wissen zu lassen ist fast noch schlimmer.

In der Abwärtsspirale, die meine Beziehung zu Salim nahm, gab es immer wieder Grenzen, die nach und nach überschritten wurden. Die eine war, als mich Salim zum ersten Mal schlug. Damals dachte ich, schlimmer kann es nicht kommen. Und doch täuschte ich mich. Es kam noch viel schlimmer und noch weit demütigender. Eines Tages Ende Dezember 2004 übertrat Salim eine weitere unsichtbare Grenze. An diesem Tag vergewaltigte er mich das erste Mal.

Vergewaltigung in der Ehe – ein heikles Thema und noch immer ein Tabu, nicht nur in Israel. Wie soll eine Frau es beweisen, wenn der Mann auch bei sexueller Gewalt so vorgeht, dass keine Verletzungen dabei entstehen? Und selbst wenn – können die nicht aus einem Streit mit häuslicher Gewalt zustande gekommen sein? Wer hat schon Einblick in den intimsten Bereich einer Ehe? Sicherlich ist *Mitzpe Ramon* nicht das sensible Umfeld, in dem eine solche Tat festgestellt und geahndet werden könnte. Das ist die eine, die rationale, öffentliche Seite davon. Die andere sind unsagbare Schmerzen, körperlich wie seelisch, das Gefühl von Erniedrigung und Verzweiflung. Es gibt keine andere Art, eine Frau so tief zu verletzen und ihr das Gefühl des Unwerts zu geben, als ihr sexuelle Gewalt anzutun. Für Salim war dies die ultimative Demonstration seiner Macht und Überlegenheit, seine Art mir zu zeigen, dass er mich nicht freigeben würde. Niemals. Nicht jetzt und nicht später. In seinen Augen war ich seine Frau, und das bedeutete in seiner Welt: sein »Besitz« – und mit seinem Besitz kann man ja schließlich machen, was man will.

Er vergewaltigte mich immer wieder, und auch als ich im März 2005 erneut schwanger wurde, hörte er nicht damit auf. Ich hatte keine Möglichkeit, die Pille zu nehmen, keine Chance, mich gegen Salim zu wehren. Ich glaube nicht, dass es Salim wichtig war, noch ein Kind zu haben. Wichtig war für ihn einzig und allein, mich an ihn zu binden für immer und ewig. Auf der einen Seite kritisierte er mich und machte mich runter. Was ihn zu Beginn unserer Beziehung angezogen hatte, nämlich mein Mut, meine Abenteuerfreude, meine Selbstständigkeit und mein offenes, gleichberechtigtes Wesen, das verteufelte er jetzt. Meine Art, mich westlich zu kleiden, machte »eine Schlampe« aus mir. Meine modernen Ansichten, mit denen ich die Kinder großzog, waren das Werk von Dschinns und Dämonen. Meine Weigerung, weiterhin mit ihm wie Mann und Frau zu leben, aber betrachtete er als tödliche Beleidigung.

»Wenn überhaupt«, schrie er mich eines Tages an, »dann bin ich es, der dich verlässt! Hinter mir steht ein ganzer Clan. Du weißt, was das heißt.«

Ja, ich wusste, was er meinte. Ich hatte es ja selbst miterlebt, als Salims Clan die Beduinenfrau jagte. Diese Familie war ein Netzwerk, so dicht gesponnen, wie es kaum ein anderes gibt. Ich würde diesem System nicht entschlüpfen können, das war schon anderen nicht gelungen. In diesen Wochen und Monaten, während das junge Leben in mir Form und Gestalt annahm, lernte ich, dass es neben der körperlichen Gewalt auch die Drohungen sind, das Schüren von Furcht, die Einschüchterung, die einen langsam, aber sicher abhängig machen.

Im Frühjahr 2005, als ich noch nicht wusste, dass ich erneut schwanger war, gelang es mir, unter dem Vorwand, für Karim neue Schuhe kaufen zu müssen, ohne Salim nach *Beer Sheva* zu fahren. Tarek war mit seinem Vater bei den Kamelen, und auch wenn mir Salim jetzt etwas mehr vertraute, so hätte er niemals zugelassen, dass ich mit beiden Kindern *Mitzpe Ramon* verließ. Ich hatte über eine der Organisationen, die Rina mir einmal herausgesucht hatte, von einer Beduinin erfahren, die als Sozialarbeiterin tätig war und sich speziell um Beduinenfamilien kümmerte.

Im Bus nach *Beer Sheva* atmete ich auf. Endlich war es mir gelungen, mich mit dieser Sozialarbeiterin zu verabreden, ohne dass Salim etwas gemerkt hatte. Als Treffpunkt hatten wir die Spielecke eines Einkaufszentrums vereinbart, denn dort würde es nicht auffallen, wenn sich zwei junge Frauen zufällig miteinander unterhielten, während ihre Kinder spielten.

Ich kam pünktlich an und ging mit Karim sofort zu dem Treffpunkt. Die Sozialarbeiterin war noch nicht da, und so wartete ich. Ich wartete mehr als eine Stunde, und schon glaubte ich nicht mehr daran, dass die Frau kommen würde, als sie doch noch auftauchte. Mir fiel sofort auf, dass etwas nicht stimmte, denn sie sah sich ständig ängstlich um.

»Als mein Mann gehört hat«, sagte sie zu mir, »mit wem du verheiratet bist, hat er mir verboten, mich mit dir zu treffen.«

»Warum?«, fragte ich erschrocken. Doch ich kannte die Antwort bereits.

»Jeder im Stamm kennt diese Familie«, sagte sie leise und schaute sich schon wieder um, »und keiner will Ärger mit diesen Leuten. Das könnte gefährlich sein.«

Ich schwieg. Es war so schwierig für mich gewesen, hierherzukommen, und nun sah es so aus, als wäre alles umsonst gewesen.

»Ich bin trotzdem gekommen«, fuhr die Beduinenfrau fort, »denn ich wollte mit dir sprechen. Sag mir: Vergewaltigt dich dein Mann?«

Mit dieser Frage überrumpelte sie mich vollkommen. Damit hatte ich nicht gerechnet. Alles in mir war Abwehr. Ich war so voller Scham, dass ich die Wahrheit nicht über die Lippen brachte.

»Nein«, sagte ich unwirsch und wich dem Blick der Beduinenfrau aus, die mir eindringlich in die Augen sah. Ich hatte so viele Fragen, und jetzt hatte mich diese Frau mit ihrer direkten Frage völlig aus dem Konzept gebracht.

»Ich wüsste gern ...«, begann ich, »bei den Verhandlungen vor dem Shaariya-Gericht, da verstehe ich so gut wie nichts und fühle mich völlig ausgeliefert. Ich habe Angst, das Sorgerecht für meine Kinder zu verlieren ...«

»Hör zu«, unterbrach mich die Sozialarbeiterin, »es ist nicht immer so, dass bei einer Trennung von Beduinenfamilien der Vater automatisch die Kinder bekommt. Meistens bleiben sie bei der Mutter. Und auch wenn man dir etwas anderes erzählt: Es gibt auch unter den Beduinen einige alleinerziehende Mütter. Wichtig ist, dass deine Kinder immer sauber angezogen sind, wenn du mit ihnen zu den Sozialarbeitern gehst, solche Sachen sind denen wichtiger als die Tatsache, dass der Vater die Kinder schlägt. Du musst kämpfen. Zeig ihnen, dass du eine gute Mutter bist. Dass sie stets ordentlich aussehen und auch dein Zuhause muss vorzeigbar sein.«

»Danke«, sagte ich, »ich werde darauf achten.«

»Also«, hakte sie noch einmal nach, »dein Mann vergewaltigt dich wirklich nicht?«

»Nein!«

Mein Gott, ich kannte diese Frau doch gar nicht. Wie hätte ich in dieser Spielecke eines Einkaufszentrums einer wildfremden Frau erzählen können, was Salim mit mir machte?

Ich hätte gern gefragt, ob sie mich nicht zum Shaariya-Gericht begleiten könnte, und wenn sie es sich nicht getraute, vielleicht jemand anderes. Aber ich wusste nicht, wie ich das fragen sollte, wo doch alle so große Angst vor Salims Familie hatten. Und während ich noch überlegte, erhob sich die Sozialarbeiterin auch schon.

»Ich wünsche dir alles Gute«, sagte sie. »Ich muss jetzt leider gehen.«

»Warte einen Moment«, bat ich. »Können wir uns wieder treffen?«

Sie schien zu zögern.

»Ich weiß es nicht«, meinte sie schließlich. »Ruf an. Wir werden sehen.«

Aber sie antwortete nie wieder auf meine Anrufe, und eigentlich hatte ich es auch nicht mehr erwartet. Sie hatte zu große Angst. Ich konnte sie verstehen, auch wenn es für mich ungeheuer bitter war. Es war niederschmetternd, wie weit Salims Arm reichte und wie wenig Menschen es wagten, meine Partei zu ergreifen und sich damit gegen ihn zu stellen.

Wochen vergingen, und endlich zahlte sich meine Strategie, mich friedlich und gefügig zu zeigen, aus – Salims Kontrolle über jeden meiner Schritte ließ langsam nach. So gelang es mir, endlich wieder den Anwalt anzurufen, den mir das Frauenhaus damals vermittelt hatte. Ich schilderte ihm meine Situation und bat ihn, mir zu helfen, aus der Falle, in die ich mich erneut begeben hatte, wieder herauszukommen. Als ich mich endlich überwand und ihm sogar von den Vergewaltigungen und meiner Schwangerschaft erzählte, war sein einziger Kommentar: »Damit kommst du vor Gericht nicht durch.« Und ich merkte, dass selbst er als mein Anwalt mir nicht glauben wollte, ja, dass er dachte, ich hätte das mit den Vergewaltigungen nur erfunden, um das Sorgerecht für meine Kinder zu bekommen und mit ihnen nach Deutschland ausreisen zu dürfen. In den Augen des Shaariya-Gerichts war meine erneute Schwangerschaft viel eher ein Zeichen, dass ich mit meinem Mann wieder ganz normal zusammenlebte. Hatte Salim auch das berechnet, als er mich vergewaltigte? Ich war verzweifelter denn je.

Besonders prekär in meinem schwangeren Zustand war die Tatsache, dass mir ein paar Monate zuvor meine deutsche Auslandskrankenversicherung gekündigt hatte, zu lange hatte ich die monatlichen Beiträge nicht mehr leisten können. Ich war also nicht mehr krankenversichert. Musste ich zu einem Arzt, war ich darauf angewiesen, dass Salim bereit war, die Kosten zu übernehmen.

Damals freute ich mich über jeden kleinen Fortschritt: Fünf Monate nachdem ich den Antrag eingereicht hatte, bewilligte mir das Sozialamt in Thüringen endlich eine Unterstützung von hundertsiebzig Euro im Monat. Das war nicht viel, aber mehr als nichts. Sie galt nur für mich, für meine Kinder konnte ich keine Sozialhilfe in Deutschland bekommen, denn sie hatten die doppelte Staatsbürgerschaft, sowohl die deutsche als auch die israelische. Und die deutschen Behörden stellten sich auf den Standpunkt, dass für die Kinder der Staat Israel aufkommen musste. Das wäre auch möglich gewesen, doch ich als Ausländerin konnte für sie keinen Antrag stellen, das wäre Salims Aufgabe gewesen. Er aber schaffte es noch nicht einmal, Kindergeld zu beantragen. Ich erinnerte ihn immer wieder daran, doch das Einzige, was er sagte, war:

»Ja, stimmt. Das mache ich nächste Woche.«

Doch nichts geschah. Glücklicherweise erklärte sich das Sozialamt in Thüringen schließlich dazu bereit, meine Arztkosten zu übernehmen. Allerdings musste ich vor jeder Konsultation einen Antrag stellen und mir ärztlich bescheinigen lassen, wie hoch die Kosten der Behandlung sein würden. Ein Notfall war in diesem System offenbar nicht vorgesehen.

Damals sah es fast so aus, als hätte Salim es geschafft, mich völlig in seine Abhängigkeit zu bringen. Besonders schmerzhaft war für mich, dass sich gerade jetzt einige Menschen, die ich sehr mochte und die mich früher unterstützt hatten, von mir abwandten. Sogar Batya, die einmal meine Freundin gewesen war, zog sich vor mir zurück. Als wir uns das letzte Mal sahen, verteidigte sie Salim vehement. Auch sie hatte die Seiten gewechselt, und ich konnte ihr nicht einmal böse sein, selbst wenn es noch so wehtat. Alle hatten Angst vor Salim und dessen Familie, keiner wollte sich mit ihnen anlegen.

So kam es, dass ich in jenen Tagen völlig isoliert lebte. Janet und Anna besuchte ich nie wieder zu Hause, auch Rina nicht bei ihrer Arbeitsstelle, denn das hätte Salim sofort erfahren, und ich wollte meine wenigen verbliebenen Freundinnen und Bekannten nicht gefährden. Doch da *Mitzpe Ramon* ein kleiner Ort ist, begegneten wir uns häufig zufällig beim Einkaufen oder auf dem Spielplatz. So kurz diese Begegnungen auch bleiben mussten, so tröstlich waren sie doch für mich.

Kapitel 16

Das dritte Kind

Ende Juli 2005, ich war gerade im fünften Monat schwanger, wurde das Haus, in dem wir wohnten, verkauft, und der neue Besitzer wollte selbst einziehen. Wir mussten uns also etwas Neues suchen. Doch Salim dachte gar nicht daran, sich darum zu kümmern.

›Das ist die Gelegenheit‹, sagte ich mir und versuchte das Sozialamt in Thüringen davon zu überzeugen, wie dringend ich eine eigene Wohnung für mich und die Kinder brauchte, denn das Zusammenleben mit Salim war die Hölle. Hilflos war ich seiner Gewalt, seinen Attacken ausgesetzt, musste ständig auf der Hut sein und würde das alles nicht mehr lange aushalten können. ›Wenn das Sozialamt doch nur die Miete übernehmen würde‹, dachte ich, ›dann hätte ich vielleicht eine Chance.‹

Drei Tage bevor wir das Haus räumen mussten, hatte ich jedoch noch immer keine Antwort. Da saß ich nun mit zwei Kindern und einem dritten im Bauch auf unseren wenigen gepackten Sachen und hatte keine Ahnung, wie es weitergehen sollte. Am Tag darauf kam die erlösende Zusage – doch wie sollte ich innerhalb von zwei Tagen eine Wohnung finden? Der bewilligte Betrag für die Miete war extrem niedrig und in *Mitzpe Ramon* der Wohnraum knapp.

Der gesamte Immobilienmarkt lief über zwei Makler, nur wenige Wohnungen wurden privat vermittelt. Der eine Makler, ein dicker, ungepflegter Mann, der aus Russland nach Israel immigriert war, weigerte sich, mir überhaupt eine Wohnung zu zeigen, weil ich keine Jüdin war. Mit ihm hatten wir übrigens Jahre zuvor bereits eine hässliche Szene erlebt, nachdem wir in unsere erste Wohnung eingezogen waren: Wir saßen damals gerade im Garten, als dieser Mann angelaufen kam und schrie: »Was macht ihr denn hier? Solche Leute wie euch will ich nicht in diesem Haus haben.«

Er griff sich einen Spaten, der am Gartenzaun lehnte, und ging damit auf Salim los. Das ließ der sich natürlich nicht gefallen, und schließlich endete das Ganze mit einer Prügelei zwischen den beiden. Offenbar war dieser Makler der Meinung, er habe darüber zu bestimmen, wer in welche Häuser einziehen dürfe und wer nicht. Damals hatten wir das Haus allerdings über private Kontakte gefunden, und es hätte ihn eigentlich nichts angehen sollen.

Die andere Maklerin, ebenfalls eine russische Immigrantin, zeigte mir nur die schlimmsten, moderig riechenden und verschimmelten Löcher, die man sich überhaupt vorstellen kann. Zum Beispiel eine mit allerhand Gerümpel vollgestopfte Wohnung in der obersten Etage eines dreistöckigen Hauses. Einige Fensterscheiben waren zerbrochen, und die Dusche funktionierte nicht. Den Sperrmüll durfte man nicht entsorgen, sondern allenfalls in einem der Zimmer zusammentürmen, was natürlich bedeutete, dass dieses nicht nutzbar war. Aber ich hatte keine Wahl und nahm diese Wohnung. Schließlich wollte ich nicht mit den Kindern auf der Straße stehen, denn darauf hatte es Salim offenbar angelegt. Wenigstens konnte ich noch verhandeln, dass die kaputten Fensterscheiben ersetzt wurden, die nicht funktionstüchtige Dusche aber haben die Vermieter nie repariert, obwohl sie das zusagten.

Ich wartete, bis Salim nicht zu Hause war, und dann brachte ich meine Sachen in die neue Wohnung. Salim hatte vor einiger Zeit einen Computer gekauft, allerdings nie den Internetanschluss legen lassen, und so hatte der ungenutzt bei uns herumgestanden. Diesen PC nahm ich mit in die neue Wohnung. Zwar hatte ich dort auch noch kein Internet, doch ich hoffte, mir den irgendwann legen lassen zu können. Bis dies möglich war, benutzte ich die ans Netz angeschlossenen Computer in der öffentlichen Bibliothek. Hier stieß ich bei meinen Recherchen auf eine Organisation in *Tel Aviv*, wo Ärzte abends kostenlos Ausländer ohne Krankenversicherung behandelten. Denn ein Riesenproblem war während der Schwangerschaft, dass ich nicht krankenversichert war. Einige Male nahm ich nun den Bus, um diese Möglichkeit wahrzunehmen. In *Tel Aviv* angekommen, musste ich mich, ehe die Praxis geöffnet wurde, gemeinsam mit Hunderten von afrikanischen Flüchtlingen und asiatischen Gastarbeitern oft zwei bis drei Stunden anstellen, um überhaupt dranzukommen – der Bedarf an einem solchen Angebot war riesengroß. Hier konnten immerhin Ultraschalluntersuchungen durchgeführt werden, doch für weitere Tests und Untersuchungen war die Praxis leider nicht ausgestattet. Da ich die Blutgruppe 0 mit negativem Rhesusfaktor habe, war jede meiner Schwangerschaften mit großen Risiken verbunden, denn es bestand die Möglichkeit, dass bei einer anderen Blutgruppe des Kindes mein Körper den Fötus als Fremdkörper abstoßen könnte. Aus diesem Grund war ich sehr besorgt über die mangelnden Tests.

Obwohl wir jetzt getrennt wohnten und ich Salim gegebenenfalls mit Polizeigewalt in seine Schranken hätte weisen können, nutzte er jede Gelegenheit, um mir zu zeigen, welche Macht er über mich und die Kinder besaß. Das Shaariya-Gericht hatte ja bestimmt, dass Salim die Kinder drei Tage die Woche mitnehmen durfte. Eigentlich war vorgesehen, dass dies in Absprache geschah, nach einem festen Rhythmus, auf den sich die Kinder und auch ich einstellen konnten. In der Praxis sah es aber nach wie vor ganz anders aus: Salim kam, wann immer es ihm einfiel, und holte Tarek unregelmäßig ab. An Karim war er noch nicht interessiert, der war ihm noch zu klein. Oft aber brachte er Tarek tagelang nicht zurück, und ich wusste nie, wann das geschehen würde. Es kam oft vor, dass ich mit den Kindern in *Mitzpe Ramon* unterwegs war und plötzlich fuhr Salim vorüber, hielt an, befahl Tarek, einzusteigen, und nahm ihn einfach mit. Salim hielt sich oft im Städtchen auf, fast täglich traf er sich mit seinen Freunden auf einen Kaffee, und da der Ort so klein war, konnte man gar nicht umhin, als sich immer wieder über den Weg zu laufen. Diese überfallartigen Situationen mochte Tarek gar nicht, überhaupt wollte er nicht mehr so gern mit seinem Vater gehen. »Ich will bei dir bleiben«, sagte er oft zu mir, »wieso hast du mir keinen guten Vater ausgesucht?«

Und ich erinnerte mich an etwas, was mir Rina oft gesagt hatte: »Du musst bei der Polizei Anzeige erstatten gegen Salim. Wann immer er etwas tut, was gegen das Gesetz verstößt. Zum Beispiel, wenn er dich schlägt. Damit du später mal was in der Hand hast, falls die Sache vor Gericht geht.«

Sie hatte recht. Solange ich noch in der Wohnung gelebt hatte, deren Mietvertrag offiziell auf Salims Namen lief, und er für die Miete bezahlte, hatte ich es nicht gewagt. Doch jetzt wurde es höchste Zeit.

Ich nahm all meinen Mut zusammen und ging zur Polizeistation.

»Ich möchte Anzeige erstatten«, sagte ich.

»Gegen wen? Und weswegen?«

Mir sank der Mut. Der Polizist, der mir gegenübersaß, war ein Schulfreund von Salim.

»Gegen meinen Exmann«, sagte ich. »Er hat mich mehrfach vergewaltigt.«

Der Beamte betrachtete mich überheblich.

»Hast du Beweise?«

Ich schluckte und sah auf Kai, den ich wie immer vorne an meinem Körper trug.

»Ich bin schwanger geworden nach der Vergewaltigung«, sagte ich.

»Das ist kein Beweis«, war die höhnische Antwort.

»Was für einen Beweis soll ich denn sonst bringen?«

»Ein Video. Auf dem das zu sehen ist. Ansonsten kann ich keine Anzeige aufnehmen.«

Und so musste ich unverrichteter Dinge wieder nach Hause gehen. Wie demütigend ein solcher Gang ist, brauche ich wohl nicht auszuführen. Aber ich wollte nicht aufgeben. Immerhin hatte ich nun mein Schweigen gebrochen. Ich erzählte es auch den zuständigen Sozialarbeitern, doch auch sie unternahmen nichts. Schließlich fuhr ich nach *Beer Sheva* in der Hoffnung, dass die dortige Polizei nicht so parteiisch wäre wie die Behörde in *Mitzpe Ramon*. Dort erfuhr ich jedoch, dass ich nur in dem Ort Anzeige erstatten könnte, wo ich wohnte und wo sich der Fall zugetragen hatte. Wieder einmal bekam ich zu spüren, dass ich als Ausländerin eine Außenseiterin war und gegen Salims mächtigen Stamm nichts ausrichten konnte.

In jener Zeit fielen mir Tareks Zeichnungen auf. Der Junge hat ein echtes Talent, schon im frühen Alter konnte er perspektivisch zeichnen, und die Gesichter, die er malte, waren gut zu erkennen. Wenn er sich selbst und seinen Bruder mit mir beim Spielen zeichnete, waren es bunte, fröhliche Bilder. Aber dann gab es auch andere Bilder, auf denen sein Vater zu sehen war bei seinen Kamelen. Tarek zeichnete ihn meist allein mit den Tieren, oft malte er ihm einen Stock in die Hand und daneben eine Schlange. Auf manchen Bildern sah ich einen Blitz über Salims Kopf.

Wenn er unsere gesamte Familie malte, bildete er sich selbst, seinen Bruder und mich groß ab, während er seinen Vater ganz klein irgendwo in die Ecke platzierte. Außerdem gab er Salim oft übergroße Hände, während er uns ganz ohne Hände zeichnete und mit leeren Augen. Das kam mir alles sehr merkwürdig vor. Jedoch sollte ich erst später herausfinden, was dies zu bedeuten hatte.

Tarek war ein ruhiger, sensibler Junge und reagierte immer sehr emotional. Ich stelle mir vor, dass es für ein solches Kind äußerst schwierig ist, in einer Familie aufzuwachsen, in der die Emotionen so negativ und von widersprüchlichen Gefühlen geprägt sind. Er achtete sehr darauf, seine Sachen sauber zu halten, und wollte sich am liebsten umziehen, wenn er sich auch nur ein wenig bekleckert hatte. Karim dagegen war ganz anders. Schon als Kind war er viel draufgängerischer und mutiger und war außerdem das einzige meiner Kinder, das sich selbst im Alter von einem Jahr und zehn Monaten abstillte. Ich hatte während meines letzten, nun schon mehr als vier Jahre zurückliegenden Besuchs in Deutschland einige Vorschulhefte mitgebracht, mit denen man Kinder auf die Schule vorbereiten kann. Tarek machte diese Übungen gern und zeigte darin eine große Geduld. Karim hockte dabei oft neben ihm und wollte dem großen Bruder sichtlich nacheifern.

Ich hatte damals, als wir in die neue Wohnung umzogen, gehofft, ein wenig Frieden zu finden. Direkt unter uns wohnten ultraorthodoxe Juden, der Mann trug die typischen Schläfenlocken und stets eine Kippa, seine Frau kleidete sich immer in lange Röcke und trug ein Kopftuch. Meine freundliche Begrüßung als neue Nachbarin stieß ins Leere, und ich lernte nach und nach, dass dieses Ehepaar mit der Tatsache, im selben Haus mit einer Deutschen zu leben, offenbar überhaupt nicht klarkam. Es begann mit Beschwerden über den Lärm der Kinder. Einmal klingelte sogar die Polizei an meiner Tür. Die Nachbarn hatten sie gerufen, weil ihnen meine Kinder zu laut waren, dabei waren sie an jenem Tag überhaupt nicht bei mir. Es war unmöglich, mit diesen Menschen vernünftig zu reden, ihr Hass gegenüber allem Deutschen war nicht zu durchbrechen. Eines Tages, als wir uns im Treppenhaus begegneten, zischte der Mann ganz deutlich: »Was will denn diese Nazi-Frau hier!«, und eine Menge hässlicher Schimpfwörter folgte. Ich war so geschockt, dass ich tat, als hätte ich nichts verstanden, und ging einfach weiter. Wenn ich sie ignorierte, so hoffte ich, wäre es zwar immer noch unangenehm, so nah beieinander zu wohnen, aber man würde sich eben aus dem Weg gehen. So einfach war es jedoch leider nicht. Eines Tages öffnete ich die Haustür und fand einen Karton mit einer toten Maus vor meiner Schwelle. Ein anderes Mal kam ich nach Hause und konnte die Haustür nicht aufschließen, das Schloss war ganz und gar mit Leim verklebt. Zweimal passierte das, und jedes Mal musste ich die Feuerwehr kommen lassen, um wieder in meine Wohnung zu gelangen. Das Schlimmste war, dass ich die Kosten selbst bezahlen musste, dabei hatte ich kaum genug Geld, um für die Kinder und mich Essen zu kaufen. Und ich fühlte mich nicht sicher in diesem Haus, wo mir der blanke Hass entgegenschlug. Ich sprach mit der Frau von der Botschaft, die das thüringische Sozialamt in Israel vertrat, und fragte, ob ich mir eine andere Wohnung suchen könnte. Aber der Mietvertrag lief über ein Jahr, und die Botschaft verlängerte ihn gegen meinen Willen danach sogar noch. Also gab es vorerst keine Möglichkeit, umzuziehen, und der Terror ging weiter. Als hätte ich in meinem Leben nicht schon genug Spannungen und Konflikte.

Endlich erhielten wir den von mir so lange herbeigesehnten Termin für die Gerichtsverhandlung um Salims Unterhaltszahlungen. Ironischerweise fand diese bei demselben Gericht in *Beer Sheva* statt, wo wir einst geheiratet hatten. Sogar derselbe Kadi verhandelte die Sache, der uns damals – wie ich glaubte – getraut hatte. Noch immer verfolgte ich den Plan, mit den Kindern nach Deutschland auszureisen, ja, ich wollte unbedingt zurück. In Israel, das war mir klar, hatte ich keine Zukunft. Wäre ich erst einmal mit meinen Kindern auf deutschem Boden, dann würde die Sache gleich ganz anders aussehen, da war ich mir sicher. Und selbst wenn ich im schlimmsten Fall mit den Kindern wieder zurück nach Israel müsste, dann wäre dies doch eine wichtige Atempause für mich, ich könnte in Deutschland Geld verdienen und auf diese Weise wieder Boden unter den Füßen gewinnen. Und doch hatte ich die Hoffnung, einmal in Deutschland, mit den Kindern auch bleiben zu können.

Darum stimmte ich nach langem Hin und Her dem Vorschlag unserer Anwälte zu, auf die Hälfte des Unterhalts, zu dem Salim gesetzlich verpflichtet wäre, zu verzichten, unter der Bedingung, dass er uns innerhalb der nächsten sechs Monate nach Deutschland ausreisen lassen würde.

»Und wenn er sich nicht daran hält?«, fragte ich bang meinen

Anwalt. »Das sähe ihm nämlich ähnlich, und dann stehe ich mit der Hälfte des Mindestunterhalts da.«

»Dann können wir sofort erwirken, dass der Unterhalt erhöht wird«, meinte er.

Also stimmte ich zu. Ein Muslim muss auch seiner Frau Unterhalt bezahlen, und darum fragte mich der Kadi, ob ich den beanspruchte. Leider war das aber an bestimmte Bedingungen geknüpft. Mein Anwalt erklärte mir, dass ich nur dann Anspruch auf Unterhalt hätte, wenn entweder Salim mich verlassen hätte, oder ich bereit wäre, zu ihm zurückzukehren. Beides war nicht der Fall. Ich hatte Salim verlassen. Und ich würde auch niemals zu ihm zurückkehren.

»Verlangst du Unterhalt von deinem Mann und gehst zu ihm zurück?«, fragte mich der Kadi, »oder verzichtest du auf das Geld?«

Es blieb mir nichts anderes übrig, als zu verzichten. Alles andere kam nicht mehr infrage.

Diese Entscheidung hatte allerdings weitreichende Folgen. Als nämlich die Botschaftsmitarbeiterin in der schriftlichen Urteilsbegründung las, dass ich auf den Unterhalt verzichtet hatte, leitete sie dies umgehend dem Sozialamt in Thüringen weiter. Sofort wurde mir die Sozialhilfe gestrichen mit der Begründung, wenn ich kein Geld von meinem Exmann bräuchte, benötigte ich wohl auch keine Unterstützung aus Deutschland. Es war ihnen nicht klarzumachen, dass hier in Israel und vor allem vor dem Shaariya-Gericht die Dinge anders liefen als in Deutschland. Ich hatte doch gar nicht anders entscheiden können, wollte ich nicht wieder zurück in die Hölle meiner Ehe. Was hätte ich tun sollen? In dieser Situation ins Beduinendorf ziehen? Ich wäre mein Leben lang dort nicht mehr herausgekommen, Salim hätte mich vollkommen unter Kontrolle gehabt.

Ich legte Beschwerde gegen den Bescheid des Sozialamts ein. Wochen und Monate vergingen ohne Antwort. Ich wusste nicht, wie ich meine Strom- und Wasserrechnungen begleichen und wovon ich Essen kaufen sollte. Salim zahlte selbst nach dem Urteil nur sehr unregelmäßig den Unterhalt für die Kinder. Und wenn, waren die tausendzweihundert Schekel von Salim, umgerechnet rund zweihundertfünfzig Euro, auch nur ein Tropfen auf den heißen Stein.

Nach wie vor saßen wir in einer leeren Wohnung, die Rechnungen blieben liegen, und im Supermarkt musste ich anschreiben lassen. Ich kann gar nicht sagen, wie peinlich mir das war. Dabei tun das in Israel viele Familien. Bei einem Betrag von umgerechnet vierhundert Euro ist es allerdings üblich, die Schulden zu begleichen. Ich aber hatte keine Ahnung, ob mir das Sozialamt überhaupt je wieder etwas zugestehen würde. Stand ich nun schon seit Jahren ohnehin unter unglaublichem Dauerstress, so spitzte sich die Lage für mich jetzt noch mehr zu. Ich schämte mich derart über meine finanzielle Lage, dass ich damals mit niemandem darüber sprach. Stattdessen versuchte ich zu sparen, wo es nur möglich war, kochte Reis mit Linsen und backte mein Brot in dem uralten Ofen, der in meiner Wohnung stand. Dazu gab es Sour Cream oder Olivenöl, Käse war zu teuer. Obst konnten wir uns in dieser Zeit überhaupt nicht mehr leisten, eine ausgewogene Ernährung war schon lange nicht mehr möglich. Ich hatte nicht einmal das Geld, mir eine Telefonkarte zu kaufen, um mit meinem Anwalt zu sprechen, was dringend notwendig gewesen wäre. Schließlich mussten wir etwas unternehmen, damit Salim mehr Unterhalt bezahlte. Nicht einmal die Busfahrkarte nach *Tel Aviv* zu den kostenlosen Ärzten konnte ich mehr bezahlen. Verzweifelt versuchte ich, mich von einem Tag zum nächsten zu hangeln und die Kinder irgendwie satt zu bekommen.

Während einer ungewöhnlich milden Dezembernacht, als Tarek und zum ersten Mal auch Karim beim Vater waren, kündigte sich die Geburt meines dritten Kindes an. Ich verständigte Salim und bat ihn, die Jungen bis nach der Geburt bei sich zu behalten. Frühmorgens machte ich einen Spaziergang in Richtung Wüste. Die frühe Morgensonne erhellte den Tag, und in ihrem zauberhaften ersten Licht konnte ich Steinböcke am Kraterrand beobachten. Es war ein kurzer Moment des Friedens, des Durchatmens, und ich ahnte, dass sich mit der Ankunft meines dritten Kindes viele Dinge ändern würden. Dieser Augenblick währte nicht lange, denn mit dem Sonnenaufgang verstärkten sich die Wehen. Es wurde Zeit, nach Hause zu gehen und der Hebamme Bescheid zu geben, damit sie rechtzeitig für die geplante Hausgeburt kam. Die Hebamme war aus *Mitzpe Ramon*, und ich kannte viele Frauen, die mit ihrer Hilfe ihre Kinder bekommen hatten. Darum war ich überrascht, als sie nur mit einer kleinen Tasche voller Handtücher bei mir ankam.

»Wo ist denn das Beatmungsgerät, das ich dich bat mitzubringen?«, fragte ich sie.

»Oh«, meinte sie, »das habe ich jemandem geliehen.«

Mich beschlich ein ungutes Gefühl. War es eine Fehlentscheidung, mich dieser Hebamme für die Geburt anzuvertrauen? Sie erschien mir nicht wirklich vorbereitet, und das nächste gute Krankenhaus war in *Beer Sheva*, viel zu weit entfernt. Später erfuhr ich, dass sie gar keine richtig ausgebildete Hebamme war, sondern nur eine *Doula*, eine Geburtshelferin. Und wahrscheinlich besaß sie gar kein solches Gerät.

Ich hatte nicht viel Zeit, nachzudenken, denn die Wehen wurden heftiger, die Geburt nahm ihren Lauf. Mitten drin klopfte es plötzlich an der Tür. Es war Salim.

»Bitte schick ihn weg«, bat ich die Hebamme unter Stöhnen, »er ist der Letzte, den ich jetzt gebrauchen kann.«

Und das tat sie auch. Die Wehen kamen jetzt in immer kürzeren Abständen, doch der Kopf des Kindes war groß und es brauchte lange, bis er sich durch den Beckenkanal durcharbeitete. Es wollte und wollte nicht vorangehen. Durch die Hektik der unvorbereiteten Hebamme konnte ich mich überhaupt nicht entspannen, und so beschloss ich, nachdem zwei Stunden vergangen waren, doch noch ins Krankenhaus nach *Beer Sheva* zu fahren. Doch wie sollte ich dort hinkommen?

»Soll ich den Krankenwagen rufen?«, fragte die Hebamme.

Ich zögerte, da brandete auch schon die nächste Wehe über mich hinweg.

»Wer wird das bezahlen«, stöhnte ich, denn ich musste ja alle Kosten vorher beim Sozialamt genehmigen lassen, und das dauerte mindestens zwei Tage. Bis dahin wäre das Kind längst da.

»Ruf bitte Salim an«, keuchte ich, »er muss mich hinfahren. Eine andere Wahl haben wir nicht.«

Salim war in *Mitzpe Ramon* geblieben, dennoch gestaltete sich das Ganze aber schwieriger als gedacht. Salim hatte nämlich die Versicherung für sein Auto nicht bezahlt und getraute sich deshalb nicht, damit nach *Beer Sheva* zu fahren. Schließlich kam er mit dem Wagen eines Verwandten. Die Hebamme half mir auf die Rückbank. Wir waren gerade eine halbe Stunde gefahren, als ich auf einmal etwas zwischen meinen Beinen spürte.

»Ich glaube, da ist etwas in meinem Schlüpfer«, sagte ich zur Hebamme. Sie warf mir einen konsternierten Blick zu, dann sah sie nach.

»Das gibt es doch gar nicht«, rief sie aus, »dein Kind schaut mich bereits mit offenen Augen an!«

Die Hälfte des Kopfes war schon draußen, und bald folgte das ganze Kind – wieder ein Junge. Wir legten ihn in eine Decke und ließen ihn noch mit mir durch die Nabelschnur verbunden. So legte ich ihn mir an die Brust. Die Plazenta wickelten wir in ein Handtuch ein. Salim bekam überhaupt nichts davon mit, dass mein jüngster Sohn Kai auf der Rückbank eines Geländewagens geboren wurde.

Die Hebamme und ich tauschten Blicke, dann schaute ich in den Rückspiegel, um in Salims Gesicht zu sehen. Schließlich tippte ihm die Hebamme auf die Schulter und fragte ihn: »Willst du nicht wenigstens mal anhalten und dein Kind anschauen?« Da endlich fuhr Salim rechts ran und drehte sich um. Als er jedoch all das Blut auf der Rückbank sah, wandte er sich schnell wieder nach vorn und fuhr weiter. Als wir eine Viertelstunde später beim Krankenhaus ankamen, lieferte er mich mit dem Baby dort ab und verschwand sofort wieder.

Stunden später holte mich Salim wieder ab. Ich war direkt überrascht, dass er daran gedacht hatte, mir eine neue Hose mitzubringen. Allerdings hatte er eine eng geschnittene Jeans in der Größe XS gekauft, die mir so kurz nach der Geburt natürlich viel zu klein war, ich konnte gerade noch hineinschlüpfen, doch den Bund konnte ich nicht schließen.

Salim erzählte gut gelaunt von seinem Freund, der bei der Tankstelle arbeitete.

»Ich hab ihm das Auto zum Putzen gebracht«, meinte er schmunzelnd, »und hab ihm erzählt, dass die Kinder die Rückbank so eingesaut hätten. Und stell dir vor, er hat alles sauber gemacht.«

»Na das ist doch gut«, sagte ich nur, völlig erschöpft von der Geburt und den Untersuchungen.

»Dummerweise habe ich beim Abholen aus Versehen gesagt, dass mein Sohn in dem Wagen geboren wurde. Da war er ganz schön sauer.«

Ein paar Tage später erfuhr auch der Besitzer, was passiert war, und weigerte sich, den Wagen zurückzunehmen. Salim musste ihm seinen dafür geben und machte dabei das schlechtere Geschäft.

Ich war viel zu erschöpft für solche Diskussionen. Auch ich hatte es mir nicht erträumt, mein Kind auf der Rückbank eines Geländewagens zur Welt zu bringen. Konnten wir uns nicht einfach darüber freuen, dass dennoch alles gut gegangen war?

Übrigens setzte ich mich dieses Mal bei der Namensgebung durch: Auch wenn Salim gegen Kai war und im Krankenhaus sofort nur den zweiten Namen Yassir, auf den wir uns geeinigt hatten, registrieren ließ, so ging ich später nochmals hin, weil man vergessen hatte, mich als Mutter auf der Geburtsurkunde einzutragen.

»Sie haben auch den zweiten Vornamen vergessen«, sagte ich bei der Gelegenheit, und ließ Kai offiziell eintragen.

Gleich am Tag nach der Geburt brachte Salim Tarek und Karim nach Hause und verschwand wieder. Nun hatte ich also Kinder im Alter von viereinhalb und von zweieinhalb Jahren plus das Baby zu versorgen. Während sich Tarek über seinen kleinen Bruder freute, brach Karim bei seinem Anblick in Tränen aus. Für ihn war das alles zu viel: Er war vor diesem ersten längeren Aufenthalt bei seinem Vater noch nie so viele Tage von mir getrennt gewesen. Und nun war auch noch sein Platz als Nesthäkchen besetzt. Es war für ihn nicht leicht, sich daran zu gewöhnen, dass da jemand war, der mich noch dringender brauchte. Zum Glück war Kai ein ruhiges und zufriedenes Baby, sodass ich mich nach wie vor gut um Tarek und vor allem um Karim kümmern konnte. Dennoch war dieser noch lange Zeit eifersüchtig auf Kai.

Für mich als alleinerziehende Mutter von drei Kindern mit einem Neugeborenen bedeutete das: chronischen Schlafmangel durch das Stillen in der Nacht und ein ständiges Kümmern und Sorgen, also keine einzige Minute für mich selbst. Denn keines der Kinder ging ja in den Kindergarten. Tarek weigerte sich mit Händen und Füßen, und Karim war für den regulären Kindergarten noch zu klein.

Außerdem litt ich mit drei Kindern noch mehr als früher unter ständigen Geldsorgen. Wir waren so arm, dass wir uns zu viert eine Bettdecke teilen mussten, ich konnte mir keine zweite leisten. Noch immer war die Sozialhilfe auf Eis gelegt, und Salim zahlte den gerichtlich festgelegten Unterhalt nur sehr unregelmäßig, der ja ohnehin nur die Hälfte von dem war, der eigentlich üblich war.

»Wir brauchen dringend eine zweite Zudecke«, sagte ich zu Salim. »Bitte kauf uns eine, wenigstens deinen Kindern zuliebe.«

Doch er tat so, als hörte er nichts.

Gleich am Tag nach der Geburt musste ich mich mit meinen Kindern zum Supermarkt schleppen, denn sie hatten Hunger. Als ich zwei Tage später beim Kinderarzt war, um Kai untersuchen zu lassen, bekam er auf einmal keine Luft mehr und lief blau an. Der Arzt rief sofort den Krankenwagen, und ich versuchte vergeblich, Salim zu erreichen. In höchster Not bat ich eine junge Frau aus der Nachbarschaft, die ebenfalls gerade mit einem Kind wegen einer Routineuntersuchung beim Arzt war, auf Tarek und Karim aufzupassen, bis Salim sie abholen kam, und fuhr mit Kai ins Krankenhaus. Dort fand man keine Erklärung für den Atemaussetzer, was mich noch mehr ängstigte. Ständig fürchtete ich, es könnte wieder passieren, und die Gefahr für den sogenannten »plötzlichen Kindstod«, auch bekannt unter der Bezeichnung SIDS, war laut Aussage der Ärzte gegeben.

Am selben Abend kam Salim und machte ein Riesentheater.

»Wie konntest du nur die Kinder bei dieser Frau lassen?!«, schimpfte er. »Und dann erwarten, dass ich sie auf Anruf sofort abholen komme. Was denkst du dir eigentlich?«

Was mit dem Baby war, interessierte ihn überhaupt nicht.

»Und mit dem Krankenwagen fahren, das sieht dir ähnlich«, regte er sich auf. »Und wer kriegt die Rechnung? Ich natürlich!«

Und damit rauschte er verärgert ab.

Ich verbrachte eine Woche mit Kai im Krankenhaus, Salim meldete sich nicht mehr. Obwohl erhöhte Gefahr bestand, dass Kai mitten in der Nacht ersticken oder am SIDS versterben könnte, erhielten wir keinen Überwachungsmonitor, und so wachte ich Tag und Nacht an seinem Bettchen. Schließlich wurden wir entlassen, doch meine Sorge blieb, denn noch immer gab es keine Erklärung für seinen Atemaussetzer. Langsam, aber sicher war ich körperlich völlig am Ende. Doch keine Hilfe war in Sicht. In dieser Zeit erfuhr ich auch noch, dass Rina, die freundliche Sozialarbeiterin, die mir schon mehrmals unter die Arme gegriffen hatte, plötzlich an einem Herzinfarkt verstorben war. Ich konnte es überhaupt nicht fassen.

Heute frage ich mich, wie ich diese Zeit unter extremsten Bedingungen überhaupt überstehen konnte. In der Not wachsen einem Riesenkräfte, doch auch diese sind irgendwann einmal verbraucht. Ich glaube heute, dass es die Liebe zu meinen Kindern war und die Zuneigung, die sie mir schenkten, die mich das alles durchhalten ließen. Ich musste durchhalten, denn wenn ich zusammenbrach, dann würde ich Tarek, Karim und nun auch Kai an Salim für immer verlieren. Und das durfte nicht sein.

Kapitel 17

Terror

Dass meine ultraorthodoxen Nachbarn mich ablehnten und als Nazi beschimpften, damit hatte ich mich wohl oder übel arrangieren müssen. Nun aber sollte es noch schlimmer kommen. Kai war gerade sechs Wochen alt, als es zu einem ernsten Zwischenfall kam.

Ich hatte den Kleinen vorne im Tragetuch und wollte mit ihm zum Einkaufen gehen. Tarek und Karim waren bei ihrem Vater, und so war es an diesem Tag einfacher, Besorgungen zu machen. Draußen vor dem Eingang führten fünf Steinstufen hinunter, und genau dort kam mir die Nachbarin mit ihrer Schwester, die im ersten Stock wohnte, entgegen. Plötzlich gab mir die Frau ohne Vorwarnung einen so heftigen Stoß, dass ich mitsamt dem Baby die Treppe hinunterstürzte. Ich schürfte mir beim Fallen den Arm auf, und sogar Kai bekam trotz Tragetuch und Kleidung Kratzer am Rücken ab, als ich mit ihm seitlich auf die Treppenstufen fiel. Ich war geschockt – wie konnte man eine andere Frau, noch dazu mit einem Baby, so hinterrücks stoßen? Mir war allerdings klar, dass es keinen Sinn hatte, mit der Frau zu streiten, und so beschloss ich, mich auf keine Diskussionen einzulassen, sondern sofort zur Polizei zu gehen und Anzeige gegen sie zu erstatten. Ich war jedoch keine zwanzig Meter weit gekommen, als mir die Polizei schon entgegenkam.

»Deine Nachbarin hat uns gerufen«, sagte der Polizist streng, wie es in Israel üblich ist, »wieso hast du sie geschlagen?«

»Was!?«, rief ich fassungslos. »Ich soll sie geschlagen haben? Ganz im Gegenteil: Sie hat mich mit dem Kind im Tragetuch die Treppe runtergestoßen!«

Was nun folgte war eine typische israelische Szene mit viel Geschrei und wüsten Beschuldigungen. Die Frau, die dazugekommen war, zeterte, ich hätte sie geschlagen, dabei das Gleichgewicht verloren und wäre deswegen die Treppe hinuntergefallen. Und das Heftigste war: Die Polizei glaubte ihr, nicht mir. Natürlich hielten die beiden Schwestern zusammen, als sie befragt wurden. Ein weiterer Hausbewohner, der auf derselben Etage wie die Ultraorthodoxe lebte, hatte die ganze Szene beobachtet. Er war selbst Polizist, allerdings nicht in *Mitzpe Ramon*, sondern in einem Gefängnis im *Negev*. Er erzählte mir später, dass er selbst noch mal zur Polizei gegangen war und meine Version bestätigt hatte. Dennoch blieb offenbar ein Eintrag gegen mich im Computer bestehen, der später noch negative Folgen für mich haben sollte.

Jedenfalls war mir nun klar, dass ich mich vor dieser Familie in Acht nehmen musste. Und wieder dachte ich daran, dass es besser wäre, ich könnte mir eine neue Wohnung suchen. Würde ich denn niemals zur Ruhe kommen? Und immer hatte ich diese drückenden Geldsorgen. Wann würde das endlich ein Ende nehmen?

Wann immer ich Salim darauf ansprach, dass er vor Gericht versprochen hatte, mich mit den Kindern nach Deutschland fahren zu lassen, wollte er nichts davon hören. Ich hatte mich bei der Verhandlung wegen des Unterhalts ja nur unter der Bedingung bereit erklärt, mich mit der Hälfte der üblichen Summe zu begnügen, weil Salim mir diese Reise versprochen hatte. Doch Monat um Monat verstrich, und ich kam meinem Ziel um keinen Schritt näher. Ich wäre auch bereit gewesen, erst einmal nur für ein oder zwei Monate nach Deutschland zu gehen und dann wieder zurückzukommen, dort wie früher als Bedienung zu arbeiten und mir ein finanzielles Polster anzusparen, so wie damals, bevor ich die Kinder hatte. Immer wieder schlug ich Salim eine solche Lösung vor, im Wechsel ein paar Monate hier zu leben, damit er die Kinder sah, dann wieder für einige Zeit nach Deutschland zu gehen, um

Geld zu verdienen. Solange die Jungen noch nicht zur Schule mussten, wäre das durchaus möglich gewesen. Ich hasste es, finanziell sowohl von ihm als auch vom Sozialamt abhängig zu sein, zu gern wollte ich mein eigenes Geld verdienen. Aber ohne offiziellen Status in diesem Land, als eine der vielen illegalen Ausländerinnen ohne Rechte, hatte ich keine Chance. Welche Möglichkeiten hätte ich in Deutschland gehabt ... Salim aber lehnte es kategorisch ab, mich mit den Kindern reisen zu lassen.

Wenn er sich also an die Abmachung nicht hielt, so musste der Unterhalt neu berechnet werden, fand ich. Mein Anwalt hatte mir ja auch versichert, dass das möglich war. Doch ich merkte bald, dass der kein großes Interesse zeigte. Wieder und wieder rief ich ihn an und fuhr einmal sogar zu ihm ins Büro, nur um festzustellen, dass er lieber nichts für mich tun wollte.

»Das wird doch überhaupt nichts bringen«, meinte er ungeduldig, »wenn du jetzt solche Forderungen stellst, wird dein Mann überhaupt nicht mehr kooperieren.«

»Aber das Geld reicht einfach nicht zum Leben«, gab ich verzweifelt zur Antwort und fragte mich gleichzeitig, warum ich meinem Anwalt das überhaupt erklären musste, schließlich war er dazu da, meine Interessen zu vertreten. »Und das Gesetz sieht vor«, fuhr ich fort, »dass ein Vater für seine Kinder eigentlich das Doppelte bezahlen muss, als Salim das bislang tut. Auch den reduzierten Betrag erhalte ich nur sehr unregelmäßig. Für meinen jüngsten Sohn bezahlt er bislang noch überhaupt nichts. So kann es nicht weitergehen.«

Ich war wütend und den Tränen nahe, doch ich ließ mir nichts anmerken. Wer in Israel Schwäche zeigt, wird gleich als »Freier« eingestuft, und das könnte man als »Memme« oder »Feigling« übersetzen. Ein Freier unterwirft sich freiwillig den anderen und seinem Schicksal, und keiner hat mehr Respekt vor ihm. Noch gelang es mir nicht besonders gut, laut zu werden und herumzuschreien, ich musste erst noch lernen, dass man mit Ruhe und Sachlichkeit in Israel nicht weit kommt.

Aber ich blieb eisern bei meiner Forderung, und so erreichte ich schließlich, dass eine neue Anhörung vor dem Shaariya-Gericht anberaumt wurde. Dieser Termin verlief jedoch äußerst frustrierend: Ich konnte es nicht fassen, aber der Kadi legte fest, dass Salim auch für seine nunmehr drei Kinder weiterhin lediglich tausendzweihundert Schekel bezahlen musste, also genauso viel wie bislang für zwei. Das war ein Drittel des vorgeschriebenen Mindestunterhalts! Wenigstens erklärte mein Anwalt dem Gericht, dass ich vom deutschen Sozialamt nicht unterstützt wurde, solange Salim mir keinen Unterhalt bezahlte. Der Kadi dachte nach. Schließlich verkündete er:

»In diesem Fall soll der Ehemann der Frau zu dem Unterhalt der Kinder noch dreihundert Schekel bezahlen.«

Ich atmete auf. Denn auch wenn das umgerechnet nur rund sechzig Euro ausmachte, so war das besser als nichts. Außerdem hatte ich jetzt wenigstens die Chance, Sozialhilfe zu bekommen. Und tatsächlich, mit diesem Urteil erhielt ich im Frühjahr 2006 endlich wieder Unterstützung aus Thüringen, von der allerdings die dreihundert Schekel Unterhalt von Salim abgezogen wurden.

Einige Monate später war der verlängerte Mietvertrag abgelaufen, und das Sozialamt genehmigte mir endlich den Umzug in eine neue Wohnung. Was war ich erleichtert, denn die Spannungen mit den Nachbarn waren zur offenen Feindschaft geworden. Ich begann, nach einer neuen Wohnung zu suchen, aber überall stieß ich auf Ablehnung. Es war klar, niemand wollte mich als Mieterin haben. Keiner wollte einer alleinerziehenden Ausländerin ohne gültiges Visum und mit drei kleinen Kindern seine Wohnung überlassen. Noch immer war das Mietpreislimit, das das Sozialamt mir gesetzt hatte, extrem niedrig, sodass ohnehin kaum Wohnraum in Frage kam. Außerdem wollte die Botschaft die Wohnung vorher sehen, ehe der Mietvertrag genehmigt wurde, was weiterhin für Misstrauen sorgte. Und natürlich kannte jeder in *Mitzpe Ramon* meine Geschichte, sie war dort Stadtgespräch. Ich war die Frau, die mit einem einflussreichen Beduinen Ärger hatte, und da wollte keiner in die Schusslinie geraten, so einfach war das. Jeder, der mir helfen würde, könnte Probleme mit dem gesamten Stamm bekommen, und das riskierte niemand. Es wäre vielleicht einfacher gewesen, wenn ich in der Lage gewesen wäre, drei Mieten im Voraus zu bezahlen, doch darauf ließ sich das Sozialamt nicht ein. Ohnehin waren die Beamten in Deutschland der Meinung, dass sie nur mich unterstützen mussten, meine Kinder, die die doppelte Staatsbürgerschaft besaßen, interessierten sie nicht, für die sollte der Vater sorgen. So war auch der extrem niedrige Mietpreis zustande gekommen, da die Wohnung »nur für mich« gelten sollte. Was für ein Unsinn!

Am Ende blieb mir nichts anderes übrig, als ein kleines Häuschen mit vierzig Quadratmetern zu nehmen. Die Konstellation war denkbar unglücklich: Die Vermieter waren die Eltern eines Schulfreunds von Salim, der einer seiner inzwischen vier Anwälte war. Dieses winzige Haus hatte an die zwanzig Jahre lang leer gestanden und war eine wahre Bruchbude. Ich wusste, dass man darin eigentlich nicht wohnen konnte, doch ich hatte keine Alternative. Selbst dieses Angebot bekam ich nur unter der Bedingung, dass ich selbst für alle Reparaturen aufkommen würde. Aber ich war so verzweifelt, dass ich den Mietvertrag trotzdem unterschrieb. Allerdings wusste ich damals noch gar nicht, was alles auf mich zukommen würde, denn bei der Besichtigung konnte ich nur die Spitze des Eisbergs erkennen. Wie heruntergekommen das Häuschen tatsächlich war, zeigte sich erst nach und nach. So mussten wir feststellen, dass die Dusche nicht funktionierte und der Durchlauferhitzer völlig vergammelt war. Ein Lichtblick in dem ganzen Einzugschaos war, dass ich mich mit meinen neuen Nachbarn Jonathan und Esther auf Anhieb verstand, und Jonathan kam sofort rüber zu uns und sah sich den Boiler an.

»Da ist nichts zu machen«, erklärte er, »schalte den bloß nicht an, sonst fliegt dir das Ding um die Ohren.«

Schon vor meinem Einzug hatte ich festgestellt, dass die Abflussrohre des Hauses verstopft waren. Ich hatte gehofft, dieses Problem mit den üblichen Hausmitteln lösen zu können, doch alle Versuche waren umsonst. Als Jonathan so freundlich war, den Gully im Garten zu öffnen und nachzuschauen, warum das Abwasser nicht abfloss, fand er heraus, dass die Leitung voller Steine war.

»Das kriegt man nur mit einer speziellen Maschine hin«, sagte Jonathan. »Die Stadtverwaltung hat so eine. Geh mal zum Rathaus, die helfen bestimmt.«

Das tat ich auch. Doch da es ein privates Grundstück war, wollte die Stadtverwaltung den Einsatz mit einer solchen Maschine nur gegen Bezahlung vornehmen. Die Vermieter lehnten das ab, und ich hatte kein Geld dafür. Wochen vergingen, und wir konnten das Wasser im Haus quasi nicht benutzen. Die Kinder musste ich draußen im Garten waschen, ebenso mein Geschirr dort in Schüsseln spülen. Doch allmählich wurde es Winter, und in *Mitzpe Ramon* kann es da mitunter eisig kalt werden. Meine freundlichen Nachbarn Jonathan und Esther konnten das nicht länger mitansehen und wandten sich für mich an die Stadtverwaltung.

»Stell dir vor«, sagte Esther wutentbrannt, als sie wieder zurück waren, »die sagten doch tatsächlich, dass sie nicht kommen, um dir zu helfen, weil du Ausländerin bist. Ist das nicht eine Frechheit?«

Ich gab nicht auf und hakte immer wieder nach, bis die Stadt tatsächlich jemanden mit dieser Maschine vorbeischickte, der wenigstens einen Teil der Rohre freilegte. Danach lief das Wasser zwar besser ab, verbrauchten wir allerdings viel Wasser, kam alles im Garten durch den Gully wieder hoch.

Die Abflussrohre waren nur eine der vielen »Baustellen« dieses Hauses. Das Dach war so konstruiert, dass sich das Regenwasser im Winter sammelte und an vielen undichten Stellen in die Wohnung sickerte. Die Folge war Schimmel an den Wänden. Wir hatten außerdem eine richtige Mäuseplage, und einmal, als ich Kai stillte, lief eine Maus einfach über uns hinweg. Salim lachte sich halb tot über unsere Wohnsituation.

»Du willst ja nicht im Zelt leben«, meinte er höhnisch, »dir ist ja eine solche Bruchbude lieber. Du solltest dich sehen, wie du hier lebst, wie eine Asoziale.«

Salim kam zweimal die Woche, um Tarek und Karim abzuholen. Das Gericht hatte bestimmte Tage festgelegt, doch nicht immer hielt er sich daran. Um nicht wieder Gefahr zu laufen, von Salim geschlagen zu werden, erwartete ich ihn immer draußen im Garten, um ihm die Kinder zu übergeben oder sie wieder in Empfang zu nehmen. Ich achtete peinlich darauf, ihn möglichst nicht mehr ins Haus zu lassen. Außerdem versuchte ich, so fair wie möglich zu sein, und lud ihn auch an den Geburtstagen der Kinder ein, die wir dann ebenfalls im Garten feierten.

Seit er mich nun wieder geschlagen hatte, vermied ich es noch mehr, ihn innerhalb meiner vier Wände zu haben. Auch beschwerte ich mich niemals, wenn er den Unterhalt zu spät brachte, sondern bot ihm öfter einen Kaffee an, um ihn freundlich zu stimmen, und servierte ihn draußen im Garten. Glücklicherweise lag das Haus an der Hauptverkehrsstraße von *Mitzpe Ramon*, direkt gegenüber dem Supermarkt, vor dem ich früher das Öl verkauft hatte. Daneben war eine Bank, und so war auf der Straße stets viel Betrieb. Bei unseren kurzen Begegnungen sprachen wir nicht viel. Und wenn, dann sagte Salim Dinge wie: »Du wirst schon sehen: Ich mach dich fertig. Ich werde dein Leben ruinieren.« Oder: »Du bist nichts weiter als ein Jo-Jo in meiner Hand. Wenn ich will, geht es mit dir rauf – runter – rauf – runter.« Und dann lachte er hämisch. Wichtige Dinge, die wir dringend miteinander hätten klären müssen, konnte ich nie mit ihm besprechen. Dann sagte er: »Ich hab jetzt keine Zeit«, und war sofort wieder weg.

Auf diese Weise hatte ich nie die Möglichkeit, mit ihm über Tareks Einschulung zu sprechen. Der Junge freute sich unglaublich auf die Schule, immer wieder hatte er eifrig die Vorschulhefte durchgearbeitet, inzwischen beherrschte er schon das Alphabet und konnte rechnen. Im Grunde kannte er bereits den gesamten Unterrichtsstoff der ersten Klasse. Ich hatte für diesen großen Tag alles liebevoll vorbereitet: die Schultasche, das T-Shirt mit dem Schulstempel darauf, sogar eine Zuckertüte hatte ich gebastelt. Am Tag zuvor hätte Salim die Kinder per Gerichtsbeschluss eigentlich abholen müssen, doch er war wie so oft nicht gekommen. Es war an einem Sonntag, der in Israel ja ein ganz normaler Werktag ist, und ich hatte morgens um halb acht die Kinder angezogen und für den Gang zu Tareks Schule fertig gemacht. Tarek, der sich dem Kindergarten stets verweigert hatte, war aufgeregt. Wir verließen gerade das Haus, als Salim plötzlich vorfuhr.

»Kommt, Kinder«, rief er, »wir fahren in die Wüste!«

»Das geht nicht«, widersprach ich, »heute ist Tareks erster Schultag!«

Doch er schrie mich nur an, packte die Jungen, lud sie ins Auto und fuhr mit ihnen davon. Die Schulsachen ließ er einfach bei mir stehen.

Ich war fassungslos. Da stand ich nun mit dem kleinen Kai und den Schulsachen. Tarek hatte sich so sehr auf seinen ersten Schultag gefreut, und wieder einmal hatte ihm sein Vater alles verdorben. Ich gab mein Bestes, um den Kindern unter diesen schwierigen Bedingungen, in denen sie aufwuchsen, ein möglichst normales und geordnetes Leben zu ermöglichen. Dazu gehörte es schließlich auch, wie alle anderen Kinder zur Schule zu gehen und den ersten Schultag zu feiern. Und dann kam Salim daher und machte einmal wieder alles kaputt.

Im Lauf des Vormittags ging ich mit Kai zur Schule, um herauszufinden, ob Salim Tarek vielleicht selbst hingebracht hatte. Doch das war nicht der Fall.

Am nächsten Tag kaufte ich am frühen Abend auf dem Markt ein. Auch Tareks Lehrerin war dort, und als sie mich sah, kam sie mit einem großen Lachen im Gesicht auf mich zu.

»Du glaubst nicht, was heute in der Schule los war. Salim

brachte Tarek und Chalil zur Schule, und die Kinder hatten so neue Sachen an, dass noch die Preisschilder daran hingen.«

»Und wie lief es mit den beiden in der Schule?«, wollte ich wissen.

»Tarek spricht zwar kaum Hebräisch«, fuhr die Lehrerin fort, »doch er kennt ja schon die Zahlen. Chalil dagegen …«

Die Frau verdrehte die Augen zum Himmel.

»Das arme Kind weiß ja nicht einmal, wie man einen Stift hält.«

Wie denn auch, dachte ich. Bestimmt war seine Mutter Analphabetin, und Salim sah es gewiss nicht als seine Aufgabe an, Chalil mit Stift und Papier vertraut zu machen. Malen, Schreiben, spielerisches Rechnen – all diese Fähigkeiten verachten die meisten Beduinen, für sie sind sie irrelevant. Doch warum Salim mit seiner westlichen Bildung seine Kinder so erziehen wollte wie seine Vorväter, war mir einfach nicht begreiflich. Dort im Beduinendorf hat sich sicherlich niemand die Mühe gemacht, ihn auf die Schule vorzubereiten. Doch die Lehrerin war noch nicht fertig:

»Und dann hat der Kerl angefangen, mich zu beißen. Kannst du dir das vorstellen?«

»Wer hat dich gebissen?«, fragte ich erschrocken, obwohl mir völlig klar war, dass es unmöglich Tarek gewesen sein konnte.

»Na, Chalil. Einfach untragbar. Ich hab Salim mit den beiden Kindern wieder nach Hause geschickt. Die sollen erst wiederkommen, hab ich zu ihm gesagt, wenn sie sich zu benehmen wissen.«

»Aber Tarek hat doch gar nichts getan, oder?«, wandte ich ein. Die Vorstellung, dass mein Kind für das bestraft wurde, was Salim an seinem Sohn aus der anderen Beziehung vernachlässigt hatte, brachte mich in Rage.

»Nein«, gab die Lehrerin zu. »Tarek war sehr lieb und scheint wirklich ein kluges Bürschchen zu sein. Aber ich muss weiter, Berit, ich hab mich schon viel zu lange verweilt.«

Und fort war sie.

Am nächsten Tag hatte ich Tarek wieder bei mir, und ich brachte ihn zur Schule. Die Lehrerin zögerte jedoch, ihn in die Klasse aufzunehmen.

»Wieso schickst du ihn nicht in die Vorschule«, schlug sie halbherzig vor.

»Aber Tarek ist gut vorbereitet für die erste Schulklasse«, insistierte ich. »Er langweilt sich nur in der Vorschule.«

Es gab noch einige Diskussionen, schließlich musste Tarek sogar einen Test absolvieren, der bewies, dass er reif war für die Einschulung. Chalil dagegen wurde in die Vorschule zurückgestuft, obwohl er ja genauso alt war wie Tarek.

Später erzählte mir Tareks Lehrerin, dass mein Großer im Hebräisch-Unterricht wochenlang nichts gesprochen hatte und auch nie etwas vorlesen wollte. Eines Tages aber meldete er sich freiwillig und las fließend einen hebräischen Text vor. Das war typisch für meinen Sohn, der sich immer erst dann zeigte, wenn er etwas konnte.

Am Schlachtfest nach dem *Ramadan* erschien Salim und erklärte mir, dass er Tarek und Karim mitnehmen wollte. Es war zwar nicht sein Tag, doch ich verstand, dass er mit den Kindern dieses Fest feiern wollte, und stimmte zu.

»Bitte sei aber so gut«, sagte ich zu ihm, »und sag in Tareks Schule Bescheid, warum er fehlt. Sonst heißt es nachher womöglich, ich würde das Kind völlig grundlos nicht zur Schule bringen.«

Da rastete er aus und ging auf mich los. Er schlug mich, dann schnappte er sich die Kinder. Wie so oft packte er sich den einen unter den linken und den anderen unter den rechten Arm und trug die strampelnden und schreienden Kinder davon.

»Du wirst die Kinder nicht wiedersehen!«, brüllte er mir vom Auto aus zu und fuhr davon.

Er brachte sie tatsächlich weder am selben Abend noch am Tag darauf. Da bekam ich es mit der Angst zu tun und ging zur Polizei.

»Seit wie vielen Tagen sind die Kinder beim Vater?«, fragte mich der Beamte. »Seit zwei? Da können wir doch noch nichts unternehmen. Von uns fährt sowieso keiner ins Beduinendorf, schlag dir das aus dem Kopf!«

Eine weitere Nacht ängstigte ich mich, Salim könnte seine Drohung wahrmachen. Doch dann brachte Salim die Kinder glücklicherweise am dritten Tag endlich wieder nach Hause.

Durch dieses ganze Hin und Her war vor allem Tarek verunsichert und ängstlich. Er wollte nicht allein in der Schule bleiben, und so ging ich in der ersten Woche mit ihm und wartete noch einige Zeit bei ihm, bis er sich an alles gewöhnt hatte. An den Tagen aber, an denen Salim ihn zur Schule brachte, wurde es besonders schwierig. Tarek traute seinem Vater nicht, zu oft hatte er erlebt, dass er versprochen hatte zu kommen und sich dann nicht daran hielt. Er hatte Angst, dass sein Vater ihn nach der Schule nicht wieder abholen würde, denn er hatte in seinen jungen Jahren schon viel zu oft vergeblich auf seinen Vater gewartet.

»Gib mir den Autoschlüssel«, forderte der kleine Mann, »sonst bleib ich nicht in der Schule.« Denn ihm war klar, dass Salim ohne seinen Wagen nicht weit kommen würde. Und so saß Tarek oft in der Klasse, Salims Autoschlüssel sicher in der Hosentasche verstaut, mit der beruhigenden Gewissheit, dass sein Vater nicht einfach mir nichts dir nichts verschwinden konnte, wenn ihm plötzlich danach war. Währenddessen hing Salim in *Mitzpe Ramon* fest und musste bis Schulschluss warten.

Eines Abends, ich war mit Kai allein zu Hause, seine Brüder waren bei Salim, geschah etwas, was unserem Leben eine neue Richtung gab. Kai war ein bisschen erkältet und hatte leichtes Fieber, als er plötzlich in meinem Arm zu zittern begann. Er verdrehte die Augen, hörte auf zu atmen und lief blau an. Ich verfiel in Panik, rannte mit ihm in den Garten hinaus und rief Esther zu, die gerade nach Hause kam: »Ruf sofort den Krankenwagen!«

Als sie Kai so leblos in meinen Armen sah, verfiel auch sie in einen Schockzustand, wie angewurzelt stand sie da und konnte nichts tun. In diesem Augenblick sah ich Kais Leben wie in einem Film, der verkehrt herum abgespielt wird, an mir vorüberziehen, sah ihn mit seinen Brüdern spielen, sah ihn als kleines Baby ... Da kam Jonathan angerannt, und er war der Einzige von uns, der handlungsfähig war und klar denken konnte. Er wollte zu mir in den Garten, doch die Tür war abgeschlossen. Ich wusste, jetzt sollte ich den Schlüssel holen, doch ich war nicht in der Lage, mich zu rühren. Jonathan kletterte kurzerhand über den Zaun, riss mir Kai aus den Armen, legte ihn unter die Palme im Garten und versuchte, ihn wiederzubeleben. Er hatte Erfolg, Kai begann wieder ganz schwach zu atmen. Inzwischen hatte Esther wieder zu sich gefunden und den Krankenwagen verständigt. Ein paar Schaulustige blieben am Gartenzaun stehen, denn ich wohnte an einer belebten Straße. Uns kam die Zeit, während wir auf den Krankenwagen warteten, ewig lang vor, schließlich hielt es Jonathan nicht mehr aus, nahm Kai auf den Arm und wollte mit ihm zur Ambulanzstation, die ungefähr fünf Minuten von uns entfernt lag. Er lief gerade los, als der Krankenwagen endlich um die Ecke bog.

Die Sanitäter untersuchten Kai sofort und kamen zu dem Ergebnis, dass ein Fieberkrampf die Ursache für den Atemstillstand gewesen war. »Das passiert schon mal bei Kindern unter fünf Jahren«, erklärte mir der Einsatzleiter, »wenn das Fieber zu schnell ansteigt. Dann kann das kleine Gehirn das noch nicht so rasch verarbeiten.«

Dennoch hielten sie es für ratsam, Kai im Krankenhaus untersuchen zu lassen. Und dahin fuhren wir dann auch.

Es vergingen Stunden, bis Kai zu sich kam. Und erst am anderen Morgen begann er, wieder zu sprechen. Die Ärzte waren sich nicht sicher, was diese Attacke ausgelöst hatte. Man fand allerdings auch eine bakterielle Infektion, die der Junge sich wahrscheinlich durch die ungesunden Wohnverhältnisse geholt hatte.

›Ich muss unbedingt durchsetzen, dass wir eine bessere Wohnung bekommen‹, sagte ich mir verzweifelt. ›Kai hätte sterben können, weil wir in einem solch ungesunden Loch wohnen müssen.‹

Am Nachmittag wurde Kai entlassen. Und am Abend brachte Salim die beiden Großen wieder zurück. Er wusste, was passiert war, Jonathan hatte ihn verständigt. Doch Salim hatte es nicht für nötig gehalten, sich nach Kai zu erkundigen oder gar im Krankenhaus vorbeizuschauen.

Kapitel 18

Hoffnung auf Neubeginn

Eines Tages, es war im Jahr 2007, erhielt ich eine E-Mail von einem Anwalt aus Deutschland. Ich erfuhr, dass mein Vater gestorben war, und zwar bereits im Oktober 2001. Der Anwalt hatte mich nun sechs Jahre lang gesucht und über eine Internetplattform, in der ich verzeichnet war, ausfindig gemacht. Er hatte keine guten Nachrichten für mich, denn mein Vater war hoch verschuldet verstorben, und nun wurde ich in die Pflicht genommen, die Gläubiger zu bezahlen.

Ich rief sofort die deutsche Botschaft an.

»Sie müssen die Erbschaft schnellstmöglich ausschlagen«, riet mir die freundliche Angestellte, die für Erbschaftsangelegenheiten zuständig war. »Am besten kommen Sie gleich morgen her, damit wir das erledigen können. Es gibt eine bestimmte Frist, die Sie nicht verstreichen lassen dürfen.«

Das tat ich. Es passte gut, denn Tarek und Karim waren gerade bei Salim, so musste ich nur Kai mitnehmen. In *Tel Aviv* erfuhr ich aber, dass es damit noch nicht getan war. Nachdem ich den Nachlass ausgeschlagen hatte, waren in der Erbfolge nun meine Kinder dran.

»Dann schlage ich es für sie am besten auch gleich aus«, schlug ich vor.

»Ja, das sollten Sie«, antwortete mir die Frau. »Aber das geht nur gemeinsam mit Ihrem Mann. Kommen Sie so bald wie möglich mit ihm noch mal her.«

Mir sank der Mut. Immer, wenn Salim involviert werden musste, wurde es schwierig. Doch ich konnte mir nicht vorstellen, dass Salim sich dagegen sperren würde. Er würde schimpfen, dass er so weit fahren und sich einen ganzen Tag freinehmen musste. Aber schlussendlich, davon war ich überzeugt, würde er einsehen, dass es nötig war.

Als Salim die Kinder wieder nach Hause brachte, erzählte ich ihm von der verschuldeten Erbschaft und der Klage der Gläubiger in Deutschland.

»Da siehst du mal«, sagte Salim, »welche Probleme dir dein eigener Vater macht. Immer schiebst du alles auf mich, dabei ist dein Vater viel schlimmer.«

»Wir müssen zusammen zur Botschaft gehen«, erklärte ich, entschlossen, auf diese verbalen Tiefschläge nicht einzugehen, »so bald wie möglich. Wann hättest du Zeit?«

»Ich werde überhaupt nicht fahren«, gab Salim zur Antwort, und so etwas wie Triumph schimmerte in seinen Augen. »Wenn die Kinder in Deutschland Schulden haben, dann werden sie niemals dorthin wollen. So einfach ist das. Sie brauchen ja nur hierzubleiben, und nichts geschieht ihnen.«

»Salim«, wandte ich ein, völlig geschockt von seiner Art zu denken und diese unglückliche Geschichte für sich nutzbar machen zu wollen, »das kann doch nicht dein Ernst sein. Denk doch an die Zukunft der Kinder. Wenn sie größer sind und nach Deutschland gehen wollen, hätten sie dort viel bessere Chancen als hier. Und überhaupt – sie sollen das irgendwann einmal selbst entscheiden können. Bitte verbau ihnen jetzt nicht für immer den Weg nach Deutschland …«

Doch wieder einmal sah ich diesen fanatischen Glanz in seinem Blick.

»Die sollen ruhig sehen«, schrie er gehässig, »aus was für einer schlechten Familie du stammst. Eine solche Schande! Ein Großvater, der seine Enkelkinder, kaum sind sie auf der Welt, schon mit Schulden überhäuft! Das ist das Schlangennest, aus dem du kommst. In meiner Familie ist so eine Schande in Jahrhunderten nicht vorgekommen. Das ist es, was die Kinder wissen müssen. Dann will sowieso keiner mehr in das Land, aus dem du kommst.«

»Wenn du glaubst«, konterte ich, nachdem ich mich wieder

gefasst hatte, »dass sie hier in Israel vor den Schulden verschont bleiben, dann täuschst du dich. Auch wenn sie ihr Leben lang hierbleiben, werden sie die Gläubiger nicht los. Das geht über internationales Recht, Salim, und das erreicht sie auch hier.«

Salim zuckte verächtlich die Schultern.

»Den möchte ich sehen«, knurrte er, »der hierherkommt und von meinen Kindern Geld verlangt. Nie im Leben. Solange sie im Beduinendorf bei meiner Familie bleiben, wird ihnen nichts geschehen.«

Ich musste tief Luft holen. Das also war sein Plan? Ich öffnete bereits den Mund, um ihm etwas Passendes zu entgegnen, beschloss aber, ihn lieber nicht weiter zu provozieren. In dieser Stimmung, in der er war, würde ich sowieso nichts erreichen. Ich wollte es zu einem anderen Zeitpunkt erneut versuchen.

Doch auch am nächsten Tag blieb Salim dabei: Er würde nicht zur Botschaft nach *Tel Aviv* fahren.

»Dann schicken wir jemanden nach *Mitzpe Ramon*«, schlug die Frau von der Botschaft vor. »Hauptsache, die Kinder werden nicht mit diesen Schulden belastet. Wir könnten das einrichten, wenn das hilft.«

Es half nichts. Salim blieb dabei, eine Unterschrift von ihm gab es nicht. Er schien sich sogar direkt darüber zu freuen, dass er einen so genialen Weg gefunden hatte, um die Ausreise oder auch nur Besuche der Kinder in Deutschland ein für alle Mal zu verhindern. Dass meine eigene Familie ihm derart in die Hände spielte, schien ihn geradezu zu amüsieren.

»Und deine Schwester«, quälte er mich, »die hat dir nicht mal eine Nachricht geschickt, als dein Vater gestorben ist. Was seid ihr überhaupt für eine Familie? Sie hat doch anscheinend das Erbe längst ausgeschlagen, aber es nicht für nötig gehalten, dich zu warnen. Und so eine Frau ist die Tante meiner Kinder. Ich fasse es nicht.« Und so ging es weiter. Dabei hatte es Salim bisher gar nicht interessiert, dass wir mit meiner Familie keinen Kontakt hatten und die Kinder ihre Tante in Deutschland nicht einmal kannten.

Ich sprach mit meinem Anwalt über die Angelegenheit. Das Erbe musste ausgeschlagen werden, wenn schon Salim das Wohl seiner Kinder nicht im Auge hatte, ich umso mehr. Irgendjemand musste diesem Mann ins Gewissen reden, und so brachten wir die Sache vor das Shaariya-Gericht.

»Salim«, sagte der Kadi, nachdem er alles angehört hatte, »unterschreib diese Ausschlagung. Im Namen und zum Wohl deiner Kinder.«

Doch kaum waren wir draußen, weigerte sich Salim erneut. Ich war am Ende meiner Nerven. Dieser Mann, den ich einmal geliebt hatte, wollte seine eigenen Kinder verschulden, nur um sich an mir zu rächen. Das Wohl der Kinder kümmerte ihn dabei kein bisschen. Und ich begriff immer besser, wie Salim dachte: So wie mich betrachtete er auch die Kinder als seinen Besitz, mit dem er machen konnte, was für ihn gerade am günstigsten war. Ohne Skrupel benutzte er sie als Mittel zum Zweck.

»Da bleibt uns nur eines übrig«, schlug die Frau von der Botschaft vor. »Wir stellen einen Antrag beim Gericht in Jena, dass in diesem Fall Sie allein die Erbschaft für Ihre Kinder ausschlagen können.«

Und tatsächlich, ich hatte Glück, das Gericht stimmte zu, und gerade noch fristgerecht konnte ich diese Verschuldung von meinen Kindern abwenden.

Ich hatte nun zumindest eine Vorstellung davon, wie viel Salim daran gelegen war, mich bei meinen Kindern schlecht zu machen. Das bekam ich auch jedes Mal deutlich zu spüren, wenn Tarek und Karim nach den zweitägigen Aufenthalten bei ihrem Vater zurückkamen. Er holte sie ohnehin unregelmäßig ab, sodass sich die Kinder an keinen Rhythmus gewöhnen konnten. Stets schwebte als böser Schatten die Möglichkeit über uns, dass Salim wie aus dem Nichts auftauchte und die Kinder einfach mitnahm, ob es nun »seine Tage« waren oder nicht, ob die Jungen wollten oder nicht. Zurück brachte er sie mitten in der Nacht, wenn sie schon schliefen. Ich nahm sie im Garten in Empfang und trug sie nacheinander ins Haus, legte sie auf unser Bett, ohne dass sie aufwachten. Am nächsten Morgen waren beide schwierig, sie weinten viel und stritten sich um die kleinste Kleinigkeit. Besonders Karim war nach den Besuchen völlig durcheinander und oft aggressiv. An dem ersten Tag danach konnte man ihm nichts recht machen, er brüllte herum, und einmal schrie er sogar: »Du bist nicht meine Mutter! Du hast keine braunen Augen wie wir. Du hast helle Augen und darum bist du ein böser Dschinn!« So etwas konnte er nur von seinem Vater oder der übrigen Verwandtschaft haben. Es traf mich tief, und so sehr ich mir auch sagte, dass er im Grunde seines Herzens genau wusste, dass ich seine Mutter war und ihn über alles liebte, schmerzte mich die Tatsache sehr, dass er mich mit seinen knapp fünf Jahren für einen bösen Dämonen hielt. An jenem Tag versuchte er auch, den Kochtopf vom Herd herunterzureißen, und ich konnte gerade noch ein Unglück verhindern, denn Kai, der inzwischen zwei Jahre alt war, stand ganz in der Nähe. Karim weigerte sich, von dem, was ich gekocht hatte, zu essen, so als fürchtete er, ich wollte ihn vergiften. Im Garten warf er mit großen Steinen nach mir, und ich musste ihn für einige Minuten in ein Zimmer sperren, damit er sich beruhigte, denn es war unmöglich, ihn anders zur Vernunft zu bringen. Am Nachmittag vergaß er über dem Spielen den Zorn auf mich, der ihm ohne Zweifel von außen eingegeben worden war, und er war auch bereit, etwas zu essen. Schon am selben Abend war alles vergessen, so als wäre es nur ein böser Spuk gewesen. Doch es war ein Spuk, der sich in vielerlei Varianten wiederholte, und zwar immer dann, wenn die Kinder beim Vater gewesen waren. Und ich fragte mich, was mir und den Kindern noch alles bevorstand, denn eines war sicher: Salim arbeitete kräftig daran, mir die Kinder zu entfremden.

Ich überlegte, wer mir in dieser schwierigen Situation helfen könnte. Rina, die Sozialarbeiterin, die sich als so verständnisvoll und erfahren erwiesen hatte, lebte nicht mehr. Ich suchte ihre Kollegin Tamara auf und erzählte ihr von dem auffälligen Verhalten der Kinder, doch sie wollte nichts hören.

»Ach was«, meinte sie, »das bildest du dir ein. Kinder sind halt manchmal ein bisschen wild. Vor allem Jungs.«

Da war nichts zu machen, und ich hatte schließlich den Verdacht, dass sie Angst vor Salim und der Beduinengemeinschaft hatte und sich in unseren stadtbekannten und schwierigen Fall nicht einmischen wollte.

Kurze Zeit später holte Salim nur Karim ab, denn Tarek war gerade in der Schule. Als Salim Karim zurückbrachte, waren seine beiden Gesichtshälften bläulich verfärbt und angeschwollen. »Papa hat mich geschlagen«, sagte Karim und zog die Nase hoch, bemüht, nicht zu weinen. Mehr wollte er mir unter keinen Umständen erzählen. Ich machte Fotos von Karims geschwollenem Gesicht und wollte damit zur Polizei gehen.

»Nein, Mama«, bat Karim aufgeregt, »geh nicht zur Polizei.«

Ich konnte deutlich sehen, dass Karim Angst hatte, wie sein Vater darauf reagieren würde. Fürchtete er, noch mehr geschlagen zu werden?

Ich musste daran denken, wie überlegt Salim mich immer verprügelt hatte, nämlich so, dass man hinterher nichts sehen konnte. War es vielleicht gar nicht das erste Mal, dass meine Kinder Gewalt erleiden mussten im Beduinendorf? Wie außer sich musste Salim gewesen sein, wenn er Karim derart auf die Wangen geschlagen hatte und dabei so offensichtliche Spuren hinterließ? Andere Blutergüsse konnte ich am Körper des Jungen nicht entdecken. Irgendetwas musste ich unternehmen, und ich beschloss, zur Polizei zu gehen, wenn Karim nicht da wäre. Ich hatte schließlich die Fotos als Beweis.

An jenem Tag sollte ich aber noch eine weitere schockierende Überraschung erleben. Auf einmal kam Karim zu mir und reichte mir eine Plastiktüte.

»Hier«, sagte er, »binde mir die um den Penis.«

Ich glaubte nicht richtig gehört zu haben.

»Was meinst du?«, fragte ich ihn bestürzt.

»Ich will, dass du sie mir um den Penis bindest.«

Ich überlegte kurz. ›Ich muss herausfinden‹, fuhr es mir

durch den Kopf, ›was er damit vorhat‹, und tat, was er von mir verlangte.

Sofort ging Karim zu Kai und versuchte, ihm seinen Penis in den Mund zu stecken.

»Sag mal, Karim«, fragte ich behutsam, während ich ihn von Kai wegzog, »hat das jemand mit dir gemacht? Oder hast du das irgendwo gesehen?«

»Jamal hat das mit mir gemacht«, antwortete Karim.

»Ja«, fügte Tarek hinzu, »und wenn er fertig ist, schmeißt er die Tüte ins Feuer.«

Ich war schockiert. Jamal, Salims Bruder, der immer so abseits mit seinen Kamelen gelebt hatte. Wir hatten ihn öfter besucht, als wir noch keine Kinder hatten. Sein Zelt hatte in der Nähe der israelischen Militärkaserne gestanden. Salim wollte den Geisteraustreiber, der bei uns das Haus ausgeräuchert hatte, zu ihm bringen, um ihn von seiner angeblichen Dschinn-Frau zu befreien. Vor Kurzem hatte ich gehört, dass Jamal tatsächlich geheiratet hatte, und das erst mit Mitte dreißig, was sehr spät für einen Beduinen war. Jetzt war er zurück ins Dorf des Stammes gezogen, sein Zelt stand direkt neben dem von Salim, wo Tarek und Karim drei Tage und zwei Nächte die Woche waren. Jamal hatte auf mich oft den Eindruck gemacht, er könnte homosexuell veranlagt sein, er hatte eine ausgesprochen feminine Art. Zur Geburt von Tarek hatte er einen rosaroten Strampler mit bunten Schleifen gekauft, der eindeutig für Mädchen gedacht war. Einige Jahre später hatte ich beobachtet, wie er während eines Besuchs Tareks Arm mehrmals von oben bis unten abküsste, was dem Jungen sichtlich unangenehm war. Plötzlich fiel mir die ganze Szene wieder ein: Danach waren wir zum Spielplatz gegangen und dabei beim Supermarkt vorbeigekommen.

»Komm mit rein«, hatte Jamal zu Tarek gesagt, »du darfst dir da drin etwas aussuchen!«

Doch Tarek hatte sich hinter mir versteckt und wollte auf keinen Fall mit seinem Onkel in den Laden gehen. Hatte das damals schon begonnen? Ich wusste nicht, was sich im Beduinendorf abspielte, wenn meine Kinder dort waren. Sowohl Tarek als auch Karim waren äußerst hübsche Kinder. Ihr Teint ist heller als üblicherweise bei Beduinen, und etwas dunkler als meiner. Alle drei meiner Söhne haben große braune Augen unter langen Wimpern und dunkelbraunes Haar. Während das Haar von Karim und Kai glatt ist, hat Tarek wunderschöne Locken. Jetzt erhielt ich eine fürchterliche Ahnung, dass meine beiden älteren Söhne im Beduinendorf nicht nur geschlagen und gegen mich aufgebracht wurden, sondern womöglich auch sexuell missbraucht.

Mir wurde es heiß und kalt. Was sollte ich nur tun? Jamal anzeigen wegen sexuellen Missbrauchs? Beweise hatte ich keine, außer dem, was die Kinder mir erzählt hatten. Und das würde nicht ausreichen, das war mir klar. Nach einigen schlaflosen Nächten beschloss ich, mit Salim zu sprechen. Doch er wurde furchtbar wütend, als ich von der Tüte um den Penis erzählte und berichtete, was die Jungen gesagt hatten.

»Wenn du meinen Bruder anzeigst«, schrie er, »dann bringe ich dich um.«

Mir war klar, dass das sein heiliger Ernst war. Von all seinen Geschwistern ist bis heute Jamal derjenige, mit dem er das engste Verhältnis hat. Jamal und Salim sind die jüngsten Söhne in der Familie, zwischen ihnen wurde jene Schwester geboren, die oft mit Salim zusammen war und die auch ich gut kannte. Ich mochte sie gern, sie kam uns manchmal besuchen, aber nie, wenn Salim da war. Es war offensichtlich, dass sie Salims Verhalten mir gegenüber im Grunde nicht billigte. Dennoch – die drei hielten zusammen, ich hätte wissen müssen, dass Salim so reagieren würde. Doch irgendetwas musste ich doch schließlich unternehmen!

»Du wirst sterben, Berit«, sagte er mit jenem hasserfüllten und fanatischen Blick, den ich so fürchtete, »wenn du mit diesem Unsinn nicht aufhörst. Ein Wort gegen meinen Bruder, und du bist tot.«

Ich zeigte Jamal damals nicht an, obwohl ich mich schrecklich fühlte und während jedes Aufenthalts meiner Kinder im Beduinendorf voller Sorge war. Sosehr ich mir auch den Kopf zerbrach, ich wusste einfach nicht, was ich tun könnte, um meine Kinder zu schützen. Die Polizei war auf Salims Seite, der Polizeichef war mit Salim zur Schule gegangen. Die Sozialarbeiterin Tamara wollte mich inzwischen nicht einmal mehr empfangen. Und so hatte ich beim Jugendamt keinen Ansprechpartner mehr, denn alles lief über Tamara.

In meiner Not tauschte ich mich damals viel mit Maren aus, der Deutschen, die ich damals während meines Aufenthalts im Frauenhaus in *Herzeliya* auf Vermittlung der Botschaft kennengelernt hatte. Die Gespräche mit ihr brachten mir ein wenig Erleichterung, doch konkret helfen konnte auch sie mir nicht.

Auch Tareks Zeichnungen fielen mir wieder ein, die ich alle aufgehoben hatte, seine eigentümlichen Darstellungen von seinem Vater mit dem Blitz über dem Kopf und den übergroßen Händen, während wir alle ohne Hände dargestellt waren und mit leeren Augen.

»Ich kenne einen Kinderpsychologen in Deutschland«, sagte Ellen, eine deutsche Freundin, die ich über Maren kennengelernt hatte, als ich ihr davon erzählte. »Mach doch Fotos von den Bildern und schicke sie ihm übers Internet. Vielleicht haben diese Bilder ja eine tiefere Bedeutung.«

Das hielt ich für eine gute Idee und schickte die Zeichnungen dem Psychologen.

»Ich habe die Bilder auch einem Kollegen gezeigt«, schrieb er mir nach einigen Wochen zurück. »In den Zeichnungen Ihres Sohnes sind eindeutige Hinweise auf sexuellen Missbrauch zu erkennen.«

Jahre später sollte ich die Bilder auch einer Sozialarbeiterin in *Tel Aviv* zeigen, und sie bestätigte mir die Einschätzungen der Psychologen aus Deutschland.

Damals weinte ich viel, war oft völlig verzweifelt. Wer es nicht erlebt hat, kann sich nicht vorstellen, wie grausam es ist, zu wissen, dass einem Kind Schlimmstes angetan wird, man es aber trotzdem nicht davor schützen kann. Ich bin jedes Mal fast wahnsinnig geworden, wenn Salim die Jungen mitnahm. Doch ich hatte keine Chance, es zu verhindern. Ich sagte mir immer wieder verzweifelt, dass ich gerade jetzt einen klaren Kopf behalten musste. Irgendwie musste ich innerlich auf Abstand gehen, wollte ich nicht an dem Ganzen zerbrechen. Was würde dann aus meinen Kindern? Es gab niemanden, der sie beschützen würde. Sie lebten dann ganz beim Vater, und was das bedeutete, wollte ich mir gar nicht erst ausmalen. Ich musste stark bleiben, ich musste alles daransetzen, mir und meinen Kindern selbst zu helfen.

Und das ist heute nicht anders. Während ich diese Zeilen schreibe, geht der Kampf um die Kinder weiter, auch wenn sich meine Lebensumstände im Vergleich zu damals deutlich verbessert haben. Das alles habe ich hauptsächlich mir selbst zu verdanken – und ein paar treuen Freunden, die mich ermutigten und an entscheidenden Stellen meines Lebens ihren Worten auch Taten folgen ließen. Die meisten wollen nicht genannt werden – die einen aus Bescheidenheit, die anderen aus Furcht vor Salims Rache. Und das respektiere ich. Keiner weiß so gut, wozu Salim fähig ist, wie ich.

In jenem Jahr 2007 lebte ich nun im siebten Jahr als illegale Ausländerin in Israel, ohne die Möglichkeit, eine Arbeit anzunehmen, und ohne jedes Recht. Den wahren Grund dafür konnte ich damals nicht durchschauen, meine Anträge auf ein Visum wurden stets ohne Begründung abgelehnt. Heute weiß ich, dass es hauptsächlich daran lag, dass Salim schon lange nicht mehr bereit war, mit mir zum Innenministerium zu kommen, um als mein Partner – verheiratet oder nicht – zu bezeugen, dass ich in einer Beziehung zu einem israelischen Staatsbürger lebte. So aber sahen die Beamten in ihren Computern, dass Salim zwei weitere Kinder mit einer anderen Frau hatte, die beide fast exakt so alt waren wie meine, und schlossen daraus, dass wir eine Scheinehe führten. Ich kann heute nicht mehr sagen, wie viele

Organisationen ich damals und in den folgenden Jahren kontaktierte, wie viele Gespräche ich führte und wie oft ich wohlwollenden, doch völlig ratlosen Menschen gegenübersaß, die am Ende stets sagten: »Tut uns leid, einen so komplizierten Fall haben wir noch nie gehabt.« Und wieder stand ich ganz allein da.

Eines schönen Tages im Jahr 2007 aber, als mein Visumsantrag beim Innenministerium erneut abschlägig beantwortet wurde, war es um meine Geduld geschehen. Vor vielen wartenden Menschen schrie ich die Beamten an, schrie mir all die Verzweiflung und Frustration aus der Seele, bis ich nicht mehr konnte. Und siehe da, dieser Wutausbruch zeigte erstaunliche Wirkung. Schon eine Woche später bekam ich einen Termin mit Mitgliedern eines Komitees aus *Jerusalem*, das über Sonderfälle zu entscheiden hatte.

Endlich. Denn wenn meine Geschichte etwas war, dann ein Sonderfall. Und endlich hatte ich mich überwinden können, so laut zu werden, dass es auch auf dem israelischen Amt als glaubwürdig eingestuft wurde. Ich war über meinen Schatten gesprungen, hatte meine deutsche Besonnenheit verlassen, hatte das getan, was in einem deutschen Amt zum sofortigen Rausschmiss und Hausverbot geführt hätte – hier hatte ich nun endlich Erfolg mit diesem Benehmen.

Der Termin mit dem Komitee verlief gut. Diese Leute verstanden, dass es so nicht weitergehen konnte, und versprachen, meinen Fall bei der nächsten Sitzung vorzubringen. Und tatsächlich – zum ersten Mal, seit ich in diesem Land lebte, erhielt ich eine Arbeitserlaubnis, wenn auch zunächst auf sechs Monate begrenzt. Schon lange, seit Tarek auf der Welt war, dachte ich daran, dass es ein einträgliches Geschäft sein könnte, Babytragetücher nach Israel zu importieren. Ich hatte mir damals von Deutschland ein solches Tuch aus festem Stoff mitgebracht und wurde oft darauf angesprochen. In Israel gab es nichts Vernünftiges in der Art, und ich glaubte fest daran, dass ich damit mein eigenes Geld verdienen könnte. Denn wenn jemand Erfahrung damit hatte, Babys und Kleinkinder durch die Gegend zu tragen, dann war ich es, ich war darin in den vergangenen Jahren zu einer Art Expertin geworden.

Als ich nun endlich die offizielle Arbeitserlaubnis hatte, begann ich mit einem Versuch und bestellte aus Deutschland qualitativ hochwertige Tragetücher, zunächst einmal nur fünf Stück, mehr Geld hatte ich nicht. Ich merkte allerdings rasch, dass meine potenziellen Kunden zwar großes Interesse daran hatten, ihre Kinder am Körper zu tragen, ihnen das Binden der Tücher allerdings zu kompliziert und umständlich war, vor allem den Männern.

»Weißt du, Berit«, seufzte der Mann einer Bekannten, nachdem ich ihm geduldig erklärt hatte, wie er das Tuch binden musste, damit das Kind nicht herausfiel, »das ist nichts für mich. Warum gibt es nicht Babytragen, die so bequem und einfach sind wie gute Reiserucksäcke?«

Er hatte recht. Eine bessere Lösung musste her. Ich recherchierte weiter und fand Babytragen mit einem Tragekomfort wie gute Reiserucksäcke mit Schulter- und Hüftriemen – jedoch nur für Kleinkinder, die bereits selbstständig sitzen konnten. ›Warum gibt es solche Tragen nicht schon für Neugeborene‹, fragte ich mich, ›die bequem sind sowohl für den Tragenden als auch für das Baby?‹

Ich kam auf den Gedanken, solche Tragen professionell zu entwickeln und sie über Internetforen und einen Onlineshop zu verkaufen.

»Das ist eine großartige Idee«, meinte Janet, als ich ihr davon erzählte. »Das musst du unbedingt in die Tat umsetzen. Ich bin mir sicher, dass das gut laufen würde.«

»Ja«, antwortete ich, »das glaube ich auch. So gerne würde ich solche Tragen herstellen. Das Problem ist nur, ich habe kein Geld, um mir eine Nähmaschine zuzulegen und Stoffe zu kaufen.«

Janet überlegte.

»Vielleicht kenne ich da jemanden«, meinte sie nach einer

Weile, »der Lust hätte, finanziell mit einzusteigen. Ich frag ihn mal.«

Und so kam es, dass Rami, ein wohlhabender Unternehmer, von meiner Idee erfuhr und sich bereit erklärte, mein Geschäftspartner zu werden.

Er finanzierte zunächst ein paar Meter Stoff und eine gebrauchte kleine Nähmaschine. Die ließ zwar zu wünschen übrig, und so manche Naht musste ich wieder auftrennen, weil Ober- und Unterfaden nicht dieselbe Spannung abbekommen hatten, doch es war immerhin ein Anfang. Leider konnte ich mit dieser Maschine keine dickeren Lagen für gepolsterte Hüft- und Schultergurte nähen. Dennoch fertigte ich auf ihr meine ersten Tragen an, entwickelte sie weiter, verkaufte und perfektionierte die Modelle, immer von der Hand in den Mund, auf das Sponsoring meines Partners angewiesen. Dabei wollte ich keine Geschenke, den Gewinn würden Rami und ich uns fair teilen, so hatten wir es vereinbart.

Die ersten Tragen verkaufte ich über Onlineforen, auf denen sich junge Mütter mit ihren Erfahrungen austauschen. Dann baute ich mir einen Internetshop auf. Da mir Rami aber zunächst wenig Material brachte und immer erst wartete, bis die fertigen Tragen verkauft waren, um mir neue Stoffe zu bringen, fanden die Kunden auf meiner Seite natürlich keine große Auswahl vor, und es dauerte länger als nötig, bis mein kleiner Handel richtig in Schwung kam. Es war ein langsamer Prozess, und ich hätte dringend ein wenig eigenes Kapital gebraucht, eine bessere Maschine, eine größere Auswahl an Stoffen und die Gelegenheit, meine Modelle schneller weiterzuentwickeln.

Leider war es nicht möglich, das Sozialamt in Thüringen davon zu überzeugen, wie sinnvoll eine Anschubfinanzierung als Existenzgründerin für mich wäre, schließlich hätte dies viel mehr Sinn gemacht, als mir weiterhin die knappe Sozialhilfe zu bezahlen, die nirgendwo hinreichte. Doch ich schaffte es mit der Zeit auch ohne, das Geschäft ans Laufen zu bringen, wenn es auch viel länger dauerte als nötig.

Es tat mir gut, endlich wieder etwas Sinnvolles tun zu können und eine Perspektive zu entwickeln, um meine Situation zu verbessern. Das brachte mich auf andere Gedanken, und doch war mir klar, dass ich mit den Kindern von *Mitzpe Ramon* wegziehen sollte. In dieser schrecklichen Wohnung wäre Kai beinahe gestorben. Und ich brauchte dringend Abstand, denn Salim kontrollierte mich nach wie vor, jeder meiner Schritte wurde ihm von seinen Freunden und Verwandten zugetragen. Nach allem, was geschehen war, verstand dieser Mann immer noch nicht, warum wir nicht mehr zusammen waren.

»Es lag an dem Haus«, sagte er eines Tages. Ich verstand nicht, was er meinte. »Na, das Haus, in dem wir zusammen gewohnt haben«, fuhr er allen Ernstes fort. »Freunde hatten mich gewarnt, aber ich hab nicht auf sie gehört. Sie sagten, dass in dem Haus eine Dschinn-Familie lebt. Auch das Paar, das vor uns darin wohnte, hat sich getrennt. Die Dschinns sorgen dafür, dass man sich entzweit. Wir hätten niemals in das Haus einziehen sollen.«

Ich verzichtete darauf, ihm zu erklären, dass er selbst die Verantwortung für das Scheitern unserer Beziehung übernehmen sollte, statt sie einer Dschinn-Familie in die Schuhe zu schieben. Doch er war noch nicht fertig.

»Und dann haben sie von dir Besitz ergriffen, Berit. Mindestens ein Dschinn lebt in dir und sorgt dafür, dass du dich so verhältst …«

Da war mir klar, dass ich alles dafür tun musste, um mehr räumlichen Abstand zu diesem Mann zu bekommen.

Umso erleichterter war ich, dass das Sozialamt in Thüringen mir im Frühjahr 2008 den Umzug in eine andere Stadt erlaubte und auch die Obergrenze für die Miete, wenn auch geringfügig, erhöhte. Laut Shaariya-Gericht musste ich allerdings im Süden bleiben, damit Salim die Kinder regelmäßig sehen konnte. Ich sah mich in den wenigen infrage kommenden Städten um. Es war nicht einfach, weil die Miete so begrenzt war. In *Beer Sheva* war nichts zu finden zu dem Preis, den das Sozialamt akzeptierte, und nach *Ashkalon* wollte ich nicht ziehen, da diese Stadt oft aus dem Gaza beschossen wurde. Schließlich fand ich im alten Teil der fünfzigtausend Einwohner großen Stadt *Kiryat Gat*, die eineinhalb Autostunden nördlich von *Mitzpe Ramon* gelegen ist, eine recht passable Wohnung für die Kinder und mich. *Kiryat Gat* war nicht meine erste Wahl, es ist eine der ärmsten Städte in ganz Israel mit einer Menge sozialer Probleme. Sie entstand aus einem Übergangslager für Neueinwanderer, das hier 1954 gegründet wurde, und ihre Einwohner kommen aus mehr als fünfunddreißig verschiedenen Nationen. Dennoch, die Wohnung war bei Weitem die beste, die wir je bewohnt hatten. Gleich beantragte ich auch Telefon und Internet, das ich für meine kleine Firma natürlich dringend benötigte.

Salim wusste von unserem Umzug, ja, er half mir sogar und brachte eine Fuhre meiner Sachen von *Mitzpe Ramon* nach *Kiryat Gat*. Ich versicherte ihm, dass er nach wie vor die Kinder zu den vereinbarten Tagen bekommen würde. Er sagte dazu nichts, und ich nahm an, er hätte unseren Umzug akzeptiert.

Den Kindern gefiel die neue Wohnung. Wir hatten mehr Platz und endlich sogar eine Badewanne mit warmem Wasser. Besonders Karim war davon begeistert und wollte mehrmals am Tag baden. Meine Söhne spielten zusammen auf der Wiese vor dem Haus, es war Frühling, und Tarek und Karim pflückten Blumen für Kai und steckten sie ihm in das Shirt und in die Hose. Zwei Tage später mussten wir wieder nach *Mitzpe Ramon* fahren, ich brauchte noch Unterlagen von Tareks alter Schule, um ihn in *Kiryat Gat* anmelden zu können. Es war Donnerstag, und Karim und Tarek blieben bei ihrem Vater. Am Samstag brachte er sie mir wieder.

Salim war sehr wütend, dass er so weit hatte fahren müssen. Er hatte einen Strafzettel bekommen, weil er mit dem schlafenden Karim auf dem Schoß angehalten worden war.

»Die Kinder fürchten sich so sehr vor dir«, behauptete er, »dass sie nicht zu dir zurückwollen. Darum bringe ich sie erst, wenn sie schlafen. Die Kinder hassen dich!«

Schon oft hatte ich versucht herauszufinden, was während der Tage bei Salim mit Tarek und Karim geschah, doch die beiden wollten nichts sagen. Mir war jedoch klar, dass Salim jedes Mittel benutzte, um sie gegen mich aufzubringen.

Tatsächlich war der folgende Tag wieder sehr schwierig, die Kinder waren durcheinander und reagierten sich mit großer Aggressivität ab. Salim hatte Tarek ein Handy geschenkt, damit er ihn jederzeit anrufen konnte, sollte er von mir weg wollen. Ständig klingelte es, Salim war dran, um zu fragen, ob Tarek und Karim nicht lieber doch bei ihm sein wollten. Irgendwann kam Tarek zu mir und streckte mir das Telefon entgegen.

»Nimm du es, Mami«, sagte er, »deines funktioniert doch nicht richtig. Du brauchst das Handy mehr als ich.«

»Nein«, sagte ich, »dein Vater hat es dir geschenkt. Er wird nicht wollen, dass ich es nehme. Behalte es ruhig.«

In dieser Woche ging Tarek in die neue Schule, und der Start in die Klasse war gut. Am Freitag brachte ich ihn und Karim wieder zu ihrem Vater, so wie wir es abgesprochen hatten. Ich wollte so gern daran glauben, dass nun endlich, endlich ein bisschen mehr Normalität in unser Leben einkehren würde.

Kapitel 19

Offener Krieg

Der Samstagabend verging, und noch immer waren die Kinder nicht zurück. Es wurde Mitternacht, niemand kam. Bis vier Uhr morgens blieb ich wach, aber Salim brachte die Kinder nicht. Ich versuchte ihn anzurufen, doch er ging nicht ans Telefon. Auch am Sonntag wartete ich vergebens, und Salim war nicht zu erreichen. Ich war unruhig, doch noch mehr verärgert. Noch immer dachte ich, Salim sei mit den Kindern in die Wüste gefahren und hätte einmal wieder die Zeit vergessen. Dort gab es viele Orte ohne Handyempfang. Als ich es am Abend erneut versuchte, ging er endlich ans Telefon.

»Mein Auto ist kaputt«, sagte er. »Ich kann die Kinder erst am Montag bringen.«

Das war typisch. Dass Tarek zur Schule musste, kümmerte ihn nicht. Ihm war ja auch egal, dass sein anderer Sohn Chalil in seinem Alter noch in die Vorschule musste, weil keiner ihn auch nur ein bisschen auf die Schule vorbereitet hatte.

Am Montag rief Salim mich an.

»Mein Auto ist noch immer kaputt«, sagte er. »Du musst nach *Mitzpe Ramon* kommen und die Kinder abholen.«

Was blieb mir anderes übrig. Gemeinsam mit Kai nahm ich den Bus. Noch ahnte ich nichts von alldem, was Salim im Schilde führte. Als wir in *Mitzpe Ramon* ankamen, rief ich Salim an. »Wir sind gegenüber der Tankstelle, auf der Grünfläche«, sagte er. Schon von Weitem sah ich die drei dort sitzen. Als die Kinder mich sahen, fingen sie an zu schreien, als sähen sie ein Gespenst. Sie kreischten und schrien, und als ich auf sie zukam, schlugen sie auf mich ein, als wollte ich ihnen etwas Böses antun. Salim saß mit einem breiten Grinsen daneben.

»Du willst deine Kinder?«, sagte er hämisch. »Hier sind sie. Bitte, nimm sie ruhig mit. Wenn du kannst.«

Tarek und Karim schienen wie unter einem Bann zu stehen. Bei meinem Anblick gerieten sie immer mehr völlig außer sich, alles an ihnen wurde Abwehr, ihr Körper versteifte sich, und wenn ich ihnen nahe kam, schlugen sie um sich. Es war wie damals, als ich noch im Frauenhaus in *Herzeliya* war und Tarek für drei Tage seinem Vater hatte übergeben müssen. Auch damals war es mir nicht möglich gewesen, den Jungen mitzunehmen, damals hatte Salim vorgeschlagen, gemeinsam essen zu gehen. Damals hatte ich mich sogar dazu überreden lassen, zurück in die gemeinsame Wohnung zu ziehen. Auch das war Salims Plan gewesen, er benutzte die Kinder als Mittel zum Zweck, was sie dabei fühlten, war ihm völlig gleichgültig. Auch jetzt war es unmöglich, die Kinder gegen ihren momentanen Willen mitzunehmen. Ich hatte keine Ahnung, was Salim mit ihnen angestellt, was er ihnen eingeredet hatte. Welcher Gehirnwäsche musste Salim die beiden unterzogen haben?

Ich versuchte alles, sprach beruhigend auf sie ein, wollte sie streicheln, in den Arm nehmen – nichts half. Tarek und Karim agierten völlig hysterisch. Wenn ich Kai nicht dabeigehabt hätte, wäre es mir vielleicht möglich gewesen, einen der beiden wenigstens einen Moment lang gegen seinen Willen festzuhalten, um ihn irgendwie zu beruhigen. Doch ich wollte auch nichts gewaltsam erzwingen.

Es war eine entsetzliche Situation. Oft hatte ich gefürchtet, Salim würde die Kinder einfach nicht mehr bringen. Es hatte mich jedes Mal viel Überwindung gekostet, sie ihm zu übergeben, und ohne entsprechendes Urteil vom Shaariya-Gericht hätte er sie auch nicht mehr bekommen nach allem, was geschehen war.

Dass Salim mir meine Söhne aber auf diese Art und Weise »stehlen« könnte, so viel Boshaftigkeit hatte ich ihm trotz allem nicht zugetraut. Wie schlau er das eingefädelt hatte: Er musste sie überhaupt nicht entführen, er brauchte nur dafür zu sorgen, dass die Kinder selbst nicht mehr zu mir wollten – wie auch immer er das erreicht hatte.

Aber so leicht gab ich mich nicht geschlagen. Im Augenblick standen die Kinder unter dem direkten Einfluss und der Kontrolle des Vaters, der sie gegen mich instrumentalisierte. Und darum ging ich, als ich sah, dass es unmöglich war, die Kinder mitzunehmen, mit Kai auf direktem Weg zur Polizei und erstattete Anzeige gegen den Vater meiner Kinder. Beim Weggehen sah ich mich mehrmals um und konnte beobachten, wie Salim Tarek und Karim in seinen Wagen verfrachtete und mit ihnen wegfuhr. Sein Auto war überhaupt nicht kaputt. Das Ganze war eine inszenierte Farce gewesen.

Wie weit diese Inszenierung tatsächlich ging, erfuhr ich erst später. In der Nähe hatte hinter der Hecke angeblich ein Freund von Salim mit einer Videokamera gestanden und die ganze Szene gefilmt. Ich hatte ja keine Ahnung, wie kaltblütig und weitreichend Salims Pläne waren.

An die Heimfahrt im Bus kann ich mich kaum noch erinnern, so verzweifelt war ich. Ich konnte mir einfach nicht erklären, wie Salim es geschafft hatte, die Kinder so zu manipulieren. Ich dachte an die vielen Male zuvor, wenn Tarek und Karim nach den Besuchen beim Vater schwierig, unausgeglichen und aggressiv gewesen waren. Auch jener Tag fiel mir wieder ein, an dem Karim fast den Kochtopf mit heißer Suppe vom Herd gerissen hatte, als er mich mit Steinen beworfen und mich angeschrien hatte, ich könne unmöglich seine Mutter sein, sondern ein böser Dschinn, das sähe man an meinen hellen Augen. Salims Einflüsterungen währten ja schon so lange, und unmerklich müssen sie sich gesteigert und zu dem aufgebaut haben, was heute geschehen war. Ich kannte damals die Forschungen des amerikanischen Psychologen Richard A. Gardner noch nicht, der sich in den Achtzigern mit diesem Phänomen beschäftigt hatte und es »*Parental Alienation Syndrome*«, kurz PAS, nannte, also ein »Elterliches Entfremdungssyndrom«, das bei

Trennungen immer wieder vorkommen kann. Dabei beschreibt er, wie Elternteile versuchen, die Liebe ihrer Kinder zum früheren Partner vollkommen zu zerstören und in Hass und Furcht umzuwandeln. Ganz ähnlich wie Salim benutzen sie dafür vollkommen an den Haaren herbeigezogene irrationale Beschuldigungen, mit denen sie eine tiefe Angst vor dem anderen Elternteil in den Kindern aufbauen. In meinem Fall war es der böse Dschinn, der ich angeblich war und den man an meinen hellen Augen erkennen konnte: Blaue Augen sind des Teufels. Ich vermute, dass meine eigene Mutter mit meiner Schwester nichts anderes getan hatte, als sie mit ihr vor der Sorgerechtsverhandlung gegen meinen Vater für Stunden im Kinderzimmer verschwand, damit sie später gegen ihn aussagte. Ich selbst war damals noch zu klein gewesen, ich spielte in dem Machtkampf, den meine Mutter damals ausfocht, noch keine Rolle. Und darum vermisste ich auch meinen Vater in der ersten Zeit nach der Trennung schrecklich, auch wenn mir damals schon klar war, dass ich in Gegenwart meiner Mutter nie und nimmer über ihn hätte sprechen dürfen. Auch nicht die kleinste Frage war möglich, und so war es gekommen, dass ich über meinen Vater so gut wie nichts wusste.

Damals, als ich unverrichteter Dinge mit Kai nach *Kiryat Gat* zurückfuhr, in unser Zuhause, wo mich alles an Tarek und Karim erinnerte, überkam mich ein solches Elend, dass ich am liebsten einfach nur geweint hätte. Aber das ging nicht. Ich musste stark sein für Kai, denn der Junge litt entsetzlich unter dem, was er an diesem Tag hatte erleben müssen. Und doch, beim Anblick der Lieblingsspielsachen von Tarek und Karim befielen mich fürchterliche Kopfschmerzen. Es fühlte sich an, als säße mein Kopf in einer eisernen Klammer. Das ging viele Tage lang so, kein Schmerzmittel half.

»Ich kann keine Ursache feststellen«, erklärte der Arzt, den ich schließlich aufsuchte. »Sie sollten versuchen, sich zu entspannen.« Entspannen? Das war leichter gesagt als getan in meiner Situation.

Trotz meiner beschränkten Mittel beschloss ich irgendwann, einen Osteopathen aufzusuchen. Seine Behandlung verschaffte mir kurzfristig Linderung, doch dann verlagerten sich die Beschwerden in die Bauchgegend. Vier Jahre lang litt ich unter ständigen Leibschmerzen, und kein Arzt konnte eine körperliche Ursache für sie finden. Ebenso war es mit einem anderen Phänomen: In der ersten Zeit, als der Kampf um die Kinder eine neue Dimension angenommen hatte, überfiel mich immer wieder ein heftiges, unkontrollierbares Zittern am ganzen Körper. Ein anderes Mal fühlte sich eine Körperhälfte fast wie gelähmt an, und ich fuhr in derselben Nacht noch ins Krankenhaus. Heute weiß ich, dass diese Symptome sozusagen äußere Spiegelbilder für das waren, wie ich mich fühlte: Vor den Kopf gestoßen. In meinem Innersten getroffen. Ohnmächtig.

Doch ich wollte mich nicht geschlagen geben. Gleich am Tag nach jenem fürchterlichen Zusammentreffen mit Salim und den Kindern auf der Grünfläche gegenüber der Tankstelle fuhr ich mit Kai erneut nach *Mitzpe Ramon*. Ich wusste, dass ich versuchen musste, die Kinder allein zu sprechen, ohne Salims Anwesenheit. Wer weiß, womit er ihnen gedroht hatte, damit sie sich so verhielten. Ich vermutete richtig, dass Salim Tarek wieder in die Schule in *Mitzpe Ramon* gebracht hatte. Die Lehrerin bestätigte mir, dass er sich in seiner alten Klasse befand, und ich bat darum, ihn in der Pause sprechen zu dürfen.

Als Tarek uns sah, schlug er erneut auf mich ein.

»Was ist denn mit dem Jungen los?«, fragte mich Tareks Lehrerin konsterniert. »Er ist doch sonst immer so ein anhängliches Kind. Komm, lass uns in Ruhe miteinander reden.«

Und damit bat sie mich in eine geschützte Ecke, wo mich Tarek nicht sehen konnte. Ich sah, dass Tarek und Kai begannen, miteinander zu spielen, und folgte der Lehrerin.

»Was ist denn nur passiert?«, fragte mich die Lehrerin vollkommen schockiert. »Ich kann mir Tareks Verhalten gar nicht erklären.«

Ich erzählte ihr, was meiner Meinung nach Salims Strategie war. Da hörte ich auf einmal eine andere Lehrerin, die im Aufenthaltsraum Aufsicht machte, laut aufschreien.

»Schnell«, rief sie, »Tareks Vater war da, er hat sich beide Kinder geschnappt und will mit ihnen weg!«

Wir rannten, so schnell wir konnten, hinaus und erwischten Salim gerade noch am Schultor, unter jedem Arm hatte er ein Kind. Tarek und Kai wehrten sich und strampelten mit den Beinen, doch er hielt sie fest im Griff.

»Lass auf keinen Fall den Mann mit den Kindern raus«, schrie Tareks Klassenlehrerin gerade noch rechtzeitig dem Wachmann am Tor zu. Inzwischen alarmierte die Schulleiterin die Polizei, die wenige Minuten später auch schon eintraf.

Wir alle, Salim, die Kinder und ich, mussten mit zur Polizeiwache kommen. Zum Glück hatte an diesem Tag nicht Salims Schulfreund Dienst. Der Polizist rief Tamara an, die zuständige Sozialarbeiterin, und schilderte ihr die Lage.

»Was sollen wir denn jetzt tun?«, fragte er. »Wem gebe ich die Kinder?«

Zu meiner unendlichen Erleichterung entschied Tamara, die mir ja ansonsten nicht besonders wohlgesonnen war, dass alle Kinder, nicht nur Tarek und Kai, sondern auch Karim, zu mir kommen sollten. Noch immer hatte ich das Sorgerecht. Außerdem fand das Ganze an einem Tag statt, an dem die Kinder laut Shaariya-Gericht bei mir sein sollten.

»Geh nach Hause und hol deinen anderen Sohn«, sagte der Polizist zu Salim. »Mach schon! Bring das Kind hierher und beeil dich.«

Es war unverkennbar, wie sehr sich Salim ärgerte. Seine Augen waren nur noch kalte, schmale Schlitze, und der Blick, den er mir zuwarf, ehe er die Polizeistation verließ, war mörderisch. Nachdem er endlich weg war, kümmerte ich mich um Tarek, der herzzerreißend weinte und sich zunächst überhaupt nicht beruhigen konnte. Immer noch ließ er mich nicht an sich heran.

Salim war kaum gegangen, als Avi, einer von Salims jüdischen Freunden, hereinkam und sich zu Tarek setzte. Doch als Avi begann, auf ihn einzureden, und ihn mit Schokolade und Spielsachen bestechen wollte, mit ihm zu kommen, wurde der Junge nur noch verschlossener. Zu meiner Erleichterung forderte der Polizist Avi nach einer Weile auf, zu verschwinden. Es dauerte noch zehn Minuten, dann akzeptierte Tarek von seinem kleinen Bruder Kai ein Stück Schokolade und ließ zu, dass er sich zu ihm setzte. Das ließ ihn allmählich zur Ruhe kommen, schließlich konnte auch ich mich ihm annähern.

»Möchtest du etwas trinken?«, fragte ich ihn.

Tarek nickte und nahm das angebotene Wasser gern an.

Nach und nach löste sich der ganze Spuk auf, und Tarek wurde wieder zu dem vertrauensvollen, zärtlichen Kind, das er dem Wesen nach schon immer war.

Wir warteten eine gute Stunde, doch Salim kam nicht zurück. Schließlich läutete das Telefon. Der Polizist ging ran.

»Er bringt Karim nicht her«, sagte er, nachdem er aufgelegt hatte. So einfach war das. Salim weigerte sich, Karim zu bringen.

»Und was tun wir jetzt?«, wollte ich wissen. »Die Polizei muss den Jungen da rausholen!«

Der Polizist wiegte den Kopf, vermied es, mir in die Augen zu schauen.

»Das bringt nichts«, sagte er vage.

»Wieso?«, fragte ich aufgebracht.

»Viel zu gefährlich. Da draußen haben sie ihre eigenen Gesetze. Wenn er den Jungen nicht bringt, können wir nichts tun. Geh nach Hause.«

Noch während der Polizist mit mir sprach, wanderte mein Blick an ihm vorbei zum Fenster hinaus. Etwas da draußen hatte meine Aufmerksamkeit erregt, und jetzt erkannte ich, was es gewesen war: Salims Wagen rollte langsam an der Polizeiwache vorüber. Er war überhaupt nicht ins Beduinendorf gefahren, die ganze Zeit über hatte er vor der Polizeiwache darauf gelauert, mir so schnell wie möglich die Kinder wieder abzunehmen. Ich wartete ein paar Minuten. Da, schon wieder kam er vorbei, er drehte seine Kreise um den Block.

»Geh endlich!«, rief der Polizist mir barsch zu.

»Da draußen wartet aber Salim nur darauf, dass er mir die Kinder wieder abnehmen kann.«

»Ach was«, gab er zur Antwort. »Das bildest du dir nur ein. Salim ist ja draußen im Beduinendorf.«

»Nein, ist er nicht«, rief ich außer mir vor Angst, »bitte, können Sie uns nicht zum Bus begleiten?«

»Was sollen wir denn sonst noch alles tun«, fragte er mich ungehalten, »am Ende willst du wohl noch, dass wir dich nach Hause fahren?«

»Nein«, antwortete ich. »Aber wenn du uns jetzt rausschickst, holt sich der Vater wieder die Kinder.«

»Verschwinde endlich«, sagte er barsch. Er schien langsam genug zu haben von der ganzen Sache. Vielleicht hatte er auch jetzt erst begriffen, mit wem er sich da anlegte. Mit Beduinen wollte in *Mitzpe Ramon* niemand ins Gehege kommen.

»Ja doch«, sagte ich. Und während ich mir Kai umständlicher als nötig mit dem Tragetuch auf den Rücken band, überlegte ich fieberhaft, was ich tun sollte. Von der Polizei war keine Hilfe zu erwarten, das hatte ich begriffen. Zweihundert Meter von der Polizeiwache entfernt war der Supermarkt, vor dem ich früher das Olivenöl verkauft hatte. Salim brauchte ungefähr fünf Minuten, um den Häuserblock zu umrunden. Ich trödelte also noch so lange herum, bis ich ihn wieder vorüberfahren sah, dann nahm ich Tarek an die Hand, und wir sprinteten los. Wir erreichten den Supermarkt, dessen Leiter mich kannte, gerade rechtzeitig, schließlich konnte Tarek noch nicht so schnell rennen. Ich ging mit den Kindern direkt zum Büro des Chefs und erklärte ihm die Situation.

»Kommt ins Lager«, sagte er. »Da bist du erst mal sicher. Dann kannst du in Ruhe weiterüberlegen.«

Dankbar folgten wir ihm. Hier im Lager waren wir sicher,

und wenn uns vom Supermarkt niemand verriet, konnte ich hier erst einmal neue Pläne machen. Irgendwie musste ich mit den Kindern nach *Kiryat Gat* kommen. Es war unmöglich, den Bus zu nehmen, Salim hätte uns abgefangen. Nur zu gut erinnerte ich mich an die Hetzjagd, die er und sein Clan rund vier Jahre zuvor veranstaltet hatten, um die entlaufene Beduinenfrau wieder einzufangen. Jetzt war ich diejenige, die gejagt wurde. Ich durfte im Büro das Telefon benutzen und rief, einen nach dem anderen, jene Menschen an, von denen ich wusste, dass sie ein Auto besaßen, und hoffte, dass einer mir helfen würde. Doch wie enttäuscht war ich, als keiner dazu bereit war, uns nach *Kiryat Gat* zu fahren. Alle hatten zu große Angst vor Salim, niemand wollte in diese Sache involviert werden. Taxis gab es in *Mitzpe Ramon* nicht, dazu war diese Stadt zu klein. Was sollte ich tun? Ich hatte das Gefühl, mit meinen Kindern in der Falle zu sitzen. Ewig konnte ich mich nicht im Supermarkt verstecken, irgendwann musste ich eine Lösung für den Heimweg finden.

Da sah ich, wie rund fünf Meter vor der Außentür des Supermarktlagers ein Minibus von der Armee hielt. Soldaten stiegen aus und betraten den Laden, um sich etwas zu kaufen. Der Fahrer aber blieb neben dem Bus stehen, wenige Meter von mir entfernt. Das war meine Chance, und ich durfte sie nicht verstreichen lassen. Ich fasste mir ein Herz und sprach den Fahrer einfach an, erklärte ihm mein Problem und bat ihn, uns zu helfen, aus der Stadt zu kommen.

»Ist gut«, sagte er. »Steigt ein!«

Rasch kletterten wir in den Bus und duckten uns auf die Sitze, damit Salim uns nicht entdecken konnte, der immer noch um den Häuserblock patrouillierte.

»Mama«, flüsterte Kai ängstlich, »wann fahren wir endlich?«

»Gleich, Schatz«, flüsterte ich zurück, »lass uns ganz leise sein.«

Nach einer gefühlten Ewigkeit kamen die Soldaten aus dem Supermarkt zurück und stiegen gemächlich ein. Als endlich alle an Bord waren und sich der Minibus in Bewegung setzte, atmete ich auf.

Ich erfuhr, dass die Soldaten in verschiedenen Camps im *Negev* stationiert waren und der Bus nun jeden Einzelnen zurück zu seiner Truppe brachte. Und so fuhren wir mit ihnen durch die halbe Wüste zu entlegensten Camps. Es ging über Wege abseits aller Straßen, wo ich noch nie zuvor gewesen war. Wir fuhren den ganzen Tag und in den Abend hinein, bis wir endlich mitten in der Nacht nach *Beer Sheva* kamen. Der Fahrer hielt an einer Haltestelle weit außerhalb des Ortes.

»Nach *Kiryat Gat* kann ich euch leider nicht fahren«, sagte er, »aber von hier aus fährt ein Bus.«

Ich wollte aussteigen, doch er bot an, zu warten, bis der Bus käme.

»Ich hab euch doch nicht durch die halbe Wüste geschaukelt«, meinte er freundlich, »und lass euch hier mitten in der Nacht alleine sitzen.«

Endlich kam der Bus. Die Kinder schliefen während der rund einstündigen Fahrt ein. Sie waren völlig fertig von den Aufregungen dieses Tages. Sie schliefen auch noch, als wir ankamen, und so trug ich Kai auf dem Rücken und Tarek in meinen Armen nach Hause. Sie wachten nicht einmal auf, als ich sie ins Bett legte. Ich aber wusste, dass ich mich nicht ausruhen durfte. Wir konnten auf keinen Fall hier bleiben. Salim würde kommen, um sich die Kinder zu holen. Schließlich kannte er meine Adresse. In dieser Nacht konnte ich allerdings nichts mehr unternehmen. Von meinen wenigen verbliebenen Freunden und Bekannten war keiner bereit, mir zu helfen. Und öffentliche Verkehrsmittel gingen um diese Zeit nicht mehr.

Doch wo sollte ich hin mit den Kindern? Salim würde jeden einzelnen Menschen abklappern, mit dem ich jemals in Kontakt gestanden hatte, wenn er herausfand, dass ich nicht mehr in *Kiryat Gat* war. Er war wahrscheinlich nur deswegen noch nicht hier, weil er dachte, wir säßen noch in *Mitzpe Ramon* fest. Der Bus fuhr dort jede Stunde ab, ein Kinderspiel, den zu überwachen. Wieder musste ich an jene junge Beduinenfrau denken, die damals vom Stamm ebenso gejagt worden war.

Schließlich rief ich noch Maren an und erzählte ihr alles.

»Ich werde wieder versuchen«, sagte ich ihr, »irgendwie in ein Frauenhaus zu kommen. Du weißt ja, dann kann ich mich nicht mehr melden in der ersten Woche. Aber vielleicht können du und Michaela irgendwie versuchen, meine Freunde in Deutschland zu kontaktieren. Was ich brauche, ist ein guter Anwalt.«

Maren versprach, zu tun, was sie konnte.

»Sobald ich kann«, sagte ich, »melde ich mich wieder.«

Langsam dämmerte der Morgen. Die Kinder schliefen friedlich. Ich packte ein paar Sachen zusammen. Mir blieb nichts anderes übrig, als wieder ins Frauenhaus zu gehen. Meine Freunde würde ich nur gefährden. Und Geld für ein Hotel hatte ich nicht.

Ich konnte aber nur dann ins Frauenhaus, wenn ein Sozialarbeiter aus *Kiryat Gat* mir eine Empfehlung schreiben würde. Ich sah auf die Uhr. Es war erst sechs Uhr früh. Vor acht Uhr konnte ich nicht hoffen, jemanden im Büro anzutreffen, doch zu lange durfte ich nicht warten, Salim konnte jeden Moment aufkreuzen. Ich machte ein bisschen Essen für die Kinder fertig und weckte sie. Dann rief ich ein Taxi, und gegen sieben verließen wir die Wohnung. Bei der Sozialstation angekommen mussten wir, wie erwartet, noch fast eine Stunde warten, ehe jemand kam, doch die Kinder aßen erst einmal ihr Frühstück und tobten miteinander. Zum Glück verhielt sich Tarek an diesem Morgen wieder vollkommen normal.

Kurz nach acht wurden wir ins Gebäude gelassen. Eine Sozialarbeiterin namens Yasmin sollte sich unserer Sache annehmen. Doch schon auf den ersten Blick erkannte ich, dass ich mit dieser Frau Schwierigkeiten bekommen würde. Mein Eindruck bestätigte sich während des Gesprächs, sie schien von vornherein gegen mich eingenommen zu sein.

»Ich werde dich nicht ins Frauenhaus schicken«, schrie sie

mich an, »das ist kein Hotel, wo du dich ein paar Tage ausruhen kannst!«

Ich versuchte ihr zu erklären, warum ich unmöglich in der Wohnung bleiben konnte, mühte mich, ihr verständlich zu machen, wie gefährlich die Situation war.

»Dann geh und kündige zuerst deine Wohnung«, forderte Yasmin, als sie merkte, dass sie mich nicht so rasch loswürde, »das Frauenhaus ist für Leute, die nicht wissen, wo sie hinkönnen, und kein Dach über dem Kopf haben.«

Nach endlosen Diskussionen gab sie schließlich nach, schrieb uns das nötige Formular aus und schickte uns ins Frauenhaus nach *Jerusalem*.

Wir kamen gegen Mittag dort an. Diese anonyme Zufluchtsstätte lag etwas außerhalb von *Jerusalem* sehr schön in einem Garten, und wir bekamen dieses Mal sogar ein Zimmer für uns allein mit einem großen Bett und eigenem Bad – ein richtiger Luxus. Hier konnte ich erst einmal durchatmen nach den schrecklichen Ereignissen. Aber immer wieder musste ich an Karim denken, der noch immer im Beduinendorf war. Meine innere Unruhe ließ nicht nach.

Auch in diesem Frauenhaus wurde mir sofort das Handy abgenommen, und die Regel, dass wir die erste Woche das Haus nicht verlassen durften, galt auch hier. Es gab einen Internetplatz, den man eine halbe Stunde pro Tag benutzen durfte, doch E-Mails, Foren und Chats waren gesperrt. Ich verstand den Sinn dahinter, ich hatte im Frauenhaus in *Herzeliya* oft genug mitbekommen, dass Frauen trotz aller Warnung mit ihren Männern Kontakt aufnahmen und sich und alle anderen damit gefährdeten. Dennoch schufen die strengen Regeln auch dieses Mal ein echtes Dilemma: Derart abgeschnitten von der Außenwelt konnten wir auch nichts unternehmen, um unsere Situation zu verbessern. Was ich brauchte, war ein guter Anwalt und eine Rechtsberatung, damit ich Karim zurückholen konnte, und zwar schnell, jeder Tag zählte. Doch wieder verstrich die Zeit ungenutzt. Während ich wie auf glühenden Kohlen saß und mir den Kopf zerbrach, welche Schritte ich einleiten müsste, um nicht wieder von Salim überrumpelt zu werden wie beim letzten Mal, sollte ich ein Seminar besuchen, in dem man mir und einigen anderen Frauen beibringen wollte, wie wir uns als alleinerziehende Mütter im Alltag durchschlagen konnten. Dabei war ich seit Jahren alleinerziehende Mutter und kam sehr gut zurecht, wenn man mich in Frieden ließ – ich hatte ganz andere Sorgen. Wenn Salim mich mit den Kindern in Ruhe ließe und sich an das, was das Gericht beschlossen hatte, halten würde, so wie ich das tat, dann wäre alles in Ordnung. Ich war dabei, mir mit den Babytragen nach und nach eine Existenzgrundlage zu schaffen, bald, so hoffte ich, könnte ich wieder auf eigenen Beinen stehen – irgendjemand musste aber Salim in seine Schranken weisen, damit die Kinder und ich endlich zur Ruhe kämen. Und so zerrann mir wieder einmal die Zeit zwischen den Fingern. Wieder quälten mich diese unerträglichen Bauchschmerzen, für die es keine medizinische Ursache gab. Ich war zwar in Sicherheit, aber auch völlig abgeschirmt und fühlte mich Tag und Nacht überwacht und fremdbestimmt. Und während ich fieberhaft überlegte, was ich tun könnte, schmiedete Tarek die abenteuerlichsten Pläne, wie er Karim »befreien« könnte.

»Weißt du, Mama«, sagte er zum Beispiel, »ich geh da rein ins Dorf und nehme Karim einfach mit.«

Auch er litt unter der Trennung von seinem kleinen Bruder. Manchmal fragte ich mich, was er sah, wenn er an ihn dachte. Schließlich wusste er im Gegensatz zu mir, wie es im Zelt seines Vaters zuging.

Tarek und Kai baten mich, dass ich viel Zeit mit ihnen im Kindergarten verbrachte. Kinder ab sechs Jahren durften dort ab und zu an einem Computer spielen. Als Tarek an der Reihe war, versuchte ich probehalber, ob es möglich war, hier meine E-Mails abzurufen. Und tatsächlich, dieser PC war nicht gesperrt. Tarek war einverstanden, dass ich seine Computerzeit nutzte, um Leute zu kontaktieren, die uns helfen könnten. Wir mussten aber aufpassen, nicht erwischt zu werden, denn ständig kamen andere Kinder und ihre Mütter ins Zimmer. Und so schrieb ich heimlich E-Mails an Maren, die sie an jene weiterleitete, denen wir vertrauten.

Endlich kam eine Anwältin ins Frauenhaus. Ziva, die Sozialarbeiterin im Frauenhaus, stellte mich ihr vor. Ich sah, dass die Anwältin noch sehr jung war, und sie erzählte auch offen heraus, dass sie gerade mit dem Studium fertig geworden sei, also konnte sie de facto kaum Berufserfahrung haben. Während wir noch miteinander sprachen, hörte ich, wie draußen Kinder in Panik schrien. Ich eilte zum Fenster und sah, wie die Erzieherin die Kinder, unter denen auch meine Söhne waren, mit einer Hand an ein langes Seil binden wollte. Kai und Tarek wehrten sich mit aller Kraft. Ich lief nach draußen und fragte die Kindergärtnerin, was sie vorhabe.

»Wir machen alle zusammen einen Spaziergang nach draußen«, antwortete sie arglos.

»Nach draußen?«, fragte ich konsterniert. »Ziva sagt, wir dürfen auf keinen Fall rausgehen in der ersten Woche, und jetzt willst du mit den Kindern da draußen spazieren gehen? Das ist doch viel zu gefährlich! Was, wenn der Vater meine Kinder entführt? Glaubst du, das Seil, an das du die Kinder bindest, könnte das verhindern? Meine Kinder kommen auf keinen Fall mit.«

Die Erzieherin reagierte sichtlich genervt. Und doch konnte ich meine Kinder nicht einfach so dieser Gefahr aussetzen! Ich fieberte dem Tag entgegen, an dem ich das Frauenhaus verlassen durfte, und wenn es auch nur für eine Stunde war. Es war mir klar, dass ich dringend handeln musste, Salim war sicherlich schon längst beim Gericht und erzählte seine Lügen. Am Tag, als es so weit war, fing mich Ziva ab.

»Wir haben rausgefunden«, sagte sie streng, »dass du das Internet im Kindergarten benutzt hast. Deine Ausgangssperre wird um eine weitere Woche verlängert.« Und damit ließ sie mich stehen.

Das durfte nicht wahr sein. Schließlich wollte ich nicht raus, um mir einen schönen Tag zu machen, sondern ich musste dringend einen vernünftigen Anwalt treffen. Die Vorstellungen dieser Berufsanfängerin, die man mir hier zur Seite stellte, waren völlig naiv. Wenn ich etwas erreichen wollte, musste ich mir jemanden suchen, der meine Lage so ernst nahm, wie sie war. Doch jetzt sollte ich sieben weitere Tage untätig herumsitzen.

Als es Abend wurde, brachte ich Tarek und Kai ins Bett. Wir hatten hier ein großes Bett, in dem wir alle zusammen schliefen. Auf der einen Seite lag Tarek, auf der anderen Kai, den ich noch immer stillte, bis er einschlief. Tarek war noch hellwach, jedoch war mir aufgefallen, dass er schon seit einigen Stunden sehr still war. Auf einmal fing er an zu weinen.

»Was ist denn los, mein Schätzchen?«, fragte ich ihn bestürzt.

»Mama«, schluchzte er, »ich muss dir etwas sagen. Papa hat mich einmal zur Polizei gebracht. Da hat er mich gezwungen, dass ich etwas unterschreibe …«

Die Tränen flossen nur so, Tarek konnte kaum weitersprechen.

»Er hat der Polizei gesagt, dass du mich schlägst. Und das musste ich unterschreiben. Ich hab überhaupt nichts gesagt, Mama, nur Papa hat geredet.«

Ich wiegte mein Kind und versuchte, es zu beruhigen, doch Tarek war völlig aufgelöst. Schließlich schluchzte er:

»Ich will mit dir zur Polizei gehen und sagen, dass das nicht stimmt. Dass Papa die Polizei angelogen hat. Und ich wollte das doch überhaupt nicht unterschreiben. Aber ich musste … verstehst du …?«

Er sprang aus dem Bett und war nicht zu beruhigen. Mit seinen fast sieben Jahren verstand er, welche Konsequenzen das für uns alle haben würde, und das belastete ihn ungeheuer.

»Komm, Mama«, rief er und begann sich anzuziehen, »lass uns jetzt sofort gehen. Ich will der Polizei sagen, dass das alles gar nicht stimmt. Jetzt gleich.«

Ich versuchte ihm zu erklären, dass es schon spät war und

dass wir bis zum nächsten Morgen warten sollten. Außerdem hatten wir Ausgangssperre. Aber Tarek weinte und bestand darauf, dass er das jetzt sofort erledigen müsste, vorher könne er nicht schlafen.

»Willst du«, fragte ich ihn, da ich keine andere Lösung wusste, »dass wir mit Ziva sprechen?«

Tarek nickte. Also stand ich mit ihm auf und suchte die Sozialarbeiterin in ihrem Büro auf.

»Tarek möchte dir etwas erzählen«, sagte ich. Und schon sprudelte der Junge los. Doch nach wenigen Sätzen unterbrach ihn Ziva.

»Aber Tarek«, sagte sie, »da kannst du doch nichts dafür. Geh wieder ins Bett und schlaf dich aus.«

»Ich will aber zur Polizei«, rief der Junge voller innerer Not, »ich muss das wieder in Ordnung bringen, sonst denken die tatsächlich, dass meine Mama mich schlägt.«

»So ein Unsinn«, antwortete Ziva, »keiner denkt das. Mach dir nicht so viele Sorgen.«

Und zu mir gewandt sagte sie vorwurfsvoll:

»Wie kommt er nur auf solche Ideen?«

»Wahrscheinlich stimmt das, was er erzählt. Und das belastet ihn.«

»Viel belastender und sogar traumatisch wäre es sicherlich, mit ihm tatsächlich zur Polizei zu gehen. Schlagt euch das aus dem Kopf und geht endlich wieder schlafen.«

Mit hängendem Kopf trottete Tarek hinter mir her zu unserem Zimmer. ›Viel traumatischer‹, dachte ich, ›ist es, ihn nicht anzuhören. Wenn sie doch wenigstens zugehört hätte, das hätte ihm sicher gutgetan.‹

Es brauchte lange, bis Tarek in dieser Nacht in den Schlaf fand. Und ich lag noch viel länger wach, starrte in die Dunkelheit und versuchte mir vorzustellen, was Salim gegen mich ausheckte.

Am nächsten Morgen wollte Tarek noch immer zur Polizei gehen. Ich sprach mit der Leiterin des Frauenhauses darüber, doch sie belächelte das Ganze nur. Den Morgen verbrachte ich mit Grübeln. Versuchte, meine Optionen nacheinander zu prüfen. Nach dem, was Tarek erzählte, war mir klar, dass Salim auch Karim gegen mich benutzte. Jeder Tag, den ich abwartete, war ein gewonnener Tag für den Vater. Ich musste endlich handeln. Hier im Frauenhaus waren mir die Hände gebunden. Mir blieb nichts anderes übrig, als mit den Kindern in unsere Wohnung nach *Kiryat Gat* zurückzukehren. Vielleicht hatte Salim aufgegeben, die Wohnung dort zu kontrollieren, nachdem sie mehr als eine Woche lang leer stand.

Und so verließen wir *Jerusalem* und kehrten zurück. Als wir nach Hause kamen, bemerkte ich nichts Verdächtiges, ich hatte inzwischen einen Blick für zufällige Passanten und herumlungernde Beduinen. Doch da war niemand. Auch in der Wohnung trafen wir alles so an, wie wir es verlassen hatten.

Eine Woche verging, und die Kinder kamen langsam zur Ruhe. Tarek ging wieder zur neuen Schule. Allerdings musste ich dort mit Kai vor dem Klassenzimmer auf ihn warten, zu groß war seine Angst, sein Vater könnte dort auftauchen und ihn mitnehmen.

Am Nachmittag gingen wir zum nahe gelegenen Spielplatz, wo Kai und Tarek aus Herzenslust miteinander tobten. Auf dem Weg nach Hause rannte Tarek ausgelassen voraus, Kai und ich gingen langsamer hinter ihm her. Vielleicht war es das erste Mal seit Langem, dass Tarek seine Ängste vergessen hatte und unbeschwert vor sich hin hüpfte. Keiner von uns ahnte, dass er direkt seinem Unglück in die Arme lief.

Salim wartete vor unserem Haus, sein Anwalt war bei ihm. Die beiden fingen Tarek ab und verfrachteten ihn sofort in Salims Wagen. Der Anwalt hielt mir wortlos einen Gerichtsbescheid entgegen. Salim hatte ein befristetes Sorgerecht für alle drei Kinder erwirkt, und zwar zu meiner großen Überraschung beim jüdischen Familiengericht, nicht beim Shaariya-Gericht. Eine Richterin hatte das entschieden, ohne den Fall zu kennen, ohne mich je gesehen zu haben. Eine Richterin, die für den Fall überhaupt nicht zuständig war.

»Komm mit zur Polizeistation«, forderte mich der Anwalt auf.

Ich ging darauf ein und fuhr mit. Mein Hebräisch war nicht gut genug, als dass ich das Urteil in allen Details hätte verstehen können. Ich hoffte inständig, bei der Polizei vielleicht noch etwas erreichen zu können; gegen die beiden Männer konnte ich nichts ausrichten. Es wäre unmöglich gewesen, Tarek wieder aus dem Wagen herauszuholen.

Der Polizist sah sich das Urteil an.

»Klarer Fall«, meinte er, »die Kinder müssen mit dem Vater gehen.«

Nie werde ich den Blick vergessen, den Tarek mir zuwarf: tieftraurig, verzweifelt – es gibt kein Wort für das Leid, das sich in ihnen spiegelte. Aber er sagte nichts, wehrte sich nicht, vergoss keine Träne. Ihm war klar, dass er jetzt wieder unter der scharfen Beobachtung seines Vaters stand und dass er bestraft werden würde, wenn er sich jetzt nicht »richtig« verhielt.

Salim hätte damals auch Kai mitnehmen können, doch an ihm hatte er noch kein Interesse, er war ihm mit seinen zweieinhalb Jahren noch zu klein. Das war ein Glück, auch wenn ich das damals nicht ahnen konnte. Ich war am Boden zerstört. Nach Karim hatte ich jetzt auch noch Tarek an Salim verloren. Und alle schienen sich gegen mich, die Mutter dieser Kinder, verschworen zu haben.

Kapitel 20

Blaue Augen sind des Teufels

Salim war mit seinem Anwalt wenige Tage zuvor schon in *Jerusalem* beim Frauenhaus gewesen, um Tarek abzuholen. Also hätte ich das Kind auch verloren, wenn ich dort geblieben wäre, und das schon früher. Es war ein schwacher Trost. Was nun folgte war ein Albtraum an Verwaltungswillkür in einem Ausmaß, das ich mir niemals im Leben hätte träumen lassen.

Wieder einmal machte ich mich auf die Suche nach einem guten Anwalt. Derjenige, der mich bislang vertreten hatte, kümmerte sich um nichts mehr. Er war nicht bereit, meine Sache vors Gericht zu bringen, weder die Vergewaltigungen, den sexuellen Missbrauch der Kinder noch wegen der Unterhaltszahlungen, die unbedingt erhöht werden mussten. Während der letzten Verhandlung vor dem Shaariya-Gericht hatte er mich vor dem Kadi und der ganzen Versammlung angeschrien, was um alles in der Welt ich mit Beduinenkindern in Deutschland wolle. Er hatte mehr als einmal gezeigt, dass er nicht auf meiner Seite stand. Ein solcher Anwalt würde mich nur noch mehr ins Unglück stürzen.

Meine wenigen Freunde, die ich vom Frauenhaus in *Jerusalem* verbotenerweise hatte mobilisieren können, legten zusammen, damit ich mir einen vernünftigen Anwalt leisten konnte. Inzwischen war mir aber klar geworden, dass wir sorgfältige Nachforschungen anstellen mussten, bevor ich jemandem das Geld und das Schicksal meiner Kinder anvertraute. In Israel ist es nämlich so, dass ein Anwalt im Voraus bezahlt wird. Das heißt, man handelt ein Honorar mit ihm aus, legt es auf den Tisch und muss dann hoffen, dass er sich auch wirklich engagiert. Dass er im Sinne seines Mandanten handelt, was eigentlich selbstverständlich sein sollte. Gerade weil ich selbst in all diesen Dingen unerfahren war, kam es darauf an, wer mich vor dem Richter, sei er nun ein Kadi oder ein Familienrichter, vertreten würde.

Ich besuchte viele Anwaltsbüros in *Beer Sheva*, doch keiner wollte meinen Fall so recht übernehmen. Die jüdischen Juristen kannten sich zu wenig mit dem Shaariya-Gericht aus, und die arabischen Kollegen ließen bald durchblicken, auf wessen Seite sie standen. Während ich so im Gerichtsviertel von *Beer Sheva* unterwegs war, denn viele Kanzleien sind in der Nähe des Shaariya-Gerichts zu finden, traf ich zufällig Salims Anwalt.

»Ah«, sagte er, als er mich sah, »über euren Fall wird gerade verhandelt.«

Ich glaubte, nicht richtig verstanden zu haben.

»Doch, doch«, sagte er und lachte, »Salim wird auch vor dem Shaariya-Gericht das Sorgerecht für die Kinder bekommen. Jetzt, in diesem Augenblick.«

»Und warum bist du nicht dort?«, fragte ich ungläubig.

»Salim hat sich einen zweiten Anwalt genommen«, antwortete der Mann. »Es gibt eine Menge Zeugenaussagen, die alle beweisen, dass du die Kinder schlägst und misshandelst.«

Mir wurde heiß und kalt vor Schreck und Empörung. Auf schnellstem Weg begab ich mich zum Gericht und kam gerade noch rechtzeitig vor Verhandlungsbeginn dazu. Salim war gar nicht anwesend, er ließ sich von seinem zweiten Anwalt vertreten, einem schmierigen, ungepflegten Kerl.

»Ich wurde nicht darüber informiert«, wandte ich mich an den Kadi, »dass hier über das Sorgerecht für meine Kinder verhandelt wird. Ich beantrage, dass dieser Gerichtstermin verschoben wird, damit auch ich mit einem Anwalt daran teilnehmen kann.«

»Nein, das ist nicht nötig«, sagte der Kadi so ruhig wie immer. »Wie es aussieht, haben wir hier genügend Beweise, damit wir den Fall abschließen können.«

»Welche Beweise?«, fragte ich außer mir. »Beweise wofür?«

Nun erfuhr ich von dem Lügengespinst, das Salim in den letzten Wochen sorgfältig gegen mich aufgebaut hatte. Sein Anwalt beschuldigte mich der Kindesmisshandlung und führte unter anderem jenes Video als Beweismittel an, das damals angeblich aufgenommen wurde, obwohl es selbst das Gericht nie zu sehen bekam. Außerdem existierten zwei Briefe, die Leute aus *Mitzpe Ramon* an das Gericht geschrieben hatten, Menschen, die mich überhaupt nicht kannten und die nun behaupteten, ich sei eine gefährliche und gewalttätige Mutter.

Ich war wie vor den Kopf gestoßen. Tatsächlich lagen dem Kadi diese Briefe vor, doch als ich sie zu sehen wünschte, wurde mir auch das verwehrt. Später, als ich endlich einen Anwalt gefunden hatte, erhielt der sie und teilte mir mit, was darin stand und von wem sie stammten. Es war klar, dass die Briefeschreiber von Salim gekauft waren. Beide waren seine Kunden, die er mit Drogen belieferte. Diese sogenannten Zeugen mussten nie persönlich vor Gericht aussagen, wäre dies geschehen, hätte der Kadi schnell erkannt, wie unglaubwürdig sie waren.

Doch diese Erkenntnis nützte mir nichts, sie kam außerdem viel zu spät. Denn in dieser Verhandlung, in die ich nur zufällig geraten war, beschuldigte mich Salim außerdem auch noch des Ehebruchs.

»Wir sind im Besitz von intimen Videos, die beweisen, dass diese Frau eine sexuelle Beziehung zu einem Mann namens Rami unterhält.«

Ich schnappte nach Luft. Das war das Unerhörteste, was sich Salim bislang ausgedacht hatte. Umsonst beteuerte ich, dass solche Videos nicht existieren könnten, weil ich niemals eine intime Beziehung zu diesem Mann hatte. Umsonst. Der Kadi beschloss, dass Salim auch vor dem Shaariya-Gericht das Sorgerecht über unsere drei Kinder erhalten sollte.

Bei dieser Verhandlung kam ich kaum zu Wort, denn Salims Anwalt schrie mich an und machte mich vor dem Kadi runter, dass mir Hören und Sehen verging. Ich zog in jeder Hinsicht den Kürzeren, und das Ergebnis war ein weiterer Rückschlag vor Gericht. Doch ich dachte nicht daran, dieses Urteil, das auf Lügen und Märchen aufgebaut war, einfach so hinzunehmen.

Schließlich fand ich einen Anwalt, von dem ich glaubte, dass er mir helfen würde. Da ich immer noch davon ausging, dass das Shaariya-Gericht für mich zuständig war, wählte ich einen arabischen aus, der sich tatsächlich motiviert zeigte und sich professionell vorzubereiten schien. Am Tag der nächsten Verhandlung wollte ich mich vorher noch mit ihm besprechen und wartete mit Kai vor dem Gerichtsgebäude, denn drinnen waren Frauen und Männer ja strikt voneinander getrennt. Ein Sicherheitsbeamter, der an der Tür die Besucher kontrollierte, schrie mich an, ich solle gefälligst in den Warteraum für Frauen gehen.

»Willst du den Männern zumuten, an dir vorbeilaufen zu müssen?«, schrie er mich an.

Ich ignorierte ihn und wartete weiter, doch leider kam mein Anwalt zu unserer ersten gemeinsamen Gerichtsverhandlung auf die allerletzte Minute, sodass wir uns nicht mehr miteinander austauschen konnten.

Salim hatte Karim mitgebracht, um zu zeigen, wie groß dessen Angst vor seiner Mutter war. Und ich hatte natürlich Kai dabei. Als Karim seinen kleinen Bruder sah, schaute er die ganze Zeit sehnsüchtig zu ihm herüber. Kai, der ja erst zweieinhalb Jahre alt war und überhaupt nicht verstand, was los war, rutschte von meinem Schoß und ging zu seinem Bruder hinüber, brachte ihm seine Spielsachen und lachte mit ihm. Dann kam er wieder zu mir zurück und gab mir Küsschen.

»Diese Kinder«, schwadronierte Salims Anwalt währenddessen, »hassen ihre Mutter, die so grausam zu ihnen ist und sie täglich schlägt. Und dieses arme Kind muss bei dieser schrecklichen Frau noch immer leben – wie sehr bedaure ich ihn, es ist eine Schande.«

Dabei wies er mit theatralischer Geste auf Kai, der auf meinem Schoß herumkletterte und mir Küsschen gab, dann wieder hinunterglitt und zu Karim hinüberlief, um mit ihm einträchtig zu spielen.

›Das muss der Kadi doch sehen‹, dachte ich, ›wie offensichtlich hier gelogen wird.‹

Und tatsächlich entschied der Richter, dass ich die Kinder einen Monat lang zweimal die Woche sehen sollte.

»Unter Aufsicht eines Sozialarbeiters«, verkündete er, »und wenn der Monat um ist, werde ich aufgrund seines Berichts neu entscheiden.«

Ich atmete auf. Da sah ich, wie Salim eifrig auf seinen Anwalt einsprach. Der meldete sich sogleich zu Wort.

»Wir schlagen vor, dass dies der Sozialarbeiter Mosche machen soll. Denn er ist mit den häuslichen Verhältnissen des Vaters vertraut, die Kinder kennen ihn schon.«

»Seid ihr damit einverstanden?«, fragte der Kadi meinen Anwalt.

Ich hatte noch nicht mal die Zeit, den Mund zu öffnen, um meine Meinung mit ihm auszutauschen, als dieser bereits sagte:

»Ja, damit sind wir einverstanden.«

»Wie kannst du das sagen«, protestierte ich. »Wenn er schon bei Salim war, dann ist er bestimmt auf seiner Seite.«

Doch mein eigener Anwalt ignorierte meine Einwände. Und so wurde beschlossen, dass dieser Mosche darüber entscheiden sollte, wie alles weitergehen würde. Ich war wütend. Das Gutachten dieses Sozialarbeiters war doch entscheidend. Und jetzt war jemand damit betraut worden, der bereits mit Salim unter einer Decke steckte – und mein eigener Anwalt stimmte dafür!

Ich konnte es kaum erwarten, meine Kinder wiederzusehen. Jede Woche, die verging, spielte Salim in die Hand, je länger er auf Tarek und Karim Einfluss nehmen konnte, desto mehr würde es ihm gelingen, sie zu manipulieren. Meine Geduld wurde aber bis zur Unerträglichkeit auf die Folter gespannt, denn zunächst einmal traten die Sozialarbeiter in einen unbefristeten Streik. Sie streikten eine Woche, zwei Wochen, und keiner wusste, wie lange das so weitergehen würde. Schließlich erreichten wir, dass ich die Kinder unter der Aufsicht von Sarah treffen konnte, die für die Aufsichtsbehörde der Sozialarbeiter im Süden Israels arbeitete.

Bei diesem Treffen, das in Sarahs Büro in Salims Gegenwart stattfand, während sie selbst im Nebenzimmer war, blieben Tarek und Karim mir gegenüber sehr verschlossen. Jedoch nahmen sie meine Geschenke an und sprachen auch mit mir. Nach einer Stunde kam Sarah herüber.

»So«, sagte sie, »die Stunde ist vorüber. Sagt Auf Wiedersehen.«

Da begann Karim, bitterlich zu weinen, und klammerte sich an Kai.

»Geh nicht weg«, schluchzte er, »ich will nicht, dass ihr geht! Ich will mit euch kommen, Mama, bitte nimm mich mit!«

Meine Kehle war wie zugeschnürt, auch ich stand kurz davor, in Tränen auszubrechen, und als ich in Tareks Augen schaute, dessen Blick mir deutlich sagte, wie gern auch er mit mir kommen wollte, konnte ich mich kaum mehr beherrschen. Aber es half nichts: Das Gericht hatte bestimmt, dass er und Karim beim Vater leben mussten.

Es dauerte einen weiteren Monat bis zu unserem nächsten Wiedersehen, diesmal mit Mosche. Der Sozialarbeiter empfing uns in einem vollkommen leeren Raum, da die Sozialstation gerade umgezogen war und noch keine Zeit war, etwas auszupacken. Ich hatte eine ganze Reisetasche voller Spielsachen mitgebracht, mit denen sich Tarek und Karim zu Hause immer am liebsten beschäftigt hatten. Laut Gesetz sollte Salim draußen bleiben, während ich diese eine Stunde allein mit den Kindern und dem Sozialarbeiter verbringen durfte. Zu meinem Entsetzen aber klammerten sich Tarek und Karim an ihren Vater und wollten nicht ohne ihn ins Zimmer kommen.

»Siehst du«, sagte Salim immer wieder zu Mosche, »wie sehr die Kinder Angst vor ihrer Mutter haben! Siehst du das?«

Und so schaffte es Salim, Mosche davon zu überzeugen, dass

es unverantwortlich wäre, die Kinder, die sich so sehr vor mir fürchteten, allein mit mir und dem Sozialarbeiter zu lassen.

»Dann komm eben auch mit rein«, entschied Mosche, »wenn die Kinder sich dann beruhigen.«

Mein Protest interessierte niemanden. Salims Gegenwart verfehlte seine Wirkung auf die Kinder nicht: Als ich Tarek seine Puppe gab, ohne die er niemals schlafen gegangen war, warf er sie mit aller Kraft in die Ecke. Dieses Treffen war ein volles Fiasko: Tarek und Karim lehnten alles ab, was von mir kam, wollten ihre geliebten Spielsachen nicht ansehen, sprachen nicht mit mir und duldeten mich nicht in ihrer Nähe, sondern schlugen wieder auf mich ein. Selbst Kai durfte ihnen nicht zu nahe kommen.

»Na ja«, sagte Mosche zu mir, »das ist ja offensichtlich, was hier vorgeht. Du hast die Kinder lange genug misshandelt. Jetzt, wo sie sich sicher fühlen, weil ich und Salim dabei sind, schlagen sie zurück.«

Ich wusste, dass das nicht stimmte, schließlich hatte ich meine Kinder nie geschlagen. Wir hatten immer ein liebevolles Verhältnis zueinander gehabt. Ich dachte an jene Nacht im Frauenhaus in *Jerusalem*, als Tarek so verzweifelt zur Polizei gehen wollte, um seine erpresste Falschaussage zu widerrufen, nach der ich ihn angeblich geschlagen hätte. Wie aber schaffte es Salim, dass meine Kinder sich unter seinem Einfluss so gegen mich wandten?

Wieder zu Hause, begann ich nächtelang im Internet zu recherchieren. Schlafen konnte ich ohnehin nicht. Irgendetwas hoffte ich zu finden, eine ähnliche Fallbeschreibung vielleicht oder einen Hinweis von Jugendpsychologen, die mir das Ganze erklären könnten. Es war schier unerträglich, mich diesem Phänomen ausgesetzt zu fühlen und nicht zu verstehen, was mit meinen Kindern vor sich ging. Es war, als habe Salim die Kinder »verhext«, als sei er der »böse Dschinn«, von dem er dauernd sprach. Wollte ich nicht durchdrehen, musste ich ganz einfach wissen, was hier passierte.

Schließlich stieß ich auf jene Forschungen von Richard A. Gardner, der herausgefunden hatte, dass bei Sorgerechtsstreitigkeiten häufig ein Elternteil die Kinder erfolgreich vom anderen entfremdet, und zwar durch an Gehirnwäsche grenzende Manipulation. »Fortgesetzte und unbegründete Zurückweisung und Verunglimpfung eines Elternteils durch das Kind«, las ich da, und weiter: »An gemeinsame schöne Erinnerungen mit dem entfremdeten Elternteil kann sich das Kind nicht mehr erinnern. Das Kind wertet den entfremdeten Elternteil ab …« – hier fand ich endlich einen Erklärungsansatz für das, was bei uns vor sich ging, und verschlang alles, was ich darüber im Internet finden konnte. Zwar half mir das Wissen über dieses Phänomen, das Gardner »*Parental Alienation Syndrome*« nannte, also »Eltern-Kind-Entfremdung«, im Augenblick wenig, denn weder mein Anwalt noch Mosche, der Sozialarbeiter, wollten davon etwas hören. Doch es half mir, die große Not, in der Karim und Tarek sich befanden, zu erkennen. Meine Jungen waren wie Marionetten in der Hand ihres Vaters, der ihnen den Hass auf mich aufzwang. Tarek und Karim wussten genau, dass sie bei ihrem Vater bleiben mussten, und hatten sicherlich bereits erlebt, was es bedeutete, sich gegen ihn aufzulehnen. Freundlichkeit mir gegenüber war in Salims System bereits eine solche Auflehnung, und offenbar hatten die beiden eine derart große Angst vor Salims Bestrafungen, dass sie es nicht wagten, sich ihm entgegenzusetzen. Dieser seelische Zwiespalt, in den die Kinder durch Salims Machtspiele geraten waren, musste für sie damals und muss auch heute noch kaum zu ertragen sein. Schließlich wissen sie im Grunde ihres Herzens ganz genau, dass ihr Verhalten mir gegenüber, das ihr Vater ihnen aufdrängt, nicht gerechtfertigt ist. Sie wissen, dass sie mir damit Leid und Schmerz zufügen. Sie werden zum Lügen gezwungen, und ebenso sehr, wie mir das wehtut, so sehr müssen auch sie selbst darunter leiden.

›Warum nur tut Salim das seinen Kindern an?‹, fragte ich mich immer wieder. Lange fand ich keine Antwort darauf.

Heute denke ich, dass sein Selbstbewusstsein in Wahrheit ganz entgegen seinem äußeren Auftreten ziemlich klein sein muss. Er ist ein Mensch, der immer im Mittelpunkt stehen muss, er braucht die Bewunderung anderer Menschen wie die Luft zum Atmen. Und schließlich habe ich es ja selbst am eigenen Leib erlebt, welch ausgeklügeltes und psychologisch feines System er hat, Menschen, mit denen er zusammenlebt, psychisch, und wenn es anders nicht mehr geht, auch physisch von sich abhängig zu machen.

Eine Woche später fand das Treffen an Tareks Geburtstag statt. Ich hatte kaum Geld, denn Salim weigerte sich, für Kai Unterhalt zu bezahlen. Trotzdem wollte ich nicht ohne Geschenk kommen. Außerdem kaufte ich von meinen letzten Schekel einen Kuchen. Selbst einen backen konnte ich nicht, denn ich hatte in meiner Wohnung keinen Backofen. Salim hatte nie an die Geburtstage seiner Kinder gedacht, selten hatte er Geschenke für sie, solange sie bei mir lebten. Heute war das anders: Salim kam wie der leibhaftige Weihnachtsmann vollbepackt mit Geschenken zum Treffen. Er schleppte außerdem noch drei Kuchen an, die er wohl irgendwo hatte backen lassen.

Als ich Tarek mein Geschenk geben wollte, nahm er es nicht an. Während Salim nach allen Seiten Kuchen verteilte, trat Tarek mit dem Fuß auf meinen. Völlig aufgedreht feierte Salim vor dem Sozialarbeiter Mosche Kindergeburtstag, er beschäftigte die Kinder unentwegt mit den Spielsachen, die er gekauft hatte, und gab ihnen keine Chance, Zeit mit mir zu verbringen.

Mehrmals versuchte ich, mit meinen Söhnen spielerisch Kontakt aufzunehmen, nahm zum Beispiel einen Ball und warf ihn Tarek oder Karim zu. Salim fing den Ball jedes Mal ab und warf ihn dann erst weiter. Kai saß mitten in all diesem Getriebe und verstand überhaupt nicht, was eigentlich los war. Mit dem feinen Gespür eines Kindes nahm er all die widersprüchlichen, feindseligen und aggressiven Schwingungen auf und fühlte sicherlich auch meine Verzweiflung und Traurigkeit. Hinterher weinte er viel und war völlig durcheinander. Er vermisste seine

Brüder und konnte nicht verstehen, warum sie sich so seltsam verhielten.

Ein paar Mal folgte ich Salim nach diesen Treffen. Er ging mit Tarek und Karim jedes Mal einkaufen. Hatten sie sich so verhalten, wie er es gewünscht hatte, hatten sie auf mich eingeschlagen und mich abgewiesen, dann durften sie sich hinterher zur Belohnung offenbar etwas aussuchen. ›Was würde meine Kinder erwarten‹, dachte ich verzweifelt, ›wenn sie sich ihm widersetzten?‹ Bis heute kann ich die Antwort nur vermuten. Vielleicht würde er sie schlagen, wie er es bereits getan hatte. Vielleicht würde er sie auch hungern lassen. Ich wusste inzwischen, dass Salims Grausamkeit weit gehen konnte.

Dennoch hatte ich Hoffnung, dass sich alles wieder zum Guten wenden würde. Ich war mir sicher, dass meine Kinder nach Ablauf des vom Gericht vorgeschriebenen Monats wieder bei mir leben würden. Mosche konnte doch klar sehen, dass ich meinen Kindern nichts tat, sondern nur liebevolle Gefühle entgegenbrachte. Dagegen war es offensichtlich, wie sehr Salim die Kinder manipulierte. Doch als der Monat um war, kam der Schock: Mosche hatte den Bericht so abgefasst, dass der Kadi beschloss, dass die Kinder weiterhin bei Salim leben sollten. Der Sozialarbeiter gab tatsächlich mir die Schuld am Verhalten der Kinder, Salim dagegen wurde in seinem Bericht geradezu idealisiert. Ich aber durfte meine Kinder weiterhin nur unter Aufsicht sehen. Ich kann gar nicht ausdrücken, wie verzweifelt ich in dieser Zeit war.

Eines Tages vermittelte mir die deutsche Botschaft den Kontakt zu einer Deutschen, die ein ganz ähnliches Schicksal hatte wie ich. Ich konnte es kaum glauben: Da gab es tatsächlich eine andere Frau, die dieselben Probleme hatte wie ich? Endlich würde ich mit jemandem sprechen können, der meine Erfahrungen teilte und mich verstand? Und was noch wichtiger war: Vielleicht hatte diese Frau ja schon Lösungsansätze für all die Probleme gefunden, mit denen ich mich herumschlug?

Ich wählte sofort die Nummer, die mir die Botschaft gegeben hatte. Nachdem wir uns einander vorgestellt hatten, erzählte mir Stefanie ihre Geschichte, die meiner so erstaunlich glich, dass ich es nicht fassen konnte: Auch ihr Mann, ein Muslim aus einem arabischen Dorf, also kein Beduine, hatte ihre zwei Söhne nach einem Besuchswochenende nicht zurückgebracht und sie wegen Kindesmisshandlung angezeigt. Als sie ihre Kinder wiederbekommen sollte, denn noch immer hatte sie das Sorgerecht, wehrten sie sich und schlugen nach ihr – ganz genau wie meine Kinder. Sie konnte nur den jüngeren Sohn mit Gewalt mitnehmen, doch war sie voller Zuversicht, dass sie bald auch den älteren bei sich haben würde.

Ich erkannte, wie ihre Geschichte sich in meiner eigenen wiederholte. Ihre beiden Söhne Aude und Yussuv waren genauso alt wie Tarek und Karim. So bald wie möglich trafen wir uns, und es war gut und traurig zugleich, jemanden kennenzulernen, dessen Schicksal meinem eigenen so sehr glich. Im Gegensatz zu mir war Stefanie ernsthaft zum Islam übergetreten, kleidete sich stets wie eine Araberin und trug in der Öffentlichkeit einen *Hijab*, ein gemustertes Tuch, das ähnlich wie unser europäisches Kopftuch getragen wird und ihre haselnussbraunen Haare, ihre Schultern und Brust verhüllt.

»Er wird damit nicht durchkommen«, sagte Stefanie voller Optimismus und ihre schönen grünen Augen blitzten hinter ihren Brillengläsern, »das Gericht wird ihn in seine Schranken weisen.«

Ich aber sah die Lage skeptischer. Meine Kinder waren inzwischen sechs Monate beim Vater, und ein Ende war nicht absehbar.

»Weißt du was?«, sagte ich zu Stefanie, nachdem wir uns gegenseitig alles erzählt hatten. »Wenn es uns beiden doch so ähnlich ergeht, dann gibt es sicherlich noch mehr Frauen. Wir sollten unsere Geschichten öffentlich machen.«

»Ja«, antwortete sie sofort begeistert, »aber wie machen wir das am besten?«

»Wir veröffentlichen sie in allen Foren, die wir kennen. Das ist unsere einzige Chance. Dann erfahren nicht nur die Leute hier aus unserer Umgebung, was los ist, sondern auch Menschen in Deutschland, ja, auf der ganzen Welt.«

Es tat gut, in dieser verzweifelten Situation etwas zu unternehmen, statt herumzusitzen und zu grübeln. Wir schrieben unsere Geschichten auf und hofften, dass irgendwo Menschen waren, die sich für unser Schicksal interessieren würden. Und tatsächlich wurden auf diese Weise einige Journalisten auf unsere Fälle aufmerksam, die in den Medien hin und wieder von den Missständen berichteten, unter denen wir litten. Und doch sah es so aus, als würde sich auch dadurch nichts verändern. Es blieb dabei: Ich durfte meine Kinder nach wie vor nicht sehen.

Aber ich dachte nicht daran, aufzugeben. Ich wandte mich an Yasmin, die Sozialarbeiterin von *Kiryat Gat*, obwohl ich mit ihr nicht die besten Erfahrungen gemacht hatte, als ich damals so dringend vor Salim ins Frauenhaus nach *Jerusalem* fliehen musste. Meine Befürchtungen wurden noch übertroffen.

»Deine Kinder hassen dich«, sagte sie heftig, »und du wirst sie nicht wiederbekommen. Sie sind beim Vater gut aufgehoben.«

»Das sind sie ganz und gar nicht …«, versuchte ich zu argumentieren, doch ich kam kaum zu Wort.

»Wie kannst du nur einen guten Vater wie Salim so schlecht machen!«, schrie die Sozialarbeiterin mich an. »Täglich rufen mich Leute aus *Mitzpe Ramon* an und erzählen mir, was für ein wunderbarer Vater er ist. Während du nichts als Lügen auftischst. Du behauptest, Salim sorgt nicht für dich? Erst kürzlich hab ich dich mit ihm im Einkaufszentrum gesehen, mit Einkaufstüten voll neuer Kleider. Geh nach Hause. Mit deinen Lügen kommst du hier nicht weiter.«

Es war für mich unerklärlich, wie sie das behaupten konnte. Schon lange konnte mich niemand gemeinsam mit Salim gesehen haben, schon gar nicht im Einkaufszentrum. Doch ich stieß auf taube Ohren: Yasmin warf mich aus ihrem Büro.

Und auch sonst schien sich alles gegen mich verschworen

zu haben: Mosche war auf meine Bitten hin nach *Mitzpe Ramon* gefahren, um bei der Polizei die Anzeigen einzusehen, die ich gegen Salim im Lauf der Jahre erstattet hatte, die zahlreichen wegen häuslicher Gewalt nach meiner Rückkehr aus dem ersten Frauenhaus, die Anzeige wegen der Vergewaltigungen, die ich vor Kais Geburt gemacht hatte, und jene aus dem Jahr 2008 wegen sexuellen Missbrauchs an Karim. Doch im Computer der Polizei war keine einzige zu finden. Stattdessen gab es einige Anzeigen von ihm gegen mich wegen Kindesmisshandlung, auch jene von den ultraorthodoxen Nachbarn fand er – alles Anzeigen, die auf Lügen und Rassismus basierten. Mosche schaute sich auch das Haus an, in dem wir unter so menschenunwürdigen Bedingungen gehaust hatten und wo Kai fast gestorben wäre. Nach meinem Auszug hatten die Besitzer das Häuschen von Grund auf sanieren lassen, nun stand es im besten Zustand da und wurde dem Sozialarbeiter mit Freuden gezeigt. Für Mosche war die Sache klar: Ich war eine Lügnerin und Intrigantin.

»Zum Wohl der Kinder«, entschied er, »halte ich es für das Beste, die Treffen zunächst einmal auszusetzen. Sonst kommen Tarek und Karim niemals zur Ruhe.«

Inzwischen war meine auf sechs Monate befristete Arbeitserlaubnis, die Grundlage für den Aufbau meiner Firma, abgelaufen. Eine von mir so sehr erhoffte Verlängerung erhielt ich nicht. Grund dafür war, dass Tarek und Karim nicht mehr bei mir lebten. Ich musste dem Innenministerium alle Berichte der Sozialarbeiter vorlegen, und dort wurden sie so interpretiert, dass ich eine Gefahr für meine Kinder darstellte. Da mich Tarek und Karim ohnehin nicht mehr würden sehen wollen, gab es aus der Sicht des Komitees keinen Grund für mich, länger in Israel zu bleiben.

Wie sehr es Salim gelungen war, meinen Ruf und mein Ansehen zu zerstören, wurde mir klar, als ich mit meinem Anwalt sprach.

»Du bist selbst schuld an der Situation«, sagte er unfreundlich und weigerte sich, eine Klage bei Gericht gegen Mosches Beschluss, dass ich die Kinder nicht mehr sehen sollte, einzureichen. »Ich habe genug von dir und will deinen Namen nicht mehr hören.«

Das war eine Katastrophe, denn meine Freunde hatten viel Geld für diesen Anwalt bezahlt, und nun weigerte er sich, mich weiter zu vertreten. Ich machte mich wieder auf die Suche nach einem anderen, unter den gegebenen Umständen konnte ich aber nur einen für mich kostenlosen, vom Staat bereitgestellten Anwalt nehmen und hoffte inständig, jemanden zu finden, der willens war, sich mehr zu engagieren als seine beiden Vorgänger.

Schließlich fand ich Anat, eine Anwältin, die für eine Frauenorganisation arbeitete. Ich hatte sie ausgewählt, weil sie mir am motiviertesten von allen erschien, mit denen ich gesprochen hatte.

»Als Erstes«, sagte sie voller Tatendrang, »fährst du nach *Mitzpe Ramon* zur Polizei und wiederholst all diese nicht auffindbaren Anzeigen. Und nimm jemanden mit, der bezeugen kann, dass du das damals bereits erzählt hast. Damit sie die Anzeigen nicht gleich wieder löschen können.«

Mit viel Mühe konnte ich eine frühere Bekannte aus *Mitzpe Ramon* dazu überreden, mit mir zur Polizei zu kommen. Ihr, die selbst in ihrer Kindheit sexuellen Missbrauch erleben musste, hatte ich mich damals anvertraut. Sie war allerdings so verängstigt, dass sie darauf bestand, anonym zu bleiben, zu groß war auch ihre Furcht vor Salims Rache. Außerdem zeigte ich der Polizei die Fotos, die ich von Karim gemacht hatte, als er mit Blutergüssen an den Wangen von Salim nach Hause gekommen war.

Nun sollte Mosche nachprüfen, ob sexueller Missbrauch bei meinen Kindern vorlag. Der wusste nichts Besseres zu tun, als zu meinen Kindern zu fahren und sie direkt zu fragen: »Wurdet ihr sexuell missbraucht?« Wie ich später im Bericht las, antwortete Karim nicht darauf, während Tarek verneinte. Natürlich fragt man Kinder, bei denen der Verdacht besteht, nicht auf solch plumpe Art und Weise, das weiß ja sogar ein Laie. Sollte man von einem Sozialarbeiter nicht mehr Einfühlungsvermögen und Fachkenntnis erwarten? Wer weiß, ob die Kinder überhaupt verstanden haben, was Mosche meinte. Der Sozialarbeiter machte jedenfalls keine Rollenspiele mit ihnen oder ließ sie Zeichnungen anfertigen, und wer weiß, vielleicht war Salim sogar zugegen, als er sie fragte.

Wieder einmal verlief alles im Sande. Und ich konnte es einfach nicht fassen, wie fahrlässig man hier mit dem Wohl von Kindern umgeht. Denn bei all meinem Leid, meiner Verzweiflung und Trauer ging es doch – und geht es bis heute – um das Wohl von unschuldigen Kindern. Was konnten die Jungen dafür, dass Salim mich abgrundtief hasste und sich an mir rächen wollte? Ist es nicht ein erbärmliches Zeichen, wenn ein Mann seine Kinder benutzen muss, um seine Ziele zu erreichen?

Kapitel 21

Zwischen Hoffnung und Verzweiflung

Anfang 2009 verursachte die sogenannte israelische Militärintervention »Aktion gegossenes Blei« neue schwere kriegerische Auseinandersetzungen mit dem sogenannten Gaza-Streifen, der gerade mal dreißig Kilometer von *Kiryat Gat* entfernt lag. Kai und ich waren auf dem Spielplatz, als der erste von vielen Raketenalarmen ertönte. Kai verstand nicht, was die Sirene bedeutete, er kraxelte vergnügt ganz oben auf dem Klettergerüst herum, und als ich verzweifelt versuchte, ihn herunterzuholen, dachte er, ich wollte Fangen mit ihm spielen. Ich wusste, dass man nach dem Alarm genau vierzig Sekunden hatte, Deckung zu suchen, bevor die Raketen einschlugen – nicht gerade viel Zeit, wenn man sich auf einem offenen Gelände wie einem Spielplatz befindet und der nächste Bunker rund dreihundert Meter entfernt ist. Diese erste Rakete war von der israelischen Armee abgeschossen worden, und das war unsere Rettung. Doch sie bedeutete nur den Anfang eines heftigen Krieges, der einen Monat lang dauern sollte.

Von nun an ertönten alle paar Stunden die Sirenen, und Schulen und Kindergärten wurden geschlossen. Wieder einmal erlebte ich, wie sehr die israelische Bevölkerung an Gefahr gewöhnt war, denn obgleich es einen Luftschutzbunker unter unserem Haus gab, hatte niemand einen Schlüssel für ihn. Außer mir schien sich auch keiner dafür zu interessieren.

»Am sichersten ist es im Hausflur«, sagte ein russischer Nachbar seelenruhig, »der geht nach Nordosten hinaus, und wenn eine Rakete einschlägt, bleibt sie in der Südwestwohnung stecken.«

Also stand ich bei jedem Raketenalarm mit ihm und Kai im

Hausflur, den übrigen Hausbewohnern schien das Ganze egal zu sein. Wir zählten die vierzig Sekunden herunter, oft hörten wir einen Einschlag, und die Fenster vibrierten.

»Nach dem ersten Einschlag warten wir besser noch«, riet mir der Nachbar, »denn meistens kommen die Raketen im Doppelpack: eine nach der anderen.«

Einmal gab es einen Einschlag rund hundert Meter von unserem Haus entfernt. Nachdem Kai verstanden hatte, was es mit den Raketen auf sich hatte, wurde er sehr ängstlich. Der Beschuss erfolgte Tag und Nacht, und Kai schlief nur noch sehr unruhig. Gern wäre ich, solange der Krieg andauerte, mit dem Kind nach Deutschland gegangen, doch das war unmöglich, weder Anat, meine Anwältin, noch die deutsche Botschaft machten mir da irgendwelche Hoffnungen.

Anat vermittelte mir über die Frauenhilfsorganisation, für die sie arbeitete, eine Psychologin. Orit erkannte sofort, dass ich von all den Geschehnissen traumatisiert war. Allerdings halfen mir diese Treffen überhaupt nicht, ganz im Gegenteil. Immer wieder alles Schreckliche, was ich gerade erst erlebt hatte, wiederholen zu müssen, hatte zur Folge, dass ich nach jedem dieser Treffen starke Bauchschmerzen hatte.

Orit versuchte mit Mosche zu sprechen und auch mit Sarah von Mosches Aufsichtsbehörde.

»Ich kann es nicht fassen, wie dein Fall hier behandelt wird«, gestand sie mir, »in meinen ganzen dreißig Jahren, die ich in diesem Bereich arbeite, ist mir so etwas noch nie begegnet.«

Ich schöpfte große Hoffnung, als sie Mosche zu einem Gespräch einlud und ihm klarzumachen versuchte, dass er hier einen ganz großen Fehler machte.

»Hätten die Kinder wirklich Angst vor Berit«, erklärte sie ihm, »dann würden sie auf keinen Fall auf sie einschlagen. Sie würden still dasitzen. Und selbst wenn sie von der Mutter schwer misshandelt worden wären, würden sie nach einiger Zeit den Kontakt zu ihr suchen, denn Kinder wünschen sich Kontakt zu ihren Eltern, ganz egal, was geschehen ist. So aber, wie sie sich verhalten, muss man darauf schließen, dass ihnen der Vater den Kontakt zur Mutter nicht erlaubt. Die Kinder haben doch keine Chance, wenn sie wissen, dass sie mit dem Vater wieder nach Hause gehen müssen.«

Zu meiner Erleichterung stimmte Mosche Orit in allem zu, solange sie dabei war, und ich schöpfte Hoffnungen, dass alles anders würde. Kaum war Orit kurz aus dem Raum gegangen, sagte er jedoch zu mir:

»Das hast du doch alles nur erfunden, um mit den Kindern nach Deutschland abzuhauen. Und weißt du was? Das werde ich niemals zulassen.«

Orit konnte nur beratend tätig sein, sie war mit dem Fall nicht betraut und hatte keinerlei Befugnis. Sie hatte weder die Möglichkeit, Berichte für das Gericht zu schreiben noch anderweitig einzugreifen. Alles lag in Mosches Händen.

So wunderte es mich nicht mehr, als sein neuer Bericht den alten nur bestätigte. Neu war, dass er sich nun auch angeblich »Sorgen um Kai« machte. Mosche kritisierte, dass der Junge mit seinen zweieinhalb Jahren noch nicht im Kindergarten war. Das Kind würde keine Bildung erhalten, außerdem sei das ein Zeichen dafür, dass ich bezwecke, das Kind zu isolieren und an mich zu binden.

Der wahre Grund war, dass ich mir einen Hortplatz für Kinder unter drei Jahren finanziell nicht leisten konnte. Meine Arbeitserlaubnis war nicht verlängert worden, und so konnte ich nicht offiziell arbeiten. Weiterhin nähte ich zu Hause Babytragen und musste dafür auch nicht außer Haus. Eine Kinderbetreuung war also nicht zwingend notwendig. Überhaupt war der Vorwurf grotesk, denn Beduinen schicken ihre Kinder, wenn diese Glück haben, ohnehin erst mit sechs oder sieben Jahren in die Schule, geschweige denn in einen Kindergarten. Ein weiterer Punkt in Mosches Bericht, über den ich hätte lachen können, wäre das Ganze nicht so schrecklich ernst gewesen, war folgender: »Beim Vater in der Wüste haben die Kinder ein besseres und ruhigeres Leben als bei der Mutter in der Stadt.«

Dabei waren die Kinder draußen im Wüstenzelt ohne Strom und fließend Wasser viel härteren Lebensbedingungen ausgesetzt. Während es im Sommer brütend heiß in so einem Beduinenzelt ist, müssen sie im Winter bei Minusgraden frieren. Mosche selbst lebte natürlich in einer Wohnung, er hatte keine Ahnung, wie das Leben in einem Wüstenzelt war. Meinen Kindern aber, die ihre ersten Jahre bei mir in einer Wohnung verbracht hatten, mutete er das zu.

Nachdem meine Anwältin Anat den Bericht gelesen hatte, bestand sie darauf, dass ich Kai in einen Kindergarten schickte. »Sonst besteht die Gefahr«, sagte sie, »dass auch er zu Salim muss.«

Für Kai war das sehr schwer. Er musste in die »große« Gruppe gehen, wo alle ein oder zwei Jahre älter waren als er, dadurch war der Kindergarten kostenfrei. Nur den Kinderhort für unter Dreijährige musste man bezahlen, aber das konnte ich mir nicht leisten. Als schwierig stellte sich auch heraus, dass die Erzieherinnen voreingenommen gegen mich waren, denn Anat hatte sie schon im Voraus darüber informiert, dass man mir bereits zwei Söhne wegen Kindesmisshandlung weggenommen hätte. Von Anfang an versuchten sie, etwas zu finden, was sie gegen mich verwenden konnten. Einmal trug Kai ein Halstuch, das hinten mit einem Klettverschluss geschlossen wurde.

»Nimm sofort das Ding ab«, fuhr mich eine der Erzieherinnen an, »du erwürgst das Kind ja damit!«

Das Ganze gipfelte schließlich darin, dass Kai am Unabhängigkeitstag aus dem Kindergarten flog, und das kam so: An diesem Tag müssen alle Kinder mit weißem T-Shirt und blauen Hosen in den Kindergarten kommen, in den Farben der israelischen Flagge. Ich hatte aber kein uniweißes T-Shirt und zog ihm eines an, das auf weißem Grund ein kleines Auto aufgedruckt hatte. Als ich Kai an diesem Tag zur Einrichtung brachte, sah ich, dass auch andere Kinder kleine Bildchen auf ihren T-Shirts hatten, und dachte mir nichts weiter dabei. Als ich Kai jedoch am Mittag holen kam, schrien mich gleich zwei Kindergärtnerinnen an.

»Du Nazi! Beleidigst uns an unserem Festtag. Nicht einmal ein weißes T-Shirt kannst du deinem Kind anziehen!«

Kai weinte, und am nächsten Tag behielt ich ihn zu Hause. Ich rief meine Anwältin an und erzählte ihr von dem Vorfall.

»Du bringst das Kind sofort wieder zum Kindergarten«, herrschte sie mich an. »Wenn nicht, lege ich mein Mandat nieder.«

Also blieb mir nichts anderes übrig, als meinen Ärger hinunterzuschlucken. Doch als ich am nächsten Morgen mit Kai zum Kindergarten kam, fingen uns die Erzieherinnen schon an der Tür ab.

»Wir wollen Kai nicht mehr in unserer Gruppe haben«, erklärten sie kurz und bündig und warfen uns hinaus.

Bei der Stadtverwaltung, bei der ich mich beschweren ging, erfuhr ich, dass sie über alles schon Bescheid wussten. Ja, sie wussten sogar noch mehr als ich:

»Man hat uns erzählt, dass du mit Füßen auf der israelischen Fahne herumgetrampelt bist«, erklärte mir der Beamte. »Und dass du gegen den Staat Israel bist, stimmt das?«

Ich ging auf die Frage nicht ein und erreichte nach einigem Hin und Her schließlich, dass Kai in einen anderen Kindergarten kam, und zum Glück gefiel es ihm dort auch noch viel besser.

In den folgenden Wochen und Monaten sah ich meine beiden älteren Söhne sehr unregelmäßig, und Salim war bei allen Treffen dabei. Oft kam es aber gar nicht zu den Treffen, denn er fand Ausreden, warum ich die Kinder nicht sehen sollte. Immer wieder waren sie angeblich krank, was mir zusätzlich Sorgen bereitete. Stimmte das oder war es nur ein Vorwand? Einmal ging es Karim tatsächlich nicht gut, er hatte zu wenig getrunken und musste völlig dehydriert ins Krankenhaus eingeliefert werden. Es war schrecklich, zwar diese Nachricht zu erhalten, aber genauere Informationen verweigert zu bekommen. Natürlich durfte ich mein Kind nicht besuchen. Es war gerade *Rama-*

dan, und ich befürchtete, dass Salim die Kinder zum Fasten gezwungen haben könnte. Kinder sind zwar ausgenommen von dieser Regel, doch ich erinnerte mich gut daran, wie Salim dem fünfjährigen Tarek bereits versucht hatte einzureden, dass es eine Sünde sei, wenn er während des *Ramadan*s etwas aß oder trank. Sogar als er wieder bei mir war, hatte Tarek Angst, etwas falsch zu machen.

Im Januar 2009 gab es wieder einmal einen Termin bei Gericht. Salim hatte sich beschwert, dass es für ihn zu weit wäre, jede Woche zu den Treffen nach *Beer Sheva* zu fahren. Eigentlich war diese Regelung ziemlich gerecht, denn wir hatten ungefähr beide denselben Anfahrtsweg, *Beer Sheva* liegt in der Mitte zwischen *Mitzpe Ramon* und *Kiryat Gat*. Dennoch bestand Salim darauf, dass die Treffen nach *Mitzpe Ramon* verlegt würden, doch das war nicht möglich, denn dort gab es keine Sozialarbeiter, die das Treffen hätten begleiten können. Denn Tamara, Rinas Kollegin, hatte inzwischen einen Antrag beim Gericht gestellt, der sie von der ganzen Sache entband.

So kam es, dass der Kadi beschloss, die Treffen nach *Yeroham*, einer kleinen Stadt im *Negev*, zu verlegen. Das war für Salim ein Katzensprung von einer halben Stunde Fahrt, während ich mit Kai nun insgesamt sieben bis acht Stunden unterwegs sein würde. Ich war auf Busse angewiesen, und die fuhren nur selten in diese entlegenen Wüstendörfer. Dazu kamen die höheren Fahrtkosten, wo ich doch so schon meine Rechnungen kaum bezahlen konnte. Der einzige Lichtblick war, dass ich auf diese Weise Mosche loswerden konnte, denn für *Yeroham* war er nicht zuständig. Darum stimmte ich schließlich dieser Lösung zu, in der Hoffnung, dass sich mit einem neuen Sozialarbeiter die Sache endlich zum Positiven wenden würde.

Die folgenden Treffen waren jedoch niederschmetternd, sowohl für mich als auch für Kai. Wir hatten Karim und Tarek mehrere Monate nicht gesehen, und jetzt lehnten sie mich nur noch mehr ab. Selbst von Kai nahmen sie nichts an, und die Schokolade, die er ihnen gab, warfen sie in hohem Bogen weg.

Beide trugen schmutzige und kaputte Kleidung, Karims Schuhe waren ihm mehrere Nummern zu groß, er konnte kaum darin laufen. Doch das Schlimmste war der Ausdruck in ihren Augen: unendlich traurig, jedes Leuchten war erloschen. Meine Kinder waren zwar körperlich anwesend, doch ihre Gedanken waren ganz woanders. Dieser Eindruck bestätigte sich bei den folgenden Treffen – es war deutlich, dass die beiden nicht wirklich anwesend waren.

Einmal eskalierte die ganze Situation beinahe. In dem Raum, wo wir uns trafen, gab es Spielsachen, unter anderem auch Boxhandschuhe und Hanteln. Salim hatte nichts Besseres zu tun, als den Jungen immer wieder die Gewichte zu geben. Tarek und Karim warfen damit nach Kai und mir. Ich nahm die Hanteln an mich und verstaute sie auf einem hohen Regal, sodass die Kinder sie nicht erreichen konnten. Doch es dauerte nicht lange, und Salim holte sie wieder herunter, reichte sie den Jungen, das Ganze ging von vorne los. Schließlich nahm ich die Gewichte und übergab sie dem neuen Sozialarbeiter Shachar, der bislang nur tatenlos zugesehen hatte, und bat ihn, sie sicher zu verwahren. Nun zog Salim den Kindern die Boxhandschuhe an und zeigte ihnen, wie sie mich damit schlagen sollten. Das taten sie auch, einmal trafen sie mein Auge, das noch Tage später bläulich verfärbt war. Ein anderes Mal drückten mir meine Kinder mit beiden Händen die Halsschlagader zu, sodass mir ganz schwarz vor Augen wurde. Mir war klar, dass Kinder in ihrem Alter so etwas nicht tun, außer, jemand bringt es ihnen bei.

Für Kai waren diese Treffen sehr belastend, er weinte oft auf der gesamten, langen Fahrt nach Hause.

Shachar und seine Kollegen sahen natürlich, dass es Salim war, der für ihr extremes Verhalten verantwortlich war.

»Wir sind für solche Fälle nicht ausgebildet«, sagte mir Shachar. »Aber eines ist klar: Die Kinder müssen dringend vom Vater weg.«

Jedoch war seine Empfehlung nicht, sie wieder mir zurückzugeben. Stattdessen stellten die Sozialarbeiter von *Yeroham* beim Gericht den Antrag, den Fall einem Kinderheim zu übergeben.

»Sobald zwei Plätze frei sind«, versprach mir Shachar, »werde ich dafür sorgen, dass Tarek und Karim dort unterkommen. Im Augenblick können wir sie dir nicht geben. Sie sind viel zu aufgehetzt. Ich kann mir nicht vorstellen, wie du mit ihnen fertigwerden sollst in diesem Zustand.«

Wieder vergingen Monate, in denen ich meine Kinder nicht sehen durfte. Ich wartete sehnlichst darauf, dass sie dem Einfluss ihres Vaters entzogen würden und wie versprochen in ein Kinderheim kämen. Ich hoffte, dass sie sich dort wieder beruhigen würden. Man sagte mir, ich würde sie im Heim ohne Salims Anwesenheit sehen können, und ich war mir sicher, dass sie bald wieder normal auf mich reagieren würden.

Stefanie und ich telefonierten oft miteinander. Interessanterweise waren auch bei ihr die Sozialarbeiter zu demselben Schluss gekommen, auch sie hoffte, dass Yussuf in ein Kinderheim kommen würde. Es war immer wieder unglaublich, wie parallel unsere beiden Geschichten sich entwickelten. Ja, manchmal hatten wir das Gefühl, unsere beiden Exmänner würden sich kennen und miteinander absprechen.

»Das ist vielleicht der beste Weg«, sagte auch sie, »um die Kinder zurückzubekommen.«

Uns blieb nichts anderes übrig, als zu warten, dass sich die Mühlen der Bürokratie in Bewegung setzten, dass passende Heimplätze frei würden und endlich, endlich alles gut würde.

Und doch plagten mich tiefe Ängste. Die Angst zum Beispiel, dass Salim meine Kinder über die Grenze in den *Sinai* schaffen würde, ehe man sie ins Heim bringen konnte. Denn wenn jemand vom Sozialamt käme, um die Kinder von ihm fortzuholen, wäre das schon wieder ein Gesichtsverlust für ihn. Manchmal fürchtete ich auch, er könnte mir etwas antun. Er hatte immer wieder gesagt, dass er sich an mir rächen würde. Für alles. Für die Tatsache, dass ich ihn verlassen hatte. Dass ich ihm die Kinder »wegnehmen« wollte. Und vor allem dafür, dass ich mich weigerte, weiterhin sein Eigentum zu sein. Es ging für ihn um seine Ehre innerhalb des Stamms. Für mich ging es um nichts weniger als um mein Leben. Denn in dem »System«, in dem Salim lebte, konnte nur ein Ehrenmord seinen Ruf wieder herstellen. Und so überlegte ich gemeinsam mit Stefanie immer wieder, ob wir nicht vielleicht mit unseren jüngsten Kindern abtauchen sollten, wenn es so weit wäre und die älteren ins Kinderheim kommen sollten. Wir zerbrachen uns die Köpfe darüber, wohin wir gehen könnten. So lebte ich viele Wochen lang in einer Mischung aus Hoffnung und Angst, immer bereit, mit Kai von heute auf morgen zu verschwinden.

Nach Monaten kam endlich der so lange ersehnte Anruf von der Leiterin des Kinderheims in *Beer Sheva*. Ina, die nun mit unserem Fall betraut worden war, lud mich zu einem ersten Treffen ein. Doch wenn ich gehofft hatte, dass meine Kinder dort endlich Aufnahme fänden und sich die Sache langsam regeln könnte, sah ich mich getäuscht. Offenbar hatte man mich auch hier als »Hauptproblem« identifiziert, das es zu lösen galt.

»Zuerst werden wir einige Treffen vereinbaren, um die Kinder kennenzulernen«, erläuterte mir die Heimleiterin, »und um zu sehen, ob man die Sache nicht ohne Heimaufenthalt lösen kann. Heimplätze sind rar, und zwei Kinder gleichzeitig aufzunehmen ist schwierig. Wir werden damit anfangen, dass Tarek und Karim zunächst tagsüber ins Heim kommen und abends wieder mit dem Vater nach Hause gehen. Und du kommst zweimal pro Woche nach *Beer Sheva* zur Therapie.«

Meine »Therapeutin« stellte sich als Soziologiestudentin im ersten Praxisjahr heraus. Mila war Anfang zwanzig, und ich war ihr erster Fall. Schon das Eingangsgespräch zeigte mir, dass sie keinerlei Erfahrung besaß, weder in ihrem zukünftigen Beruf noch im Leben. Ihr Studium war von ihren Eltern finanziert worden, sie hatte noch nie eigenes Geld verdienen müssen, und doch machte sie mir eine Menge Vorschriften. Sie legte zum Beispiel vollkommen unrealistische Einkünfte als Bedingung fest, damit ich die Kinder zurückbekommen könnte. Dass ich nach wie vor auch unter den gegebenen schwierigen Bedingungen versuchte, mir ein eigenes Geschäft aufzubauen mit den Babytragen, ging offenbar über ihren Horizont. Zu diesem Zeitpunkt verkaufte ich durchaus immer wieder einzelne Tragen über verschiedene Internetforen, doch der Gewinn reichte zum Leben noch nicht aus.

»Bis so ein Geschäft läuft«, versuchte ich, ihr zu erklären, »muss man einen langen Atem haben. Ich werde das schaffen …«

»Ach was«, unterbrach mich Mila, »du willst dich nur von der Außenwelt isolieren. Darum bestehst du darauf, zu Hause zu arbeiten.«

Ich erinnerte sie daran, dass ich nicht einmal eine Arbeitserlaubnis hatte und außerdem zwei- bis dreimal die Woche zum Kinderheim nach *Beer Sheva* fahren musste – wie sollte ich unter diesen Umständen einen Vollzeitjob annehmen können?

Das, was dieses Mädchen mir dann vorschlug, machte mich für einen Moment fassungslos. »Geh doch zurück zu deinem Exmann. Stell dir vor«, sagte sie zu mir, »nach all dem, was du ihm angetan hast, würde er dich noch immer zurücknehmen.«

Umsonst versuchte ich, ihr zu erklären, dass ich handfeste Gründe gehabt hatte, mich von ihm zu trennen. So zogen sich unsere fruchtlosen Gespräche hin, bis sie aufseufzte und meinte:

»Berit, es tut mir leid, das zu sagen, aber du bist einfach nicht therapierbar.«

»Wann«, fragte ich, was ich seit Wochen jedes Mal fragte, ehe meine »Therapiestunde« zu Ende war, »wann kommen meine Kinder ins Heim?«

Doch darauf hatte Mila keine Antwort. Die Wahrheit war: Trotz aller schönen Worte von Ina wurde Shachars Empfehlung, die Kinder in einem Heim unterzubringen, nie umgesetzt.

Es war zwei Wochen vor Weihnachten, als sich Mila bei mir zu einem Hausbesuch anmeldete.

»Ich komme am 24. Dezember«, erklärte sie am Telefon.

Ich verstand die Botschaft. Auch wenn die Juden Weihnachten nicht feiern, so wissen sie doch ganz genau, was dieses Fest für uns bedeutet. Ich fand es unverschämt, ausgerechnet an so einem Tag einen Kontrollbesuch zu machen, doch ich schwieg. Galt ich in ihren Augen schon nicht als therapierbar, so wollte ich mich doch wenigstens kooperativ zeigen. Das größte Problem war aber, dass ich nach wie vor kaum Möbel hatte. Das Einzige, was ich besaß, waren ein Schreibtisch, an dem ich die Tragen nähte, ein Regal und einfache Matratzen, auf denen wir tagsüber saßen, spielten und unsere Mahlzeiten einnahmen und nachts schliefen. Mir war klar, dass ein behütetes Mädchen aus gutem Hause eine solche Einrichtung als nicht geeignet für drei Kinder einstufen würde. Zwei Wochen blieben mir bis zu Milas Besuch, doch was sollte ich tun? Ich hatte einfach nicht das Geld, um mir Möbel zu kaufen.

»Wenn ich wenigstens ein ordentliches Bett hätte«, sagte ich zu Stefanie.

»Warum leihst du dir nicht ein paar Möbel aus?«, fragte sie.

Leider ließ sich diese Idee nicht so einfach in die Tat umsetzen, denn selbst wenn mir jemand seine Möbel ausgeborgt hätte, wie hätte ich sie transportieren sollen?

Und dann passierte das erste Wunder: Am Morgen des 23. Dezembers erhielt ich völlig überraschend eine Geldanweisung: Eine deutsche Hilfsorganisation überwies mir dreihundert Euro! In der *Jüdischen Allgemeinen* war ein Artikel über meinen Fall erschienen, und nun hielt ich auf einmal das Geld, das ich so dringend benötigte, in Händen und konnte es nicht fassen. Eine deutsche Journalistin hatte über die israelischen Presseberichte von meiner Geschichte erfahren und darüber berichtet.

›Das ist ein richtiges Weihnachtsgeschenk‹, dachte ich überglücklich, und sofort ging ich mit Kai los, um ein Bett zu kaufen.

Möbelgeschäfte gab es in *Kiryat Gat* genug, doch keines war bereit, mir ein Bett noch am selben Abend auszuliefern. Ich gab nicht auf und suchte weiter, bis ich schließlich einen kleinen Laden fand, dessen Besitzer zusagte, mir noch am selben Abend ein Sofabett nach Hause zu bringen.

Es war gegen sieben Uhr, als der Besitzer wie versprochen das Bett brachte. Er sah sich bei mir in der Wohnung um, dann ging er wieder. Eine Stunde später klingelte es erneut an der Tür.

»Ich dachte mir«, sagte der Besitzer des Möbelgeschäfts ein wenig verlegen, »dass du das vielleicht gebrauchen kannst. Bei mir stehen die Sachen nur rum, und deine Wohnung sieht ziemlich leer aus. Ich möchte sie dir gerne schenken.«

Sprachlos sah ich zu, wie seine Mitarbeiter Möbelstücke in meine Wohnung trugen: Einen Esstisch samt Stühlen. Ein paar Regale und einen großen Couchtisch. Alles war noch originalverpackt. Ich musste nur sagen, wo sie was hinstellen sollten. Dabei brachte ich kaum einen Ton heraus, so bewegt war ich. Der Mann ahnte ja nicht, welch ein Riesenstein gerade von meinem Herzen plumpste.

»Ist denn heute schon Weihnachten?«, fragte mich Kai und schob seine kleine Hand in meine.

»Es sieht ganz so aus«, sagte ich mit belegter Stimme. Und dankte dem freundlichen Möbelhändler von Herzen.

Dann rief ich Stefanie an.

»Das gibt es doch gar nicht!«, rief sie ein ums andere Mal aus. »Da zerbrechen wir uns seit zwei Wochen den Kopf, wie du zu Möbeln kommst, und dann fallen sie quasi über Nacht vom Himmel.«

Ich verbrachte die halbe Nacht damit, die Möbel auszupacken und die Wohnung damit hübsch einzurichten. Am frühen Morgen des 24. Dezember schaffte ich noch all das Verpackungsmaterial zum Container. Eine Stunde später marschierte Mila in die Wohnung. Sie sah sich gleichgültig um.

›Du hast ja keine Ahnung‹, dachte ich, ›was hier gestern los war. Und das ist gut so.‹

Ich bot ihr eine Tasse Kaffee an, aber sie lehnte ab. Wenigstens hatte sie nichts zu beanstanden, und in ihrem Bericht stand nichts Negatives über die Wohnung.

Was auch immer die Behörden beschlossen hatten – Salim weigerte sich, die Kinder ins Heim von *Beer Sheva* zu bringen. Er behauptete, die Kinder hätten ein Trauma von dieser Stadt, und natürlich sei das meine Schuld. Auch damit kam er durch, und die Heimleiterin veranlasste, dass ich mit Kai und fünf Sozialpädagogik-Studenten regelmäßig nach *Mitzpe Ramon* fahren sollte, wo ich die Kinder in einer touristischen Anlage von Salims Freunden sehen konnte. Auch diese Treffen wurden zur Farce, denn Salim hatte lauter Spiele ausgesucht, in denen ich mich zum Narren machen sollte, während die Kinder und alle anderen sich bei Kaffee und Kuchen über mich lustig machen wollten. Doch es sollte noch schlimmer kommen: Ich wurde zu einem Treffen ins Kinderheim mit Ina und Mila zitiert.

»Ich will«, sagte Ina, »dass du dich bei deinen Kindern dafür entschuldigst, dass du sie geschlagen hast.«

»Aber ich habe sie nicht geschlagen!«, entgegnete ich.

»Was bist du doch nur für eine Lügnerin! Komm bloß nie auf den Gedanken«, fuhr die Heimleiterin mich daraufhin gehässig an, »noch mehr Kinder zu bekommen. Denn ich *liebe* Kinder, verstehst du? Und ich will nicht, dass noch mehr kleine Wesen unter dir leiden müssen.«

Das tat ganz schön weh. Doch nach all dem, was ich schon erleben musste, hatte ich mir langsam, aber sicher einen Panzer anwachsen lassen. Ich hatte tatsächlich gelernt, innerlich auf Distanz zu gehen in solchen Situationen, sonst hätte mich das alles ganz sicher um den Verstand gebracht, so wie Salim es sich bestimmt seit Langem wünschte. Ihm hatten sie eine Therapie angeboten, um das zu verarbeiten, was ich ihm angetan habe, wie Ina mir erklärte. Doch das war noch nicht alles.

»Wenn du die Kinder unbedingt weiterhin sehen willst«, entschied Ina, »dann musst du dorthin fahren, wo sie zu Hause sind: Im Beduinendorf, wo sie leben.«

Doch das lehnte ich kategorisch ab. Es wäre viel zu gefährlich gewesen, ohne Polizeischutz zum Stamm zu fahren.

»Wisst ihr eigentlich«, fragte ich Ina und Mila, »dass sich sogar die Polizei weigert, dorthin zu fahren? Wollt ihr, dass sie mir auch noch Kai wegnehmen oder mich dort gefangen halten?«

Keiner verstand, warum ich nicht ins Beduinendorf fahren wollte, ja, sogar meine Anwältin war unbedingt dafür, dass ich hinfuhr, und drohte mir, andernfalls meinen Fall abzugeben. Doch meine Entscheidung stand fest: Ich würde mich niemals in die Höhle des Löwen begeben, das konnte kein Mensch von mir fordern. Auch bei der deutschen Botschaft war man der Meinung, dass ich das besser nicht tun sollte.

»Wenn die Sie dort festhalten«, sagte mir der Botschaftsmitarbeiter, »können wir Sie höchstwahrscheinlich nicht wieder rausholen. Und wenn, dann kann das Monate dauern.«

Das wollte ich nicht riskieren. Und zum Glück hatte meine Weigerung trotz aller Drohgebärden keine negativen Konsequenzen für mich.

Eines Tages klingelte das Telefon. Es war Stefanie. Ihre Stimme klang völlig aufgelöst.

»Stell dir vor, Berit«, sagte sie, »Aude soll von jetzt an jedes Wochenende bei seinem Vater verbringen! Schon morgen soll ich ihn hinbringen.«

O Gott, dachte ich, das darf nicht wahr sein.

»Ich hab so große Angst«, fuhr Stefanie fort, »dass er ihn wieder so manipuliert, dass er nicht mehr zu mir nach Hause kommen kann. Was soll ich nur tun?«

»Du musst eine Gegenklage einreichen. Sofort!«

»Ich hab schon mit meinem Anwalt telefoniert. Doch er sagt, das geht natürlich nicht so schnell. Darüber wird frühestens nächste Woche entschieden.«

»Dann bringe Aude zum Arzt, hol dir ein Attest, dass er krank ist. Dann musst du ihn dem Vater nicht bringen.«

Das tat Stefanie, und am selben Abend kam sie mit dem Jungen zu uns. Ihr Mann kannte mich nicht, sie glaubte sich bei mir sicher.

»Für alle Fälle«, hatte ich ihr geraten, »es kann immerhin sein, er kommt zu dir und will sich Aude trotzdem holen.«

Wir waren sehr nervös. Trotzdem versuchten wir, den nächsten Tag so normal wie möglich mit den Kindern zu verbringen. Jedoch saßen wir beide die halben Nächte lang wach, voller Sorge, es könnte doch noch etwas passieren. Ich hatte für meine Babytragen einen Blog eingerichtet, und als ich entdeckte, dass seit dem Gerichtsurteil jemand aus dem Dorf, aus dem Stefanies Exmann stammte, mehrmals auf meiner Seite gewesen war, läuteten bei uns die Alarmglocken, zumal auf meiner Webseite natürlich auch meine Telefonnummer zu finden war.

»Araber interessieren sich normalerweise nicht besonders für Babytragen«, meinte ich sorgenvoll.

Am nächsten Morgen saßen wir gerade beim Frühstück, als das Telefon klingelte. Die Nummer wurde auf meinem Display nicht angezeigt, doch ich dachte mir nichts dabei, denn mich riefen oft Kunden an, deren Telefonnummer unterdrückt war. Es meldete sich ein Mann mit Namen Mustafa. Auch Stefanies Exmann hieß so – sollte er es tatsächlich sein? Er sprach hebräisch mit einem deutlichen arabischen Akzent.

»Mein Hebräisch ist nicht besonders gut«, sagte ich, »sprechen Sie auch Englisch?«

Da legte der Anrufer auf.

»Das kann nur mein Ex sein!«, rief Stefanie in Panik. »Wahrscheinlich hat er über die Telefonauskunft deine Adresse herausgekriegt. Was machen wir jetzt bloß?«

Ich schaute aus dem Fenster, ich konnte niemanden Verdächtiges entdecken.

»Ich glaube, er ist noch nicht hier«, sagte ich.

Stefanie packte schnell ein paar Sachen, wir nahmen die Kinder und rannten zu dem Minimarkt bei mir um die Ecke. Der Besitzer wusste um meine Situation, er erkundigte sich oft nach Tarek und Karim. Tarek war ein paarmal allein bei ihm zum

Einkaufen gewesen. Der Mann hatte die Kinder ins Herz geschlossen und wunderte sich später, dass sie nie mehr kamen.

»Ich hoffe ganz fest«, hatte er einmal gesagt, »dass die Kinder bald wieder bei dir sind.«

Darum war ich mir sicher, dass er uns jetzt in dieser brenzligen Situation helfen würde. So war es auch. Wir versteckten uns bei ihm im Lager und riefen ein Taxi. Als es kam, kontrollierte der Minimarktbesitzer, ob jemand auf der Straße war, den er nicht kannte. Die Luft war rein, und wir fuhren mit dem Taxi in eine andere Stadt zu einer Bekannten von Stefanie. Bei ihr konnte sie ein paar Tage lang mit Aude unterschlüpfen. Schließlich teilte Stefanies Anwalt ihr mit, dass das Urteil, nachdem ihr Exmann Mustafa den kleinen Aude jedes Wochenende sehen sollte, vorerst nicht rechtskräftig war. Dann endlich wagte sich Stefanie nach Hause.

Das Ganze hatte allerdings noch ein übles Nachspiel für Stefanie. Denn Mustafa hatte Anzeige erstattet, weil sie mit dem Kind untergetaucht war, statt es, wie es das Urteil vorläufig vorschrieb, ihm zu übergeben. Stefanie musste zur Polizei zu einem Verhör.

»Du kannst es dir nicht vorstellen«, berichtete sie mir später unter Tränen, »die haben mich wie eine Verbrecherin behandelt! Von allen Seiten haben sie mich abfotografiert, von jedem Finger und von der ganzen Hand wurden Abdrücke gemacht. Und dann haben sie mir sogar noch gedroht, dass ich ins Gefängnis muss, wenn so etwas noch einmal vorkommt.«

Ich war schockiert. Als unsere Exmänner die Kinder nach einem Besuchswochenende nicht mehr wiederbrachten und wir unsererseits Anzeige gegen sie erstattet hatten, war denen überhaupt nichts passiert. Kein Polizist hatte sich auch nur die Mühe gemacht, sie zu verwarnen.

»Da wird gewaltig mit unterschiedlichen Maßstäben gemessen«, sagte ich.

Immer mehr hatten wir das Gefühl, dass Salim und Mustafa sich tatsächlich kannten und sich gemeinsam überlegten, was sie als Nächstes gegen uns unternehmen könnten. Zu häufig reichten beide fast gleichzeitig dieselben Klagen gegen uns ein. Dass Salim von meiner Freundschaft zu Stefanie wusste, obwohl ich sie erst kennengelernt hatte, nachdem Tarek und Karim bereits ein halbes Jahr bei ihm waren und wir in der Zwischenzeit keinen persönlichen Kontakt mehr hatten, erfuhr ich rein zufällig durch Mosche. Als ich dem Sozialarbeiter nämlich vorschlug, dass meine Kinder, die sich ja angeblich weigerten, mich zu sehen, stattdessen eine meiner Freundinnen treffen könnten, wandte Salim ihm gegenüber ein: »Aber nicht die Deutsche, die verschleiert herumläuft. Vor der haben meine Kinder nämlich auch Angst!«

So berichtete es mir Mosche am Telefon. Ich sah es als Beweis, dass Salim mich noch immer überwachen ließ. Wie sonst hätte er von dieser Freundschaft etwas wissen können? Tarek und Karim hatten Stefanie nie getroffen, die Kinder konnten Salim also auch nichts von ihr erzählt haben. Und Angst vor ihr konnten sie schon gar nicht haben.

Da Salim noch immer keinen Unterhalt für Kai zahlte, kam es so, dass ich trotz der Sozialhilfe finanziell mal wieder in größere Schwierigkeiten geriet. Ich konnte schon seit Monaten die Nebenkosten nicht mehr aufbringen, und ich wusste auch sonst nicht, wovon wir leben sollten. Nach Abzug aller Fixkosten blieb kein Geld fürs Essen übrig. Doch als ich die Sozialarbeiterin Yasmin in *Kiryat Gat* fragte, ob sie mir Berechtigungsmarken geben würde, mit denen ich Lebensmittel von der Sozialküche bekommen könnte, wetterte sie bloß: »Die bekommst du ganz bestimmt nicht von mir. Geh doch zurück in dein Land. Kai wäre bei seinem Vater sowieso besser aufgehoben als bei dir. Der kommt nicht und bettelt um Essen.«

Wenige Tage später brach alles über mir zusammen. Ich war mit meinen Zahlungen derart im Rückstand, dass man mir drohte, mich zu pfänden. Wollte man mir die wenigen Möbel nehmen? Oder stand ich kurz davor, ins Gefängnis zu müssen, bis ich die offenen Beträge begleichen konnte? Ich versuchte verzweifelt, jemanden zu finden, der mir Geld lieh, doch niemand konnte eine solche Summe entbehren – schon gar nicht mit der Ungewissheit, ob er sie jemals zurückbekommen würde. Ich war verzweifelt.

›Das ist das Ende meines Kampfes‹, dachte ich und machte mir schreckliche Sorgen, was aus Kai werden würde, wenn ich ins Gefängnis müsste. Und noch einmal geschah ein Wunder: Im allerletzten Moment erreichte mich die Nachricht von einem der Foren, in denen Stefanie und ich in den vergangenen Monaten unsere Geschichten veröffentlicht hatten.

»Wir haben eine Spendenaktion für Sie gestartet«, schrieb mir eine Frau aus Deutschland, »wie sollen wir Ihnen das Geld überweisen?«

Es handelte sich um exakt den Betrag, der mir fehlte. Und so konnte ich die offenen Rechnungen gerade noch rechtzeitig begleichen.

Noch einmal war ich davongekommen.

Und meine Erleichterung war groß, doch die Freude über die unerwartete Hilfe hielt nicht lange an. Ich erhielt einen Anruf von Stefanie, deren Vater gestorben war. Verständlicherweise wollte sie zu seiner Beerdigung nach Deutschland fliegen. Das war aber nicht so einfach, denn Mustafa, ihr Exmann, hatte auch für sie eine Ausreisesperre durchgesetzt, ohne seine Zustimmung konnte sie das Land nicht verlassen. Ihr Anwalt hatte also einen Eilantrag beim Gericht eingereicht, um die Ausreisesperre zeitweise auszusetzen.

»Ich will gar nicht erst versuchen«, erklärte sie mir verzweifelt am Telefon, »Aude mitzunehmen. Dem wird er nie und nimmer zustimmen. Alles, was ich möchte, ist, zur Beisetzung meines Vaters nach Hause zu fliegen.«

Stefanies Situation führte mir wieder einmal schlagartig vor Augen, dass wir deutschen Frauen hier völlig rechtlos waren und unsere Exmänner, wie auch die israelischen Behörden, mit uns machten, was sie wollten, uns kontrollierten und tyrannisierten.

Vor Gericht gab es schließlich auch endlose Diskussionen. Mustafa wollte darauf bestehen, mit seiner Exfrau zu fliegen, doch Stefanie lehnte das vehement ab. »Nach allem, was er mir angetan hat, will er mit zur Beerdigung meines Vaters?! Das kommt überhaupt nicht infrage. Meine Familie will ihn nicht sehen.«

Beinahe zu spät stimmte das Gericht ihrem Antrag zu, sie durfte allein fliegen und kam am Beerdigungsmorgen im letzten Moment noch rechtzeitig in Deutschland an.

Stefanie und ich sind keine Einzelfälle. Wir lernten über eine Organisation viele andere kennen, die dieses Schicksal teilten. Fast alle, mit denen ich gesprochen habe, mussten in ihrer Ehe Gewalt erleben und wurden auch nach der Trennung nicht in Frieden gelassen. Wie bei mir und Stefanie wird der Kampf häufig über die gemeinsamen Kinder ausgetragen. Die Folge sind jahrelange teure Gerichtsverfahren, die ungeheuer viel Kraft kosten, Kraft, die wir für unsere Kinder und zum Arbeiten so dringend bräuchten. Es gibt viele Frauen, die von der jahrelangen Dauerbelastung so angeschlagen sind, dass sie Medikamente einnehmen müssen, und nicht selten greifen sie zu Antidepressiva, um die Situation überhaupt zu ertragen.

So etwas kam für mich niemals infrage. Meine Strategie war stets, etwas zu tun, zu planen, etwas zu unternehmen, damit sich etwas ändert. Und eines Tages beschlossen Stefanie und ich, vor der deutschen Botschaft in *Tel Aviv* eine Demonstration zu organisieren. Stefanie und ich hofften, dass sich eine große Anzahl Frauen an der Demo beteiligen würde und versandten viele E-Mails. Groß war unsere Enttäuschung, als an dem besagten Morgen nur Stefanie und ich vor der Botschaft erschienen. Dennoch hielten wir den ganzen Tag über durch. Zwar nahm besonders die deutsche Botschaft keine Notiz von uns, ja, die Mitarbeiter schauten sogar angestrengt zur anderen Seite, als sie für die Mittagspause an uns vorbeigehen mussten.

Doch sprachen uns viele Passanten an, vor allem andere Frauen, die in ähnlichen Situationen waren wie wir.

»Gebt nicht auf«, sagte eine zu mir, ehe sie weitereilte.

Nein, das würden wir nicht. Obwohl ich das Gefühl hatte, dass für mich die Luft immer enger wurde und meine Kraft immer weniger.

Kapitel 22

Untertauchen

An einem Sommertag im Jahr 2010 war ich mit Kai in *Kiryat Gat* zum Einkaufen unterwegs. Wir überquerten gerade einen Parkplatz, als plötzlich ein Auto mit hoher Geschwindigkeit direkt auf uns zufuhr.

›Er wird doch sicher gleich abbremsen‹, dachte ich irritiert, aber da beschleunigte der Fahrer sogar noch. Im letzten Augenblick konnte ich zur Seite springen und Kai mit mir ziehen. Der Wagen raste an uns vorbei. Erschrocken blickte ich mich um. Der Fahrer wendete und kam schon wieder auf uns zu. Dabei konnte ich einen Blick auf den Mann erhaschen: Ich schätzte sein Alter auf zwischen fünfzig und sechzig, seine Hautfarbe war dunkel und seine Kleidung schmutzig und zerschlissen. Ich kannte den Mann nicht, der es auf uns abgesehen hatte und jetzt schon wieder auf uns zuraste.

Ich nahm Kai, der damals viereinhalb Jahre alt war, auf den Arm und rannte mit ihm so schnell ich konnte auf die leicht ansteigende Wiese, an die der Parkplatz grenzte. Hier konnte uns das Auto nicht mehr folgen. Eine Weile schien der Fahrer zu zögern, dann fuhr er davon.

Einige Passanten hatten das alles mitangesehen, und ich sprach sie an, ob sie bereit wären, mit mir zur Polizei zu gehen, um Anzeige zu erstatten. Doch alle winkten ab – keiner wollte etwas mit der Sache zu tun haben.

Der Schock saß mir in allen Gliedern. Ich zitterte, bemühte mich aber um Kais willen, ruhig zu bleiben. Zu Fuß nach Hause zu gehen hielt ich aber für zu gefährlich. Ich nahm ein Taxi, während der Fahrt hatte ich Zeit, nachzudenken. Schon eine ganze Weile hatte ich das Gefühl gehabt, ähnlich wie damals in *Mitzpe*

Ramon, ständig unter Beobachtung zu stehen. Waren wir auf dem Spielplatz, stand dort garantiert ein Auto geparkt, aus dem uns die ganze Zeit ein Mann beobachtete. Kauften wir im Supermarkt ein, folgte uns jemand auf Schritt und Tritt, gleichgültig, zu welcher Regalreihe wir auch gingen, ob Kindernahrung oder Hygieneartikel für Frauen, immer war der Verfolger da. Wenn wir den Supermarkt verließen und andere Geschäfte aufsuchten, sei es einen Laden für Kinderspielzeug oder Damenunterwäsche – stets ging jemand hinter uns, wie ein Schatten, den wir nicht loswurden. An unterschiedlichen Tagen folgten uns auf diese Weise verschiedene Männer, doch jedes Mal mit einer solchen Hartnäckigkeit, die einfach kein Zufall sein konnte. Einmal machte ich im Supermarkt den Sicherheitsangestellten darauf aufmerksam und bat ihn, herauszufinden, ob der Mann, der uns folgte, Beduine sei. Daraufhin sprach er unseren Schatten an und forderte ihn auf, seinen Ausweis zu zeigen. Unser Verfolger behauptete, keinen dabei zu haben, und verschwand.

»Der hatte ganz klar einen arabischen Akzent«, sagte mir der Security-Mann.

All das ging mir durch den Kopf, während wir mit dem Taxi nach Hause fuhren. Was führte Salim im Schilde? Wollte er seine oft wiederholte Drohung wahrmachen und mich umbringen? Und Kai gleich mit? Oder war es seine Absicht, mich mit solchen Manövern einzuschüchtern?

Ich rief bei der deutschen Botschaft an und erzählte die Geschichte. Man riet mir, so schnell wie möglich *Kiryat Gat* zu verlassen. Ganz offensichtlich war ich hier nicht mehr sicher.

Ich packte ein paar Sachen ein und ging mit Kai zur Polizei, um Anzeige zu erstatten. Spontan sah ich keine andere Möglichkeit, als wieder in ein Frauenhaus zu gehen. Dort würde man mir zwar nicht helfen, jedoch wären wir zumindest in Sicherheit.

Bei der Polizei ließ man mich lange warten, bis jemand bereit war, mit mir zu sprechen. Ich hatte kaum begonnen, als mich der Polizist auch schon unterbrach.

»Ach hör doch auf«, schrie er mich genervt an, »wir alle kennen dich und deine Lügen schon seit Langem! Hör endlich auf damit, deinen Mann schlechtzumachen.«

Ich blieb hartnäckig, schließlich ging es um unser Leben. Irgendwann rief der Polizist die Sozialarbeiterin Yasmin an, die ebenfalls ihr Okay für das Frauenhaus geben musste. Sie jedoch drohte damit, mir Kai wegzunehmen, wenn ich nicht augenblicklich Ruhe gäbe und nach Hause ginge. Doch ich dachte nicht daran.

Als ich sah, dass mir hier nicht geholfen wurde, rief ich Stefanie an und erzählte ihr, dass jemand versucht hatte, uns zu überfahren.

»Warte dort«, riet sie mir, »ich werde ein paar Bekannte anrufen und fragen, ob die eine Idee haben.«

Sie und ihre Freunde riefen verschiedene Polizeistationen in anderen Städten an und erkundigten sich, was ich tun könnte. Das Ergebnis war eine Odyssee zu einer Polizeistation in *Tel Aviv*, wo man endlich meine Anzeige aufnahm. Doch die Befugnis, mich ins Frauenhaus zu schicken, hatten sie in *Tel Aviv* nicht, das konnte nur die Polizei und die Sozialstation von *Kiryat Gat* tun, und die weigerte sich nach wie vor. Kai und ich kamen die ganze Nacht nicht zur Ruhe, und am frühen Morgen blieb uns nichts anderes übrig, als von *Tel Aviv* den Bus zurück nach Hause zu nehmen.

Ich war verzweifelt. Wieder einmal half uns niemand. Wieder einmal sah ich mich gezwungen, umzuziehen, irgendwohin, wo Salim uns nicht finden würde. Auch die Zuständigen bei der Botschaft waren dieser Meinung und stimmten einem Ortswechsel zu. »Besser, Sie ziehen in eine größere Stadt wie *Tel Aviv*«, sagte die Frau, »da ist es leichter, unterzutauchen. Sie müssen raus aus dem Beduinengebiet, wo jeder jeden kennt.«

Nun hatte ich aber noch zwei Monate, ehe ich einen Nachmieter für meine Wohnung präsentieren und damit aus meinem Mietvertrag aussteigen konnte. In dieser Zeit hielt ich mich selten in *Kiryat Gat* auf, zu groß war meine Furcht vor einem neuen Anschlag. Und so versteckte ich mich bei Stefanie, die in *Haifa* wohnte. Und wenn ich in *Kiryat Gat* sein musste, trug ich Kai stets auf dem Rücken, damit ich ihn immer nah bei mir hatte und schnell reagieren konnte, sollte wieder etwas Überraschendes geschehen. Zum Glück fand ich nicht nur bald einen Nachmieter, sondern auch – mit großer Mühe allerdings, denn die Miete, die ich bewilligt bekommen hatte, war extrem niedrig – eine kleine Wohnung mit einem Zimmer, Küche und Bad im Süden von *Tel Aviv*. Das Viertel *Hatikvah* war zwar nicht die beste Wohnlage und sollte sich als sozialer Brennpunkt herausstellen, doch die Wohnung war frisch renoviert, und wir hatten sogar einen kleinen Garten.

Wie froh war ich, als ich den Süden endlich hinter mir lassen konnte und nach *Tel Aviv* umzog. Hier, so hoffte ich, würden Kai und ich in der Anonymität der Großstadt untertauchen und zur Ruhe kommen. Unsere Spuren hatte ich so gut wie möglich verwischt.

Zuvor aber wurde noch ein Treffen anberaumt, an dem alle Beteiligten zusammenkommen sollten, um zu beraten, wie es jetzt mit Tarek und Karim weitergehen sollte. Eingeladen waren Sarah von der Aufsichtsbehörde, der Sozialarbeiter Mosche, Ina und Mila vom Kinderheim, Salim und ich mit unseren Anwälten – Salim hatte inzwischen vier davon. Bei diesem Treffen äußerte sich die Heimleiterin Ina überraschend positiv mir gegenüber, und ich konnte nur ahnen, dass Salim sich auch ihr gegenüber nicht kooperativ gezeigt hatte. Sie war dafür, dass Salim gerichtliche Auflagen bekommen sollte.

»Euer Mandant wird sich wohl nur dann an Abmachungen halten, wenn er mit gerichtlichen Konsequenzen rechnen muss«, meinte sie zu Salims Anwälten. Mosche dagegen arbeitete wie immer gegen mich.

Bei diesem Treffen erfuhr ich, dass Tarek und Karim mit niemanden sprechen wollten. Man entschied, dass Tarek und Karim zu einer Maltherapie geschickt werden würden. Doch leider verlief auch diese Entscheidung irgendwie im Sande, nichts geschah. Es war überaus frustrierend und zermürbend, Monat um Monat abwarten zu müssen, um irgendwann festzustellen, dass keiner wirklich daran interessiert war, meinen Kindern zu helfen. Die Zeit verging und arbeitete für Salim. Es sollte zwei ganze Jahre dauern, bis ich meine Söhne wiedersehen durfte.

In *Tel Aviv* ging es in vielerlei Hinsicht aufwärts mit Kai und mir. Meine kleine Firma begann zu laufen, und ich erhielt eine Zeit lang noch eine Aufstockung vom Sozialamt, und das machte wirklich Sinn. Mein Geschäftspartner Rami investierte in eine Industrie-Nähmaschine, mit der ich die gepolsterten Trageriemen nähen und die Klickverschlüsse, wie man sie auch von Rucksäcken kennt, einarbeiten konnte. Meine Tragen wurden immer professioneller, die Bestellungen stiegen, und langsam kam ich ganz von der Sozialhilfe weg. Mehr und mehr gelang es mir, endlich wieder auf eigenen Füßen zu stehen.

Auch das Sozialamt in *Tel Aviv* war viel offener und unvoreingenommener, und die Mitarbeiter versuchten, mich wirklich zu unterstützen. Deborah, die für mich zuständige Sozialarbeiterin, vermittelte mir einen Hortplatz für Kai, der finanziell von den Sozialbehörden der Stadt bezuschusst wurde, sodass ich Vollzeit arbeiten konnte. Auch versuchte sie, Einfluss auf die Kollegen von *Beer Sheva* zu nehmen.

»Ich sehe eigentlich keinen Grund«, sagte Deborah, »warum du deine Kinder nicht sehen solltest. Es sieht ganz so aus, als wurden dort in *Beer Sheva* grobe Fehler gemacht, und wir werden eine Beschwerde bei der Aufsichtsbehörde einreichen. Mehr können wir leider nicht in dieser Sache tun. Wir sind ja nicht zuständig.«

Anfangs bestellten sie mich regelmäßig zu Treffen ein, doch nach einer Weile fanden sie das nicht mehr nötig. Bei mir sei ja alles in Ordnung, fanden sie, ja, eine Sozialarbeiterin meinte sogar einmal, andere Frauen könnten mich als Beispiel nehmen, wie man wieder auf die Beine kommt.

Das Leben in dem Viertel *Hatikvah* gestaltete sich jedoch schwieriger als gedacht. Es ist im ganzen Land wegen seiner hohen Kriminalität bekannt. Da das Leben in Israel gerade in diesen Jahren immer teurer wurde und die soziale Schere wie in vielen anderen Ländern immer weiter auseinanderging, wurde *Hatikvah* zu einem Sammelpunkt der Allerärmsten. Ein extrem hoher Anteil von Ausländern, zum großen Teil illegal eingewandert, sorgte für Spannungen mit der israelischen Bevölkerung, die schließlich immer wieder in offenem Fremdenhass und sogar Ausschreitungen vor allem gegenüber Afrikanern mündeten. Auch in Kais Kindergarten ging es recht gewalttätig zu, was für ihn, ein sensibles und friedfertiges Kind, äußerst schwierig war. Vorerst mussten wir noch hier wohnen bleiben, aber mir war klar, dass ich so bald wie möglich in einer anderen Gegend etwas für uns finden musste.

Inzwischen hatte meine Anwältin Anat herausgefunden, dass unsere Eheschließung vor dem Kadi im Jahr 2001 selbst nach dem Shaariya-Recht überhaupt nicht gültig war. Das Dokument, das ich hatte, stellte sich als Ehebestätigung heraus, und zwar von einer Eheschließung, die irgendwann in der Wüste nach Beduinenbrauch stattgefunden haben sollte. So eine Eheschließung hatte es jedoch nie gegeben. Ich fragte bei der deutschen Botschaft in Jordanien nach, die mit islamischen Eheverträgen bestens vertraut war, und man bestätigte mir Anats Vermutung. Es gab entscheidende Formfehler, so war zum Beispiel nie eine sogenannte »Ledigkeitsurkunde« verlangt worden, es war kein Brautgeld und kein Scheidungsgeld festgelegt worden. Ich erfuhr, dass bei einer islamischen Hochzeit immer ein Brautgeld bezahlt werden muss, und wenn es nur ein symbolischer Cent wäre, aber ohne diesen Passus war der Vertrag ungültig. Da ich also niemals richtig mit Salim verheiratet gewesen war, eröffnete sich die Möglichkeit, zum ganz normalen Familiengericht zu wechseln.

»Wieso konntest du das nicht früher herausfinden?«, fragte ich meine Anwältin. »Da verbringe ich Jahre vor dem Kadi, um neun Jahre später zu erfahren, dass der gar nicht zuständig ist für mich und meine Kinder?«

Auch die Sozialarbeiter von *Tel Aviv* bestellten Anat zu einem Treffen ein und zählten ihr ihre Fehler und Versäumnisse in meinem Fall auf. Stefanie war zufällig zu Besuch bei dem Termin und kam mit, um auf Kai aufzupassen.

»Tarek und Karim könnten schon lange bei Berit leben«, sagte Deborah zu meiner Anwältin, »wenn du nicht so viele Fehler gemacht hättest.«

Nach der Besprechung standen Stefanie, Anat und ich noch zu einem kurzen Gespräch beisammen. Die Vorwürfe hatten Anat sichtlich zugesetzt, sie versuchte weiterhin, ihre Fehler schönzureden, und brach schließlich vor uns in Tränen aus.

»Du brauchst nicht anfangen zu weinen«, sagte Stefanie trocken, »du musst nur deine Arbeit tun. Berit und ich haben schon so viel geweint, dass wir keine Tränen mehr haben.«

Da verließ die Anwältin schluchzend das Gebäude und schrieb mir wenige Tage später, dass sie bei Gericht einen Antrag gestellt habe, um meinen Fall abzugeben. »So wie du dich neulich mir gegenüber verhalten hast, kann ich nicht mehr deine Anwältin sein.«

Das Gericht lehnte ihren Antrag jedoch ab, sie musste mich weiter vertreten. Mir war allerdings klar, dass ich wieder einmal einen neuen Anwalt brauchte. Statt sich jetzt am Riemen zu reißen, spielte Anat die Beleidigte – keine gute Voraussetzung für mich, um endlich zu meinem Recht zu kommen.

Ich hatte in meinem Leben wahrlich genügend Pech – doch immer wieder kam auch von unverhoffter Seite Hilfe in großer Not. All meinen Unterstützern, von denen keiner namentlich genannt werden möchte, bin ich aus tiefster Seele dankbar, keiner wird je von mir vergessen werden.

Damals, als ich merkte, dass ich mit Anat nicht mehr weiterkommen würde, erhielt ich von einem jüdischen Ehepaar, das inzwischen in Europa lebt, ein für meine Begriffe großes Darlehen für einen Anwalt. Ich hatte die beiden bei Bekannten in *Tel*

Aviv kennengelernt. Aaron ist Anwalt, allerdings nicht für Familienrecht. Als seine Frau Leah die Erbschaft ihres verstorbenen Vaters antrat, beschloss sie, einen Betrag aus der Erbschaft dafür zu verwenden, mir einen vernünftigen Anwalt zu finanzieren. Das war ein entscheidender Wendepunkt in meinem so lange schon andauernden Rechtsstreit und sorgte dafür, dass sich zumindest für Kai und mich vieles zum Besseren wendete. Doch was Tarek und Karim anbelangt, sah es weiterhin düster aus.

Unser Fall war und blieb schwierig. Inzwischen lebten meine Kinder bereits mehr als vier Jahre beim Vater, und nun hieß es, sie hätten sich dort eingelebt und es wäre nicht gut für sie, aus ihrer gewohnten Umgebung gerissen zu werden. Darum bestimmte das Familiengericht einen Psychologen, Dr. Rosenbaum, um die Situation einzuschätzen. Es würde Treffen geben, während derer ich meine Kinder jeweils eine halbe Stunde lang ohne Beisein ihres Vaters sehen sollte. Auch Salim sollte die Gelegenheit bekommen, eine halbe Stunde lang Kai ohne mich zu treffen. Salim setzte jedoch durch, dass die Halbbrüder Chalil und Murat bei den Treffen mit mir dabei sein würden, da meine Kinder zu große Angst vor mir hätten. Mir war klar, dass die Halbgeschwister nur deswegen dabei sein sollten, um hinterher Salim Bericht zu erstatten, Tarek und Karim würden also wieder nicht frei mit mir sprechen können, ohne später Sanktionen befürchten zu müssen. Ein weiteres Problem für mich war, dass Kai noch gar nichts von den anderen Kindern seines Vaters wusste. Meiner Meinung nach war er noch zu klein dafür, ohnehin hatte er ja eine ganze Menge an schwierigen Gegebenheiten im Zusammenhang mit seinen Brüdern zu verdauen. Nun musste ich ihm aber natürlich davon erzählen.

Bei den ersten beiden Treffen durften sich nur die Kinder sehen, angeblich waren Tarek und Karim »noch nicht so weit«, ihre Mutter zu treffen. Ich brachte also Kai nach *Beer Sheva* zu Dr. Rosenbaum und musste draußen warten. Endlich bekam ich beim dritten Treffen die Möglichkeit, Karim und Tarek zu sehen. Doch das Wiedersehen war äußerst niederschmetternd für mich: Die beiden saßen während der gesamten Zeit nur reglos da, der Ausdruck auf ihren Gesichtern war tieftraurig. Auch Chalil und Murat sahen verstört aus, Chalil saß mit angewinkelten Beinen am Boden und wippte mit dem Oberkörper ständig hin und her. Meine Kinder sprachen nicht mit mir, sie wirkten apathisch und eingeschüchtert – es gab keine Möglichkeit, an sie heranzukommen.

Schon auf der Rückfahrt nach dem ersten Treffen fiel mir auf, dass uns Menschen folgten. Immer waren es Beduinen, allerdings niemand, den ich kannte. Ich ahnte, dass Salim um jeden Preis herausfinden wollte, wo wir inzwischen lebten. Die Leute warteten beim Zug oder bei der Bushaltestelle und folgten uns in sicherem Abstand. Nach dem dritten Treffen nahm ich den Bus nach *Tel Aviv*. Während der Fahrt bemerkte ich, dass die beiden Männer, die auf den Plätzen neben uns auf der gegenüberliegenden Gangseite saßen, mich ständig beobachteten. Sie telefonierten einige Male, und ich hörte, dass sie arabisch sprachen. Mich beschlich ein ungutes Gefühl. Es war schon gegen acht Uhr abends, als wir in *Tel Aviv* ankamen. Beim Aussteigen wollte ich die Letzte sein, um zu verhindern, dass die Männer uns folgten. Doch die beiden Männer blieben einfach sitzen. Ich hatte keine andere Wahl, als vor ihnen auszusteigen. Bei der Kontrollstelle wollte ich die beiden wieder vorlassen, doch auch dieses Mal legten sie es darauf an, hinter mir und Kai zu bleiben.

›So können wir auf keinen Fall nach Hause gehen‹, dachte ich.

Die Busstation in Tel Aviv ist riesig und erstreckt sich über sechs Etagen. In jeder Etage fahren Busse in verschiedene Richtungen ab, und es gibt viele Einkaufsläden. Ich ging mit Kai in ein paar dieser Geschäfte, die Männer folgten uns. In einem Laden mit zwei Ausgängen gelang es mir, sie abzuhängen. Als ich mit Kai auf einer Rolltreppe nach unten fuhr, bemerkte ich einen anderen arabisch aussehenden Mann, der oben am Geländer stand und herunterblickte. Als er mich entdeckte, stieß er seinen Freund neben sich an und zeigte auf mich. Der zückte sofort sein Handy und schien jemanden anzurufen. Ich nahm den Fahrstuhl und fuhr wieder hinauf in die obere Etage und sah beim Aussteigen, dass sich zu den beiden Männern jene aus dem Bus gesellt hatten. Meine Befürchtung bestätigte sich: Die vier gehörten zusammen und hatten mit Sicherheit den Auftrag, herauszufinden, wo wir wohnten. Waren vielleicht noch mehr Mitglieder von Salims Clan unterwegs, Leute, die ich nicht kannte und die mir bislang noch nicht aufgefallen waren? Die Läden schlossen, und auch der Busbahnhof leerte sich mehr und mehr. Ich wagte nicht, nach Hause zu gehen. Also ging ich zur Polizeistation, die gleich in der Nähe war.

»Ich möchte Anzeige gegen unbekannt erstatten«, erklärte ich und berichtete von meiner Vermutung, dass hinter den Verfolgern mein Exmann steckte. Ich nannte seinen Namen, und der Polizist rief seine Datei im Polizeicomputer auf.

»Welche von den Kindern sind denn deine?«, erkundigte sich der Polizist und drehte den Bildschirm so, dass ich den Eintrag lesen konnte. Dabei sah ich zu meiner Überraschung, dass eine Frau namens Layla als seine Ehefrau eingetragen war. Dabei hieß doch Salims Beduinenfrau Fatima? Ich war mir nicht sicher, ob ich den hebräischen Eintrag richtig verstanden hatte, und fragte den Polizisten, wer das denn sei.

»Sie ist seine Frau gewesen«, sagte der, »hat sich aber bereits zwei Monate nach der Eheschließung wieder scheiden lassen. Kinder haben die beiden nicht miteinander.«

Zwei Monate nach der Ehe schon wieder die Scheidung? Das war sehr ungewöhnlich bei Beduinen. Gern hätte ich mehr erfahren, doch dem Polizisten wurde bewusst, dass er mir schon viel zu viel gesagt hatte.

Dieser Polizist brachte uns schließlich nach Hause, und ich denke, dass mir damals niemand folgen konnte. Bei den weiteren Treffen sorgte ich vor: Stets fuhr ich über Umwege nach Hause, hatte Kleider zum Wechseln dabei oder verabredete mich mit Freunden, die uns neue Kleidung brachten. Diese Vorsichtsmaßnahmen waren auch nötig, denn jedes Mal folgte uns jemand.

Im August 2012 sah ich Tarek und Karim endlich wieder. Ich ahnte nicht, dass es vorläufig das letzte Mal sein würde. Zu diesem Termin hatte ich alte Fotos von den Kindern mitgebracht, und siehe da, sie ließen sich darauf ein, sie anzusehen. Sie erinnerten sich genau an alles. Da war ein Foto von Karim als Katze angemalt, er hatte sich einen großen Punkt auf der Nase gemacht und Schnurrbarthaare ins Gesicht gezeichnet. Am selben Tag hatte er versucht, im Garten Feuer zu machen, und er lachte, als er sich daran erinnerte. Auf einem anderen Bild war Tarek zu sehen, der so tat, als ob er sich rasierte. Zu meiner Freude blühte Karim ein bisschen auf, als er sich an die Situationen erinnerte. Tarek dagegen tat so, als interessierten ihn die Bilder nicht, doch es war deutlich zu sehen, dass er sie zwar verstohlen, aber genau ansah. Die Jungen konnten sich auch an ihre Spielsachen erinnern, die auf den Fotos zu sehen waren.

»Hättet ihr nicht Lust«, fragte ich, »mal nach Hause zu kommen und mit den Sachen zu spielen?«

»Ja!«, sagte Karim spontan und wiederholte es sogar noch ein paar Mal. »Oh«, sagte er, »das wäre schön, ich will mit dir mitkommen, Mama!«

Dr. Rosenbaum räusperte sich und sagte: »Ohne Zustimmung des Vaters geht das nicht. Außerdem müsste es einen Gerichtsbeschluss dazu geben.«

Ich fühlte, dass dies ein Anfang sein könnte. Es war mir gelungen, einen kleinen Zugang zu meinen Söhnen zu finden. Dass sie nicht alles vergessen hatten, erfüllte mich mit Hoffnung. Und als Karim mit mir kommen wollte, war ich voller Freude. Schließlich ging der Wille der Kinder vor dem von uns Eltern. Jedoch hätte Karim diesen Wunsch vor Gericht in Gegenwart seines Vaters wiederholen müssen. Und damit war leider nicht zu rechnen, viel zu groß war Salims Einfluss auf die Kinder.

Fünf Treffen hatten sich nun über zwei Jahre hingezogen. Und obwohl Karim klar den Wunsch geäußert hatte, zu mir zu kommen, war der Bericht des Psychologen wieder einmal in völlig neutralem Ton verfasst. Darum sah das Gericht keine Notwendigkeit, an der Sorgerechtssituation etwas zu ändern. Die Zeit verging, nichts geschah.

Mir war klar, dass Karim mit seiner wiederholten Äußerung, dass er zu mir wollte, großen Mut bewiesen hatte. Sicherlich haben die beiden Stiefbrüder ihrem Vater davon erzählt. Ich erhielt nie eine offizielle Begründung, warum die Treffen von da an ausgesetzt wurden. Ich könnte mir aber vorstellen, dass Salim alles dafür tat, um ein Wiedersehen zwischen den Kindern und mir zu verhindern. Die Ahnung, dass meine Kinder nicht freiwillig im Beduinendorf lebten, quälte mich. Sie quält mich noch heute. Und keiner hilft ihnen, das zu äußern, was sie tatsächlich wünschen. Dr. Rosenbaum sagte einmal zu mir: »Wer weiß, vielleicht sind sie in *Mitzpe Ramon* und bei den Beduinen noch am besten aufgehoben. So, wie sie jetzt drauf sind, könnte niemand mit ihnen fertig werden. In einem Kinderheim würde man sie mit Medikamenten ruhig stellen, das Betreuungspersonal hat einfach keine Lust, sich mit solchen schwierigen Fällen auseinanderzusetzen. Und am Ende sind sie dann medikamentenabhängig und landen irgendwann in einem Krankenhaus. Glaub mir, ich habe das mehr als einmal erlebt. Lass sie dort, wo sie sind. Das ist das Beste für alle.«

Kann eine Mutter ihre Kinder aufgeben, im Alter von neun und elf Jahren? Kann sie das? Ich konnte es nicht.

Kapitel 23

Eine Mutter gibt niemals auf

Nach allem, was ich hinter mir hatte, war ich fest entschlossen, niemals aufzugeben – in keiner Hinsicht. Schon in jungen Jahren hatte ich bewiesen, dass ich für mich selbst sorgen konnte, dass ich tatkräftig und erfinderisch war und durchaus in der Lage, auf eigenen Beinen zu stehen. Durch die Liebe zu einem Mann, der mein Vertrauen nicht wert war, konnte es geschehen, dass ich auf der sozialen Skala ganz unten angekommen war, mit meinen Kindern unter den schlimmsten Umständen leben, Hunger leiden und mich von den Behörden wie der letzte Dreck behandeln lassen musste.

Noch war es nicht so weit, doch ich war auf dem besten Weg in die Selbstständigkeit. Ein paar Monate brauchte ich noch Unterstützung, doch das Sozialamt in Thüringen strich mir die Sozialhilfe vorzeitig. Damit nicht genug – die Behörde ließ mich wissen, dass man mir zu viel ausbezahlt hätte und dass ich einen Teil des Geldes wieder zurückzahlen musste.

Ich kann bis heute nicht verstehen, was dort vorgeht und wie sie zu dieser Rechnung kommen. Jahrelang lebte ich mit der Sozialhilfe unter dem Existenzminimum und schaffte es trotzdem. Kurz vor dem Ziel entzog mir die Behörde die Unterstützung, und hätte ich nicht vom Auswärtigen Amt einen Kredit erhalten, wäre meine kleine Babytragen-Firma wahrscheinlich zum Scheitern verurteilt gewesen.

Ich werde den Tag nie vergessen, an dem ich endlich von meiner eigenen Hände Arbeit wieder leben konnte, nie das befreiende Gefühl, endlich wieder selbst für mich und Kai aufkommen zu können. Noch immer war es nicht einfach, ich arbeitete stets bis spät in die Nacht, ja, seit vielen Jahren musste ich mit wenigen Stunden Schlaf pro Nacht auskommen, das ist auch heute noch so und wird sich so bald nicht ändern. Ich habe für ein Kind zu sorgen und bin jeden Tag aufs Neue dankbar dafür, dass es bei mir leben kann. Und ich habe eine Firma aufgebaut, die meinen ganzen Einsatz fordert.

Ich nannte sie »Baby-Roo«, im Anklang an die englische Abkürzung »Roo« für Känguru, die ja auch ihre Jungen im Beutel tragen. Das kam gut an bei jungen Eltern, und da ich besonders ergonomische, gut zu tragende Modelle entwickelte und Baumwollstoffe aus kontrolliert biologischem Anbau in hübschen Farben für die *Panel* verwendete, sprach sich die Qualität meiner Tragen langsam aber sicher herum. Die Bestellungen nahmen stetig zu, bis es nicht mehr möglich war, alle Tragen selbst zu fertigen. Nach einigem Suchen fand ich eine kleine Näherei, die meinen Qualitätsvorstellungen entsprach, und ließ die Tragen fortan dort herstellen.

Daneben kämpfte ich weiter um meine beiden älteren Söhne. Mochte der Psychologe Dr. Rosenbaum aus *Beer Sheva* sagen, was er wollte – ich fand mich nicht damit ab, dass meine Kinder als »weiße Beduinen«, wie sie wegen ihrer hellen Haut von den »echten« Beduinen genannt werden, immer weiter sozial verwahrlosten und dem Psychoterror ihres verantwortungslosen Vaters ausgesetzt waren.

Doch auch Kai brauchte meinen Beistand. In seiner Schule war er immer mehr der Gewalt vonseiten seiner Mitschüler ausgesetzt. Seinem besten Freund Amos, dessen Familie aus Südamerika nach Israel eingewandert war, ging es ganz ähnlich. Doch während Amos sich zur Wehr setzte, schlug Kai nicht zurück, sondern begann stattdessen zu weinen. Beide Strategien brachten den beiden kleinen Jungen aber nur Ärger ein, denn die Lehrerinnen halfen weder Kai noch unterstützten sie Amos.

Sobald Mitschüler und Lehrkräfte erfuhren, dass ich aus Deutschland kam, begannen die verdeckten oder auch offenen rassistischen Anspielungen, Benachteiligungen, ja, sogar handgreifliche Angriffe. Als Deutsche rangierte ich in dem Problemstadtteil *Hatikvah* im sozialen Ansehen gerade mal knapp über den noch weniger gelittenen Afrikanern.

Wieder einmal dachte ich daran, den Wohnort zu wechseln. Zu den sozialen und schulischen Schwierigkeiten für Kai kam, dass unsere Ein-Zimmer-Wohnung einfach zu klein wurde. Auf knapp vierzig Quadratmetern mit einem Kind zu leben und auch noch eine wachsende Firma für Babytragen zu betreiben war irgendwann einfach nicht mehr möglich. Den letzten Ausschlag gaben allerdings beunruhigende Beobachtungen von meinen Nachbarn: Sie hatten gesehen, wie ein schlanker Mann mit dunklem Teint eines Nachts gegen drei Uhr um unsere Wohnung herumgeschlichen sei und versucht habe, in unsere Fenster zu spähen. Er sei noch lange in seinem Wagen gesessen und habe alles genau beobachtet. Die Beschreibung passte auf Salim. Hatte er meine Adresse schließlich doch noch herausgefunden?

Ich fühlte, dass es wieder einmal Zeit war, unsere Sachen zu packen und zu verschwinden. Möglichst in eine Gegend, wo Kai besser gelitten und das soziale Klima an den Schulen freundlicher war. Die Mieten in den besseren Stadtvierteln von *Tel Aviv* waren allerdings horrend, und ich musste noch immer mit meiner kleinen Firma ums Überleben kämpfen. Darum sah ich mich auch außerhalb des Stadtzentrums von *Tel Aviv* um und fand etwas nördlicher in *Herzeliya*, wo ich vor Jahren mit Tarek und Karim im Frauenhaus gewesen war, eine geräumige Wohnung zu einem erschwinglichen Preis. Sie lag zwar im Souterrain und war entsprechend dunkel, doch das nahm ich in Kauf.

Tatsächlich fühlten wir uns hier sofort bedeutend wohler als in *Hatikvah*. Es gab Parks und Spielplätze, und das Meer war nicht weit. Hier beschimpfte uns niemand mehr als Nazis, es gab weder Probleme mit den Nachbarn noch in der Schule. Kai erhielt sogar anfangs zweimal pro Woche Nachhilfeunterricht von seinen Lehrern, um den Niveau-Unterschied zwischen der alten Schule und der neuen aufzuholen. Und da Kai ein freundliches, aufgeschlossenes Kind ist, fand er rasch Freunde.

Auch ich genoss es, zu den neuen Nachbarn und den Eltern von Kais Freunden in guten Kontakt zu kommen, eben ein ganz normales Leben führen zu können, was ich so lange entbehren musste. Wir atmeten auf – wenigstens in dieser Hinsicht.

Dennoch holte uns auch hier die harte israelische Realität wieder ein: Kurz nach unserem Umzug nach *Herzeliya* kam es im November 2012 erneut zu kriegerischen Auseinandersetzungen im Gaza, und dieses Mal erreichten die Raketen sogar *Tel Avivs* Stadtzentrum. Tag und Nacht gab es Bombenalarm, bis schließlich Friedensverhandlungen geführt werden sollten. Ein blutiger Anschlag auf einen Linienbus mit vielen Verletzten gefährdete im letzten Moment die Friedensgespräche. Glücklicherweise wurde trotz allem eine Waffenruhe vereinbart, die allerdings nur drei Monate hielt. In *Herzeliya* schlugen zum Glück keine Raketen ein, doch in Kai erwachten wieder die schlimmen Erinnerungen an den letzten Krieg. Er war extrem nervös und konnte schlecht schlafen.

Auch mein Rechtsstreit gegen Salim ging in eine neue, kriegerische Runde. Salim hatte von Anfang an keinen Unterhalt für Kai bezahlt. Leider war auch mein neuer, so wohl ausgewählter und hochbezahlter Anwalt eine große Enttäuschung: Statt sich selbst meines komplizierten Falls anzunehmen, übertrug er ihn auf seine Tochter, die gerade frisch von der Uni in seiner Kanzlei eingestiegen war. Wieder einmal wurde viel verschlampt, ich musste mich immer wieder in Erinnerung bringen, und auch Aaron, dessen Frau mir das Anwaltshonorar ermöglicht hatte, musste ein ernstes Wort mit seinem Kollegen sprechen. Schließlich wurde erst eineinhalb Jahre später beim Familiengericht die Unterhaltsklage eingereicht. Als Antwort kam eine Gegenklage: Salim erdreistete sich tatsächlich, nun Unterhalt von mir zu fordern. Er rechnete seine Einnahmen klein, viele Jobs machte er ohnehin schwarz und ohne Rechnung. Ich wusste außerdem, dass er mit Drogen handelte, hatte selbst miterlebt, dass er mit seinen Kumpels auf Diebeszüge ging – doch dieses Geld tauchte natürlich nirgendwo auf. Ich dagegen hatte meine Firma ordentlich angemeldet, bezahlte Steuern, und zwar den besonders hohen Satz von dreißig Prozent zuzüglich Mehrwertsteuer, der in Israel von Ausländern ohne Pass oder ID verlangt wird. Und jetzt sollte ich ihm auch noch Unterhalt bezahlen? Ihm, der mich jahrelang schlecht behandelt, mir keinen Unterhalt gezahlt und mir meine Kinder weggenommen hatte? Damit konnte er doch wohl nicht durchkommen?

»Das sieht schlecht aus für dich«, meinte mein Anwalt. »Egal, was er schwarz verdient – offiziell bist du die mit dem größeren Einkommen.«

Mir wurde heiß und kalt. Wenn er wirklich Recht hatte und ich von meinem wenigen Gewinn Salim etwas abgeben musste, dann konnte meine Firma nicht überleben. Würde er es tatsächlich wieder schaffen, meine Anstrengungen zunichtezumachen? »Ich werde dein Leben zerstören«, hatte er gesagt. Ich biss die Zähne zusammen. ›Er wird schon sehen‹, dachte ich, ›dass er mich nicht unterkriegen wird.‹

»Das Einfachste wäre«, fuhr mein Anwalt fort, »wir sagen, dass du Muslimin bist.«

»Wieso denn das?«, fragte ich konsterniert.

»Weil nach islamischem Gesetz ein Mann von seiner Frau niemals Unterhalt fordern kann, das gibt es einfach nicht, selbst wenn sie Millionen verdient und ihr Mann ein armer Schlucker ist. Aber umgekehrt muss ein muslimischer Mann seiner Frau immer Unterhalt bezahlen ....«

»Das kommt nicht infrage«, unterbrach ich ihn. »Ich habe so lange darum gekämpft, nicht mehr vor dem Shaariya-Gericht zu stehen. Das setze ich nicht mehr aufs Spiel, auf keinen Fall. Am Ende verliere ich noch Kai. Außerdem bin ich nicht Muslimin.«

Auch wenn mein Anwalt mir noch so große Angst einjagte wegen des drohenden Unterhalts, den ich bezahlen müsste – diese Strategie war mir nicht geheuer.

Und so ging es immer weiter vor Gericht: Wir stritten um Kais Krankenversicherung, die Salim, der als Vater verpflichtet war, ihn zu versichern, einfach ohne mein Wissen gekündigt hatte. Es gab endlose Diskussionen um Arztrechnungen und anderes. Um das Eigentliche, nämlich darum, was aus Karim und Tarek wurde, kümmerte sich wieder einmal lange Zeit niemand.

Inzwischen hatte das Gericht für die beiden einen sogenannten Verfahrensbeistand bestimmt, eine Anwältin namens Liora, die die Rechte der Kinder vertreten sollte. Wieder schöpfte ich Hoffnung, dass nun endlich eine neutrale Person, eine Anwältin sogar, für ihr Wohl eintreten würde. Doch wie groß war meine Enttäuschung, als ich bei neuen Treffen, die allerdings nur unter den Geschwistern ohne Salim und mich anberaumt gewesen waren, feststellen musste, dass auch diese Frau Partei für Salim ergriffen hatte. So musste ich aus der Ferne miterleben, dass Salim sehr wohl erlaubt wurde, sich Kai zu nähern, während ich auf Abstand zu Tarek und Karim gehalten wurde. Immer wieder war es aufs Neue unfassbar für mich, wie es Salim gelang, all diese Menschen, seien es Sozialarbeiter, Psychologen oder Anwälte, nicht nur gegen mich einzunehmen, sondern sie sogar zu instrumentalisieren.

Ging es Kai und mir finanziell endlich besser, konnten wir in *Herzeliya* sogar ein relativ normales Leben führen, so kam ich im Rechtsstreit um Tarek und Karim keinen Millimeter weiter. Meine tiefe Verzweiflung hielt an und zermürbte mich immer mehr. Ich traf mich nach wie vor auch mit anderen Betroffenen, und das Herz tat mir weh beim Anblick all dieser Schicksale. Denn so wie ich saßen und sitzen immer noch unzählige ausländische Mütter wie Väter in Israel fest. So wie ich können sie ihre Zukunft nicht planen, leben illegal oder mit eingeschränkten Visa am Existenzminimum, und viele würden es ohne die Unterstützung ihrer Familien zu Hause gar nicht schaffen. Sie haben wie ich vor Jahren die Entscheidung getroffen, nach Israel zu kommen, aber keiner von uns hatte je geplant, hier als alleinerziehende Ausländerin oder Ausländer zu leben, niemand konnte abschätzen, dass sich die Lebenshaltungskosten in diesem Land in so kurzer Zeit verdoppeln würden bei gleichbleibenden Löhnen. Wir alle können nicht fort wegen unserer Kinder, denen die Ausreise verweigert wird. Gleichzeitig kümmert sich aber auch keiner darum, wie und wo die Kinder leben und wie es ihnen tatsächlich geht. Ich sehe, wie immer mehr Frauen aufgeben müssen und ihre Kinder den Vätern überlassen. Auch Stefanie blieb schließlich nichts anderes übrig, als die Waffen zu strecken, nachdem ihre Familie all ihre Ersparnisse in Anwälte investiert hatte, die meiner Freundin am Ende doch nicht helfen konnten. In tiefster Verzweiflung übergab sie ihren jüngsten Sohn, der noch bei ihr lebte, so wie Kai bei mir, dem Vater und verließ Israel für immer. Ob sie sich jemals mit diesem Schicksal wird abfinden können – wer weiß das schon.

Ich aber kämpfe weiter.

Epilog

Im Jahr 2012 übernimmt eine neue Familienrichterin unseren Fall. Ich bin mir zunächst nicht sicher, was ich von ihr halten soll, zu oft wurde ich von den israelischen Juristen enttäuscht. Aber wer weiß? Vielleicht kommt ja jetzt Bewegung in unsere verfahrene Sache?

Allerdings wird jede folgende Gerichtsentscheidung auf den alten Gutachten aufbauen müssen, die inzwischen Aktenordner füllen und stets zu Salims Gunsten verfasst waren. In den meisten steht, dass die Kinder Angst vor mir hätten. Kann diese Frau überhaupt anders entscheiden als ihre Vorgänger?

Ein Jahr später, im Sommer 2013, genehmigt die Richterin zu meiner großen Überraschung meinen Antrag auf eine befristete Ausreise von Kai für einen Urlaub in Deutschland. Diesen Antrag hatte ich inzwischen so oft gestellt, und immer wurde er abgelehnt. Ich kenne andere Fälle und weiß, dass dies nur sehr selten geschieht. Möglicherweise könnte dieser Urlaub das Vorspiel für eine endgültige Aufhebung der Ausreisesperre bedeuten? Normalerwiese müssen die Frauen hohe Kautionen hinterlegen, um ihre Kinder für die befristete Zeit aus dem Land nehmen zu können, Summen von hunderttausend Euro und aufwärts sind keine Seltenheit, ja, ich hatte sogar von Millionenbeträgen gehört. Die Kaution für Kai soll dagegen nur umgerechnet hundertfünfzig Euro betragen. Will mir die neue Richterin ein Zeichen dafür geben, dass sie in Betracht zieht, mich mit Kai eines Tages ganz nach Deutschland ausreisen zu lassen?

Und tatsächlich: Im September 2013 dürfen Kai und ich für drei Wochen nach Deutschland in Urlaub fahren. Urlaub. Wie lange hat es so etwas für mich nicht gegeben. Und doch wird es natürlich kein gewöhnlicher Urlaub. Eigentlich kann ich seit vielen Jahren nicht mehr richtig ausspannen, ich bin das nicht mehr gewöhnt, immer gibt es so viel zu erledigen, und niemals bin ich mit allem fertig, wenn es Abend wird. Hinzu kommt die ständige innere Alarmbereitschaft, eine Anspannung, die mir leider in Fleisch und Blut eingegangen ist und mir nach wie vor gesundheitliche Probleme schafft. Elf Jahre sind vergangen, seit ich mit Tarek das letzte Mal in meinem Heimatland war. Was ist inzwischen nicht alles geschehen! Auch Deutschland ist nicht mehr dasselbe Land, das ich einst verlassen habe.

»Wie gefällt es dir hier?«, frage ich Kai, als wir in Trier ein Eis essen gehen.

Kai strahlt über sein ganzes pausbäckiges Gesichtchen.

»Deutschland ist schön!«, antwortet er mit einem süßen Schokoladenmund.

»Und?«, frage ich weiter. »Willst du hier wohnen?«

Er schaut mich mit seinen großen, dunklen Augen an.

»Oh ja! Das würde ich gerne. Glaubst du denn, das geht?«

»Ich weiß es nicht«, antworte ich. »Vielleicht.«

Er löffelt weiter an seinem Eis.

»Und meine Brüder?«, will er dann wissen. »Dürfen die auch mit?«

Ich schweige und beiße mir auf die Lippen. Und versuche mir vorzustellen, was die beiden gerade machen. Ihre Augen waren so unendlich traurig, als ich sie das letzte Mal kurz hatte sehen können. Wie lange war das schon wieder her? Ein Jahr …

»Ich weiß es nicht, Kai«, sage ich leise.

»Warum bleiben wir nicht einfach gleich hier?«, fragt er mich am Abend beim Schlafengehen.

»Das geht leider nicht«, antworte ich.

Einfach zu bleiben ist keine Lösung. Denn ich weiß nur zu gut, dass nach dem Haager Abkommen die deutschen Behörden Kai an Salim ausliefern müssten, wenn er einen entsprechenden Antrag stellen würde, und das würde er mit Sicherheit tun. Noch immer hat er das Sorgerecht für ihn, und es ist ein

Riesenglück, dass er mich noch nicht gezwungen hat, ihm den Jungen zu übergeben. Bliebe ich jetzt gegen alle Vereinbarung einfach in Deutschland, wäre nichts gewonnen, ja, ich würde alles aufs Spiel setzen.

»Wir müssen für deine Ausreise die Erlaubnis vom Gericht bekommen«, erkläre ich Kai geduldig, »weißt du, das muss ein Richter entscheiden. Damit du auch wirklich für immer mit mir hierbleiben darfst.«

Zurück in Israel stehen neue Verhandlungen an. Salim und ich ringen über unsere Anwälte erbittert um eine Lösung. Nach und nach muss ich mir eingestehen, dass meine Chancen, Tarek und Karim zurückzubekommen, verschwindend gering sind. Schließlich sieht es nach Monaten so aus, als könnten Salim und ich einen Handel miteinander abschließen: Ich verzichte auf die Nachzahlung von sechs Jahren Unterhalt unter der Bedingung, dass Salim mir das Sorgerecht für Kai überlässt und seiner Ausreise aus Israel zustimmt. Im Gegenzug muss ich unterschreiben, dass ich auf das Sorgerecht für Tarek und Karim für immer verzichte.

»Das kann ich nicht machen«, erkläre ich verzweifelt meinem Anwalt.

»Wir sollten darauf hinarbeiten«, meint er geduldig, »dich und Kai aus dem Land zu bringen. Denn wenn es so weitergeht, wirst du deinen jüngsten Sohn auch noch an Salim verlieren.«

»Heißt das, dass ich Karim und Tarek wirklich aufgeben muss?«

Er seufzt. Betrachtet mich eine Weile, als überlege er, wie er es mir am besten beibringen kann.

»Wie lange hast du die Kinder nicht mehr alleine sehen können?«, fragt er.

Mir kommen die Tränen. Karim hat gesagt, dass er mit mir kommen wolle. Seither sind fast zwei Jahre vergangen.

»Deine Kinder können selbst bestimmen«, sagt mein Anwalt, »wo sie leben wollen. Wenn sie irgendwann den Mut aufbringen, vor den Sozialarbeitern zu sagen und es vor Gericht zu wiederholen, dass sie zu dir wollen, kann Salim sie nicht mehr halten.«

»Aber wie sollen sie das denn tun«, wende ich ein, »wenn ihr Vater sie so einschüchtert? Es ist doch offensichtlich, dass sie bestraft werden, wenn sie so etwas äußern.«

Der Anwalt seufzt.

»Ich weiß, Berit«, sagt er. »Unter den gegebenen Umständen gibt es aber wohl keinen anderen Weg.«

Während der Verhandlung, bei der über diese Vereinbarung zwischen ihm und mir entschieden werden soll, führt sich Salim auf wie ein hysterisches Kind. Er schluchzt, jammert, weint, schreit und klagt, als solle er zur Schlachtbank geführt werden.

»Mein Kind«, heult er, »ihr wollt mir mein Kind wegnehmen!« Einmal wieder zählt er alles auf, was ich ihm an Leid angetan haben soll. Und immer noch hätte ich nicht genug! Jetzt will ich ihm auch noch seinen geliebten Sohn für immer entreißen!

Er übertreibt es dermaßen, dass es sogar seinen Anwälten peinlich wird und sich die Richterin kaum ein Lachen verkneifen kann. Schließlich fügt er sich theatralisch in sein »grausames Schicksal« – und unterschreibt. Und damit ist Kai frei. Wir können Israel legal verlassen.

Bevor wir gehen, möchte ich allerdings Tarek und Karim noch einmal sehen.

»Ich werde auch in Zukunft regelmäßig nach Israel kommen«, erkläre ich der Richterin, »schließlich habe ich hier eine Näherei, die für meine Firma arbeitet. Und ich will weiterhin die Möglichkeit haben, meine Kinder zu treffen.«

Dr. Rosenbaum, der Psychologe, der unseren Fall schon seit einigen Jahren betreut, wird aufgefordert, vor unserer Abreise ein Treffen zu arrangieren. Für mich bricht nun eine anstrengende Zeit an, schließlich muss ich nicht nur für Kai und mich die Ausreise planen, sondern zusätzlich den Umzug meiner

Firma nach Deutschland organisieren. Und schließlich ist es so weit: Ich buche unsere Flüge für Anfang April 2014.

Zwischen der Gerichtsverhandlung und meiner Ausreise liegen zweieinhalb Monate. Eigentlich Zeit genug, sollte man meinen, um einen Termin für ein Treffen mit den Kindern anzuberaumen. Und doch vergeht einmal wieder die Zeit, und nichts geschieht.

»Wann fliegst du noch mal?«, fragt mich Dr. Rosenbaum, als er endlich, wenige Tage vor unserer Abreise, anruft.

»In der Nacht vom dritten auf den vierten April«, sage ich.

»Gut«, meint er, »dann schaffen wir das ja noch. Wäre dir der zweite oder der dritte April lieber?«

Ich glaube, nicht recht zu hören. So kurz vor meiner Abreise soll ich noch mit Kai nach *Beer Sheva* fahren? Als hätte ich sonst nichts zu tun. Doch natürlich versuche ich, alles so zu organisieren, dass wir einen Tag vor Abreise zum Treffen fahren können. Wenig später ruft mich der Psychologe erneut an.

»Salim kann nur am dritten April.«

Das ist der Tag, bevor wir nachts fliegen sollen. Na wunderbar. Hätte ich mir ja auch denken können. Und plötzlich überfällt mich eine kalte Angst. Ich traue Salim alles zu. Will er mir lediglich zum Abschied noch mal gewaltig auf die Nerven gehen, oder führt er noch anderes im Schilde?

»Übrigens habe ich schlechte Nachrichten«, fügt Dr. Rosenbaum hinzu. »Du wirst die Kinder nicht sehen können. Sie haben zu große Angst vor dir.«

Ich muss mich setzen. So lange habe ich sie nicht mehr sehen können. Und jetzt soll ich abreisen, ohne sie zu treffen?

»Warum sollen wir dann überhaupt kommen?«, frage ich tonlos.

»Weil Salim darauf besteht, Kai zu sehen. Und damit sich die Brüder ein letztes Mal treffen können.«

In mir bäumt sich alles auf. Es ist, wie es immer war: Salim hat alle Rechte, diktiert die Konditionen, und ich habe das Nachsehen.

»Dann können sich ja die Kinder alleine treffen«, schlage ich vor, »aber wenn ich nicht dabei sein darf, sollte Salim es auch nicht sein.«

»Tarek und Karim haben auch vor Kai Angst. Sie wollen ihn nicht ohne ihren Vater treffen.«

»Das ist doch Unsinn. Du willst mir doch nicht erzählen, dass die beiden vor ihrem kleinen Bruder Angst haben?«

»Na ja«, meint Dr. Rosenbaum, »ich kann dich nicht zwingen zu kommen«, und beendet das Gespräch.

Damit betrachte ich die Sache als erledigt. Ich gehe davon aus, dass es kein Treffen geben wird. Doch am Tag vor unserer Abreise meldet sich die Sekretärin meines Anwalts.

»Vergiss nicht, dass ihr ein Treffen in *Beer Sheva* habt«, sagt sie. Doch wann genau das sein soll, weiß sie auch nicht. Ich bitte darum, mit meinem Anwalt sprechen zu können.

»Das Treffen ist Bestandteil des Gerichtsbeschlusses«, schreibt der mir per E-Mail, telefonisch ist er nicht zu erreichen. »Ich rate dir, zum Treffen zu fahren, damit ihr den Flug am vierten April nehmen könnt. Sonst, fürchte ich, wird Kai nicht fliegen können, Salim wird die Ausreisesperre wieder neu beantragen, und wir stehen wieder am Anfang.«

Ich habe ein ganz schlechtes Gefühl dabei. Was, wenn Salim im letzten Moment Kai entführt? Diesem Dr. Rosenbaum traue ich zu, dass er ihn mit seinem Vater allein lässt. Und wenn Kai erst einmal in der Wüste ist, dann kann ihn gegen den Willen des Stammes keiner dort wieder herausholen.

In dieser und der folgenden Nacht mache ich kein Auge zu. Während ich weiter unsere Sachen verpacke und letzte Erledigungen mache, bin ich voll düsterer Ahnungen. Was soll ich tun? Kai zum Treffen bringen und riskieren, dass ihm dort etwas geschieht? Oder ihn nicht hinbringen und seine Ausreise riskieren? Ich weiß noch nicht einmal, wann das Treffen stattfinden soll. Und wenn ich es erfahre – ist es gut, hinzufahren? Plant Salim seinen letzten, ultimativen Coup, mit dem er mir auch noch Kai wegnehmen will? Hat er vielleicht sogar einen

Anschlag auf mein Leben vor? Jetzt, wo ich endlich erreicht habe, was er so lange zu verhindern wusste: dass ich endlich zurück nach Deutschland kann?

Der dritte April bricht an, und noch immer habe ich keine Informationen, ob und wann das Treffen sein soll. Erst im letzten Moment meldet sich die Sekretärin meines Anwalts.

»Der Psychologe hat das Treffen nun doch abgesagt«, sagt sie. »Er meint, ein Treffen wäre für Tarek und Karim doch zu traumatisch, das hätte man besser vorbereiten müssen.«

Ich bin unendlich erleichtert – doch dann fühle ich Zorn. War es nicht seine Aufgabe, die Kinder rechtzeitig vorzubereiten? Zehn Wochen hätten dafür nun wirklich ausreichen sollen. Doch ich habe keine Zeit, darüber nachzudenken, zu vieles gibt es noch zu erledigen. Heute Nacht geht schließlich unser Flug. Wirklich? Werden wir wirklich ausreisen können?

Ich beschließe, vorab noch zum Flughafen zu fahren, um sicherzugehen, dass Kai das Land verlassen darf. Wer weiß schon, ob Salim mithilfe seiner Anwälte und Dr. Rosenbaum noch etwas ausgeheckt hat. Mit dem Gerichtsurteil bewaffnet und mit klopfendem Herzen gehe ich zur Grenzpolizei. Die schauen sich das Urteil an.

»Da musst du zum Büro des Innenministeriums gehen«, erklärt mir der Grenzpolizist und zeigt mir, wo im Flughafen es sich befindet.

Dort lege ich das Gerichtsurteil erneut vor. Die Beamtin tippt etwas in ihren Computer ein. Ich versuche, mein klopfendes Herz zu beruhigen. Dann sagt sie:

»Die Grenze ist frei für den Jungen.«

Mir fällt ein Stein vom Herzen.

Unser Flug geht kurz nach Mitternacht, und Kai ist aufgekratzt wie noch nie. Wie im Traum gehe ich mit ihm durch all die Sicherheitskontrollen. Ich bin viel zu übermüdet, um mich wirklich zu freuen, als mein Kind die letzte Absperrung und die Passkontrollen ungehindert passiert. Noch als wir im Flugzeug unsere Plätze einnehmen, wage ich nicht, daran zu glauben. Hat man nicht schon von Fällen gehört, wo man die Kinder im letzten Moment aus dem Flieger holte?

Endlich sind alle an Bord. Das Flugzeug setzt sich langsam in Bewegung in Richtung Startbahn. Und dann ist es so weit. Wir erheben uns in die Lüfte. Ich sinke zurück in meinen Sitz und schließe die Augen. Ein Kampf liegt hinter mir. Doch ein weiterer noch vor mir. Ich habe auf das Sorgerecht für Tarek und Karim für immer verzichtet. Doch das heißt noch lange nicht, dass ich sie aufgegeben hätte. Eine Mutter gibt niemals auf. Ich gebe nicht auf.

Der erschütternde Lebenskampf einer tot geglaubten Frau

Angèle Lieby
EINE TRÄNE HAT MICH GERETTET
Sie hielten mich für tot, aber ich kämpfte mich zurück ins Leben
Aus dem Französischen von Monika Buchgeister
208 Seiten
ISBN 978-3-404-60790-7

An einem schönen Sommertag wird Angèle Lieby wegen starker Kopfschmerzen in die Notaufnahme gebracht. Plötzlich hat sie Probleme, sich auszudrücken, kurze Zeit später wird sie ohmächtig. Man versetzt sie in ein künstliches Koma, aus dem sie nicht mehr aufwacht. Die Ärzte glauben, sie sei tot, und raten dem Ehemann, die Beerdigung vorzubereiten. Doch Angèle ist bei vollem Bewusstsein, eingesperrt in ihren Körper leidet sie Höllenqualen. Erst als ihre Tochter am Krankenbett bitterlich weint und sie anfleht, die Familie nicht zu verlassen, verliert sie eine einzige Träne. Das ist ihre Rettung ...

Bastei Lübbe